Otto von Bismarck

Bismarckbriefe

1836-1872

Reihe *Deutsches Reich – Schriften und Diskurse*
Reichskanzler, Bd. I/III

Übertragung von Fraktur in Antiqua

Herausgegeben von Björn Bedey
Mit einem Vorwort von Sebastian Liedtke

D1699554

SEVERUS

Bismarck, Otto von: Bismarckbriefe 1836-1872
Hamburg, SEVERUS Verlag 2013

Reihe *Deutsches Reich – Schriften und Diskurse*
Reichskanzler, Bd. I/III
Herausgeber: Björn Bedey
Mit einem Vorwort von Sebastian Liedtke

ISBN: 978-3-86347-543-7
Druck: SEVERUS Verlag, Hamburg, 2013
Bearbeitung: Elisa Lopatta

Der Text folgt der Ausgabe Leipzig, 1897. Er wurde aus Fraktur übertragen.
Die Orthographie wurde behutsam modernisiert, grammatikalische Eigenheiten
bleiben gewahrt. Die Interpunktion folgt der Druckvorlage.

Der SEVERUS Verlag ist ein Imprint der Diplomica Verlag GmbH.

Bibliografische Information der Deutschen Nationalbibliothek:
Die Deutsche Nationalbibliothek verzeichnet diese Publikation in der
Deutschen Nationalbibliografie; detaillierte bibliografische Daten sind im
Internet über http://dnb.d-nb.de abrufbar.

SEVERUS
SEVERUS

Inhalt

Vorwort zur Reihe
Deutsches Reich – Schriften und Diskurse

Verehrter Leser,

aus der politisch-historischen Perspektive betrachtet, bezeichnet das Deutsche Reich den deutschen Nationalstaat in den Jahren von 1871 bis 1945. In dieser Zeitspanne von 74 Jahren – dem Lebensalter eines Menschen entsprechend – entwickelte sich der erste einheitliche Nationalstaat aller Deutschen von einer Monarchie (dem Deutschen Kaiserreich von 1871 bis 1918) über eine pluralistische, gemischt präsidial-parlamentarische Demokratie (der Weimarer Republik von 1919 bis 1933) bis hin zu einer totalitären Diktatur (der nationalsozialistischen Herrschaft von 1933 bis 1945). Das Deutsche Reich hatte in diesem Zeitraum zwei Weltkriege zu verantworten.

Die politischen sowie persönlichen Erfahrungen und Handlungen der Deutschen in der Zeit des Deutschen Reiches waren und sind die historische Bürde, aber auch das historische Fundament der von den Siegermächten des zweiten Weltkriegs 1949 gegründeten Bundesrepublik Deutschland. Auch für die seit 1990 bestehende Berliner Republik wirkt das Deutsche Reich immer noch nach und bestimmt auch die politischen Handlungsoptionen nachhaltig. Für das Verständnis unserer politischen Gegenwart und die Abwägung der Handlungsoptionen für die Zukunft ist die Kenntnis dieser Grundlagen unerlässlich.

Zeitzeugen aus dem Deutschen Kaiserreich und auch aus der Weimarer Republik leben nicht mehr. In wenigen Jahren werden auch die persönlichen Berichte aus der Zeit der Diktatur der Nationalsozialisten nur noch als audiovisuelle Aufzeichnung verfügbar sein.

Wer waren jedoch die entscheidenden Köpfe in dieser Zeit? Was bewegte die Herrschenden und die Opposition? Wie kam es zu den Entwicklungen? Diesen Fragen widmet sich diese Buchreihe, in der Schriften aus der Zeit des Deutschen Reiches wieder verlegt und damit der Nachwelt für das authentische Quellenstudium zugänglich gemacht werden.

Gerade in unserem, dem sogenannten *digitalen* Zeitalter, ist die Gefahr der Vernichtung und vor allem der Verfälschung von Quellen so groß wie bisher in keiner anderen Phase der Neuzeit. Die Bibliotheken sind gezwungen, mit immer geringeren Budgets zu haushalten und können den Interessierten nur noch selten den Zugang zu den Schriftstücken im Original gewähren. Die Anzahl antiquarischer Bücher sinkt stetig aufgrund des altersbedingten Verfalls, der unvermeidbaren Zerstörung durch Unfälle und Naturkatastrophen sowie des Abhandenkommens durch Diebstahl. Viele Titel verschwinden zudem in den Regalen von Sammlern und sind für die Allgemeinheit nicht mehr zugänglich. Das Internet mit seinem vermeintlich unbegrenzten Zugriff auf Informationen stellt sich immer mehr als die große Bedrohung für Überlieferungen aus der Vergangenheit heraus. Die Bezugsquellen der digitalen Daten sind nicht nachhaltig, die Authentizität der Inhalte nicht gewährleistet und deren Überprüfbarkeit längst unmöglich. Die Digitalisierung von Bibliotheksbeständen erfolgt meist automatisiert und erfasst die Schriften häufig lückenhaft und in schlechter Qualität. Die digitalen Speichermedien wie Magnetplatten, Magnetbänder oder optische Speicher haben im Gegensatz zu Papier nur einen sehr kurzen Nutzungszeitraum.

In der vorliegenden Reihe *Deutsches Reich – Schriften und Diskurse* werden authentische Schriften und Reden der Reichskanzler, begleitende Texte Parlamentsabgeordneter und Ideologen der Parteien, sowie allgemeine politisch-historische Abhandlungen verlegt.

Björn Bedey
Herausgeber der Reihe *Deutsches Reich: Schriften und Diskurse*

Vorwort zum vorliegenden Werk

Es scheint unglaublich, dass es noch Unerwähntes zur Biografie von Otto Eduard Leopold von Bismarck-Schönhausen gibt. Das Wirken dieser Politikerlegende des 19. Jahrhunderts wurde in mehr Büchern und wissenschaftlichen Aufsätzen erforscht, als das jedes anderen deutschen Politikers dieser Epoche. Dennoch gibt es, gerade wenn es um das Private im Leben Bismarcks geht, weitaus weniger Greifbares und Nachlesbares als bei seiner politischen Vita.

Otto von Bismarck als Politiker und Reichsgründer ist seit mehr als hundert Jahren ein in vielfältigsten Ausprägungen ausgeleuchtetes Thema. Mit seinem Namen wird man stets die Schlagworte „Reichsgründung", „Bündnissystem" und „Sozialistengesetz" verbinden. Die Nachwelt hat ihm zudem einige Beinamen verliehen, Beispiele dafür sind „Eiserner Kanzler" und der „Lotse", der das Schiff Deutschland steuert. Auch diese zeugen sowohl von Härte und Unnachgiebigkeit in der (politischen) Sache als auch Bestimmtheit und Entscheidungsstärke in allen Lebenslagen.

Das Leben, genauer das Privatleben dieses Ausnahmepolitikers wurde bisher jedoch weitaus weniger beleuchtet. Bismarck wurde und wird stets in beinah symbiotischer Beziehung mit Preußen und seinem Amt als Ministerpräsident, später als Reichskanzler, gesehen. Manchmal entsteht fast der Eindruck, als wäre dieser Mann schon in Amt und Würden hineingeboren. Es muss aber ebenso jedem klar sein, dass in seiner zielgerichteten Karriere auch Menschen hinter ihm gestanden haben müssen, ihn unterstützt haben. Sie, Angehörige seiner Familie oder enge Freunde etwa, haben ihn zu diesem legendären Mann werden lassen, der er schließlich geworden ist.

Natürlich war Bismarck neben seinem Berufsleben als Politiker ebenso Privatmensch, seit 1847 verheiratet mit Johanna von Puttkamer (1824-1894). Diese tiefreligiöse Frau ordnete sich zeit ihres Lebens ihrem Mann und seinem Wirken für das Vaterland unter, wusste dabei allerdings auch stets, ihm Stütze zu sein. Ihre einfühlsame Art und ihr unermüdlicher Einsatz für ihren Mann, waren für Bismarck der sichere Rückhalt, aus dem heraus er seine Politik erst zu gestalten imstande war. Zusammen zogen sie drei Kinder groß: Marie (1848-1926), Herbert (1849-1904) und Wilhelm (1852-1901). Beide Söhne wählten für ihr Leben ebenso (wie ihr Vater) den Karriereweg eines Politikers aus, wenn sie auch niemals eine solch große Bedeutung erlangen sollten, wie der Reichskanzler.

Dass Bismarck durch und durch Familienmensch war, zeigt sich beispielsweise an einem Zitat seiner Briefe an Johanna vom 3. Juli 1851, wo er gesteht, „sollte ich jetzt leben wie damals, ohne Gott, ohne dich, ohne Kinder – ich wüßte doch in der That nicht, warum ich dies Leben nicht ablegen sollte wie ein schmutziges Hemde". Dass er ein treuer und loyaler Bruder war, lässt sich in den Worten „Möge Dir Gott wie bisher [...] Gesundheit an Leib und Seele geben und Dich mit den Deinigen vor schweren Heimsuchungen in Gnaden bewahren" aus dem Brief vom 23. Juli 1856 an seinen Bruder erkennen. Darüber hinaus gibt es unzählige weitere Beispiele in seinen Briefen, in denen Bismarck seinen Panzer des von Politik Besessenen ablegt und mit dem Adressaten einfach über Gott und die Welt schwadroniert.

Schriftlich Verfasstes stellt in der Geschichtswissenschaft unter dem Begriff der „Tradition" (nach Ernst Bernheim) etwas mit konkreter Absicht für die Nachwelt zu erhaltendes Zeugnis dar, anders als nur indirekt Auswertbares wie Bauten oder Kleidung, die als unabsichtlicher „Überrest" gelten und kein direkte Überlieferungsabsicht beinhalten.

Briefe stellen nicht nur eine literarische Gattung dar, sondern sind für den Historiker gleichzeitig auch eine ergiebige und unschätzbare Quelle. Egal, ob Geschäftsbrief, politische Korrespondenz oder Liebesbrief – Briefe sind gemeinhin unmittelbarer Ausdruck der Meinungen und Gefühle eines Absenders an einen Adressaten und damit gleichzeitig auch schriftliche Tradition. Natürlich gibt es auch eigens redigierte und bearbeitete Briefe, die nicht als spontane Erzeugnisse gewertet werden können. Sie sollen neben dem direkt Angesprochenen auch der Nachwelt Zeugnis abliefern. Gerade aber Briefe aus der privat-intimen Sphäre von Familienmitgliedern und Freunden können dieser Forderung nur indirekt nachkommen. Denn in der Regel sind sie für die Augen einer bestimmten Person bestimmt, die ihrerseits darauf antworten soll.

In seinem 1897 erschienen Konvolut der Briefe von Otto von Bismarck gelingt es dem Herausgeber Horst Kohl durch eine geschickte Zusammenstellung, Aneinanderreihung und Bearbeitung seiner Privatkorrespondenz, den Politiker und Machtmenschen Bismarck ebenso als Privatier zu zeigen. Dem Leser werden Seiten des großen Staatenlenkers gezeigt, die sonst verborgen bleiben. Bismarck als warmherziger Ehemann, liebevoller Vater, treuer Bruder und Freund. Die Auswahl Kohls beinhaltet Briefe aus dem Zeitraum von 1836 bis 1872, Bismarcks Zeit als Kanzler des Deutschen Reiches wird hierbei größtenteils ausgespart.

Sebastian Liedtke
Sebastian Liedtke studierte Neuere, Neueste und Zeitgeschichte an der Universität Bremen und arbeitet derzeit als Lektor beim Severus Verlag.

Vorwort

Als im Jahre 1869 Hesekiels Buch vom Grafen Bismarck erschien, da erregte es weniger wegen der historischen Thatsachen, die es berichtete und jeder kannte, als wegen der Mittheilungen, die es aus Bismarcks Briefen familiären Charakters brachte, das lebhafteste Interesse nicht blos in Preußen und Deutschland, nein weit über Deutschlands Grenzen hinaus. Der Mann von Eisen und Blut, der durch seinen Kampf mit dem Abgeordnetenhause um die bedrohten Rechte der preußischen Krone zum bestgehaßten Manne in Preußen geworden war, durch seine staunenerregenden Erfolge auf dem Gebiete der äußeren Politik der Welt bewiesen hatte, daß er ernst zu nehmen sei – er erschien in diesen Briefen an die Gattin und an die Schwester als ein liebenswürdiger Mensch, der mit dem Fröhlichen zu lachen, mit dem Traurigen zu weinen bereit war, der für Natur und Musik zu schwärmen, durch packende Schilderung von Land und Leuten zu fesseln, mit dem feinen Humor des geistvollen Plauderers seine Briefe zu würzen und mit scharfzugespitzter und doch nicht verletzender Satire die Schwächen seiner Mitmenschen zu geißeln verstand. Dazu gab sich Graf Bismarck in diesen Briefen als einen Stilisten kund, der die deutsche Sprache in Lessingischer und Goethischer Klarheit redete und durch die schlichte Natürlichkeit der Form dem Ausdruck Schönheit und Kraft verlieh. Es konnte nicht fehlen, daß diese Briefe alsbald zu einem Schatze des deutschen Volkes wurden. Die Verlagsbuchhandlung kam im Jahre 1875 dem allgemeinen Verlangen nach einer Sonderausgabe nach, die im Laufe von 13 Jahren fünf starke Auflagen erlebte und in vielen Tausenden von Exemplaren als ein bevorzugtes Geschenk in deutsche Häuser ihren Einzug gehalten hat. Das Ausland nahm diese Briefe als eine wertvolle Bereicherung der Weltliteratur auf; sie wurden ins Französische, Englische und Niederländische übersetzt und auch in fremder Zunge gern gelesen. Kein Zweifel, daß ein gut Teil der Liebe, die das deutsche Volk für seinen Bismarck fühlt, auf die Rechnung dieser Briefe zu setzen ist. Bismarck war nach den ge-

9

waltigen Erfolgen der sechziger Jahre den meisten ein Übermensch, dem man nur mit ehrerbietiger Furcht zu nahen wagte; daß er menschlich zu fühlen und die Sprache des Herzens zu reden verstand, daß er ein treuer und fürsorgender Gatte und Vater, ein liebevoller und liebenswürdiger Bruder, ein Freund seiner Freunde und zu dem allen eine tiefinnerliche religiöse Natur war, das lernte die Welt erst aus diesen Briefen kennen. Denn das Terenzische homo sum, humani nihil a me alienum puto, das Fürst Bismarck selbst als Motto für die Gesammtausgabe seiner politischen Reden ausgewählt hat, gilt auch für seine Briefe.

Der wahren Größe ist Pose immer fremd; nur wer nichts ist, sucht den Schein zu erwecken, etwas zu sein. Bismarck hat uns selbst in einem Briefe an seine Schwester (S. 21 f.) das ganze Geheimniß seiner Briefschreibekunst enthüllt. Wer zum Briefschreiben einen „geistigen Sonntagsrock" anzieht, der mag lieber die Finger von der Feder lassen; sie wird nur unwahren Gedanken einen gezwungenen, unwahren Ausdruck geben können; wer seine Briefe schreibt, um in angenehmer und leichter Plauderei von dem zu reden, was Herz und Gehirn bewegt, der kann sicher sein, daß sein Geplauder beim Empfänger verwandte Saiten zum Klingen bringt. Und nicht beim Empfänger allein, nein bei jedem Leser, der menschlich empfindet und liebend sich in die Seelen derer versenkt, die gleichsam in seiner Gegenwart ihre Gedanken und Gefühle austauschen. So sind die Bismarckbriefe für unser Volk zu einer gesunden Speise geworden, nach der es immer von neuem verlangt. Mit seinem Bismarck fühlt es sich verwachsen wie mit seinem Goethe, denn beider Heroen innere Verwandtschaft hat es längst erkannt. Seine Reden und seine Briefe betrachtet es als ein theures Vermächtniß, als einen Born, aus dem es Erquickung und Trost, Rat und Antrieb zur Tat schöpfen kann, als einen Schatz, in dessen unerschöpflichem Reichthum es immer neue Goldkörner tiefen Gemütes und unverfälschter Treue findet.

Als die Verlagsbuchhandlung mich damit beauftragte, eine neue Auflage der Bismarckbriefe vorzubereiten, da war es mir klar, daß es sich nicht blos um eine genaue Berichtigung und Durchsicht der bisherigen

Texte, sondern auch um eine Ergänzung durch Aufnahme anderwärts veröffentlichter Bismarckbriefe intimeren Charakters und, wenn möglich, um eine Vermehrung aus dem Schatze ungedruckter Briefe handeln könne, die im Besitze der Familie Bismarck sich befinden. Der Güte Seiner Durchlaucht hat es das deutsche Volk zu verdanken, wenn ich ihm einen beträchtlichen Teil von bisher ungedruckten Briefen Bismarcks an Vater, Bruder und Schwester zum Geschenke machen kann. Möge es die Gabe freundlich aufnehmen und der neuen Sammlung den bevorzugten Platz in deutschen Haus-, Schüler- und Volksbibliotheken gewähren, den die frühere unbestritten besaß.

Daß nur von einer Auswahl der schönsten Briefe, nicht von Vollständigkeit die Rede sein konnte, liegt auf der Hand. Wer den Mut findet – wie es vor 3 Jahren geschehen ist – der Welt zu verkünden, daß er eine Ausgabe der „gesammten politischen und unpolitischen Korrespondenz des Einigers Deutschlands" vorbereitet habe, der verspricht etwas, was er nicht halten kann, oder sucht mit großen Worten zu blenden. Eine solche Aufgabe wird erst künftigen Generationen zu lösen zukommen, und auch ihnen wird nur in bescheidenen Grenzen die Lösung gelingen. Wenn in dieser Auswahl die Briefe nach 1872 nicht berücksichtigt worden sind, so waren dafür persönliche und fachliche Erwägungen maßgebend. Briefe rein politischen Charakters blieben grundsätzlich ausgeschlossen, wenn sie nicht schon der früheren Sammlung einverleibt waren. Wer nach solchen verlangt, den verweise ich auf die v. Poschinger'schen Publikationen: „Preußen im Bundestag 1851–1859" (4 Bände, Leipzig, S. Hirzel 1882 bis 1884) und „Fürst Bismarck als Volkswirth" (5 Bände, Berlin, P. Hennig, dann C. Heymann 1889–1891) sowie auf die von mir mit Genehmigung des Fürsten Bismarck neu heraus-gegebene Sammlung der „Briefe Bismarcks an den General Leopold v. Gerlach" (Berlin, O. Häring 1896). Warnen möchte ich vor der im Verlag von H. Steinitz anonym erschienenen, doch von H. Robolsky herrührenden Sammlung der „Politischen Briefe Bismarcks" (4 Bände, Berlin 1889/90. 1893), sowie vor der Ausgabe der Briefe in „Bismarcks gesammelten Werken" (Berlin, A. H. Fried & Co. 1892, angeblicher Herausgeber: Bruno Walden): beide gehören zu den geringwerthigen Industrieprodukten, an denen die Bismarckliteratur leider so reich ist, und sind voller Flüchtigkeiten und Liederlichkeiten.

Für die Beigabe einiger guter Bismarckbilder bin ich der Verlagsbuchhandlung besonders dankbar. Herr Martin Bülz in Chemnitz, der die größte Sammlung von Bismarckbildern besitzt, die ich je gesehen habe, hatte die Güte, die selteneren Stücke der Verlagsbuchhandlung zur Vervielfältigung zu überlassen. Ihm sowie Herrn Professor Fr. v. Lenbach, der die Vervielfältigung eines in meinem Besitze befindlichen Pastellbildes erlaubte, sei auch an dieser Stelle der wärmste Dank ausgesprochen.

Chemnitz, 1. April 1897
Horst Kohl.

Bismarckbriefe

Fürst Bismarck.

Nach einem Pastell von F. von Lenbach im Besitze des Herrn Prof. Dr.
Horst Kohl in Chemnitz.

I. Abteilung
Briefe aus den Jahren 1836–1850

My dear Astley[1],

You have been so kind to allow me to ask you for some english books, a kindness, which I shall be glad to take profit on. I am sure, that old Shakespeare's works make part of your library, and I would be greatly obliged to you, if you would send me the volumes containing "Richard III" and "Hamlet".

We are here just in the same state as you have left us; our friend Norcott is just as tipsy after dinner as he ever has been, Savigny is as copious in words as he was, and Montebello is a good looking as you have seen him, and nothing else. As for me, I am a little half-seas-over too, but I am as much your friend as I learned to be it so in the few days, I had the pleasure of seeing you. You will pardon me, that I write to you in so bad English as I do. I hope, that I shall learn it better. If you will not come here before the time, you may be sure, that I shall make you a visit in the month of August and that than „we shall meet again in thunder, lightning or in the rain."[2]

Till there wishes you good bye
Your most sincere
addresser à Berlin
Bismarck.
Baron Bismarck
s'informer à la Régence.

---

1 Übernommen aus Bismarck-Jahrbuch I, 1. – Dieser Brief aus dem Jahre 1836, dessen Original mir vorgelegen hat, ist der älteste, bisher bekannt gewordene Bismarcks familiären Charakters. Er eröffnet billig diese Sammlung trotz des fremden Gewandes, in das er gekleidet ist. Ueber den Empfänger habe ich nichts in Erfahrung bringen können.
2 Shakespeare, Macbeth I, 1.

Übersetzung.

Mein lieber Astley,

Sie waren so freundlich mir zu erlauben, daß ich Sie um einige englische Bücher bäte, eine Freundlichkeit, von der ich gern Gebrauch machen möchte. Ich bin sicher, daß „old Shakespeare's" Werke sich in Ihrer Bibliothek befinden, und würde Ihnen sehr verpflichtet sein, wenn Sie mir die „Richard III.» und „Hamlet» enthaltenden Bände senden wollten.

Wir befinden uns hier noch in eben dem Zustande, wie damals, als Sie uns verließen; unser Freund Norcott ist ebenso berauscht nach Tisch, wie er es immer gewesen ist, Savigny ist ebenso wortreich wie sonst, und Montebello sieht noch ebenso gut aus, wie Sie ihn gesehn haben, und weiter nichts. Was mich betrifft, so bin ich auch halb trunken, aber ich bin ebenso sehr Ihr Freund, als ich es in den wenigen Tagen zu sein lernte, in denen ich das Vergnügen hatte, Sie zu sehn. Verzeihen Sie mir, daß ich Ihnen in so schlechtem Englisch schreibe. Ich hoffe es besser zu lernen. Wenn Sie nicht vorher hierher kommen wollen, so können Sie versichert sein, daß ich Sie im Monat August besuchen werde, und daß wir dann „uns treffen müssen In Donner, Blitz oder Regengüssen."

Bis dahin wünscht Ihnen Lebewohl

Ihr

aufrichtig ergebener

Bismarck.

Potsdam, 25. Januar 38

Lieber Vater,

Ich danke herzlich für Deine und Mutters Weihnachtsgeschenke und hoffe, daß es mit Deinem Befinden ebenso gut und mit Muttersbesser geht, als es bei Abgang ihres Briefes an Lienchen[3] der Fall war; es ist

---

3 Karoline von Bismarck-Bohlen, Tochter des Grafen Theodor v. Bismarck-Bohlen, Gemahlin des Kammerherrn Hermann von Malortie.

doch wie vorherbestimmt, daß sie grade immer zu Weihnachten krank sein muß. Bei Theodor war an jenem Abend Alles sehr munter und wurde viel gescherzt. Belows und der Präsident Kleist waren da; letztrer bekam eine sehr gut angezogne Themis, deren Leib aus Spickgänsen bestand, während sie ein Radirmesser als Schwerdt führte. Unser Freund K......... hatte mir einen recht häßlichen Nußknacker zugedacht, die Adressen aber in seiner Confusion so falsch über einander gelegt, daß das Untier zuletzt auf ihm selbst sitzen blieb, was ihn sehr in Verlegenheit brachte und um so spaßhafter war, als einem jeden sogleich die Aehnlichkeit zwischen dem Nußknackerprofil und dem K ,s auffiel. Die Halstücher, welche Mutter mir geschenkt, habe ich für 5 Taler gekauft; indessen ist das Geld noch bei Herrlichs, denn zu meiner Schande muß ich gestehn, daß ich bei meiner Anwesenheit in Berlin zu Weihnachten sie nicht besucht habe, und nachher mochte ich nicht hingehn, weil ich mich fürchtete, zumal da es nun ausgesehn hätte, als käme ich nur des Geldes wegen. Es ist dieß gewiß recht schlecht von mir, aber ich schob den Besuch immer auf, bis ich nach der Post ging, teils weil die Jägerstraße da grade auf dem Wege liegt, teils weil ich dann nicht gar zu lange dazubleiben brauchte; wenn ich dann aber so weit kam, so war es jedesmal schon zu spät; sobald ich wieder nach Berlin komme, werde ich den Versuch machen, sie zu besänftigen.

Hier habe ich jetzt außerordentlich viel zu tun; die Aachener Regirung scheint mir ein bessres Zeugniß gegeben zu haben, als ich verdiente[4], denn Wilke sagte mir schon, ehe er nur eine Zeile von meiner Hand gesehn hatte, viel schmeichelhaftes über meine Gewandtheit im Arbeiten und hat mich von Hause aus keinem Rate zugeteilt, sondern läßt mich unter seiner eignen Leitung, in Vertretung eines kranken Assessors, selbständig arbeiten. Das ist recht gut, aber wenn ich mich im Sopha zurücklege, so kann ich beide Arme bis zur Schulterhöhe auf Actenhaufen ruhn lassen. In das Militair bin ich noch nicht eingetreten . . . Ich werde zu

---

4 S. die Acta, betr. den Kammergerichts-Auscultator Herrn L. E.O. v. Bismarck in Bismarck-Jahrbuch III 1 ff.

der Compagnie des Herrn v. Arnim gehn, da er mir der civilste unter seinen Collegen zu sein scheint. Auf seinen und andrer Offiziere Rat habe ich meinen Eintritt noch aufgeschoben, weil ich vom Augenblick des Eintretens bis zum Frühjahrsmanoeuvre täglich exerciren muß; gleichviel ob ich 14 Tage oder 3 Monat vorher eintrete, muß die Dressur bis zum Manoeuvre fertig sein. Ich werde daher so spät wie möglich, etwa im März eintreten. Mit der Regirung werde ich ohnehin eher fertig als mit dem Dienstjahr und kann dann meine schriftlichen Examenarbeiten ebenso gut hier als in Berlin machen. Es ist mir jetzt sehr viel lieber, daß ich mich nicht gleich zum diplomatischen Examen gemeldet habe; denn da ich einmal so weit bin, gewährt mir das Assessorexamen doch eine viel solidere Sicherheit; es mag mir hernach gehn, wie es will, mein Fortkommen bleibt immer gesichert. Das Geld, was Du mir für die Reise wiedergegeben, habe ich durch Bernhard mit vielem Dank erhalten, ebenso 4 Spickgänse, die bereits das Zeitliche gesegnet haben. Ich muß jetzt schließen und mich eiligst auf die Regirung begeben. Noch habe ich vergessen zu sagen, daß Theodor mir eine sehr hübsche Tasse und Lienchen eine seidne Weste zu Weihnachten geschenkt hat. Ist es bei Euch auch so kalt? seit 4 Wochen ist Alles weiß hier und des Morgens oft 18° Kälte. Wir haben mehre hübsche Schlittenfahrten gemacht, unter andern mit Lassewitzens und Schenks nach Baumgartenbrück, wo wir sehr munter waren. Wilhelm Schenk hat einen schrecklich dicken Sohn bekommen, den wir nächstens taufen werden. Angenehm ist mir eigentlich die Aussicht nicht, daß ich wahrscheinlich manche Gesellschaften in Berlin werde besuchen müssen; man hat mich ohne mein Wissen und Willen auf die Liste derjenigen garçons gesetzt, die unter Leitung des Prinzen Friedrich nächstens einen Ball geben werden; ich erfuhr es erst, als die Liste schon dem Kronprinzen eingereicht war, der, wie es heißt, um sich zu revanchiren, 2 große Bälle geben wird. – Es sind hier eine außerordentliche Menge von Unglücksfällen auf dem Eise vorgekommen; Muttern wird es gewiß beruhigen, daß ich niemals Schlittschuh laufe.

Lebe recht wohl, lieber Vater, grüße Muttern herzlich und Malwinchen, es freut mich, daß Mutter mit der Wandel so zufrieden ist.

Dein gehorsamer Sohn Bismarck.

Berlin, 25. August 1838[5]

Lieber Vater,

Mit Mutters Befinden steht es noch ganz in derselben Art wie bei Abgang meines vorigen Briefes. Die eingetretne Schwäche hat nicht nachgelassen, und Mutter ist in Folge dessen meist bettlägerig; sie hatte mehre Anfälle von Heißhunger, von denen sie viel ausstehn mußte, doch hat derselbe seit vorgestern nachgelassen. Heut traten vor Mittag eine Zeit lang sehr heftige Schmerzen ein; in diesem Augenblick geht es besser, indessen bleibt sie den ganzen Tag zu Bett. Dein Brief vom 21sten ist vor einigen Stunden angekommen; die Rebhühner sind vortrefflich; Mutter hat sich sehr darüber gefreut, da sie garnicht mehr wußte, was sie recht essen sollte. Die Commode mit der steinernen Platte möchtest du nicht mitschicken, auch Mutters Secretär, Bücher und Bücherspinde ganz unangefochten lassen; dagegen behauptet Mutter und mit ihr sämmtliche Individuen zweiten Geschlechts im Hause, daß zwei ganz gleiche Mahagonicommoden, beide aus Templin gekommen, dort sein müßten. Eine davon würde wahrscheinlich in Bernhard's Zimmer stehn. Jedenfalls sollst Du zwei Mahagonicommoden mitbringen, sie möchten da sein oder nicht, wenn keine andre ist, die mit den Marmorsäulen vorn. – Mutter ist jetzt zum Souper doch aufgestanden und hat ein Rebhuhn gegessen, falls Du noch welche schicktest, sollen sie etwas weniger gebraten sein, aber doch so, daß sie nicht verderben. – Morgen früh erwarten wir Pauline[6], und übermorgen will Marie[7] wieder mit ihr nach Potsdam gehn, vielleicht aber auch, wenn Paul nach Pommern reist,

5 Entlehnt aus Schmidt, Schutthaufen und die Familie v. Bismarck (Berlin, 1897) S. 161 f.
6 Frau v. Blankenburg, geb. v. Kessel.
7 Marie v. Kessel, spätere Frau v. der Osten.

wieder mit herkommen. Mir geht es gut, aber über meine Versetzung ist noch immer nichts gekommen; am Dienstag muß ich wieder nach Potsdam, wo grade an dem Tage großes Manoeuvre sein wird.

Malwinchen ist ganz munter und läßt grüßen, sie wird Lütt sehr ähnlich, eine weiße Raupe ohne Taille, und hängt deshalb mit vermehrter Sorgfalt an dem kleinen Ungeheuer. Grüße Bernhard recht herzlich und sage ihm, daß ich mir für die Zukunft jeden Tadel wegen fauler Korrespondenz verbitte, da er selbst anfängt, in dem Punkte um kein Haar besser zu sein, wie ich.

Dein gehorsamer Sohn
Bismarck.

London, 28. 7. 42[8]

Lieber Vater,

Seit ich Dir zuletzt aus York schrieb, habe ich vieles Merkwürdige gesehn. In York ist weiter nichts interessant als der imposant schöne Münster mit vielen alten Denkmälern, die nirgends so gut erhalten sind als hier, weil nie fremde Truppen im Lande. Außerdem sah ich die Kasernen und Ställe des Husarenregiments Prinz Albrecht, dessen Oberst der wegen seines Duellprocesses vor dem Oberhause bekannte Lord Cardigan[9] ist. Die Offiziere waren, obgleich ich keinen von ihnen kannte, äußerst artig, luden mich zu Mittag ein und zeigten mir Alles. Die Pferde dieser Husaren sind durchschnittlich bedeutend schwerer und größer als die unsrer garde du corps; die Ration der Remontepferde, welche noch garnichts taten, ist fast 4 Metzen Hafer und 12 Pfund Heu. Bei Hull und York ist die Gegend wenig hügelig, aber doch hübsch durch das fortlaufende Grün der prächtigen Hutungen, der über ganz England zusammenhängenden Hecken und der vielen kleinen Baumgruppen, ähnlich

---

8 Übernommen aus Bismarck-Jahrbuch I, 4 ff.
9 James Thomas Brudenell, Earl of Cardigan, geb. 16. October 1797, gest. 28. März 1868.

der Umgegend von Hamburg. Die Häuser liegen größtenteils in kleinen Weilern im Gebüsch zerstreut. Merkwürdig war mir die Abwesenheit aller Scheunen. Alles Getreide steht in Mieten von vielleicht 20 bis 50 unsrer Stiege, und neben der verdeckten Tenne ist nur soviel Scheunenraum, um eine Miete unterzubringen. Nach Manchester zu wird die Gegend gebirgig und schön in andrer Art, etwas wie der Unterharz. Die Eisenbahn geht abwechselnd über die Dächer kleiner Städte und durch Tunnels von 3 bis 4 englischen Meilen Länge. In Manchester machte ich die Bekanntschaft eines Maschinenbauers, die mir sehr nützlich wurde. Ich habe durch seine Vermittlung die größte Maschinenfabrik der Welt und andre interessante Manufacturen, die sonst nicht leicht gezeigt werden, gesehn. Überhaupt kann ich nicht genug die außerordentliche und meine Erwartung weit übertreffende Höflichkeit und Gefälligkeit der Engländer rühmen; auch die geringsten Leute sind artig, sehr bescheiden und verständig, wenn man mit ihnen spricht. Diejenigen, die viel mit Fremden in Berührung kommen, Lohnkutscher, Lastträger, haben natürlich viel Neigung zu prellen, geben sich aber, wenn sie sehn, daß man Sprache und Gebrauch kennt und entschlossen ist, sich nicht einschüchtern zu lassen. Im Ganzen finde ich das Leben sehr viel wohlfeiler, als ich erwartete, nur muß man sich an das Gewöhnliche halten, nichts Besondres fordern, was nicht von selbst gereicht wird, und nie essen, als wenn man sehr hungrig ist. Denn wenn man Morgens oder Abends eine Tasse Tee trinkt und Mittags 1 Löffel Suppe nimmt, so bezahlt man ebenso gut seine halbe Krone (25 Sgr.) für die Mahlzeit, als wenn man vier Pfund von den 5 oder 6 stehenden Sorten kalten Fleisches, die es zu jeder Tageszeit giebt, nebst Fisch, Käse, Bier, Eier und zu Mittag, was es sonst giebt, dazu gegessen hat. Es ist das Land für starke Esser. Die Abwechslung in der Küche ist gering; Roastbeef, Hammel, Schinken (gekocht), Speckseite, gebratenes Lamm, Kalb, Eier und Kartoffeln stehn zu jedem Frühstück auf dem Tisch, des Mittags kommt Fisch und eine infame Obsttorte dazu. Die Suppen sind mit schwarzem und rotem Pfeffer so gewürzt, daß wenige Fremde sie essen können. Portionsweise wird nie gegessen, sondern von jeder dieser Fleischsorten stehn, auch beim Frühstück, die colossalsten Stücke, wie wir sie garnicht kennen, vor Dir, und Du schneidest und issest davon, so viel und so wenig Du Lust hast, ohne Einfluß auf die Bezahlung. Ich habe in den Wirtshäusern, wenn ich darin Abendessen und Frühstück, jedes aus vorgedachten Gerichten nebst Tee bestehend, genossen und geschlafen hatte, stets 8 bis 9 shilling, also mit Trinkgeld etwa 3 Tlr. bis 3 Tlr. 10 Sgr. bezahlt, und es fiel mir bei diesen schweren Nebenmahlzeiten nicht ein, zu Mittag zu essen; ich glaube, daß ich bei Manger oder Krause nicht so wohlfeil abgekommen wäre mit einer Nacht, und bei weitem nicht die Lebensmittel für das Geld gehabt hätte, wie hier, und dabei bin ich stets in den ersten Hotels gewesen. Wein trinkt man an öffentlichen Orten sehr wenig, auch ist er schlecht und teuer, a crown (1 Tlr. 20 Sgr.), der bei uns 20 Sgr. kosten würde. Rauchen ist fast überall, auch in Privatzimmern (durch die Wirte) verboten; auf der Eisenbahn bei 13 Tlr. 10 Sgr. Strafe; desto besser, denn Cigarren sind schändlich schlecht und zahlen 3 1/2 Tlr. pro Hundert Zoll. Lebe herzlich wohl, ich schreibe bald mehr.

Dein gehorsamer Sohn

Otto.

(Nachschrift): Ich schließe, weil ich Gelegenheit habe, diesen Brief portofrei durch die Gesandschaft zu schicken. Das Erntewetter ist schön hier; ich habe aber viel Weizen gesehn, der schlecht steht, weil er im Winter gelitten hat. Morgen gehe ich über Portsmouth, wo ich eine segelfertige Flotte sehn werde, nach Boulogne.

Bern 9./10. September 42

Lieber Vater,

Die Verlängerung meiner Reise unter Umständen, die meine Rückkehr so dringend nötig machten, hat sich schon bestraft, aber auf eine Art, die ich nicht erwartete. Die Krankheit, die ich schon in

Frankreich spürte, hat sich auf der Reise vermehrt, so daß (ich) hier seit 8 Tagen liegen muß; ich bekam unterwegs Fieber mit sehr heftigen Schmerzen; nach wiederholtem Aderlaß finde ich mich soweit besser, daß ich reisen könnte, wenn das Wetter nicht so schlecht wäre, wir haben fortwährend Regen und Kälte; ich schreibe Dir nur, um Dich über mein Ausbleiben und mein Ergehn zu beruhigen, und es ist nicht aus Mattigkeit, daß ich nicht mehr schreibe, sondern weil die Aderlaßbinde am Arm genirt. Ich habe leider noch immer keine Nachricht von Euch. Die Angelegenheit wegen der Steuer beunruhigt mich aufs Aeußerste; ich kann indeß von Bernhard wohl erwarten, daß Bernhard die Sache wie seine eigne betrachten und mich nicht im Stich lassen wird; wenigstens bin ich mir bewußt, daß ich es in gleichem Falle für ihn getan haben würde; und Mittel und Wege Geld aufzunehmen, wird (er), wenn nicht durch sich, gewiß durch Blankenburgs oder unsre andern dortigen Freunde finden. In 4 bis 5 Tagen sagt mir der Arzt, daß ich bestimmt werde reisen können, da die Krise vorüber und die Besserung täglich zunehmend ist... Lebe recht wohl, lieber Vater, und behalte lieb
Deinen
treuen Sohn
O. v. B.

Kniephof, 1. October 1843[10]

Lieber Vater,

Ich bin hier, wie Du denken kannst, wohlbehalten wieder angekommen. Auf dem Dampfschiff war ich der einzige Passagier, den man „Sie" nennen konnte, es war daher wohl der Mühe wert, daß sie auf mich warteten . . . Von Berlin aus reiste ich mit Erxleben aus Selbelang, der nach Swinemünde ging und sich Dir empfehlen ließ, und mit Tadden zusammen. Hier habe ich bis auf das Wetter Alles in Ordnung gefunden, es ist nun schon bald 14 Tage so naß und kalt, daß man den Leuten kaum

---

10 Entlehnt aus Schmidt, Schönhausen S. 168 ff.

zumuten kann, zum Kartoffelaufnehmen draußen zu bleiben. Meine 40 Personen aus dem Wartebruch sind angekommen; sie arbeiten sehr viel fleißiger als die hiesigen und ohne daß aufgepflügt wird, kosten aber auch sehr viel mehr; indeß wüßte ich auch kaum, wie ich ohne sie fertig werden sollte, da bei dem Regen wenig Hiesige kommen, ehe sie nicht entschieden Hunger leiden, und 400 Morgen kosten schon einige Arbeit. Meine vier Ackerpferde aus Mecklenburg sind auch endlich angelangt, aber bedeutend teurer, als verabredet war; drei davon kosten jedes 19 und eines 20 Louisd'or. Dafür sind es allerdings sehr tüchtige Pferde, groß und kräftig, zwischen fünf und acht Jahre alt und würden ein ganz leidliches Kutschgespann für Hinterpommern geben . . . Gestern hatte ich große Gesellschaft hier. Pauline, Frau v. Knobelsdorf, Adelheid[11] nebst Männern und der Doctor[12] ließen sich plötzlich am Abend vorher ansagen, und durch Bernhards Vermittlung bekam ich noch die ganze Departements-Ersatzcommission dazu: einen Brigadegeneral v. der Heyde nebst Adjutant, Major Witzleben, den kleinen Kamptz, einen Regimentsarzt, in Allem 14 Personen. Meine Mamsell war außer sich, aber es gelang noch, uns mit Anstand aus der Affaire zu ziehn, und man erklärte meine Wirtschaft in so vorzüglicher Ordnung, daß ich garkeine Frau brauchte....

Ich freue mich sehr, daß Ihr nun bald herkommt; wir hoffen, es wird schon am 11. sein, da den 12. Adelheids Geburtstag ist. Zum 15. in Freienwalde werde ich Quartier ausmitteln und mich dieser Tage in die Gegend zum Recognosciren begeben. Würde es nicht vielleicht angemessen sein, daß ich ein Dutzend der unerschrockensten Stargarder Lieutenants vermittelst eines guten Diners für mich und meine Angehörigen günstig zu stimmen suchte? Vielleicht ließen sich dann einige bereden, mit meiner armen Schwester zu tanzen, da ich doch nicht den ganzen Abend für den Riß einstehn kann, obgleich ihr meine innige Teilnahme, wenn sie als Decoration verbraucht werden sollte, nie fehlen wird....

---

11 Die erste Frau Bernhards v. Bismarck, Tochter des Arztes Fanninger.
12 Fanninger.

24

Lebe recht wohl, lieber Vater. Grüße Malwine, und kommt gesund und bald hier an.

Ich langweile mich zum Hängen, wenn ich hier allein bin. Mittwoch ist ökonomische in Regenwalde, Donnerstag Kränzchen in Plate.

Dein treuer Sohn
Bismarck

An die Schwester.

Mademoiselle,

So eben erhalte ich von Glaser Deine Stiefel, und während sie eingenäht werden, schreibe ich Dir, daß ich mich hier leidlich amüsire und Dir in der Quadrille ein Gleiches wünsche. Es hat mich angenehm überrascht zu hören, daß Du mit N   kratze, kratze, Trulle! tanztest. Wenn die Stiefel so nicht recht sind, so tut es mir leid, Du hast garnichts darüber geschrieben, wie sie sein sollten, ich habe sie Dir ganz wie die alten machen lassen. Morgen geh ich mit Arnim nach Schönhausen, wo wir übermorgen eine kleine Jagd machen. Der Vater hat zwar erlaubt, einen Hirsch zu tödten, aber es ist fast schade in jetziger Jahreszeit. Seit gestern friert es hier wieder. Bei Euch Samojeden soll ja haushoch Schnee liegen; ich komme in meinem ganzen Leben nicht wieder hin. Neues giebt es hier nicht; alles Trauer, der König von Schweden ist nun auch todt[13], ich fühle immer mehr, wie ich allein stehe in der Welt. Zu Eurer Quadrille wird von hier wohl nur Puttkamer kommen, dessen Eifersucht es mir neulich gelungen ist, rege zu machen. Sorge doch dafür, daß in Kniephof Eis gefahren wird[14] und möglichst voll, sonst mußt Du den

---

13 Wie Bismarck dazu gekommen, vom Tode des Königs (Karl) von Schweden zu schreiben, der erst am 8. März 1844 starb, während der Brief nach Ausweis des Poststempels am 7. Februar zur Post gegeben worden ist, hat sich nicht aufklären lassen.

14 Frl. v. Bismarck hielt sich damals bei ihrem Bruder Bernhard in Naugard auf.

Champain im Sommer lauwarm trinken. Grüße alle herzlich, namentlich den Vater.

An Herrn v. Savigny.[16]

Lieber Savigny,

Ich habe bei der Eile meiner Abreise von Potsdam nicht Zeit gehabt, mich den Herrn dort zu empfehlen, und bitte, mich nicht nur deshalb zu entschuldigen, sondern auch, wenn ich die Unart noch weiter treibe und Sie mit einer Bitte belästige. Meine Schwägerin ist vorgestern gestorben und mein Bruder dergestalt angegriffen, daß ich ihn für jetzt nicht allein lassen kann und die landrätlichen sowohl wie seine Privatgeschäfte besorge. Ich habe deshalb noch um drei Wochen Urlaub gebeten, solange können aber die Regirungssachen, die mir zugeschrieben sind, schwerlich liegen, ich werde mich deshalb heute mit Bülow, dessen Departement sie angehören, in Correspondenz setzen, damit er sie wieder an sich nimmt. Hätten Sie nun wohl die Güte, sich zu meiner Wohnung zu bemühn und die dort umherliegenden Sachen zusammenpacken und zu Bülow übersiedeln zu lassen? Ich bemühe Sie damit, weil die Hand eines nicht Sachkundigen Unordnung in die amtlichen Heiligtümer bringen könnte. Ferner bitte ich Sie, meinen Diener zu beordern, sich, angesichts Ihrer, zu Pferde zu setzen und sich nach einliegender Marschroute hierher zu begeben, da Verhältnisse eintreten könnten, die meine Abwesenheit noch verlängern. Er soll nur Decken, einen Hausanzug (den er hat) und Wäsche für sich mitnehmen, damit das Tier nicht unnütz beschwert wird.

---

15 Der Poststempel zeigt den 7./2; dieser fiel im Jahre 1844 auf einen Mittwoch.
16 Von v. Poschinger veröffentlicht.

Verzeihn Sie mir, daß ich Sie im Vertrauen auf Ihre Freundlichkeit mit diesen Bitten belästigt habe; Sie haben mich in Potsdam verzogen und tragen die Folge.

Der Ihrige
Bismarck.

Naugard, 24. 5. 44

Es ist für den Diener nicht nötig, die Touren genau einzuhalten, nur soll er in 6 Tagen hier sein, auch, wenn es angeht, eher in den naheliegenden Dörfern als in den genannten Städten übernachten.

Liebe Maldewine,

Bloß weil Du es bist, will ich von einem meiner wenigen Grundsätze abgehn, indem ich einen Gratulationsbrief purement pour féliciter schreibe. Selbst kommen kann ich zu Deinem Geburtstag nicht, weil mein Vicekönig noch nicht hier ist, um mich abzulösen; ohnehin würde ich risquiren, daß Du nach Deines ungläubigen Bräutigams Vorbild überzeugt sein würdest, ich käme in Geschäften zu Euch und nicht um Deinetwillen. Genau betrachtet weiß ich übrigens nicht recht, was ich Dir wünschen soll, denn eigentlich kannst Du so bleiben; nur wollte ich, daß Du zwei Schwägerinnen mehr hättest, eine, die nun fort ist[17], und die andre, die nicht kommen will. –

Lebe wohl, mein Herz, grüße Vater, Arnim, Antonie[18], in etwa 14 Tagen hoffe ich Euch zu sehn, bis dahin zähle und küsse.

Kniephof, 27/6. 44

Dein treuer Bruder
Bismarck.

---

17 Die Gattin Bernhards v. Bismarck, Adelheid, geb. Fanninger, war am 22. Mai 1844 gestorben, s. den vorangehenden Brief.
18 von Blankenburg.

Lieber Vater,

Ich hin vorgestern früh glücklich, wenn auch etwas später, als ich wollte, hier eingetroffen. Meine Reise fing gleich damit an, daß ich in Tangermünde, ich weiß nicht wieviel Stunden, bis gegen 10 Uhr Abends warten mußte und mich dabei merkwürdig langweilte; das Dampfschiff war ziemlich besetzt und zur Nacht noch schlechter eingerichtet, als auf unsrer Reise nach Hamburg, da die hintre Hälfte der großen Cajüte für Damen abgeteilt war. Ich habe deshalb in Gesellschaft zweier Engländer die Nacht mit Grog und Politik zugebracht, zum großen Kummer für die Mitreisenden, die gute Plätze hatten und schlafen wollten. Gegen 5 waren wir in Magdeburg, wo ich Brunnemann nicht fand, mit seinem Sohn aber Abrede genommen habe. Zum Nachmittag kam ich nach Hanover, wo ich bis zum Montag Morgen blieb und mich sehr gut unterhalten habe, wie immer, wenn ich mit Caroline[20] zusammen bin. Ich habe sie sehr angegriffen, aber doch nicht so krank gefunden, wie ich nach Frau v. Derenthalls Schilderung erwartete, und sie würde besser sein, wenn sie still sitzen könnte und nicht immer wie Haarpuder im Hause umherflöge. In Carlsburg, wohin sie am Montag mit Theodor gegangen ist, wird sie sich unter dessen Aufsicht wohl erholen. Ich habe in Hanover überhaupt sehr liebenswürdige Leute gefunden, bin jeden Tag in angenehmer Gesellschaft gewesen, und täglich in einer hübschen Gegend ganz stolz mit königlicher Livrey, 4 Pferden und 2 Vorreitern spatziren gefahren, weil der Oberstallmeister Graf Platen mein Freund war. Am Montag ging erst das Weserschiff, mit dem ich fahren wollte, und ich fand dazu eine sehr gute Reisegesellschaft in der Familie des Kriegsministers Grafen Kielmansegge, mit denen ich erst von Hanover nach Nienburg zu Lande und von da in 2 Tagen zu Schiff hierher kam; in gedachter Familie befanden sich drei sehr artige Töchter, unter die ich mein Herz während der Reise mit strenger Gerechtigkeit verteilt habe.

---

19 Übernommen aus Bismarck-Jahrbuch III, 30 ff.
20 v. Malortie.

Außerdem war und ist ein sehr liebenswürdiger alter Herr v. d. Wisch, Minister des Innern in Hanover, mit uns, für den ich ein großes Tendre gefaßt habe; ich habe selten soviel Verstand mit so angenehmen Manieren gesehn. Als wir in See kamen, fing es heftig zu regnen an, und etwa 2 Meilen von der Insel Wangerog liefen wir auf einer Sandbank fest, so daß wir die Nacht über liegen bleiben mußten, um die Flut abzuwarten. Während der Zeit überfiel uns das tollste Gewitter, welches ich je gesehn habe; zum Glück ganz ohne Wind, aber wohl 2 Stunden mit wenig unterbrochnem Donner und Blitz. Ich war mit Herrn v. Friesen aus Rammelburg und dem Capitän allein auf dem Verdeck, als ein betäubender Schlag mit Donner und Blitz ganz zugleich fiel. Friesen und ich taumelten auseinander, und Jeder dachte vom Andern, er brennte; der Strahl hatte einige Schritte von uns den Kettenkasten getroffen und an der aushängenden Kette seinen Weg ins Wasser genommen. In derselben Minute erfolgten noch 3 ähnliche Schläge in der unmittelbarsten Nähe des Schiffes, sodaß die ganze See um uns her aufbrauste. Einige Damen wurden ohnmächtig, andre weinten, und die Stille in der Herrencajüte wurde nur durch das laute Beten eines Bremer Kaufmanns unterbrochen, der mir vorher viel mehr auf seine Weste als auf seinen Gott zu geben schien. Als ich mich nach dem Schlage, der das Schiff traf, mit der Frage an den Capitän wandte, wo der Blitz wohl sitzen möchte, war dieser Mann gänzlich außer Stande zu antworten; er war blaublaß im Gesicht, die Lippen bebten ihm wie im Fieberfrost, und er war fast ohne Besinnung. Ich hätte wohl sehn mögen, was für Commando er hätte geben können, wenn das Schiff etwa in Brand geraten wäre; gegen mich geriet er in eine abergläubische Aufregung, die er erst späterhin zu äußern im Stande war, weil ich zur Beruhigung der alten Gräfin K., die in größtem Schreck an die Tür stürzte, einige Scherze über den Donner machte. Uebrigens stand unsre Partie wirtlich schlecht, da unser Schiff der einzige anziehende Punkt für die Blitze war, das Gewitter grade über uns, und wenn wir brannten, oder der Kessel, die größte Eisenmasse, zerschlagen wurde, so faßte unser Boot noch nicht den vierten Teil der

Gesellschaft, und wir waren 2 Meilen vom Lande. Das Gebet des Bremer Herrn rettete uns diesmal noch. Dienstag früh kamen wir hier an. Das Bad ist hier charmant, namentlich ein herrlicher sandiger Strand, ein schönes großes Gesellschaftshaus. Die Badezeit wechselt nach der Flut von 6 Uhr Morgens bis 4 Mittags. Daß der Kronprinz mit seiner Frau hier ist, weißt Du, ebenso die Herzogin von Dessau mit ihrer Tochter; beide sehr liebenswürdige Prinzessinnen. Außer deren Hofchargen befinden sich in der Gesellschaft, der ich mich angeschlossen habe: ein Graf Hacke, der früher in Damitzow wohnte, eine Frau und zwei recht hübsche Töchter hier hat und sich Dir empfehlen läßt, Graf Schwicheldt aus Hanover mit einer jungen Frau; Frau v. Kalm aus Braunschweig, Frau v. Miaskowska, eine sehr liebenswürdige Wittwe, die Kielmansegesche Familie, Fr. v. Decken, Herr v. Eberstein nebst Frau, die mir 1000 Empfehlungen an Adolphine aufgetragen hat, Graf Reventlow mit einer Schwester, die schöne Zähne und kupfrige Farben hat und dereinst eine stattliche Stiftsdame abgeben wird, Frau v. Reitzenstein, deren wohlgewachsne Tochter für die Hauptschönheit gilt und eine prächtige Frau zum Spazirengehn abgeben würde, lang und schlank mit gutem Trittwerk, eine Gräfin Harrach aus Dresden, die bei sich ein Fräulein von der Mosel hat, kein geringes Gewächs, weder kalt noch sauer, Frau v. Ochs aus Hessen, General v. Poten nebst Frau und viele andre. Die hübscheste von allen ist die Prinzessin von Dessau. Des Vormittags, nach oder vor dem Bade, wird Kegel geschoben, mit riesenhaften Kugeln, außerdem verteilt sich die Zeit auf Whist und Pharao-Spielen, moquiren und hofiren mit den Damen, spazieren am Strande, Austern essen, Kaninchen schießen und des Abends 1 bis 2 Stunden tanzen. Eine einförmige aber gesunde Lebensweise. Soeben bringt man mir das gebräuchliche Ankunftsständchen, wofür ich einen Taler werde bezahlen. – Ich denke im Ganzen etwa 5 Wochen hier zu bleiben und komme auf der Rückreise jedenfalls über Schönhausen, d. h. wenn Ihr noch nicht nach Berlin seid. Ob ich wieder über Hanover gehe, weiß ich nicht, gern möchte ich aber noch einmal nach Bremen, wenn auch nicht, um wieder 1624er Rüdesheimer zu trinken, doch um mir die sehr schönen, gut erhaltnen alten Gebäude näher anzusehn und mir Cigarren auszusuchen, wozu ich neulich bei einem Aufenthalt von 5 Stunden des Nachts nicht Zeit hatte. Das Rathaus ist eins der wenigen alten Denkmäler, die ganz unversehrt aus alter Zeit geblieben find, und hat mir viel besser gefallen, wie der saure alte Rheinwein darin, der wie Lohe aussieht und wie Essig schmeckt, aber auf sehr schönen Fässern liegt, die bis zu 3000 Flaschen halten, die Flasche zu 2 bis 3 Taler Gold.

Über allem geschäftigen Müßiggang habe ich diesen Brief einige Tage liegen lassen, damit er länger würde, schließe ihn nun aber doch eilig, da der Graf Reventlow, der ihn mitnimmt, eben reisen will. Heut sind noch einige junge Herrn angekommen, an denen es sehr fehlte, unser Nassauischer Vetter, Herr v. Buddenbrock von den Dragonern, ein Graf Henckel und einige andre Berliner. Leb recht wohl, grüße Malwine vielmals. Malortie läßt sich Dir empfehlen.

Dein gehorsamer Sohn
Bismarck.

Norderney, 9/9. 44

Teure Kleine,

Seit 14 Tagen hatte ich mir vorgenommen, Dir zu schreiben, ohne bisher in dem Dränge der Geschäfte und Vergnügungen dazu gelangen zu können. Wenn Du neugierig bist, welches diese Geschäfte sein möchten, so bin ich wirklich bei der Beschränktheit meiner Zeit und dieses Papieres außer Stande, Dir ein vollständiges Bild davon zu entwerfen, da ihre Reihenfolge und Beschaffenheit, je nach dem Wechsel der Ebbe und Flut, täglich die mannigfaltigsten Abänderungen erleidet. Man badet nämlich nur zur Zeit des höchsten Wassers, weil dann der stärkste Wellenschlag ist, eine Zeit, die zwischen 6 morgens und 6 abends täglich um eine Stunde später eintritt – und in angenehmer Abwechslung die Vorzüge eines windkalten, regnichten Sommermorgens bald in Gottes herrlicher Natur unter den erhebenden Eindrücken von Sand und Seewasser genießen bald in meines Wirtes Mousse Omme Fimmen fünf Fuß langem Bett unter den behaglichen Empfindungen, die das Liegen auf einer Seegrasmatratze in mir zu erwecken pflegt. Ebenso wechselt die table d'hôte ihrer Zeit nach zwischen 1 und 5 Uhr, ihren Bestandteilen nach zwischen Schellfisch, Bohnen und Hammel an den ungraden, und Seezunge, Erbsen und Kalb an den graden Tagen des Monats, woran sich im ersten Falle süßer Gries mit Fruchtsauce, im zweiten Pudding mit Rosinen anschließt. Damit das Auge den Gaumen nicht beneidet, sitzt neben mir eine Dame aus Dänemark, deren Anblick mich mit Wehmut und Heimweh füllt, denn sie erinnert mich an Pfeffer in Kniephof, wenn er sehr mager war, sie muß ein herrliches Gemüt haben, oder das Schicksal war ungerecht gegen sie, auch ist ihre Stimme sanft, und sie bietet mir zweimal von jeder Schüssel an, die vor ihr steht. Mir gegenüber sitzt der alte Graf B...., eine jener Gestalten, die uns im Traum erscheinen, wenn wir schlafend übel werden; ein dicker Frosch ohne Beine, der vor jedem Bissen den Mund wie einen Nachtsack bis an die Schultern aufreißt, so daß ich mich schwindelnd am Rand des Tisches halte. Mein andrer Nachbar ist ein russischer Offizier; ein guter Junge, gebaut wie ein Stiefelknecht, langer schlanker Leib und kurze krumme Beine. Die meisten Leute sind schon abgereist, und unsre Tischgesellschaft ist von 2 bis 300 auf 12 bis 15 zusammengeschmolzen. Ich selbst habe mein Deputat an Bädern nun auch weg und werde mit dem nächsten Dampfschiff, welches übermorgen den 11. erwartet wird, nach Helgoland abgehn und von dort über Hamburg nach Schönhausen kommen. Ich kann indeß den Tag meiner Ankunft nicht bestimmen, weil es nicht gewiß ist, daß das Dampfschiff übermorgen kommt; in den Bekanntmachungen ist diese Fahrt zwar angesetzt, sie pflegen aber die letzten Reisen, wie man mir sagt, oft fortzulassen, wenn sie keine hinreichende Anzahl von Passagieren erwarten, um ihre Kosten zu decken. Die Bremer Dampfschiffe gehn schon lange nicht mehr, und zu Lande mag ich nicht reisen, weil die Wege so schlecht sind, daß man erst am dritten Tage nach Hanover kommt, auch sind die Postwagen abscheulich. Wenn also das Dampfboot übermorgen ausbleibt, so beabsichtige ich den Donnerstag mit einem Segelboot nach Helgoland zu fahren; von dort ist zweimal wöchentlich Verbindung nach Hamburg, ich weiß aber nicht, an welchen Tagen. Der Vater schrieb mir, daß Ihr am 15. nach Berlin gehn würdet; wenn ich mich also in Hamburg überzeuge, daß ich nicht bis zum 15. per Dampf bei Euch eintreffen kann, so werde ich das Potsdamer Boot zu benutzen suchen und direct nach Berlin gehn, um mit Euch für Kunst und Industrie zu schwärmen. Wenn Du diesen Brief noch zeitig genug erhältst, was ich bei der Langsamkeit der hiesigen Posten kaum glaube, so könntest Du mir mit zwei Zeilen nach Hamburg, alte Stadt London, Nachricht geben, ob Vater seinen Reiseplan etwa geändert hat. Soeben meldet mir der Jäger des Kronprinzen, daß ich für heut auf die Annehmlichkeiten der table de hôte verzichten soll, um zum letzten Mal bei II. KK. HH. zu essen, wo man im ganzen besser lebt. Dieser Hof ist überhaupt sehr liebenswürdig, für jetzt die einzige angenehme Gesellschaft hier. Die Kronprinzessin ist eine sehr heitre und liebenswürdige Dame, tanzt gern und ist munter wie ein Kind. Gestern machten wir im dicksten Nebel eine Landpartie in die Dünen, kochten draußen Caffee und späterhin Pellkartoffeln, sprangen wie die Schuljugend von den Sandbergen und obgleich incl. Prinzessin nur 4 Paar, tanzten wir, bis es finster wurde, auf dem Rasen und machten wie die Tollen bockspringende Ronden um unser Feuer, kindlich und champêtre, on ne peut pas plus. Dergleichen Partien, auch Seefahrten, bei denen die Herrschaften gewöhnlich krank wurden, haben wir öfter gemacht, und ich muß sagen, daß diese Hofgesellschaft vor den meisten übrigen hier wenigstens den Vorzug der Ungezwungenheit hatte. Unser Freund M…. scheint indessen diese Ansicht nicht zu teilen, und sieht stets gelangweilt und verdrießlich aus; nur bei Whist und Cigarren scheint er sich etwas heimischer zu fühlen. Im Ganzen ist es mir doch lieb, daß ich ihn nicht geheiratet habe; er ist meist ansteckend langweilig, seltne lichte Augenblicke ausgenommen. Das Baden gefällt mir hier sehr, und so einsam es ist, bleibe ich nicht ungern noch einige Tage. Der Strand ist prächtig, ganz flach, ebener, weicher Sand ohne alle Steine, und Wellenschlag, wie ich ihn weder in der Ostsee noch bei Dieppe je gesehn habe. Wenn ich eben noch bis an die Kniee im Wasser stehe, so kommt eine haushohe Welle (die Häuser sind hier nicht so hoch wie das Berliner Schloß), dreht mich zehnmal rundum und wirft mich 20 Schritt davon in den Sand, ein einfaches Vergnügen, dem ich mich aber täglich con amore so lange hingebe, als es die ärztlichen Vorschriften irgend gestatten. Mit der See habe ich mich überhaupt sehr befreundet; täglich segle ich einige Stunden, um dabei zu fischen und nach Delphinen und Seehunden zu schießen, von letztern hab ich nur einen erlegt; ein so gutmütiges Hundegesicht, mit großen schönen Augen, daß es mir ordentlich leid tat. Vor Tagen hatten wir Stürme von seltner Heftigkeit; einige zwanzig Schiffe aller Nationen sind an den Inseln.hier gestrandet, und mehre Tage lang trieben unzählige Trümmer von Schiffen, Utensilien, Waaren in Fässern, Leichen, Kleider und Papiere an. Ich selbst habe eine kleine Probe gehabt, wie Sturm aussieht; ich war mit einem fischenden Freunde, Tonke Hams, in 4 Stunden nach der Insel Wangerog gefahren, auf dem Rückwege wurden wir in dem kleinen Boot 24 Stunden umhergeschaukelt und hatten schon in der ersten keinen trockenen Faden an uns, obgleich ich in einer angeblichen Cajüte lag; zum Glück waren wir mit Schinken und Portwein hinreichend verproviantirt, sonst wäre die Fahrt sehr verdrießlich gewesen. Herzliche Grüße an Vater und meinen Dank für seinen Brief, desgl. an Antonie und Arnim. Leb wohl, mein Schatz, mein Herz, mein ...

Dein treuer Bruder
Bismarck.

Ma sœur,

Ich werde am 7. von hier abreisen, am 8. mit dem Nachmittagszuge vermutlich durch Angermünde kommen, auch wenn Ihr schon von Woddow zurück seid und sonst nichts dawider habt, die Nacht dort bleiben. Ich nehme an, daß Ihr wohl und heiter seid, und kann Dir melden, daß auch Vater und ich wenigstens gesund, auch die Hunde nicht toll geworden sind.

Nach Eurer Abreise habe ich das Haus natürlich sehr einsam gefunden, und ich habe mich an den Ofen gesetzt, geraucht und Betrachtungen darüber angestellt, wie unnatürlich und selbstsüchtig es ist, wenn Mädchen, die Brüder haben und obenein unverehelichte, sich rücksichtslos verheiraten[21] und tun, als wenn sie nur in der Welt wären, um ihren fabelhaften Neigungen zu folgen, eine Selbstsucht, von der ich unser Geschlecht und mich persönlich glücklich frei weiß. Nachdem ich das Unfruchtbare dieser Betrachtungen eingesehn hatte, erhob ich mich von dem grünledernen Stuhl, auf dem Du mit Miß und Oscar zu küssen und zu flüstern pflegtest, und stürzte mich köpflings in die Wahlumtriebe, aus denen ich mit der Ueberzeugung hervorging, daß 5 Stimmen auf Tod und Leben und 2 mit einiger Lauheit für mich aufzutreten geneigt waren, dazu 4 für Krug, 16–18 für Arnim, und 12–15 für Alvensleben, überall sagte man mir: ja wenn wir es Alvensleben nicht schuldig wären, oder: wenn wir Sie früher gekannt hätten, u. s. w. Da ich nun Arnim.... nicht leiden mag, so bin ich ganz zurückgetreten, glaube, daß es mir gelungen ist, Krug, der noch weniger Aussicht hatte als ich, auch dazu zu bewegen, so daß Alvenslebens Actien durch Vereinigung unsrer Stimmen jetzt die besten sind, wenn auch 2 meiner Bande infolge früherer eventueller Versprechungen zu Arnim übergegangen sind. Der alte Landrat hat auch bereits, sobald er das Unsichre seines Geschäftes einsah, schriftlich in einer sehr groben Korrespondenz mit Alvensleben erklärt, daß er bleiben wollte, so lange es seine Kräfte erlaubten. Nächstdem lebe ich hier mit dem Vater lesend, rauchend, spazierengehend, helfe ihm Neunaugen essen und spiele zuweilen eine Komödie mit ihm, die es ihm gefällt, Fuchsjagd zu nennen; wir gehn nämlich bei starkem Regen, oder jetzt 6° Frost, mit

---

21 Frl. M. v. Bismarck hatte sich am 30. 10. 1844 mit dem Landrat O. v. Arnim verheiratet.

Ihle, Bellin und Carl hinaus, umstellen mit aller jägermäßigen Vorsicht, lautlos unter sorgfältiger Beachtung des Windes einen Kieferbusch, von dem wir alle, und vielleicht auch der Vater, unumstößlich überzeugt sind, daß, außer einigen Holz suchenden Weibern, kein lebendes Geschöpf darin ist. Darauf gehn Ihle, Carl und zwei Hunde unter Ausstoßung der seltsamsten und schrecklichsten Töne besonders von Seiten Ihles, durch den Busch, der Vater steht regungslos und aufmerksam mit schußfertigem Gewehr, genau als wenn er wirklich ein Tier erwartete, bis Ihle dicht vor ihm schreit: „hu, la, la, he, he, faßt, häh, häh!" in den sonderbarsten Kehllauten. Dann fragt mich der Vater ganz unbefangen, ob ich nichts gesehn habe, und ich sage mit einem möglichst natürlich gegebnen Anflug von Verwunderung im Tone: nein, nicht das Mindeste! Dann gehn wir, auf das Wetter schimpfend, zu einem andern Busch, dessen vermutliche Ergiebigkeit an Wild Ihle mit einer recht natürlich gespielten Zuversicht zu rühmen pflegt, und spielen dal segno. So geht es 3–4 Stunden lang, ohne daß in Vater, Ihle und Fingal die Passion einen Augenblick zu erkalten scheint. Außerdem besehn wir täglich zweimal das Orangeriehaus und einmal die Schäferei, vergleichen stündlich die vier Thermometer in der Stube, rücken die Zeiger des Wetterglases und haben, seit das Wetter klar ist, die Uhren nach der Sonne in solche Uebereinstimmung gebracht, daß nur die an der Bibliothek noch einen einzigen Schlag nachtut, wenn die andern a tempo ausgeschlagen haben. Carl V. war ein dummer Kerl! Du begreifst, daß bei so mannigfaltigen Beschäftigungen mir nur wenig Zeit bleibt, Prediger zu besuchen; da sie keine Stimme im Kreistage haben, so bin ich auch noch garnicht dagewesen, es war nicht möglich. Bellin ist seit drei Tagen voll von einer Reise nach Stendal und Bismark, die er gemacht, und von der Post, die er versäumt hat. Die Elbe geht mit Eis, der Wind ist Ost-Süd-Ost, das neueste Quecksilber aus Berlin zeigt – 8°, Barometer in steigender Bewegung 28,8. Ich teile Dir dies mit, um Dir ein Beispiel zu geben, wie Du dem Vater in Deinen Briefen mehr von den kleinen Begebenheiten Deines Lebens schreiben möchtest, die ihm unendlich viel Spaß machen; wer bei Euch und Curts gewesen ist, wen Ihr besucht, was Ihr gegessen habt, was die Pferde machen, wie die Bedienung sich aufführt, ob die Türen knarren, und die Fenster dicht sind, kurz Tatsachen, Facta. Ferner mag er's nicht leiden, daß er Papa genannt wird, er liebt den Ausdruck nicht, avis au lecter! Antonie hat ihm zu seinem Geburtstage einen recht hübschen Brief geschrieben und eine grüne Börse geschenkt, worüber Papa sehr gerührt war und zwei Seiten lang antwortete. Rohr's sind neulich hier durchgefahren, ohne etwas von sich merken zu lassen, nachdem sie im Kruge in Hohen-Göhren zwei Stunden gefüttert und mit Frau und Kindern bei zehn rauchenden Bauern in der Bierstube gesessen haben. Bellin behauptet, sie wären mit uns brouillirt – das wäre hart und würde mir meinen liebsten Umgang verkümmern. Der Vater läßt vielmals grüßen und wird mir bald nach Pommern folgen, er meint gegen Weihnachten. Uebermorgen Abend ist in Gentin café dansant, den ich en passant besuchen werde, um noch schließlich gegen den alten Landrat zu intrigiren und auf mindestens vier Monate von dem Kreise Abschied zu nehmen. Lucie C. habe ich kennen gelernt, sie hat Augenblicke, wo sie bildhübsch ist, wird aber früh den Teint verlieren und rot werden; ich bin 24 Stunden in sie verliebt gewesen....

Grüß Oscar herzlich und leb wohl, mein Engel, häng den Brautund nicht beim Schwanz auf und empfiehl mich Curts. Bist Du am 8. nicht in A., so soll Dich! 9. à tantôt. Ganz Dein eigner for ever.
Schönhausen 4. 12. 44 Abends 9 1/2.
Bismarck.

Liebe Kleine,

Ich bin wohlbehalten hier angekommen, ohne besondere Unfälle, außer daß ich von Stettin mit einer jungen, recht hübschen und etwas coketten Frau bis Naugard allein fahren mußte; ein 5 stündiges tête à tête der Art wird zuletzt ermüdend. In Naugard fand ich viel Schnee, viel

Acten und viel Kinder, die Zähne bekommen. Schnee liegt hier mehr, als Du je auf einem Haufen beisammen gesehn hast; ich teile Dir dies mit, damit Du gelegentlich in einer Unterhaltung über das Wetter eine Bemerkung über den viel stärkern Schneefall in Hinterpommern anbringen kannst. Die Posten werden von 6–8 Pferden mühsam geschleppt. Ferner habe ich bemerkt, daß es sehr leicht ist, Landrat zu sein; ich kam vorgestern Abend an, und wenn nicht, übermorgen ein Termin wäre, so hätte ich gestern sehr gut wieder auf 8 Tage verreisen können. Die hiesige Welt ist, wie ich höre, mit den eifrigsten Vorbereitungen zu einem Plather Maskenfeste beschäftigt, sogar Müttern von 8 Kindern, wie Frau v. K., und Schönheiten, die meine Wiege umstanden, wie Frau v. V., zuckt es unwiderstehlich im Sprunggelenk; sie können der Versuchung nicht Herr werden, ihren Reizen durch bunte Mieder und gezwickelte Strümpfe noch für einen Abend aufzuhelfen, fahren im tollsten Schneegestöber nach Naugard, um die graziösen Touren einer altdeutschen Quadrille einzustudieren.... O. wird vermutlich in Berlin sein, frage ihn doch, zu welchem Preise er mir Grosvenor, das Tier, welches ich in Woddow ritt, ablassen will; wenn er wohlfeil damit ist, so werde ich ihn abholen lassen, bis jetzt habe ich nicht hingeschickt, weil das Wetter zu fürchterlich ist. Wenn er noch mehre Tage ausbleibt, so sei so gut und schreibe ihm darüber, damit ich Bescheid erhalte. Seine Reisetasche liegt bei Bernhard in Stettin, der heut hier ist und morgen mit uns bei Kameke essen wird. Der Vater befindet sich in seiner Art wohl; nur scheint er sich zu sehr zu langweilen, was auch kaum anders möglich ist, da er für viele Dinge die Teilnahme verloren hat, bei diesem Wetter nicht ausgehn kann, und ich den Tag über sehr wenig zu Hause bin; das Mittagessen und die Zeitung sind die Angelpunkte seines Tages. Wenn Du ihm noch nicht geschrieben hast, so tue es doch bald. –

Ich weiß heut nicht recht, wovon ich Dich unterhalten soll, und dabei fällt mir Dein letzter Brief ein, den ich von Dir bekam, in welchem Du sagtest, daß Du nicht recht zu dem Entschluß habest kommen können, mir zu schreiben. Dies veranlaßt mich, ob mit Recht oder Unrecht, ist

gleichgültig, zu einer Bemerkung über fortgesetzte Correspondenz im Allgemeinen. Wenn man in einem wohlunterhaltnen und für beide Teile stets behaglichen Briefwechsel bleiben will, so darf man sich nicht auf den Fuß setzen, jedes Mal eine Art von geistigem Sonntagsrock zum Briefschreiben anzuziehn, ich meine, daß man sich nicht genirt, einander gewöhnliche, unbedeutende Sachen, alltägliche Briefe zu schreiben. Wenn man sich lieb hat, wie es von uns beiden doch anzunehmen ist, so ist es ein Vergnügen, überhaupt nur in Verbindung zu sein. Ist man geistig angeregt, so schreibt man einen witzigen, ist man niedergeschlagen, einen sentimentalen Brief; hat man den Magen verdorben, Hypochonder, und hat man gelandwirtschaftet, wie ich heut, trocken und kurz. Ich habe heut den ganzen Tag gerechnet und wußte bei Gott nicht, was ich Dir schreiben möchte; wäre es nicht wegen Grosvenor gewesen, so hätte ich es aufgeschoben (so leicht verfalle ich selbst in den Fehler, den ich tadle), und nun habe ich doch 3 Seiten voll geschrieben, ich weiß nicht wovon, und verlange von Dir als schwesterliche Pflicht und Schuldigkeit, daß Du sie lesen sollst. Ebenso mußt Du, mein Herz, dazu beitragen, uns auf dem ungenirten Plauderfuß zu erhalten; schreibe Du mir, in welcher Stimmung Du willst – auch in der wirtschaftlichsten von der Welt, Du machst mir immer eine sehr große Freude; Dein Brief mag kurz oder lang, frankirt oder unfrankirt sein, er mag Dir uninteressant vorkommen, für mich ist er immer das Gegenteil. – Mit besondrem Couvert übersende ich Dir einige von den blonden Leberwürsten, welche vor etwas länger als Jahresfrist Oscars Herz mit Dir zu teilen den Vorzug hatten, und will wünschen, daß Du zur Frühstückszeit bevorzugte Nebenbuhlerinnen in ihnen findest. Für heut leb wohl, mein Lieb, und schreibe ja bald an Vater und dann auch an
Kniephof, 22. Febr. 45
Deinen treuen Bruder
Bismarck.

Madame,

Nur mit Mühe widerstehe ich der Neigung, einen ganzen Brief mit landwirtschaftlichen Klagen anzufüllen, über Nachtfröste, krankes Vieh, schlechten Raps und schlechte Wege, todte Lämmer, hungrige Schafe, Mangel an Stroh, Futter, Geld, Kartoffeln und Dünger; dazu pfeift Johann draußen eben so consequent wie falsch einen ganz infamen Schottischen, und ich habe nicht die Grausamkeit, es ihm zu untersagen, da er ohne Zweifel seinen heftigen Liebeskummer durch Musik zu beschwichtigen sucht. Das Ideal seiner Träume hat vor kurzem auf Zureden der Eltern ihm abgesagt und einen Stellmacher geheiratet. Ganz mein Fall, bis auf den Stellmacher, der noch im Schoße der Zukunft raspelt. Ich muß mich übrigens, hol mich der D. .! verheiraten, das wird mir wieder recht klar, da ich mich nach Vaters Abreise einsam und verlaassen[22] fühle und milde, feuchte Witterung mich melancholisch, sehnsüchtig, verliebt stimmt. Mir hilft kein Sträuben, ich muß zuletzt doch noch H. E. heiraten, die Leute wollen es alle so, und nichts scheint natürlicher, da wir beide zusammen übrig geblieben sind. Sie läßt mich zwar kalt, aber das tun sie alle; weiß der D ... woran es liegt; am Ende steckt noch ein Pollak (laß Dir den Ausdruck von O. erklären) von Neigung für meine ungetreue Stellmacherin in mir; eine Schwäche, aber um derentwillen ich anfange mich zu achten; es ist hübsch, wenn man seine Neigungen nicht mit den Hemden wechseln kann, so selten letztres auch geschehn mag! Daß ich am 1. mehrfachen Damenbesuch mit würdevollem Anstande ertragen habe, wird Dir Vater mitgeteilt haben. Frau v. Dewitz aus Mesow, Fr. v. Lettow und Mad. Hehn haben mir nachträglich aus verschiednen Gründen das Bedauern (ausgesprochen) und versprochen, mich zu besuchen, wenn die Wege besser wären.

Als ich von Angermünde kam, war ich durch die Fluten der Zampel von Kniephof abgesperrt, und da mir niemand Pferde anvertrauen wollte, so mußte ich die Nacht über in Naugard bleiben mit vielen Hand-

---

22   Das Wort ist natürlich absichtlich mit doppeltem a geschrieben, um das Maß der Verlassenheit durch das Mittel der Tonmalerei zu bezeichnen.

lungs- und andern Reisenden, die ebenfalls auf das Sinken der Gewässer warteten. Nachher waren die Brücken auf der Zampel, Ukley und Rega fortgerissen, so daß Knobelsdorf und ich, die Regenten zweier großer Kreise, hier auf einen kleinen Fleck von Wasser eingeschlossen waren und ein anarchisches Interregnum von Schievelbein bis Damm herrschte. Noch am 1. wurde einer meiner Wagen mit 3 Faß Spiritus von den Fluten fortgerissen, und ich bin stolz darauf, sagen zu können, daß in meinem Nebenfluß der Zampel ein Teerfahrer mit seinem Pferde ertrank. Außerdem sind in Gollnow mehre Häuser eingestürzt, ein Sträfling im Zuchthause hat sich wegen Prügel aufgehängt, und mein Nachbar, der Gutsbesitzer K   in Klein-L   sich   wegen   Futtermangel erschossen... Eine ereignißvolle Zeit! Es steht zu erwarten, daß noch einige unsrer Bekannten von der Bühne abtreten werden, da dieses Jahr mit seiner schlechten Ernte, den niedrigen Preisen und dem langen Winter für den verschuldeten Besitzer schwer durchzuhalten ist. D. in H. hat so gut wie fallirt, und das alte Untier, sein Schwiegervater, der General K., der sehr viel Geld hat und nichts ausgibt, ist weder durch die Bitten seines Sohnes noch seiner eignen Tochter zu bewegen, einen Schilling zu geben oder zu borgen, um das Gut für letztre zu erhalten. Was sollen die armen Leute nachher angeben? sage selbst. Aehnlich wird es vermutlich noch mit andern kommen, ohne daß sie geizige Schwiegerväter hätten. Morgen erwarte ich Bernhard zurück und bin froh, daß ich die Landratsgeschäfte los werde, die im Sommer recht angenehm, aber bei diesem Wetter und Regen sehr unbehaglich sind. Den 16. komme ich, wenn Oscar nicht anders schreibt, nach Kröchlendorf und von dort zu Dir.

Neues kann ich Dir von hier nicht melden, als daß ich mit Bellin noch zufrieden bin, das Thermometer jetzt, 10 Uhr abends, + 6° zeigt, Odin noch auf der rechten Vorderpfote lahm geht und mit rührender Liebe seiner Rebecca tagelang Gesellschaft leistet, die ich wegen Mangel an Häuslichkeit an die Kette gelegt habe.

Gute Nacht, m'amie t'embrasse.

Dein Bismarck.

Kniephof, 9/4. 45

Teuerste Kreusa,

Ich habe nicht den geringsten Schlüssel mitgenommen und kann Dir aus Erfahrung sagen, daß es niemals zu dem mindesten Resultat führt, nach Schlüsseln zu suchen, weshalb ich mich in solchen, bei meiner Ordnungsliebe sehr seltnen Fällen stets ohne Aufenthalt an den Schlosser wende, um einen neuen machen zu lassen. Bei wichtigen wie z. B. Geldspinden, hat man dabei zugleich die Abwechslung, den Bart und sämmtliche Schlösser, die man schließen soll, ändern zu lassen. Ich sehe kommen, daß ich meinen Brief bald schließen werde, nicht aus Bosheit, weil Du mir nur eine Seite geschrieben hast, es wäre peinlich, wenn ich glauben könnte, daß Du mich für so indigne rachsüchtig hieltest; sondern aus Schläfrigkeit. Ich bin den ganzen Tag in der Sonne geritten und gegangen, habe gestern in Plathe tanzen sehn und viel Montebello getrunken; erstres giebt mir Magensäure, das andre Ziehn in den Waden. Nimm dazu eine beim Schlucken schmerzliche Anschwellung des Zäpfchens, einen leichten Anflug von Kopfschmerz, krumme Beine und Sonnenstich, so begreifst Du, daß mich weder der Gedanke an Dich, mein Engel, noch das melancholische Geheul eines wegen übermäßiger Jagdlust eingesperrten Hühnerhundes länger wach zu halten im Stande ist. Nur das will ich Dir noch sagen, daß das Kränzchen nicht sehr besucht, eine recht niedliche Fräulein Schmeling, Schwester von der Marwitz, dort war und wieder sämmtliche junge und alte Frauen in Wochen

42

liegen, außer Frau von N......., die kleine, die ein hellblaues Atlaskleid trug, und daß ich übermorgen zu einem ästhetischen Tee in Cardemin bin mit Lektüre, Gebet und Ananasbowle. Schlaf wohl, meine Angebetete..., es ist 11 ...

K(niephof) 27/4. 45
Bismarck.

Lieber Vater[23]

Bei dem anhaltenden und starken Regenwetter, welches wir seit fast 14 Tagen haben, mußte ich täglich mit Besorgniß an die böse Elbe denken, wie ihr Abfluß dadurch verzögert wird. Doch hat, wie ich aus Deinem Briefe sehe, der Regen auch sein Gutes.[24] Ich kann mir denken, daß Du am Ende die Geduld verlieren mußt und kleinmütig werden, wenn man bei so großem Unglück nichts tun kann als zusehn und abwarten. Ich wollte nur, daß ich Dir mit irgend etwas helfen könnte; das Einzige wäre noch, daß ich von Deinen Schaafen nach der Schur zur Weide hernähme, wenn Du es für gut hältst. Die Ostpreußen sagen zwar, es sei besser in der Niederung zu versaufen, als auf der Höhe zu verhungern, indessen, wenn sie sich auch nicht satt fräßen, da mir wegen des Uebergangs die Weide etwas knapp ist, so glaube ich doch, daß sich 2 bis 600 mit durchfressen würden, wenn Du den weiten Weg nicht fürchtest. Mit der Wirtschaft hier geht es so mäßig, nur die Bestellung will bei dem ewigen Regen nicht vorrücken und kann zum Teil nur unvollkommen besorgt werden. Im Raps werde ich eine sehr schlechte Ernte machen; fast die Hälfte ist zum Umpflügen, und das andre taugt nicht viel; der letzte große Schnee am 12. April hat es ihm getan. Die Rieselwiesen sehn

---

23   Übernommen aus Bismarck-Jahrbuch I, 7 ff.

24   Nach einem Briefe des Vaters vom 21. April 1845 war das Wasser vom Fischbecker Durchbruch so heftig heruntergeströmt, daß es den zwischen dem neuen Wiehl und der Ziegelei seit 100 Jahren lagernden Kies mit fortgenommen hatte. – Man vgl. auch den Brief des Vaters vom 8. April 1845 in Schmidt, Schönhausen S. 164 f.

sehr gut aus; die Zampelwiesen stehn noch meist unter Wasser, und da ich sie im vorigen Jahre aus diesem Grunde gar nicht mähen konnte, so macht mich der viele Regen etwas besorgt. Vor einigen Tagen bin ich mit Moritz[25] bei Hermann in Kussow gewesen. Sie kamen mir Beide etwas niedergeschlagen vor, wegen der trostlosen Einsamkeit, in der sie leben, die besonders für Pauline drückend ist, da die 2 oder 3 Nachbarn, die auf 3 Meilen in der Runde leben, unverheiratet sind... Senfts, der einzige Umgang, den sie hatten, verlassen die Gegend nun auch, um nach Berlin zu ziehn, wo er als Geheimer Oberfinanzrat mit über 4000 Tlr. Gehalt angestellt ist. Er wird gewiß über kurz oder lang Ober-Präsident, wenn nicht mehr; übrigens ist er auch ein Mann von ganz außerordentlichen Fähigkeiten und ein bessrer Präsident, als 20 examinirte Assessoren sein würden. Hermann ist sehr verdrießlich, da er seiner Gesundheit halber im Regen nicht ausgehn darf, seinen Roggen meist umpflügen muß und sehr mit der Bestellung zurück ist. Wenn er einige Jahre Geduld hat, so wird er meines Erachtens einen sehr guten Handel gemacht haben. Der Boden ist viel besser, als irgend einer hier in der Gegend, nur ist bis jetzt nicht der geringste Graben auf dem Felde gewesen, während Gräben nirgends notwendiger sind, als dort; unzählige große Wasserpfühle, die leicht abzugraben sind, stehn im Acker. Heut zum Fest bin ich in Cardemin eingeladen, morgen in Cummerow, Zimmerhausen und Schlossin. Ich wollte, die Leute kauften mir lieber mein Mastvieh ab, anstatt mich zu Mittag zu bitten. Die Hammel hat noch nicht einmal einer angesehn, und in Berlin fallen die Preise täglich. – Das braune Pferd bitte ich Dich à tout prix zu verkaufen, 130 Taler ist viel Geld dafür, ich bin froh, wenn ich 100 wiederbekomme. Mein früherer Gärtner, Herrmann, wird nicht wieder zu mir ziehn, da er darauf bestand, am Inspectortisch essen zu wollen. Ich hätte gern einen von der Sorte, wie Deiner ist, der verdient sein höheres Lohn vollkommen; solltest Du dort von einem hören, so schreib mir doch; denn den jetzigen werde ich wohl nicht länger als bis zum Herbst behalten, da er verheiratet ist und noch andre Untugenden

25   v. Blankenburg.

44

hat. – Vielen Dank für die vortrefflichen Kibitzeier, es ist recht freundlich von Dir, daß Du in Deiner Not noch an hungrige Pommern denkst; sie kamen sehr gut hier an und waren vortrefflich verpackt. Heut haben wir Sonnenschein, aber es sieht doch noch nach Regen aus.

Ich muß schließen, denn Johann hat schon die Pferde vor dem Wagen, und ich bin noch nicht angezogen. Da ich erst übermorgen zurückkomme, so will ich den Brief nicht so lange aufhalten. Von Bernhard höre und sehe ich nichts, wenn ich nicht nach Naugard komme.

Leb recht wohl, mein lieber Vater, und bleib gesund; ich hoffe ja, daß wir noch vergnügt und trocknen Fußes wieder nach der Ziegelei gehn werden. Viele Grüße an Bellin.

Kniephof, Pfingstsonntag [11. Mai 1845][26]

Dein

gehorsamer Sohn

Bismarck.

In der ganzen Belgarder-Neustettiner Gegend und weiterhin steht das Korn niederträchtig und der Raps ist umgepflügt, in Gramenz 250 Morgen.

Liebe Kleine,

Sehr mit Packen zur Landwehrübung beschäftigt, will ich Dir nur zwei Zeilen schreiben, da ich in der nächsten Zeit nicht recht dazu kommen werde. Ich habe seit bald nach dem Wollmarkt unsern vagabondirenden Landrat vertreten, viel Feuer, viel Termine mit ... Bauern bei starker Hitze und viele Reisen in sandigen Kienhaiden gehabt, so daß ich des Landratspielens vollkommen überdrüssig bin und meine Pferde auch. Nun bin ich kaum acht Tage in Ruh und muß schon wieder dem Vaterlande als Soldat dienen; Du siehst, how men of merit are sought

---

26   Das Datum des Briefes ließ sich aus dem Poststempel Naugard 11/5. ermitteln.

after, the underserver may &c. Ich habe mir leider noch ein Pferd anschaffen müssen, da meine nicht zum Exerciren gehn; indeß will ich es
mit Grosvenor als Reserve versuchen. Letztrer zieht übrigens im Wagen
wie ein alter Carossier, ich werde ihn daher auch nächstens bezahlen,
kannst Du Oscar sagen (sobald die Rapsgelder eingehn), was ich mir
fest vorgenommen hatte, nicht zu tun, wenn er nicht zöge.

(Tintenflecke.)

Verzeih vorstehendes Arabische, ich habe keine Minute Zeit, um diesen
Zettel noch mal zu schreiben, denn ich soll in einer Stunde fahren und
muß noch sehr packen. Wir stehn in den nächsten 14 Tagen in Crüssow
bei Stargard, nachher bei Fiddichow und Bahn, Schwedt gegenüber.
Willst Du mir schreiben, so adressire nach Stargard, Poste restante, wobei ich auf jede Ausrede wegen langen Stillschweigens verzichte und
vorkommenden Falls auch ein Gleiches von Deiner Seite erwarte. Lebe
wohl, mein Mantelsack erwartet mich gähnend, um gepackt zu werden,
und rund um mich her sieht es militärisch blau und weiß aus.

Wenn wir bei Fiddichow stehn, könnte mich Oscar in Bahn besuchen, ich werde ihm Nachricht geben.

K(niephof), 21. [Aug. 1845][27]

Dein treuer Bruder

Bismarck.

An den Appellationsgerichts-Präsidenten Ludwig v. Gerlach.[28]

Ew. Hochwohlgeboren

remittire ich die beiden mir gütigst anvertrauten Stücke, das Stadt-
gericht zu Wanzleben betreffend, mit meinem gehorsamsten Dank.
Wenngleich ich, als unwissender Laie, selbst ein beifälliges Urteil über
den fraglichen Plan kaum auszusprechen wage, so kann ich doch nicht
verschweigen, wie einleuchtend mir die Vorzüge einer solchen, der eng-

---

27 Erschlossen aus dem Poststempel Naugard 21. 8.

28 Übernommen aus Bismarck-Jahrbuch III 34 ff.

lischen Gerichtsverfassung sich nähernden Einrichtung sind, welche
den Eingesessenen leicht zu erreichende, landes- und personenkundige
Richter und zugleich die Rechtssicherheit gewährt, welche man von col-
legialischer Organisation zu erwarten pflegt. Ich kann mir nicht denken,
was wohlmeinende und besonnene Leute von irgend einer Seite dagegen
einwenden möchten. Mir ist nur die Vervielfältigung der Kassen und
Depositorien aufgefallen als etwas nicht wünschenswertes, aber wohl
nicht wesentliches; außerdem kann ich die Bemerkung nicht unterdrük-
ken, daß mir das Gehalt der Subalternen, besonders der ersten Aktuarien,
verbunden mit ihren sonstigen Emolumenten, hoch scheint im Vergleich
mit dem der Assessoren und Räte, wenn man die große Verschiedenheit
der für beide Klassen nötigen Vorstudien erwägt, der Kosten, welche
sie bis zu ihrer Anstellung aufwenden müssen, und der Anforderungen,
welche die gesellschaftliche Existenz an beide macht. Es wäre gewiß
wünschenswert, Richter zu haben, die nicht auf ihr Gehalt angewiesen
sind oder garkeins beziehn; aber das Material dazu fehlt, oder ist verfas-
sungsmäßig nicht qualificirt.

Ich erlaube mir bei dieser Gelegenheit noch eine Idee über Patrimonial-Gerichte auszusprechen, die bei vielen meiner Mitstände Anklang
findet. Diese Gerichtsbarkeit ist jetzt tatsächlich selten etwas Andres,
als ein Flicken auf dem Mantel eines Königlichen Richters, in dessen
stattlichem Faltenwurf sie für gewöhnlich verschwindet, um nur in der
Unterschrift einer Ausfertigung gelegentlich hervorzutreten. Die Klein-
heit der meisten Patrimonial-Gerichtsbezirke nötigt deren Inhaber, seine
Gerichtsbarkeit einem benachbarten Königlichen Richter beizulegen,
dessen Character als Königlicher Beamter dadurch nicht um einen halben Ton modificirt wird. Wenn aber die Patrimonial-Gerichtsbarkeit ein
lebendiger Teil unsrer Verfassung sein soll, so müßte m. E. der Patrimonial-Richter wesentlich und ausschließlich, so lange er seine Stelle
hat, ständischer, ritter-schaftlicher, Beamter sein. Dieß ließe sich glaub
ich dadurch erreichen, daß man dem Mangel an Corporations-Geist
und ständischem Leben in unsrer kornbauenden Ritterschaft im Wege

der Gesetzgebung zu Hülfe käme; indem wenigstens da, wo es örtlich ausführbar ist, soviel Patrimonial-Gerichte zum Zusammentritt veranlaßt würden, daß sie einen hinreichenden Bezirk für ein Gerichtsamt, im Sinne des anliegenden Organisationsplanes, bildeten, dessen Richter dann von den beteiligten Gerichtsherrn, analog dem Landrate, gewählt würde. Danach dürften, bis auf die durch ihre Localität zur Ausnahme geeigneten Fälle, Königliche Richter nicht zugleich Patrimonial-Richter sein. Ich will mich einstweilen bemühn, diese Idee, deren Ausführung, wenn die Beteiligten darüber einig sind, die heutige Gesetzgebung möglich, wenn auch nicht notwendig macht, hier in Bezug auf Schönhausen, Fischbeck, Wust, Hohengören, Libars, Neuermark, Scharlibbe pp. ins Leben zu führen. Leider ist es schwer bei den meisten der Herrn, mit dem Worte Patrimonial-Gericht eine andre Ideenverbindung zu wecken, als die Berechnung, ob die Sporteln die Justitiariats- und andern Gehalte inklusive Gefängnißkosten decken werden.

Ich bitte Sie, Verehrtester Herr Präsident, mich ihrer Frau Gemalin, deren Commission an Fräulein Lucie ich prompt besorgen werde, angelegentlich zu empfehlen, und die Versicherung der aufrichtigsten Hochachtung und Verehrung zu genehmigen, mit der ich bin
Schönhausen, 24. Februar 1846
Ew. Hochwohlgeboren
gehorsamster Diener
Bismarck.

Ma sœur,

je t'écris pour t'annoncer, daß ich spätestens am 3. März bei Dir in Angermünde eintreffen werde, wenn du mir nicht bis dahin schreibst, daß Du mich nicht haben willst. Ich denke Dir dann, nachdem ich mich 2 bis 3 Tage an Deinem Anblick ergötzt haben werde, Deinen Gemal zu entführen, um mit ihm einer Sitzung des Vereins für das Wohl der arbeitenden Klasse am 7. März in Potsdam beizuwohnen. Meine früher intendirte Abreise hat sich durch allerhand Deich-, Prozeß- und Jagdgeschäfte verzögert, so daß ich erst ungefähr am 28. hier abgehn werde. Ich soll hier mit der gewichtigen Charge eines Deichhauptmanns bekleidet werden, auch habe ich ziemlich sichre Aussicht, in den sächsischen (d. h. nicht den Dresdner) Landtag gewählt zu werden. Die Annahme der ersten Stelle würde entscheidend für die Wahl meines Wohnsitzes, hier, sein. Gehalt ist weiter nicht dabei, aber die Verwaltung der Stelle ist von Wichtigkeit für Schönhausen und die andern Güter, indem es von ihr vorzugsweise abhängt, ob wir gelegentlich wieder unter Wasser kommen oder nicht. Auf der andern Seite dringt mein Freund Senft in mich, der mich durchaus nach Ostpreußen schicken will, als Sr. Majestät Commissarius bei dortigen Meliorations-Arbeiten. Diese Stellung würde mir vor der Hand einen ganz interessanten Wirkungskreis und demnächst eine, wie ich glaube unter jetzigen Umständen sehr günstige Aussicht auf schnelle Beförderung im Dienst geben. Aber ich würde auf das bescheidne, sichrere Los, welches sich mir hier bietet, verbunden mit der Aussicht auf den Landrat verzichten. Alvensleben wird diesen letztern Posten schwerlich länger als 3–4 Jahr behalten, da seine Kränklichkeit schon jetzt ersichtlich im Zunehmen ist; meine Ansicht stützt auf ärztlichen Gutachten.

Bernhard redet mir wider Erwarten sehr zu, nach Preußen zu gehn. Ich möchte wissen, was er sich dabei denkt. Er behauptet, ich sei nach Neigung und Anlage für den Staatsdienst gemacht und würde früher oder später doch hineingehn.... Am Sonnabend ist Ball in Ratenow; ich werde wohl aus Mangel an H(andschuhen) und weil ich traure nicht hingehn . . . Nach Wust kommt ein neuer Herr von Katt, und nach Hohengöhren . . . Maquet, der eine hübsche und angenehme Frau hat. Es wird mir vermutlich glücken, hier einen Reh-Schonverein zu Stande zu bringen. Uebrigens bin ich noch recht wohl. Grüße Oscar, Detlev, Miß und die andern Kinder von Deinem ganz ergebnen Bruder
Schönhausen, 25/2. 46
Bismarck.

Liebe Arnimen,

Ich habe in diesen Tagen soviel Briefe schreiben müssen, daß mir nur noch ein halber mit Caffee befleckter Bogen geblieben ist, den ich Dir deshalb aber nicht vorenthalten will. Meine Existenz hier ist nicht die vergnüglichste gewesen. Inventarien anfertigen ist langweilig, namentlich wenn man von den Schurken, den Taxatoren, 3 Mal aus nichtigen Gründen im Stich gelassen wird und Tage lang vergeblich warten muß. Außerdem ist mir ein Beträchtliches an Korn verhagelt (den 17.), und endlich habe ich noch immer einen höchst widerwärtigen Husten, obgleich ich seit Angermünde keinen Wein getrunken und mich vor jeder Erkältung sorgfältig in Acht genommen habe, über Mangel an Appetit nicht klagen kann und schlafe wie ein Dachs. Dabei verhöhnt mich jeder wegen meines gesunden Aussehns, wenn ich behaupte, an der Brust zu leiden. Morgen Mittag werde ich Redekin besuchen, übermorgen nach Magdeburg gehn und von dort nach ein- bis zweitägigem Aufenthalt mich unaufhaltsam in Deine Arme stürzen. Von hier kann ich Dir weiter nichts Neues melden, als daß die Vegetation bei meiner Ankunft im Vergleich mit Angermünde 14 Tage vor war, und die Saaten im ganzen mittelmäßig stehn. Die Folgen der Ueberschwemmung machen sich leider auf eine sehr verdrießliche Weise im Garten bemerklich. Außer den vielen Hölzern, die ich im Winter schon als ausgegangen ans dem Bosquet genommen habe, zeigt sich nun, daß sämmtliche noch übrige Akazien und über die Hälfte der Eschen trocken sind, so daß wenig bleibt; 17 von den Linden am untern Ende der großen Allee sind entweder schon todt oder doch augenscheinlich sterbend. Ich lasse, diejenigen, an denen sich noch ein oder das andre Blatt zeigt, köpfen, und will sehn, ob sie mit dieser Operation zu retten sind. Obst-, besonders Pflaumenbäume, gehn anch viele verloren. Im Felde und besonders in den Wiesen sind viele Stellen, wo die Vegetation ausbleibt, weil die obere fruchtbare Erdschicht fortgeschwemmt ist. Bellins und die sonstigen Schönhäuser lassen sich empfehlen, erstre leiden sehr von der Hitze heut, Sultan nicht minder. 21 Grad im Schatten. Viele Grüße an Oscar.

Schönhausen, 22. [Mai 1846]²⁹
Dein schwindsüchtiger Bruder
Bismarck.

von Bismarck-Schönhausen,
ritterschaftlicher Abgeordneter der Provinz Sachsen im Jahre 1846.
Gezeichnet von Bürde. Lithographie von Mittag.

Dearest sister,

Herzlich gern wäre ich morgen bei Dir, aber pro primo weiß ich nicht sicher, ob ich Dich schon in Angermünde finden würde, und zweitens müßte ich gleich wieder hierherkommen, da ich mit Bernhard vor meiner Abreise noch Geschäfte abmachen muß, bei denen wir beide persönlich notwendig sind und die ihrer Natur nach erst nach dem Ersten gemacht werden können.

---

29 Der Monat läßt sich erschließen aus dem Poststempel: Fischbeck 23/5. Wie Hesekiel dazu gekommen ist, den Brief vom 22. Juli zu datiren, ist nicht zu erklären.

Ich werde Dich also leider vor Eurer Abreise, die Ihr, wie mir Bernhard sagt, den 2. antreten wollt, nicht mehr sehn, und kann Dir nur mit aller mir zu Gebote stehenden Zärtlichkeit zu Deinem Geburtstag Glück wünschen und Dir meinen brüderlichen Segen für die Ausflucht in die Welt schriftlich erteilen. Den 8. bin ich in Magdeburg und hoffe zum Landtagsabgeordneten gewählt zu werden; zwischen 3. und 6., je nachdem ich mit Bernhard fertig werde, reise ich hier ab; hole ich Euch da vielleicht noch in Berlin ein? und werdet Ihr nicht auf der Rückreise oder auch jetzt Schönhausen berühren?

Ich werde diesen Sommer vermutlich ruhig im Lande bleiben und mich redlich nähren.

Schreibe mir doch bald, wenn früher, hierher, nach dem 4ten nach Schönhausen und von wo Du willst.... Der Landwirt klagt hier jetzt viel über Regen; das Heu stießt fort. Herzliche Grüße an Oscar.

Kniephof, 28. 6. 46

Dein treuer Bruder

Bismarck.

Cardemin, 29. 10. 46

Liebe Malle,

Mit der Frau hier[30] geht es etwas besser, so daß wieder Hoffnung ist sie herzustellen, wenn auch noch keine sichre. Sie ist wenigstens wieder bei vollem Bewußtsein, was eine Zeit lang in dem Grade nicht der Fall gewesen ist. Antonie ist hier und läßt vielmals grüßen und Du möchtest ihr schreiben! In Kniephof bin ich nur 2 Tage gewesen und beabsichtige es zu verpachten, vielleicht an Wartensleben aus Schwiersen, der es für einen seiner Schwäger haben will. Bitte doch Oscar, daß er mir umgehend einen seiner Pachtcontracte schickt, Woddow oder Ruhhof. Thadden und Moritz[31] sind beide sehr getrost und waren auch, als ich ankam,

---

30 Marie von Blankenburg, geb. von Thadden.
31 v. Blankenburg.

gefaßter wie andre Leute, obgleich Fanninger damals kaum noch eine Spur von Hoffnung hatte. Sie fiebert noch immer und ist so schwach, daß sie kaum sprechen kann. Grüße O. herzlich und leb wohl.

Dein treuer Bruder
Bismarck.

An einen jungen Geistlichen.

Cardemin, 29. October 46[32]

In Moritz's Namen, der augenblicklich bei seiner Frau beschäftigt ist, benachrichtige ich Sie, daß der Zustand der letztern seit 2 Tagen mehr Hoffnung giebt, als bisher. Fanninger hat zwar die sichre Ueberzeugung von ihrer Herstellung so lange nicht, als das Fieber und die Frequenz des Pulses nicht nachlassen. Die Freiheit des Bewußtseins und der Bewegungen nimmt aber so erfreulich zu, daß die Aussichten auf Besserung für jetzt bei dem Arzt wie bei allen sehr überwiegend sind. Moritz erträgt die ungemeine Anstrengung und Aufregung sehr gut. Ich soll Sie bitten, diese Nachrichten auch der Frau Predigerin Dummert mitzuteilen.

Mit innigem Bedauern habe ich gehört, daß auch Sie die Freuden unsrer Reise[33] mit einer schweren Krankheit haben zahlen müssen. Von Herzen wünschend, daß es Ihnen wohlgehe,

der Ihrige
Bismarck.

Liebes Herz,

Du weißt ungefähr, auf welchem Fuß ich mit dem Cardeminer Hause stand und wie schwer mich der neuliche Todesfall deshalb trifft. Wenn noch etwas gefehlt hat, um mir den Entschluß, Pommern zu verlassen,

---

32   Nach dem Facsimile bei Allers, Unser Bismarck S. 188.
33   in den Harz, Sommer 1846.

leicht zu machen, so war es dieß. Es ist eigentlich das erste Mal, daß ich jemand durch den Tod verliere, der mir nahe stand und dessen Scheiden eine große und unerwartete Lücke in meinen Lebenskreis reißt. Der Verlust der Eltern steht in einer andern Kategorie; er ist nach dem Laufe der Natur vorauszusehn, und der Verkehr zwischen Kind und Eltern pflegt nicht so innig und das Bedürfniß desselben auf Seite der Kinder wenigstens nicht so lebhaft zu sein, daß wir bei ihrem Tode nicht eher Mitleid und Wehmut als heftigen Schmerz über den eignen Verlust empfänden. Mir wenigstens war dieses Gefühl der Leere, dieser Gedanke, eine mir teuer und notwendig gewordne Person, deren ich sehr wenig habe, nie wieder zu sehn und zu hören, dieß war mir so neu, daß ich mich damit noch nicht vertraut machen kann und mir das ganze Ereigniß noch nicht den Eindruck der Wirtlichkeit macht. Beneidenswert ist mir die Zuversicht der Verwandten, mit der sie diesen Tod als kaum etwas andres wie eine Vorausreise betrachten, der ein fröhliches Wiedersehn über kurz oder lang folgen muß. Moritz sowohl wie Thadden sind, für meinen Maßstab, wunderbar gefaßt, wenn auch am ersten Tage namentlich Thadden von Schmerz überwältigt war und zu Besorgnissen Anlaß gab. Marie selbst ging ihrem Tode mit ungetrübter Heiterkeit und Zuversicht entgegen, in den letzten Tagen war sie indeß selten bei Besinnung. Moritz wird nun wohl wieder nach Zimmerhausen ziehn, einstweilen ist Hedwig bei ihm. Die Todesfälle sind hier in diesem Jahre häufig gewesen, die alte Frau v. Eisenhart, Herr v. Dewitz in Daber, Frau v. Dewitz in Wussow, Frau v. Wedell in Braunsforth, Vormans jüngste Tochter, alle 3 Kinder der Frau v. Wedell in Teschendorf; fast alles in Trauer. Unter den gemeinen Leuten grassiren die Nervenfieber stark; ich habe hier in den Tagelöhnerhäusern 11 Kranke. Heut habe ich den Pachtcontract über Kniephof abgeschlossen mit Herrn Klug, bisherigem Pächter von Pansin, und mir dadurch wiederum den Unwillen der Frau v. Puttkamer zugezogen, die den Mann gern behalten wollte. Pecuniär glaube ich ein sehr gutes Geschäft gemacht zu haben, und werde damit viel Sorgen und Verdruß los. Gut ist es, daß der Winter eingekehrt ist,

54

sonst würde mir das Scheiden von hier doch schwer werden. Ich denke Anfangs der nächsten Woche zu reisen und Euch zu sehn, kann aber mit Bestimmtheit die Zeit noch nicht angeben, da ich noch viel Geschäfte abzumachen und viel einzupacken habe. Leb wohl, mein Liebchen, und grüße O. herzlich.

K(niephof), 18. 11. 46
    Dein treuer Bruder
    Bismarck.

Malinka,

    Ich zeige Dir nunmehr alles Ernstes meine Verlobung an, die kein Geheimniß mehr ist. Ich erhielt in der vorigen Woche einen Brief von hier, der mir freistellte herzukommen und die Antwort hier zu hören. Am Montag kam ich früh durch Angermünde, fuhr spurlos durch Naugard und Dienstag den 12. um Mittag war ich verlobt. Alles Nähere, das maßlose Erstaunen der Cassuben, von denen die, welche nicht gleich rundum überschlugen, noch immer haufenweis auf dem Rücken liegen, den Verdruß der alten Damen, daß auch keine sagen kann: ich habe eine Silbe davon geahnt u. f. m. will ich Dir mündlich erzählen. Einstweilen bitte ich nun Dich und Oscar, Euch in wohlwollende Verfassung für meine zukünftige Frau zu setzen, die Dir selbst noch schreiben wird. Reinfeld liegt hier dicht bei Polen, Bütow ist die nächste Stadt, man hört die Wölfe und die Cassuben allnächtlich heulen, und in diesem und den 6 nächsten Kreisen wohnen 800 Menschen auf der Quadratmeile; polish spoken here. Ein sehr freundlich Ländchen. Herzliche Grüße an O.

Reinfeld, 16. 1. 47
    Dein treuer Bruder   Bismarck.
Sobald ich nach Hause reise, siehst Du mich; wann, das weiß ich noch nicht.

Schönhausen, 19. Februar 1847

Mein liebes Herz,

Ich bin recht faul im Schreiben an Dich gewesen und faul doch eigentlich nicht, denn ich habe, seitdem ich als Protokollführer beim Kriminalgericht fungirte, nicht so viel geschrieben wie in den letzten Wochen. Erstens ist das Actenwesen, welches ich von W….. übernommen habe, in einer grenzenlosen Confusion, und da ich einstweilen nicht wie die Herrn Landräte 6 Schreiber zu meiner Disposition habe, so muß ich mich allein damit befassen, und 2. wird die Correspondenz mit Reinfeld augenblicklich mit einer Lebhaftigkeit geführt, die auf die Länge so nicht beibleiben kann. Es ist doch sehr angenehm, verlobt zu sein, ich sehe seitdem mit ganz andern Augen in die Welt, langweile mich nicht mehr und habe wieder Lust und Mut zu leben. Je mehr und je ruhiger ich mich in die Idee einlebe, desto deutlicher wird mir, daß ich einen verständigen und glücklichen Schritt getan habe, und meine Hoffnung ist, daß mich diese Ueberzeugung nie verlassen wird....

O. wird Dir gesagt haben, daß unsre Reise nach Magdeburg wegen Bernhards Ausbleiben keinen vollständigen Erfolg gehabt hat. Es tut mir leid, und Du wirst mir verzeihn, daß ich ihn in dieses Zeit, wo Dir etwas bange sein muß, entführt habe; indes B., für den die Erledigung der Sache in der Tat von Wichtigkeit ist, drängte so, daß ich gar nicht begreife, was ihn hätte abhalten können zu kommen. Ich glaube, daß auch er damit umgeht, sich nochmals zu verloben[34], und da er gar keine Gründe seines Ausbleibens angiebt, so ist es wohl möglich, daß sie delicater Natur sein können. Ich weiß aber nicht, auf wen er sein Auge geworfen haben könnte...

Zu dem großen Landtag in Berlin werde ich wohl nicht gewünscht werden, da ich in Pommern freiwillig ausgeschieden bin und hier die erwartete Vacanz nicht eintritt, indem der Oberpräsident Bonin selbst sein Licht als Redner glänzen lassen will. An und für sich würde ich der farce

34 Die Gattin Bernhards v. Bismarck, Adelheid geb. Fanninger, war am 22. Mai 1844 bei der Geburt des zweiten Sohnes gestorben. – Im Jahre 1848 vermählte sich Bernhard v. Bismarck mit Frl. Malwine v. Lettow.

sehr gern beiwohnen; unter jetzigen Umständen ist es mir aber recht
lieb, daß ich nicht brauche und dafür in Reinfeld sein kann. Vor dem 20.
März kann ich hier wegen verschiedner Geschäfte nicht gut fortgehn,
wenn auch das Wasser vorbei wäre, und dann hätte ich bis zum 8. April
nur Zeit und müßte am Ende bis zum Wollmarkt in Berlin sitzen, denn
so lange, meint man, wird das Stück spielen, da die Provinziallandtage
dieses Jahr ausfallen und dort zum Teil mit abgemacht werden. – Wenn
das Wetter nicht wechselt, so werden wir in 3–4 Tagen den Eisgang haben, dem man nicht ohne Sorge entgegensieht, da das Eis durch das wiederholte Auftauen und Zufrieren sehr dick geworden ist und im Gebirge
viel Schnee liegt. Dafür ist aber das Eis mürbe, und wenn jeder seine
Schuldigkeit tut, ist so leicht nichts zu befürchten.... Viele Grüße an O.
Wenn das Wasser vorbei ist, komme ich wohl auf   1 oder 2 Tage nach
Berlin, um Dich zu sehn, denn später auf der Reise nach Reinfeld wird
es doch nicht viel.

Dein treuer Bruder B.

An den Appellationsgerichts-Präsidenten Ludwig v. Gerlach.[35]

Reinfeld bei Zuckers, 26. März 1847

Verehrtester Herr Präsident,

Schon vor Empfang ihres Schreibens vom 20. beabsichtigte ich, Ihnen über das Resultat unsres Convents Bericht zu erstatten, wurde aber
bisher durch meine Reise und dazwischenliegende Geschäfte davon abgehalten.

Wesentlicher Beschluß war nur unsre Eingabe an Se. Majestät, deren Skelett ungefähr nachstehendes ist: Wir wollen gern zu jeder äußern
Umformung unsrer Gerichte die Hand bieten, durch welche sie fähig
würden, das neue Verfahren in sich aufzunehmen, glauben aber, daß dieß
geschehn kann, ohne unsre Rechte und ohne die Vorzüge der mit den

---

35   Übernommen aus Bismarck-Jahrbuch III 36 ff.

Verhältnissen vertrauten, auf dem Lande wohnenden Einzelrichter aufzugeben, und haben zugleich den Weg periodischer Zusammenkunft der Richter angedeutet und den König gebeten, einen höhern Justizbeamten zu beauftragen, daß er mit unsern gewählten Vertretern, den Grafen von Hagen und von Wartensleben und mir, darüber verhandle. Gleichzeitig haben wir eine Eingabe an den Justizminister entworfen, worin wir ihn bitten, Ew. Hochwohlgeboren dem Könige als Seinen Commissarius vorzuschlagen. Letztres geschah auf den Wunsch des Ministers Grafen Alvensleben, der meinte, daß es ein Vorgreifen enthielte, wenn wir Sr. Maj. direct vorschlagen wollten, durch wen er mit uns verhandeln möge. Diese Petition, d. h. die an den König wurde von sämmtlichen Anwesenden, etwa 20 an der Zahl, unterzeichnet, demnächst noch an mehre, die ihre Bereitwilligkeit erklärt hatten, zur Unterschrift geschickt. Demnächst wurde pro Informatione der drei gedachten Bevollmächtigten über die détails der Sache discutirt, und fand sich vollständige Einstimmigkeit über nachstehende Grundlagen, die, wenn sie nicht sogleich vollständig zu erreichen wären, doch mit der Zeit erstrebt werden sollten:

1. Einteilung in Bezirke, für deren jeden ein Richter fungiren sollte.

2. Vorschlag für Anstellung der Richter seitens der Gerichtsherrn jedes Bezirks, wogegen der Corporation beider Kreise ein veto gegen die einzelnen Persönlichkeiten zustande, und definitive Ernennung durch den König, nach Analogie der Landrats-Bestellung.

3. Bildung möglichst kleiner Gerichtsbezirke, soweit dies mit den disponibeln Geldmitteln verträglich ist.

4. Vorzugsweise Berücksichtigung der bisherigen Richter. Soweit deren Entschädigung oder anderweite Versorgung nötig erscheint und nicht anders zu erreichen steht, sollten vor der Hand auch mehr Personen, als unumgänglich nötig wäre, angestellt werden.

5. Die Gerichtsherrn wollen auf alle Sporteln und Einkünfte aus den Gerichten Verzicht leisten, wenn der König sämmtliche Kosten, Besoldungen u. s. w. übernimmt.

58

6. Ein ständisches Curatorium ist zur Controlle des Gerichts, event. durch Beschwerden beim Obergericht, befugt.[36]

Dieß Alles sind wie gesagt keine Beschlüsse, sondern Fundamente zu fernerer Verhandlung mit den Behörden, durch welche sie modificirt werden würden, soweit sie nicht ausführbar erscheinen. Für Beibehaltung des jetzigen Zustandes, mit bloßer Hinzufügung der Zusammenkünfte der Richter zum Collegium, fand sich garkein Anklang, indem man dieß, wenn auch nicht für unerwünscht, doch für unausführbar hielt, wegen der großen Anzahl der jetzt fungirenden Richter und der Entfernung ihrer Wohnorte von einander und teilweis von ihren Gerichtsbezirken. Auch glaubte man, daß die durch die Zusammenkünfte veranlaßten Mehrkosten dann durch keine Ersparniß würden aufgewogen werden. [37]

Was von vorstehendem erreichbar ist für jetzt, würde nun die Verhandlung, wenn der König die Sache überhaupt aufnehmen will, ergeben, die zwischen Ihnen und uns demnächst geführt würde. Das Resultat würden wir alsdann unsern auftraggebenden Mitständen wieder vorlegen, um zu erfahren, ob sie es annehmbar finden. Gegen die obigen 6 Punkte, glaube ich, würde sich im ganzen zweiten, und wahrscheinlich auch im ersten Jerichowschen Kreise keine einzige Stimme unter den Gerichtsherrn erheben.

Bis auf Weitres bleibe ich noch hier. Mit der Bitte, mich der gnädigen Frau zu empfehlen,

der Ihrige
Bismarck.

---

36 Randbemerkung Gerlachs: Als etwas mit der Zeit auf gütlichem Wege zu erreichendes kann man dieß dahin gestellt seyn lassen – die meisten Gerichtsherrn und die einflußreichsten Verteidiger der Patrimonial-Gerichtsbarkeit würden hierin eine Aufhebung derselben sehen.

37 Randbemerkung Gerlachs: Aus diesen Bedenken folgt nur, daß der Plan nicht gleich vollständig d. i. ausnahmslos ausführbar ist. Die Mehrkosten sind unbedeutend. Die Kosten der Collegial-Sitzungen sind unbedeutend.

Reinfeld, 14. April 1847

Liebes Herz,

Eben erhalte ich Deinen Brief vom 10. und bin recht innig erfreut gewesen zu sehn, daß Du wieder ein ganz geläufiges Händchen schreibst und Deinen Feldzug in das Reich des Hauses vollständig und glücklich ausgeführt hast. Die Würde eines Paten fühle ich mich sehr geehrt anzunehmen, Du mußt mir aber unter obwaltenden ungewöhnlichen Umständen gestatten, mich wie der König beim 7. Sohn vertreten zu lassen, wenn es geht, durch einen der Prinzen meines Hauses, den Landrat Maschke aus Naugard; ist der schon außerdem in Function, so bitte ich O. mir einen andern plenipo zu stellen. Ich muß zum letzten April, der Deichschau wegen am 4. Mai, hier fort, und wenn ich jetzt zum 17. nach Berlin käme, so würde ich wohl für die kurze Zeit, die ich dann noch übrig hätte, nicht nochmals herkommen. Auf so lange Zeit will mir Jeannette aber nicht Urlaub geben, da ohnehin ihr Vater jetzt nicht hier und ihre Mutter krank ist; dabei das hypochondrischste Wetter von der Welt, das keine andern Vergnügungen bietet als Schlittenfahren und Schlittschuhlaufen, eine Abwechslung, der ich mich um Mitte April nicht recht zu freuen im Stande bin. Solche Schneegestöber, wie hier alle Tage sind, giebt es bei uns im December nicht, und die westpreußischen Berge, die man in der Ferne sieht, präsentiren sich, wie lauter Chamounix und Montblanc. Unter diesen Umständen würdest Du Oscar, wenn Du noch Braut wärst, auch nicht entlassen haben; verzeih daher mir und dem Gegenstande meiner Zärtlichkeit, wenn ich statt meiner Person nur meine feierlichsten Versprechungen schicke, allen Pflichten eines rechtschaffnen Paten in Bezug auf die Erbin Deiner innern und äußern Schönheit getreulich nachzukommen. Der Zustand von Frau v. Puttkamer ist in der Tat beunruhigend. Sie ist entschieden wassersüchtig und bekommt oft bei anscheinendem Wohlbefinden die fabelhaftesten Zufälle urplötzlich; sprich mit Herrn v. P., der Dich doch wohl, wenn er auch aus den Rrr-rummelsburger Wäldern stammt, besuchen wird, nicht davon, er könnte

60

glauben, daß es schlimmer ist, als bei seiner Abreise, was nicht der Fall ist. Er scheint sich aber über den Zustand seiner Frau nicht klar zu sein.

Die Einsamkeit ist hier immer groß, bei dem jetzigen Zustand der Wege aber total, und das ist mir lieb.... Was meine Person anbetrifft, so befinde ich mich körperlich ziemlich wohl, bis auf einen leisen Kopfschmerz, den Schwiegermutter dadurch unterhält, daß sie mir zu allen Tageszeiten mit gewaltsamer Freundlichkeit starken Rheinwein einflößt in der aufrichtigen Ueberzeugung, daß ich mit gegohrnen Getränken gesäugt und großgezogen sei und 1 Quart oder 2 zu meinem täglichen Unterhalt bedürfe. Im übrigen befinde ich mich in einem Zustande behaglicher Zufriedenheit, wie ich ihn seit vielen Jahren auf die Dauer nicht gekannt hatte, und sehe mit der Sorglosigkeit eines Studenten in den Tag hinein, ärgre mich auch sehr über alle kümmerlichen Nachrichten, die ich gelegentlich von Kniephof erhalte. Deine Schwägerin grüßt sehr, wie sie sagt, und ich bitte O. und Bernhard ein Gleiches zu tun.

Dein treuer Bruder
Bismarck.

An die Braut, Frl. Johanna von Puttkamer. [38]

[Schönhausen, 10. 5. 1847]

Tréschère Jeanneton,

Wie gewöhnlich in der letzten Zeit nur zwei Zeilen in aller Eile; in 1 Stunde sitzen wir auf, und ich packe noch meine Sommer-garderobe für Berlin, Bücher. Dein Vater ist sehr heiter und für das Fenster, an dem ich schreibe, so enthusiasmirt, daß ich fürchte, er bereitet durch Beschreibung dessen, was er sieht, eine Enttäuschung in Dir vor. Carl Woedtke ist auch hier. Morgen denke ich der ersten Landtagssitzung beizuwohnen. Alexander wollte nicht mit, hat mir aber erzählt, daß das Verhältniß

---

38 Entlehnt aus Schmidt, Schönhausen S. 177; der Brief Bismarcks schließt sich einem Briefe des Herrn von Puttkamer an seine Tochter an, der eben dort abgedruckt ist.

zwischen Dir und Brünette[39] wieder behaglicher geworden ist. Es klingt etwas hypokrite, wenn ich von meinem Schmerz über den Gedanken unsrer verlängerten Trennung spreche, da ich es genau genommen in der Gewalt hatte, den Landtag laufen zu lassen. Aber Du weißt selbst am besten, was davon zu denken, und ich fühle, daß ich bei Dir der Entschuldigung nicht bedarf. Die Nacht träumte ich beunruhigend von Dir und 3 Pferden: Ich hoffe, Du bleibst Jeanne la sage, was Reiten anbelangt.

Es schlägt halb, ich muß fertig packen. Alle Grüße an die Mutter Dein treuer B.

An Frau v. Bismarck.

Berlin, Montag früh.

[10. Januar 1848][40]

Johannchen! Ich bin gestern bis 9 bei Radziwil, bis 11 bei den Carlsburgern und bis 12 bei Malwine gewesen. Dieß ist die 4te Feder, die nicht schreibt, und Tinte hat er auch nicht. Ich bitte um Pferde am Mittwoch Mittag, werde aber wahrscheinlich erst am Abend kommen. Zum König will ich nach reiflicher Ueberlegung mit meinen Verwandten nicht gehn, weil es zu nah vor dem Ordensfest ist. Wir haben aber noch zwei Konferenzen wegen der Zeitung, deshalb kann ich nicht eher kommen. Begs grüßt Euch und ich die Mutter. Leb wohl.

Dein B.

---

39 Ein Reitpferd.
40 Poststempel: Berlin 10/1. Im Jahre 1848 fiel der 10. Januar auf einen Montag. Der Brief ist, wie auch aus dem Inhalt sich schließen läßt, aus diesem Jahre. Es handelte sich um Begründung einer Zeitung zur Wahrnehmung ständischer Interessen.

An die Redaction einer Magdeburgischen Zeitung.[41]

Ew. Wohlgeboren

haben in die heutige Nummer Ihrer Zeitung einen „Aus der Altmark"
datirten Artikel aufgenommen, der einzelne Persönlichkeiten verdäch-
tigt, indirect auch mich, und ich stelle daher Ihrem Gerechtigkeitsgefühl
anheim, ob Sie nachstehende Erwiderung aufnehmen wollen. Ich bin
zwar nicht der in jenem Artikel bezeichnete Herr, welcher von Potsdam
nach Stendal gekommen sein soll, aber ich habe ebenfalls in der vorigen
Woche den mir benachbarten Gemeinden erklärt, daß ich den König in
Berlin nicht für frei hielte, und dieselben zur Absendung einer Depu-
tation an die geeignete Stelle aufgefordert, ohne daß ich mir deshalb
die selbstsüchtigen Motive, welche Ihr Correspondent anführt, unter-
schieben lassen möchte. Es ist 1. sehr erklärlich, daß jemand, dem alle
mit der Person des Königs nach dem Abzug der Truppen vorgegangnen
Ereignisse bekannt waren, die Meinung fassen konnte, der König sei
nicht Herr, zu tun und zu lassen, was er wollte. 2. halte ich jeden Bürger
eines freien Staates für berechtigt, seine Meinung gegen seine Mitbürger
selbst dann zu äußern, wenn sie der augenblicklichen öffentlichen Meinung widerspricht; ja nach den neusten Vorgängen möchte es schwer
sein, jemand das Recht zu bestreiten, seine politischen Ansichten durch
Volksaufregung zu unterstützen. 3. Wenn alle Handlungen Seiner Majestät in den letzten 14 Tagen durchaus freiwillig gewesen sind, was
weder Ihr Correspondent noch ich mit Sicherheit wissen können, was
hätten dann die Berliner erkämpft? Dann wäre der Kampf am 18. u. 19.
mindestens ein überflüssiger und zweckloser gewesen und alles Blutver-
gießen ohne Veranlassung und ohne Erfolg. 4. Glaube ich die Gesinnungen der großen Mehrzahl der Ritterschaft dahin aussprechen zu können,
daß in einer Zeit, wo es sich um das soziale und politische Fortbestehn
Preußens handelt, wo Deutschland von Spaltungen in mehr als Einer
Richtung bedroht ist, wir weder Zeit noch Neigung haben, unsre Kräfte
an reactionäre Versuche oder an Verteidigung der unbedeutenden, uns

---

41 Veröffentlicht in den Hamburger Nachrichten vom 1. März 1891 Nr. 52 M.-A.

bisher verbliebenen gutsherrlichen Rechte zu vergeuden, sondern gern bereit sind, diese auf Würdigere zu übertragen, indem wir dieses als untergeordnete Frage, die Herstellung rechtlicher Ordnung in Deutschland, die Erhaltung der Ehre und Unverletzlichkeit unsres Vaterlandes aber als die für jetzt alleinige Aufgabe eines jeden betrachten, dessen Blick auf unsre politische Lage nicht durch Parteiansichten getrübt ist.

Gegen die Veröffentlichung meines Namens habe ich, falls Sie Vorstehendes aufnehmen wollen, nichts einzuwenden. Genehmigen Sie die Versicherung der größten Hochachtung, mit der ich bin

30. März 1848.

Schönhausen bei Jerichow

Ew. Wohlgeboren

ergebenster Bismarck.

An die Redaction der Magdeburger Zeitung.[42]

Schönhausen, 20. April 1848

Die Befreiung der wegen Landesverrats verurteilten Polen ist eine der Errungenschaften des Berliner Märzkampfes, und zwar eine der wesentlichsten, da die constitutionelle Verfassung, die Preßfreiheit und die Maßregeln zur Einigung Deutschlands bereits vor Ausbruch des Kampfes gesichert waren. Die Berliner haben die Polen mit ihrem Blute befreit und sie dann eigenhändig im Triumph durch die Stadt gezogen; zum Dank dafür standen die Befreiten bald darauf an der Spitze von Banden, welche die deutichen Einwohner einer preußischen Provinz mit Plünderung und Mord, mit Niedermetzelung und barbarischer Verstümmelung von Weibern und Kindern heimsuchten. So hat deutscher Enthusiasmus wieder einmal zum eignen Schaden fremde Kastanien aus dem Feuer geholt. Ich hätte es erklärlich gefunden, wenn der erste Aufschwung deutscher Kraft und Einheit sich damit Luft gemacht hätte, Frankreich das Elsaß abzufordern und die deutsche Fahne auf den Dom

---

42 Veröffentlicht in der Magdeb. Zeitung vom 5. Januar 1886.

von Straßburg zu pflanzen. Aber es ist mehr als deutsche Gutmütigkeit, wenn wir uns mit der Ritterlichkeit von Romanhelden vor Allem dafür begeistern wollen, daß deutschen Staaten das Letzte von dem entzogen werde, was deutsche Waffen im Laufe der Jahrhunderte in Polen und Italien gewonnen hatten. Das will man jubelnd verschenken, der Durchführung einer schwärmerischen Theorie zu Liebe, einer Theorie, die uns ebensogut dahin führen muß, aus unsern südöstlichen Grenzbezirken in Steiermark und Illyrien ein neues Slavenreich zu bilden, das italienische Tyrol den Venetianern zurückzugeben und aus Mähren und Böhmen bis in die Mitte Deutschlands ein von letzterem unabhängiges Czechenreich zu gründen.

Eine nationale Entwicklung des polnischen Elements in Posen kann kein andres vernünftiges Ziel haben, als das, einer Herstellung eines unabhängigen polnischen Reichs zur Vorbereitung zu dienen Man kann Polen in seinen Grenzen von 1772 herstellen wollen (wie die Polen selbst es hoffen, wenn sie es auch noch verschweigen), ihm ganz Posen, Westpreußen und Ermeland wiedergeben; dann würden Preußens beste Sehnen durchschnitten und Millionen Deutscher der polnischen Willkür überantwortet sein, um einen unsichern Verbündeten zu gewinnen, der lüstern Verlegenheit Deutschlands wartet, um Ostpreußen, polnisch Schlesien, die polnischen Bezirke von Pommern für sich zu gewinnen. Andrerseits kann eine Wiederherstellung Polens in einem geringern Umfange beabsichtigt werden, etwa so, daß Preußen zu diesem neuen Reich nur den entschieden polnischen Teil des Großherzogtums Posen hergäbe. In diesem Falle kann nur der, welcher die Polen gar nicht kennt, daran zweifeln, daß sie unsre geschwornen Feinde bleiben würden, so lange sie nicht die Weichselmündung und außerdem jedes polnisch redende Dorf in West- und Ostpreußen, Pommern und Schlesien von uns erobert haben würden. Wie kann aber ein Deutscher, weinerlichem Mitgefühl und unpraktischen Theorien zu Liebe, dafür schwärmen, dem Vaterlande in nächster Nähe einen rastlosen Feind zu schaffen, der stets bemüht sein wird, die fieberhafte Unruhe seines Innern durch Kriege abzuleiten und uns bei jeder westlichen Verwicklung in den Rücken zu fallen; der viel gieriger nach Eroberung auf unsre Kosten sein wird und muß, als der russische Kaiser, der froh ist, wenn er seinen jetzigen Koloß zusammenhalten kann, und der sehr unklug sein müßte, wenn er den schon starken Anteil zum Aufstand bereiter Untertanen, den er hat, durch Eroberung deutscher Länder zu vermehren bemüht sein wollte. Schutz gegen Rußland brauchen wir aber von Polen nicht; wir sind uns selbst Schutz genug.

Ich halte daher unsre jetzige Politik in Bezug auf Posen, auch wenn man jeden einzelnen Deutschen daselbst dem Deutschen Bunde vorbehält, auch wenn man nur den kleinsten Teil des polnisch redenden Anteils dem übrigen Staat durch Sondereinrichtungen entfremdet, für die bedauerlichste Donquixoterie, die je ein Staat zu seinem und seiner Angehörigen Verderben begangen hat. Die Regirung hat mit Ordnung dieser Angelegenheit einen mehr polnisch, als deutsch gesinnten Mann beauftragt, dessen Benehmen die Armee mit Entrüstung, das Land mit Mißtrauen erfüllt und dessen bei der günstigsten Annahme schwach zu nennendes Verfahren den Mißgriffen in dieser Angelegenheit die Krone aufsetzt und sie sanctionirt. Die letzte pomphafte Erklärung dieses Commissars, in der er sich rühmt, durch seine Bemühungen diese Frage friedlich gelöst zu haben, erscheint in den Blättern gleichzeitig mit dem klagenden Hülferuf von Behörden und Privatleuten, die fortdauernd von Todtschlag und Plünderung der Deutschen und von bewaffneten Conflicten mit dem Militair zeugen. Wird das verantwortliche Ministerium des Königs der Nationalversammlung gegenüber die Verantwortung für Alles das übernehmen, was Herr von Willisen in Posen getan und unterlassen hat, und für die ganze bis jetzt befolgte Richtung unsrer polnischen Politik? Dann wäre es wichtig, sich darüber aufzuklären, ob in Preußen noch dieselben Rechtsgrundsätze gültig sind, welche in dem Polenproceß des vorigen Jahres gegen die Angeklagten zur Anwendung kamen.

B. S.

An Graf Itzenplitz.[43]

Verehrter Herr Graf,

Ew. Hochgeboren gefälliges Schreiben habe ich gestern Abend zu erhalten die Ehre gehabt und weiß nicht, ob ich es lediglich als einen schmeichelhaften Beweis Ihres Vertrauens zu mir betrachten darf, daß Hochdieselben grade mich zum Adressaten des Ausdrucks einer Stimmung gewählt haben, deren Ursache meiner Ueberzeugung nach nicht allein in meiner teilnehmenden Frage nach dem Gegenstande Ihres Suchens liegen kann.

Es tut mir sehr leid, wenn ich, wie Ew. Hochgeboren sagen, schon einmal ohne allen Grund und Veranlassung eine Unhöflichkeit gemacht habe. Ich erinnre mich der Sache nicht, entnehme aber aus der Fassung Ihres sehr geehrten Schreibens und aus dem unerwarteten Eindruck, welchen Ihnen meine freundliche Anrede gestern gemacht hat, daß unsre Ansichten über Höflichkeit im Umgänge verschieden sind, ohne daß ich deshalb den Beruf fühlte, modificirend auf die Ihrigen einwirken zu wollen. Jedenfalls darf ich annehmen, daß mir nach Empfang Ihres gefälligen Schreibens von gestern ein gewisses Guthaben an Höflichkeit bei Ihnen von unbefangnen Beurteilern nicht abgesprochen werden würde. Wenn indessen dieses Schriftstück Ew. Hochgeboren Wunsch durchblicken läßt, den, wie ich bisher glaubte, wohlwollenden Beziehungen, welche, wenn ich nicht irre, seit etwa 20 Jahren zwischen uns bestanden, ein Ende zu machen, so stehe ich nicht an, auf jenes Guthaben zu verzichten, und wenn auch Ihr Entschluß mich mit dem lebhaftesten

---

43 Während die Abgeordneten der II. Kammer (1849) in großer Zahl an der table d'hôte saßen, erschien Graf Itzenplitz, ging die Wände entlang und durchspähte die Winkel, offenbar lebhaft nach einem Gegenstande suchend. Herr v. Bismarck, der ihn beobachtet hatte, rief ihm über die Tafel zu: „Verehrter Graf, was suchen Sie?", wurde aber für die teilnehmende Frage mit einem zornigen Blicke belohnt. Am Nachmittage ließ ihn Graf Itzenplitz auf Pistolen fordern. Herr v. Bismarck teilte die Forderung und ihre harmlose Ursache dem Grafen v. Arnim-Voitzenburg mit und bat ihn um seinen Beistand. Graf v. Arnim beschwichtigte den erzürnten Grafen und bewog ihn zur Zurücknahme der Forderung. Herr v. Bismarck aber schrieb dem Gegner obigen Brief. – (Bismarck-Jahrbuch III 57 f.)

Bedauern erfüllt, so glaube ich doch, daß unsre beiderseitigen Verhältnisse uns die Ausführung desselben gestatten. Sollten aber unvorhergesehne Umstände mir wiederum die Ehre einer Begegnung verschaffen, so werde ich den Ausdruck: „Verehrter Graf, was suchen Sie?" gern vermeiden, nachdem ich aus Ihrem Schreiben ersehn, daß derselbe etwas Verletzendes für Sie hat.

Genehmigen Sie, verehrter Herr Graf, die Versicherung der Hochachtung, mit der ich stets die Ehre gehabt habe zu sein

Ew. Hochgeboren.

v. Bismarck.

An den Redacteur des Kladderadatsch, Ernst Dohm.[44]

Berlin, 2. Dezember 1849

Ew. Wohlgeboren

haben mir in Ihrem geschätzten Blatte schon öfter die Ehre erzeigt, Sich mit meiner Person zu beschäftigen; in der letzten Nummer wenden Sie Ihre Teilnahme auch meiner Familie zu,[45] und freue ich mich, Ihre gefällige Anfrage, insoweit sie sich auf meine näheren Verwandten, die Angehörigen des Schönhauser Hauses, bezieht, dahin beantworten zu können, daß im Jahre 1809 einer derselben das Brandenburgische Cürassierregiment commandirte, ein andrer Major im ehemaligen Regiment Göcking-Husaren war und 2 sich als Offiziere beim Schill'schen Corps befanden. Weniger Wert für Ew. Wohlgeboren hat vielleicht die Notiz, daß von den 7 Mitgliedern dieser Familie, welchen es vergönnt war, an dem französischen Kriege teilzunehmen, 3 auf dem Schlachtfelde blieben und die 4 andern mit dem eisernen Kreuz heimkehrten. Alle diejenigen meines Namens, welche nicht aus dem Schönhauser Hause abstammen, waren zu jener Zeit entweder westphälische oder, wie noch

---

44 Im Facsimile mitgeteilt im Bismarck-Album des Kladderadatsch Beil. I.
45 Es wurde in der Nummer des Kl. vom 2. Dez. 1849 gefragt: „Wo commandirte doch im Jahre 1809 ein gewisser Herr v. Bismarck?" Was die Frage veranlaßte, hat sich nicht ermitteln lassen.

heut, nassauische und würtembergische Untertanen, und ist mir nicht bekannt, wo im Jahre 1809 einer von ihnen commandirt hat. Sollten Ew. Wohlgeboren im Besitz näherer Data hierüber sein, so würde ich es dankbar erkennen, wenn Sie mir davon Mitteilung (machen) wollten, da ich mich für die Geschichte meiner Familie auch in ihren etwaigen unerfreulichen Beziehungen interessire. Was aber Veröffentlichungen in Ihrem Blatte betrifft, so verhülle ich mich, soweit meine Person dabei beteiligt ist, weder mit der zweiten Kammer in den Mantel stillschweigender Verachtung, noch würde ich jemals zu andern Mitteln der Abwehr greifen, als zu denen, welche die Presse gewähren kann; was aber Kränkungen meiner Familie anbelangt, so nehme ich bis zum Beweis des Gegenteils an, daß Ew. Wohlgeboren Denkungsweise von meiner eignen nicht so weit abweicht, daß Sie es als einen Zopf vorsündflutlichen Junkertums ansehn würden, wenn ich in Bezug auf dergleichen von Ihnen diejenige Genugtuung erwartete, welche nach meiner Ansicht ein Gentleman dem andern unter Umständen nicht verweigern kann.

Ich bitte Sie, die Versicherung der ausgezeichneten Hochachtung vor Ihrer Person und Ihrem Blatte zu genehmigen, mit welcher ich die Ehre habe zu sein

Ew. Wohlgeboren ergebenster Diener

v. Bismarck-Schönhausen. Behrenstr. 60.

An denselben.[46]

Berlin, 6. Dezember 1849

Ew. Wohlgeboren

sage ich meinen verbindlichsten Dank für die offne und zufriedenstellende Art, in der Sie die Güte gehabt haben, mein Schreiben zu beantworten. Ich freue mich, daß ich mich in der Voraussetzung nicht getäuscht habe, daß neben einer politischen Farbe, die sich auch unter veränderten Umständen gleich bleibt, auch das Vorhandensein einer

---

46   Im Facsimile veröffentlicht ebendort Beil. II.

ehrenhaften Auffassung von Privatverhältnissen anzunehmen sei. – Die mangelhafte Bestellung meines Briefes fällt der Post zur Last, falls nicht, im Widerspruch mit seiner Aussage, der Diener vorgezogen haben sollte, sich das Porto selbst zu verdienen. Mit der Versicherung aufrichtiger Hochachtung

Ew. Wohlgeboren ergebenster

v. Bismarck-Schönhausen.

An Rittmeister von Arnstädt in Groß-Kreutz.[47]

Berlin, 28. Januar 1850

Verehrtester Freund,

Sie sagen, daß Sie auf meine Antwort wegen der Vereinssache gespannt sind; Sie werden wenig darin finden, was diese Spannung befriedigt. Das Uebel liegt in der Gesetzgebung; das Einzige, was diese gestattet, habe ich betrieben: nämlich Anweisung der Potsdamer Regirung zur strengern Controlle dieses Vereins durch die Polizeibeamten, und Benutzung der Sache bei der Beratung des Vereinsgesetzes in der Commission, der ich angehöre, und bei den Ministern. In letztrer Richtung hat meine Schilderung der Wirkungen dieses als Beispiel benutzten Vereins in der Tat wesentlich dazu beigetragen, bei Ministern und Commission mehre Verschärfungen der Gesetze gegen Vereine herbeizuführen. Wenn aber mein Antrag auf gänzliche Unterdrückung der Vereine auf vorläufig ein Jahr nicht durchgeht, so hilft die Sache doch nicht viel. Von dem angeblichen Siege der Regirung in der Botschaftssache, am Sonnabend, werden Sie in den Zeitungen schon gelesen haben. Noch ein solcher Sieg, und wir sind verloren. Mündlich Näheres über die gespielten Intriguen.

Nach Ihren Nachrichten habe ich wenig Aussicht bei der Wahl am 31. Indeß, man muß abwarten und sehn.

---

47   Von v. Poschinger veröffentlicht.

Ich möchte am 30. selbst nach Brandenburg, vorher aber gern in Kreutz vorsprechen. Ich weiß nur nicht, wann und wie die Züge gehn, und was am Mittwoch in der Kammer vor ist; ob man nicht vielleicht hier sein muß. Die Fideicommisse fielen wieder mit einer Stimme vorgestern.

Sind Sie der Meinung, daß gar keine Aussicht für die Wahl ist, so ist es allerdings schlauer, wenn ich mich in Brandenburg nicht weiter bemühe. Ich bringe eben heraus, daß ein Zug morgens um 11 Uhr von hier geht, wenn Sie erlauben, werde ich also mit diesem am Mittwoch, den 30. bei Ihnen eintreffen. Bis dahin leben Sie wohl und legen Sie mich der gnädigsten Frau zu Füßen.

Der Ihrige
von Bismarck.

An den Prediger Goßner in Berlin.

Berlin, 11. Februar 1850

Ew. Hochehrwürden,

Obschon ich nicht die Ehre habe, Ihnen persönlich bekannt zu sein, so gründe ich doch auf den Umstand, daß wir manche gemeinsame Freunde haben, meine Hoffnung, daß Sie es nicht ablehnen wollen, meinen erstgebornen Sohn zu taufen, und erlaube ich mir die gehorsamste Anfrage, ob Ew. Hochehrwürden Zeit es gestattet, übermorgen, Mittwoch den 13. c. um 11 1/2 Uhr Morgens diese heilige Handlung hier in meiner Wohnung, Dorotheenstr. 37, 1 Tr. zu vollziehn, und Sie mir zu dem Behuf die Ehre erzeigen wollen, mich zu besuchen.

Im Fall Ihrer Einwilligung bitte ich Sie zugleich auf morgen Nachmittag oder Abends eine Stunde bestimmen zu wollen, wo ich das Nähere persönlich in Ihrem Hause mit Ihnen verabreden kann.

Mit vorzüglicher Hochachtung
Ew. Hochehrwürden
ergebenster

v. Bismarck-Schönhausen
Abg. II. K.

Schönhausen, 28./6. 50

Liebe Malle,

Einen feierlichen Gratulationsbrief schreibe ich Dir zu Deinem, wie mich dünkt 24sten (ich sage es nicht weiter) Geburtstag. Du bist nun wirklich majorenn, oder würdest es doch sein, wenn Du nicht das Unglück hättest, dem weiblichen Geschlechte anzugehören, dessen Glieder nach Ansicht der Juristen selbst dann nicht, wenn sie Mütter der dicksten Hänse sind, aus der Minderjährigkeit heraustreten. Warum dies trotz seiner anscheinenden Ungerechtigkeit eine sehr weise Einrichtung sei, werde ich Dir auseinandersetzen, wenn ich Dich, hoffentlich in etwa 14 Tagen, a portée de voix humaine vor mir habe. Johanna, welche augenblicklich noch in den Armen des Lieutenants Morpheus ruht, wird Dir geschrieben haben, was mir bevorsteht. Der Junge in Dur brüllend, das Mädchen in Moll, 2 singende Kindermädchen, zwischen nassen Windeln und Milchflaschen, ich als leidender Familienvater. Ich habe mich lange gesträubt, aber da alle Mütter und Tanten darüber einig waren, daß nur Seewasser und Luft dem armen Mariechen helfen können, so würde ich, wenn ich mich weigerte, bei jedem Schnupfen, der das Kind bis in sein 70stes Jahr befällt, meinen Geiz und meine väterliche Barbarei anklagen hören, mit einem „siehst du wohl, ach wenn das arme Kind hätte die See gebrauchen können!" Das kleine Wesen leidet übrigens seit einigen Tagen sehr an den Augen, die ihm tränig und verklebt sind. Vielleicht kommt es von den Salzbädern, die sie braucht, vielleicht von Augenzähnen. Johanna ist über Gebühr beunruhigt davon, und ich habe zu ihrer Genugtuung heut den Dr. Bünger aus Stendal citirt, den Fanninger der Altmark. Wir setzen voraus, daß Ihr einheimisch seid im nächsten Monat und nicht etwa selbst eine Exkursion vorhabt; in dem Fall würden wir unsern Besuch bis zur Heimreise verschieben. Wegen der nähern Zeit- und Ortbestimmungen treten wir doch noch in Korrespondenz. Ich habe mich sehr ungern entschlossen, meine ländliche Faulheit hier aufzugeben; nun es aber geschehn ist, gewinne ich der Sache auch eine rosenfarbene Seite ab und freue mich recht herzlich, Euch in der Höhle aufzusuchen, die ich nur erst 10 Fuß über die Erde ragend kenne, und demnächst den Küstenhering eigenhändig in den Tiefen des baltischen Meeres zu greifen .... Johanna liegt noch im Schlaf, sonst würde sie gewiß viel grüßen; ich stehe nämlich jetzt aus Gesundheitsrücksichten um 6 Uhr auf. In der Hoffnung Dich bald zu sehn, wünsche ich Dir nochmals Gottes Segen für Dich und die Deinen, in diesem Jahr und in allen folgenden. Herzliche Grüße an O.

Dein treuer Bruder

v. B.

An den Redacteur der Kreuzzeitung H. Wagener.[48]

Schönhausen, 30. Juni 1850

Lieber Wagener,

... Ich führe hier ein bodenlos faules Leben, rauchen, lesen, spazierengehn und Familienvater spielen; von Politik höre ich nur aus der Kreuzzeitung, so daß ich durchaus keine Gefahr heterodoxer Ansteckung laufe; meine Nachbarn sind nicht zum Umgang geeignet, und mir bekommt diese idyllische Einsamkeit sehr wohl; ich liege im Grase, lese Gedichte, höre Musik und warte, daß die Kirschen reif werden; es soll mich nicht wundern, wenn dieses Schäferleben meinen nächsten politischen Leistungen in Erfurt (??) oder Berlin eine Färbung verleiht, die an Beckerat und an laue blütenschwangre Sommerlüfte erinnert. Das Preßgesetz habe ich nicht gelesen, dazu wird bei der Discussion noch Zeit sein; ich weiß daher nicht, ob ich Ihren Tadel ganz teile. Einen zuverlässigen Richterstand giebt es in Preußen nicht, und ein Schwert in den Händen der „Regirung" wird stets ein zweischneidiges sein. Der

---

48 Übernommen aus Bismarck-Jahrbuch I 10 ff.

Fehler liegt meines Erachtens weniger in dem zu starken Einfluß der Beamten, als in ihrer Beschaffenheit; ein Staat, der sich von einer Bürokratie, wie die unsre, nicht durch einen heilsamen Gewittersturm losreißen kann, ist und bleibt dem Untergange geweiht, denn ihm fehlen die geeigneten Werkzeuge zu Functionen, die einem Staate obliegen, nicht bloß zur Ueberwachung der Presse. Ich kann nicht leugnen, daß mir einige Chalif-Omarsche Gelüste beiwohnen, nicht nur zur Zerstörung der Bücher außer dem christlichen „Koran", sondern auch zur Vernichtung der Mittel, neue zu erzeugen; die Buchdruckerkunst ist des Antichristen auserlesnes Rüstzeug, mehr als das Schießpulver, welches, nachdem es ursprünglich der Haupthebel, wenigstens der sichtbarste, zum Umsturz natürlicher politischer Ordnung und zum établissement des souveränen rocher de bronze war, jetzt mehr den Character einer heilsamen Arznei gegen die von uns selbst hervorgerufenen Uebel annimmt, wenn es auch einigermaßen in die Apotheke jenes Arztes gehört, der den Gesichtskrebs durch Amputation des Kopfes heilte. Dies selbige Mittel auf die Presse anzuwenden, ist mehr ein Phantasiestück in Callots Manier, die Bürokratie aber ist krebsfräßig an Haupt und Gliedern, nur ihr Magen ist gesund, und die Gesetzexcremente, die sie von sich giebt, sind der natürlichste Dreck von der Welt. Mit. dieser Bürokratie, incl. Richterstand, können wir eine Preßverfassung haben, wie die Engel, sie hilft uns doch nicht durch den Sumpf. Mit schlechten Gesetzen und guten Beamten (Richtern) läßt sich immer noch regiren, bei schlechten Beamten aber helfen uns die besten Gesetze nichts. . .

Verzeihn Sie mein müßiges Geschreibsel mit der Commission und grüßen Sie Ihre liebe Frau herzlich von mir und der meinigen.
Ihr treuer Freund
v. Bismarck.

An Herrn v. Arnim.

Schönhausen, 6. 7. 50

Lieber Oscar,

Ich habe bei meinem letzten Brief nicht bedacht, wie kurz die Zeit bis zu unsrer Abreise war und sein mußte, wenn wir eine irgend der Rede werte Zeit in Küstenhering machen wollen. Es ist kaum mehr möglich, daß ich auf meinen Brief noch Antwort erhalte und dir dann noch wieder schreibe, welchen Weg wir kommen wollen. Ich muß daher mich sofort entscheiden und entsage den ungewissen Plänen einer Expedition durch das mir gänzlich unbekannte Land der Priegnitzer und Ruppiner. Ich werde am Dienstag den 9. von hier aufbrechen, die Nacht in Berlin bleiben und am 10. mit dem Mittagszug nach Angermünde fahren, weil die Kinder den ganzen Tag brüllen, wenn sie früh aufgestanden sind; wir haben dann den Nachmittag doch wohl noch Zeit Kröchlendorf zu erreichen. Von Angermünde aus fahre ich mit Post nach Prenzlau, wo du dann wohl die Güte hast uns abholen zu lassen, falls Du Pferde disponibel hast. Also auf Wiedersehn Mittwoch den 10. Juli 1850. Tausend Grüße an Malle, die ich noch fußfällig um Verzeihung bitte, daß ich sie 2 Jahre älter gemacht habe, es fiel mir schon den Tag nachher ein.

Dein treuer Schwager v. B.

Schönhausen, 8./7. 50

Liebe Malle,

Gestern kam ein Brief von Oscar, nach welchem er morgen auch in Berlin sein, aber erst am Donnerstag heimkehren wird; es tut mir sehr leid, daß auf diese Weise Eure Pferde 2 Tage hintereinander in Atem gehalten werden, denn Oscar wird nicht am Mittwoch reisen können, und für uns wäre es übel, 1 1/2 Tag ohne die mindeste Veranlassung zu Geschäften oder sonst etwas in Berlin zu bleiben. Auch möchten wir mit Kindern und Mägden, Oscar, Johanna und ich doch nicht in einen Wagen gehn. Ich bleibe daher, und deshalb schreibe ich Dir hauptsächlich,

75

bei meinem vorigen Brief, wonach wir Mittwochs nach Angermünde kommen und in Gerswalde Pferde finden, es sei denn, daß Ihr es selb- ständig anders arrangirt habt, dann ist es auch gut, und ich werde es von Oscar erfahren; ich mag nichts Neues vorschlagen, sonst gerät es bei der Kürze der Zeit mit den Pferden in Confusion. Eigentlich giebt mir diese Reise, das sehe ich je näher desto mehr ein, eine Anwartschaft auf das neue Irrenhaus oder wenigstens auf zeitlebens Zweite Kammer. Ich sehe mich schon mit den Kindern auf dem Genthiner Perron, dann beide im Wagen ihre kindlichen Bedürfnisse rücksichtslos ... befriedi- gend, nasenrümpfende Gesellschaft, Johanna genirt sich dem Jungen die Brust zu geben, und er brüllt sich blau, dann Legitimationsgedränge, Wirtshaus, mit beiden Brüllaffen auf dem Stettiner Bahnhof und in An- germünde 1 Stunde auf die Pferde warten, einpacken; und wie kommen wir von Kröchlendorf nach Külz? wenn wir in Stettin die Nacht bleiben müßten, das wäre schauderhaft. Ich habe das im vorigen Jahr mit Marie und ihrem Schreien durchgemacht. Ich war gestern so verzweifelt über alle diese Aussichten, daß ich positiv entschlossen war, die ganze Reise aufzugeben, und ich ging noch mit dem Entschluß zu Bett, wenigstens grade durchzufahren, ohne irgendwo anzuhalten. Aber was tut man nicht um den lieben Hausfrieden? Die jungen Vettern und Cousinen müssen sich kennen lernen, und wer weiß, wann Johanna Dich einmal wieder sieht; sie hat mich in der Nacht mit dem Jungen auf dem Arm überfal- len, und mit allen Künsten, die uns um das Paradies brachten, natürlich erreicht, daß alles beim Alten bleibt. Aber ich komme mir vor wie einer, dem furchtbar Unrecht geschieht; im nächsten Jahre muß ich sicher mit drei Wiegen, Ammen, Windeln, Bettstücken reisen; ich wache schon um 6 Uhr in gelinder Wut auf und kann Abends nicht schlafen vor allen Reisebildern, die meine Phantasie mir in den schwärzesten Farben aus- malt, bis zu den „Landpartieen" in den Dünen von Stolpmünde. Und wenn man dafür noch Diäten bekäme, aber die Trümmer eines ehemals glänzenden Vermögens mit Säuglingen zu verreisen – ich bin sehr un- glücklich.

Also Mittwoch in Gerswalde. Ich wäre wohl am Ende besser über Passow gefahren, und Ihr hättet nach Prenzlau nicht so weit gehabt, wie nach G. Indessen es ist ein fait accompli, und die Qual der Wahl hat der Ruhe der Resignation Platz gemacht. Johanna grüßt und packt.

Dein treuer Bruder

v. B.

Wir schicken einen Teil unsrer Sachen per Fracht, Johanna ist deshalb wegen ihrer Toilette etwas in Angst, falls Ihr B.er Gesellschaft habt.

An H. Wagener.[49]

Schönhausen, 6. Octbr.

Aus Ihrem Zuschauer ersehe ich in meiner ländlichen Einsamkeit, wie sich die Kölner Zeitung schreiben läßt, daß ich einen Giftmischer suche.[50] Da ich in Folge dessen fürchten muß, von Lesern des rheinischen Blattes mit unfrankirten Anstellungsgesuchen überhäuft zu werden, so erkläre ich, daß ich einen derartigen Wunsch, selbst im Scherz, neuerdings nicht ausgesprochen habe. Auch bin ich seit Vertagung der Kammern nicht mit Herrn v. Kleist-Retzow in einer „zahlreichen Gesellschaft" gewesen, und sind mir überhaupt in den letzten Monaten nur solche „zahlreiche Gesellschaften" vor Augen gekommen, deren Mit-

---

49 Als „Eingesandt" abgedruckt in der R. Pr. Z. 10. Oct. 1850 Nr. 235, f. Bismarck-Jahrbuch III 425 f.

50 Neue Preußische Zeitung 4. 10. 1850 No. 230: – Die Kölnische Zeitung meldet in Nr. 225 de dato Berlin vom 29. folgende grauliche Räuber- und Mordgeschichte:

„Die Herren Kreuzritter scheinen ihre Haltung noch nicht ganz wieder erlangt zu haben und begehen Ungeschicklichkeiten in ihrem Grimme. So äußerte neulich Bismarck-Schönhausen in zahlreicher Umgebung: daß ihm jetzt ein Giftmischer fehle. Kleist-Retzow saß daneben und schwieg! Der Scherz wird seine ärgerliche Seite haben!" Tante Brüggemann und Onkel Dumont jrault es bereits vor der Aqua Tossana, die uns die reiche Erbschaft verschaffen soll. Ja, ja – – Sie hat die Jungen, Sie hat die Jungen, Mit einer Jabel umgebrungen!

glieder mir zu tief in der Wolle und, wie ich mir schmeichle, in ziemlich feiner, zu sitzen scheinen, als daß ich bisher von ihnen erwarten konnte, sie würden sich zu Korrespondenten eines demokratischen Blattes hergeben.

Zur Beruhigung der Kölner Redaction und Aller, die es sonst angeht, versichre ich ausdrücklich, daß ich mich augenblicklich in der eben so seltnen als angenehmen Lage befinde, Niemand vergiften zu wollen, namentlich seit unter meinen dermaligen politischen Gegnern die Neigung zum Selbstmorde eine befriedigende Verbreitung findet. Sonst könnte die Kölner Zeitung, wenn sie es nicht ohnehin wüßte, sich aus ihren eignen Correspondenz-Artikeln überzeugen, daß ein Giftmischer heut zu Tage dem, der ihn verwenden will, weniger als jemals fehlt. Der Verfasser jener Notiz ist wahrscheinlich derselbe Geschäftsreisende, welcher mir in diesem Sommer im Coupé erzählte, daß er vor zwei Tagen in Leipzig mit Herrn von Bismarck-Schönhausen gegessen habe, und meinen bescheidnen Zweifel an der Möglichkeit dieses Factums mit der Versicherung niederschlug, daß er Herrn v. B. sehr genau kenne und selbst über das Erfurter Parlament mit ihm gesprochen habe. Ich vermutete gleich in diesem Herrn einen Korrespondenten der Kölnischen Zeitung.

v. Bismarck.

An H. Wagener.

Schönhausen, 21. 10. 1850[51]

Lieber Wagener,

ich denke, daß ich am Freitag in Berlin sein werde, kann mich aber leider nur wenig Stunden dort aufhalten und hoffe mit dem ersten gegen 10 ankommenden Zuge, sonst aber erst um 3 Uhr dort zu sein; das Alles aber nur in der Voraussetzung, daß es mir gelingt, mich von 4 Wochen Geschwornen-Festungs-Arrest in Magdeburg loszuschwindeln (der Kö-

---

51 Über die Datirung s. Bismarck-Jahrbuch I 12.

nig ernährt und logirt doch seine übrigen Baugefangnen, warum die Geschwornen nicht?) sonst kann ich allerdings vor Mitte November weder nach Berlin noch nach Pommern. Ich schreibe Ihnen einesteils, daß ich sicher bin, Sie zu sehn, und andernteils, weil es mir lieb wäre, wenn ich an diesem Tage den Ueberrest der bekannten 500 Tlr. in Empfang nehmen könnte.[52] Mein flüchtiger Gläubiger, Herr v. Raden, ist endlich gefunden, er ist grade am 1. October nach der Commandantenstraße 22 gezogen. Warum fragten Sie nicht den „Zuschauer" nach ihm? Was war das für eine sonderbare Verwarnung[53], ich verstehe Hinkeldey persönlich dabei nicht, da ich doch nicht glauben kann, daß sein vorgesetzter Minister dergleichen Lufthiebe und Rodomontaden wünscht. Glauben Sie übrigens, daß Sie Radowitz „vernichten" können? im andern Falle würde ich lieber schweigend verachten und seine allerdings ebenso unsichre als bedenkliche Hülfe annehmen in der Art, wie man Ueberläufer anzunehmen pflegt, bekanntlich in unsrer Armee seit dem Ueberfall von Hochkirch, mit vieler Vorsicht. Buße können Sie von solchem Manne nicht verlangen, die wird er meiner Meinung nach nur im innersten Winkel des Herzens geheim halten und dort nur über „Dummheit", aber nicht über Unrecht fühlen. Hatten Sie nicht Schulkameraden, die, wenn sie beim Streiten zuletzt überführt waren, frech behaupteten: Nu ja, das habe ich ja gesagt! Oder wenn sie gründlich durchgeprügelt waren, dem siegreichen Gegner zuriefen: Siehste, haste nu genug? Solchen kleinen Geistern würde ich kleine Mäntelchen nicht abreißen, indessen Sie sitzen ja am Feuer und müssen am besten wissen, wie es gerührt werden muß. Also à revoir.

Ihr treuer Freund

v. Bismarck.

---

52 Teil einer Schuld Wageners an Bismarck.
53 Die Kreuzzeitung war wegen eines gegen Radowitz gerichteten Artikels „Was wird aus Preußen?" (4. Oktober 1850) verwarnt worden.

An H. Wagener.

Lieber Wagener,

schon wieder ein Brief von mir und zwar, um meinen heut früh in höchster Eile, schlaftrunken, bei wartendem Postboten geschriebnen zu widerrufen. Ich komme nicht am Freitag nach Berlin; ich bin zur Jagd und sonderbarer Weise schon Tags zuvor nach Letzlingen befohlen, und da ich ohnehin noch ungewiß bin, ob ich von dem Geschwornenwesen in Magdeburg vorher loskomme, so habe ich zugesagt, obschon mich die Sehnsucht nach Frau und Kind fast umbringt. Wahrscheinlich werde ich auch wegen der Zeitung als Parteimitglied solidarisch zur Rede gestellt werden; wollen Sie mich noch suborniren, so schreiben Sie mir hierher, bis Sonnabend Abend denke ich noch hier zu sein (ich wage kaum zu atmen, ohne dabei zu denken, „wenn's des Schwurgerichtshofs Wille ist"). Irgend Etwas außerhalb meiner Jagdpassion liegt wahrscheinlich vor, denn ich gehöre nicht zu den gewöhnlichen Jagdnachbarn und bin nicht wie diese für eine Jagd, sondern für die ganze Zeit und einen Tag vorher befohlen. Ich habe mich seit Erfurt so gar nicht um die Politik ernsthaft bekümmert, daß ich schlecht bestehn werde, wenn man mich etwa katechisiren sollte. Ich muß mir erst noch Ansichten anschaffen, ehe ich vor hohen Herrn von Fach auftreten kann. Augenblicklich bin ich harmlos unwissend und nebelhaft, wie ein Crefelder Sammetweber, und kann jeden, der mich fragt, nur auf die Leitartikel des Organs einer kleinen, aber mächtigen Partei verweisen, die ich bis dahin mehr als gründlich durchlesen will für den Fall, daß ich den advocatus diaboli bezüglich der Canonisirung des St. Radovitius zu spielen berufen sein sollte. Mir fehlt nur jetzt der nötige Zorn im Leibe, der dem natürlichen und rechtmäßigen Respect die Wage halten muß, wenn man bei solchen Gelegenheiten sprechen soll, was man in seinem Großvaterstuhl denkt. Ich werde meine Galle vorher aufzuregen suchen. Wegen Geldsachen

---

54 Wegen der Datirung s. Bismarck-Jahrbuch I 13 Anm. 1, Kohl, Bismarck-Regesten I 39 zum 21. Oktober 1850.

(ich ärgre mich, daß ich diesen gemeinen Ausdruck so oft durch meine Feder fließen lassen muß, aber – sagt Thadden, und fährt sich durch die Haare) möchte ich Ihre Freundschaft noch wie folgt, belästigen: . . .

Bitte, sagen Sie dem „Zuschauer" nichts von Letzlingen, wenn er es nicht anderweit erfährt. S. Majestät denkt sonst, ich stehe mit diesem bösartigen Blatt in Verbindung. Verzeihn Sie meine Schreibseligkeit und mein jüdisches Berechnungswesen und empfehlen Sie mich Ihrer Frau Gemalin.

Stets Ihr treuer Freund

v. Bismarck.

An H. Wagener.

Reinfeld, 7. November 1850[55]

Lieber Wagener,

.... Ich bin vorgestern bei Lesung Ihres Montagsblattes vor Freude auf meinem Stuhl rund um den Tisch geritten, und manche Flasche Sect ist diesseits des Gollenberges auf die Gesundheit des Herrn v. Radowitz getrunken (worden), zum ersten Male fühlt man Dank gegen ihn und wünscht ihm ohne Groll glückliche Reise. Mir selbst ist das Herz recht frei geworden, und ich fühle ganz mit Ihnen; lassen Sie jetzt Krieg werden, wo und mit wem man will, und alle preußischen Klingen werden hoch und freudig in der Sonne blitzen, mir ist wie ein Alp vom Herzen gefallen, wenn auch Heydt und Ladenberg, die wir schon glaubten mit verdaut zu haben, mir sauer wieder aufstoßen. Mit dem armen Brandenburg scheint es schwach zu gehn, offenbar Folge von Aerger und Gemütsbewegung.[56] Sie glauben nicht, wie stark übrigens der deutsche Schwindel und die Wut auf Oestreich hier selbst in den conservativsten Schichten um sich gegriffen hat, und hauptsächlich, weil die Leute

---

55 Bismarck-Jahrbuch I 14 ff.
56 Graf Brandenburg war zur Zeit, da B. diesen Brief schrieb, schon todt (6. November 1850).

aus alter Gewohnheit schlechte Blätter lesen, die das arglose Herz des Pommern in der Einsamkeit betören, namentlich „Spener" hat hier unzählige vormärzliche Wurzeln geschlagen und dann der Norddeutsche C(orrespondent), der sich im conservativen Schafskleide Terrain gewonnen hat . . . .[57]

Ich denke am 19. Abends in Berlin zu sein. Leben Sie wohl. Viele Grüße an Frau Rosa von meiner Frau und mir.

Ihr

treuer Freund

v. Bismarck.

Verzeihn Sie, daß ich nicht frankire, da mir in diesem Jahre schon vier frankirte Briefe verloren gegangen sind; ich bitte Ihrer- seits für alle Zukunft auch darum.

---

[57] Das hier ausgelassene Stück ist im Bismarck-Jahrbuch I 15 f. mitgeteilt.

II. Abteilung
Briefe aus der Frankfurter Zeit, 1851–1859

An Frau von Bismarck.

Frankfurt, 18./5. 51

. . . Frankfurt ist gräßlich langweilig, ich bin so verwöhnt mit viel Liebe um mich und viel Geschäften und merke erst, wie undankbar ich gegen so manche Leute in Berlin immer gewesen bin, denn von Dir und Zubehör will ich ganz absehn, aber selbst das kühlere Maß von landsmannschaftlicher und Parteizuneigung, das mir in Berlin wurde, ist ein inniges Verhältniß zu nennen gegen den hiesigen Verkehr, der im Grunde nichts als gegenseitiges Ausspioniren ist; und wenn man noch etwas auszuspioniren und zu verbergen hätte!

Es sind lauter Lappalien, mit denen die Leute sich quälen, und diese Diplomaten sind mir schon jetzt mit ihrer wichtigtuenden Kleinigkeitskrämerei viel lächerlicher, als der Abgeordnete der II. Kammer im Gefühl seiner Würde. Wenn nicht äußre Ereignisse zutreten, und die können wir superklugen Bundestagsmenschen weder leiten noch vorherbestimmen, so weiß ich jetzt ganz genau, was wir in 1, 2 oder 5 Jahren zu Stande gebracht haben werden, und will es in 24 Stunden zu Stande bringen, wenn die andern nur einen Tag lang wahrheitsliebend und vernünftig sein wollen. Ich habe nie daran gezweifelt, daß sie alle mit Wasser kochen; aber eine solche nüchterne, einfältige Wassersuppe, in der auch nicht ein einziges Fettauge zu spüren ist, überrascht mich. Schickt den Schulzen X oder Herrn v. ? arsky aus dem Chausseehause her, wenn sie gewaschen und gekämmt sind, so will ich in der Diplomatie Staat mit ihnen machen. In der Kunst, mit vielen Worten garnichts zu sagen, mache ich reißende Fortschritte, schreibe Berichte von vielen Bogen, die sich nett und rund wie Leitartikel lesen, und wenn Manteuffel, nachdem er sie gelesen hat, sagen kann, was drin steht, so kann er mehr wie ich. Jeder von uns stellt sich, als glaubte er vom andern, daß er voller Gedanken und Entwürfe stecke, wenn er's nur aussprechen wollte, und dabei wissen wir alle zusammen nicht um ein Haar besser, was aus Deutschland werden wird, als Dutken Sauer. Kein Mensch, selbst der böswilligste Zweifler von Demokrat, glaubt es, was für Charlatanerie und Wichtigtuerei in dieser Diplomatie hier steckt. Doch nun habe ich genug geschimpft, nun will ich Dir sagen, daß ich mich wohl befinde. Vorgestern war ich in Mainz; die Gegend ist doch reizend. Der Roggen steht in vollen Aehren, obschon es infam kalt ist, alle Nacht und des Morgens. Die Excursionen mit der Eisenbahn sind das Beste hier. Nach Heidelberg, Baden-Baden, Odenwald, Homburg, Soden, Wiesbaden, Bingen, Rüdesheim, Niederwald, kann man bequem in 1 Tag, 5–6 Stunden dableiben und Abends wieder hier sein; bis jetzt habe ich's noch nicht benutzt, ich werde es aber, damit ich Dich dann führen kann, wenn Du hier bist. Rochow ist gestern nach Warschau gereist; Abends 9 Uhr fuhr er ab, übermorgen Mittag ist er da, und heut über 8 Tage wahrscheinlich wieder hier. Ueber Politik und einzelne Personen kann ich Dir nicht viel schreiben, weil die meisten Briefe geöffnet werden. Wenn sie Deine Adresse auf meinen und Deine Hand auf Deinen Briefen erst kennen, werden sie sich's wohl begeben, da sie nicht Zeit haben, Familienbriefe zu lesen. . .

An H. Wagener.[58]

Frankfurt, 5. Juni 1851

Haben Sie nicht Zeit, mir einmal zu schreiben, überhaupt mit mir zu correspondiren? man ist hier auf einem Verlornen Posten, wo man nichts als officielle Nachrichten erhält, und die sehr unvollständig; alle Berliner Freunde waren bei meiner Abreise freigebig mit Versprechungen, aber faul im Schreiben, und Sie sind der Einzige, dem es wirklich an Zeit dazu fehlt. Man versauert hier und hat nichts zu tun, bis jetzt wenigstens. Ich habe vor 8 Tagen meiner Erbitterung in einigen Redensarten

58   Aus H. Wagener, Erlebtes. Berlin (Pohl) 1884 I S. 56 f.

Luft gemacht, ... ist der Brief nicht in Ihre Hände gelangt? Das ist es, was mich beunruhigt; aus der Correspondenz mit meiner Frau sind mir schon 3 Briefe verloren gegangen; werden sie beim Oeffnen beschädigt, so unterschlägt man sie kaltblütig ... Ich langweile mich unglaublich; der einzige Mann, der mir gefällt, ist Schele, der hanoversche Gesandte. Die Oestreicher sind intriguant unter der Maske burschi-koser Bonhommie. ... und suchen uns bei kleinern Formalien zu übertölpeln, worin bis jetzt unsre einzige Beschäftigung besteht. Die von den kleinen Staaten sind meist karrikirte Zopf-Diplomaten, die sofort die Bericht-Physiognomie aufstecken, wenn ich sie nur um Feuer zur Cigarre bitte, und Blick und Wort mit Regensburger Sorgfalt wählen, wenn sie den Schlüssel zum A– fordern. Die entente cordiale zwischen Oestreich und Baiern zeigt sich hier als sehr gelockert, wenn es nicht verabredete Komödie ist, was kaum glaublich scheint. Beneidenswert ist die Disciplin, welche in Oestreich und seinen Vertretern Alles, was vom Kaiser bezahlt (wird), nach gleichem Tact sich bewegen läßt. Bei uns singt jeder seine eigne Melodie, verleumdet den Andern und schreibt Specialberichte nach Berlin, wir haben hier mindestens 3 Civil- und 2 Militärdiplomaten neben einander. Ueber meinen Chef[59] mag ich mich schriftlich nicht äußern; wenn ich hier selbstständig werden sollte, so werde ich mein Feld von Unkraut säubern oder urplötzlich wieder nach Hause gehn.

Glauben Sie an Festigkeit unsrer innern Politik auf ihren neuen Wegen? Aus Ihren Artikeln spricht kein volles Vertrauen . . . Mir ist noch nicht zu Mute, als ob ich hier lange bleiben würde; ich fühle mich hier ziemlich ad acta gelegt und meiner Freiheit ohne Zweck beraubt, wenn es nicht sehr bald anders wird.

Der Ihrige

v. Bismarck.

P.S. Morgen ist eine Bundestagssache. Vermutlich kommt die Hessische Sache zum erstenmal vor mit allgemeinen Redensarten. Die Hessen er-

---

59 Generallieutnant v. Rochow.

warten, daß ihnen der Bundestag die gebratnen Tauben mit vormärzlicher Sauce in den Mund schieben wird.

An General Leopold von Gerlach.[60])

Frankfurt, 22. 6. 51

Euer Excellenz

haben mir durch Rochow Ihren Zorn darüber vermelden lassen, daß ich nicht schreibe; ich bin, was Sie mir verzeihn wollen, über diesen Zorn mehr erfreut und dankbar als zerknirscht und beeile mich, meine ungehobelten Schriftzüge Ihrem nachsichtigen Auge zu unterbreiten, auf die Gefahr hin, Ihnen nichts zu schreiben, was Sie nicht schon durch Vermittlung meines verehrten Chefs aus den Briefen des Herrn von Rochow oder aus meinen eignen wissen. Vorgestern habe ich bei Wiesental der Einweihung des Denkmals für die vor 2 Jahren dort gebliebnen Preußen beigewohnt oder vielmehr nicht beigewohnt, denn Graf Waldersee und ich kamen eine viertel Stunde zu spät an Ort und Stelle, weil die Feier durch Herrn von Roggenbach (Badischen Kriegsminister) um 1 1/2 Stunden verfrüht worden war. Herr von Savigny, der en grande tenue Preußen vertrat, wird ohne Zweifel umständlich über den Verlauf berichtet haben. Ich war in Civil dort, und unter dem ausgesprochnen Motiv, die Localitäten in Bezug auf den Tod meines Freundes Busch-Münch kennen zu lernen. Roggenbach ist in vorgerücktem Stadium der Rückenmarkskrankheit nicht mehr vollständig Herr seiner Füße, eine Figur wie Stockhausen, aber anscheinend weicher in seinem Wesen; seiner Conversation nach ein sehr gelehrter Generalstabsoffizier, faßt er seine jetzige Aufgabe, wie mir schien, vorzugsweise aus dem Gesichtspunkt ritterlicher Treue gegen seinen Landesherrn auf. Er sprach viel, mit warmer Dankbarkeit und Verehrung von Sr. Majestät und drückte seine Bewunderung für die preußische Armee stärker aus, als ich, wenn

---

60   Vgl. Bismarcks Briefe an General Leopold v. Gerlach, herausgegeben von Horst Kohl, Berlin 1896 S. 1 ff.

ich Badischer Offizier wäre, gewünscht hätte. In der Tat schwoll mein Selbstgefühl, wenn ich bei dem gemeinschaftlichen Diner den bescheidnen aber freien Anstand, die ungezwungne Wohlerzogenheit betrachtete, mit der unsre Unteroffiziere und Husaren unsern und den Badischen Offizieren gegenübersaßen; die meisten von ihnen sahen vornehmer aus, als ein Teil der Großherzoglichen Dragoneroffiziere. Lebhaft überrascht bin ich von der Liebe und Anhänglichkeit gewesen, mit welcher unsre Uniformen jeder Charge von den Bürgern in Bruchsal, von den Landleuten in Wiesental und Umgegend aufgenommen wurden; alles grüßte freundlich, wo sich ein Husar sehn ließ, und die Versicherungen der Freude waren ungeheuchelt. Phenomenal erschien es mir, daß in einer Weinstube, wo ich am Abend mit 6 oder 8 unsrer Offiziere einkehrte, nach sehr guter Bewirtung die Annahme jeglicher Bezahlung standhaft verweigert wurde, und Wirt und Wirtin sich schließlich für beleidigt erklärten, wenn man ihnen nicht gestatten wolle, sich an der Ehre, die Preußischen Offiziere bei sich gesehn zu haben, genügen zu lassen. Als flüchtiger Beobachter kann ich freilich nicht sagen, wie tief und wie mächtig das Erz dieser Zuneigung ansteht, aber der oberflächliche Eindruck ist wohltuend für unsereinen. Beim Abschied war Herr von Roggenbach gerührt, umarmte und küßte auf beide Wangen sämmtliche Anwesende des 9. Husaren-Regiments bis zum letzten Husaren, so daß er in 2 Minuten meiner Zählung nach 52 Küsse austeilte und mir darauf den 53. und 54. applicirte, was den Obristen Hilpert, einen hübschen, fleischigen, etwas coquetten Regiments-Commandeur ungeduldig zu machen schien. Interessant war mir unter den Anwesenden ein ehemaliger Unteroffizier der Husaren, namens Barella[61*], wenn ich richtig hörte, dessen einziger Sohn bei der Attake vor 2 Jahren geblieben war, und den die Offiziere auf ihre Kosten mitgebracht hatten. Beim Ausmarsch aus Trier hatte er seinem Sohn gesagt: Gott erhalte Dich, aber wenn Du von

---

61 * Ist später Armee-Gensdarm gewesen, bei Auflösung des Corps pensionirt; kann man ihm nicht für seine gute Kinderzucht das allgemeine Ehrenzeichen besorgen? En cas que si würde ich sein National(e) vervollständigen.

den Hundsföttern Pardon nimmst, so komm nicht wieder über meine Schwelle. Der Junge hatte sich bei dem Angriff versprengt, war bis an Wiesental gekommen, dort einzeln von der Ueberzahl umringt und aufgefordert worden sich zu ergeben. Er antwortete ihnen: Von Euch nimmt ein Preußischer Husar keinen Pardon, und ward vom Pferde geschossen und getödtet. Ueberhaupt ist in dem Regiment, obschon es Rheinländer sind, ein kecker, frischer Sinn, nicht bloß auf der Zunge, gute dreiste Reiterei und exemplarische Zucht, wenigstens in der hier liegenden Schwadron. Der Commandeur Obristlieutenant Künzel wird enthusiastisch von seinen Leuten und Offizieren verehrt, aber auch gefürchtet, und die Erzählungen aus der Badischen Campagne sind seines Lobes voll. Ein Unteroffizier sagte mir von ihm: der reitet wie Pech und Schwefel, und wenn er im Sattel sitzt, kann die ganze Armee ruhig schlafen, bis er sagt: nun ist es Zeit. Verzeihn mir Ew. Excellenz meine breite Geschwätzigkeit, aber Sie haben die schwarzen Gewässer meines Tintfasses heraufbeschworen und ich fürchte, Sie finden nicht so schnell das Wort, um sie zu bannen, da es heut so heiß ist, daß ich entschlossen bin, garnicht auszugehn, und keine weitern Geschäfte schützend zwischen Sie und meinen Drang nach Mitteilung treten werden, indem Rochow nach Homburg gefahren ist, um sich beim Prinzen Wilhelm K. H. zu melden. Daß ich Ihnen über Rochow selbst mein Urteil schreibe, ist wohl, sei es lobend oder tadelnd, in meiner Stellung zu ihm nicht passend; er ist in seinem persönlichen Verkehr mit mir die Liebenswürdigkeit selbst und verzieht mich; auf Entschlüsse in Geschäftssachen aber habe ich wenig Einfluß, wie das in der Natur der Sache liegt, denn zwei Menschen können nicht gleichzeitig Eine Handlung tun; die meisten Sachen kommen fertig von Berlin, wie das ebenfalls nicht anders sein kann, und was hier geschieht, wird meistens in gelegentlichen und unerwarteten Privat-Konversationen oder in der Bundestagssitzung abgemacht, oder von Rochow im Wege der Privat-Correspondenz erledigt, da er das, was er einmal vorhat, gern schnell und auf dem kürzesten Wege durchführt. Kurz, was vorgeht, das geht ohne mich, und ich habe die Empfindung eines Junkers in einer Sinecure, die drückendste, welche das constitutionelle Gewissen eines abgabenbewilligenden Volksvertreters belasten kann. Wenn nun auch die robuste Tragfähigkeit besagten Gewissens jener Last für die Zeit voll- kommen gewachsen sein dürfte, welche höhern Orts (und von mir selbst) notwendig erachtet wird, so glaube ich doch, daß es für die Regirung von keinem Nutzen sein würde, wenn meine jetzige Stellung eine dauernde werden sollte. Ein mir von Berlin zugegangnes Gerücht nennt Lecoq als Nachfolger Rochow's. Ich bin bei Weitem nicht so ehrgeizig, als Ihr Bruder von mir anzunehmen pflegt, ich würde sehr gern Landrat im Schönhauser Kreise geworden und geblieben sein, und in diesem Frühjahr würde meine Ernennung zu dem geringsten deutschen Geschäftsträgerposten, als Lehrlingschaft, meine Erwartungeis überstiegen haben; nachdem aber die Nachricht von meiner beabsichtigten Anstellung als Bundestags-Gesandter auf glaubwürdige Weise in das Publikum gelangt und im Parteisinne aufgefaßt und beleuchtet worden, würde in einer Aenderung dieser Absicht die Deutung liegen, daß man sich, wenigstens einstweilen, von meiner Unreife zu dieser Stellung überzeugt habe, eine Auffassung, von der ich mit Hamlet sagen möchte: „das alles ist ohne Zweifel sehr wahr, und ich selbst glaube festiglich daran, aber ich halte es nicht für schön, es so gedruckt zu sehn." Das heißt: l'appétit vient en mangeant, und jetzt lege ich allerdings einen ambitiösen Wert auf meine Ernennung, und ihr Ausbleiben seiner Zeit würde mich schmerzen. Ich bescheide mich aber, daß Rücksicht auf persönliche Wünsche politischen Gründen gegenüber nicht maßgebend sein kann, und würde auch im schlimmsten Falle die Rolle eines gekränkten Staatsmannes jederzeit für eine geschmacklose halten. Meine Frau ist noch in Pommern, teils um das Seebad zu gebrauchen, teils weil ich Kind und Kegel nicht eher übersiedeln will, als bis ich der Gestaltung meiner Zukunft offiziell sicher bin. Für eine puritanische und von ländlichen Vorlieben erfüllte Seele, wie die meiner Frau, bietet die hiesige Geselligkeit nachhaltigen Stoff für sittliche Entrüstung. Denn im Ganzen tut man den schönen Löwinnen von Frankfurt nicht Unrecht, wenn man ihren Ton als nahe an Lüderlichkeit streifend bezeichnet.

Vor etwa 14 Tagen habe ich eine der sich hier eines stadtkundigen Rufs erfreuenden Landpartien des Grafen Tun mitgemacht, bei der ich selbst die Rolle des Joseph, zu meiner Schande muß ich es gestehn, nur bis zur Höhe des passiven Widerstandes durchgeführt habe. Die Teilnehmerinnen sind hübsche üppige Weiber der hiesigen Bankier-Aristokratie, von denen ich zwar nicht weiß, bis zu welchem Punkte sie einem der hiesigen diplomatischen Garçons oder Strohwittwer den Mangel eigner Häuslichkeit zu ersetzen geneigt sind, deren Auffassung der gesellschaftlichen Beziehungen zwischen Damen und Herrn mich aber doch glauben ließ, daß ich es meiner Frau als abwesendem Teil schuldig sei, bei einer Einladung zu einer ähnlichen Excursion auf heut, Geschäfte vorzuschützen ... Er (Thun) ist ein Gemisch von ungehobelter Derbheit, die leicht für ehrliche Offenheit passirt, von aristokratischer nonchalance und slavisch-bäuerlicher Schlauheit, hat stets „keine Instructionen" und scheint wegen Mangel an Geschäftskunde von seiner Umgebung abhängig zu sein. Unter diesen ist der Baron Brenner, ein romantischer beau, groß, schön und brünett, klug und unterrichtet, aber faul, in Gesellschaft schweigsam . . . Dann der Baron Nell, etwas älter, scheinbar mehr der Flasche als den Weibern zugetan, erstrer jedenfalls über den Durst; er besucht mich mitunter, sieht mich ununterbrochen und schweigend an, wie die Schlange den Colibri, und geht nach 10 Minuten fort, ohne ein Wort gesagt zu haben. Er soll geschäftlich routinirter, jedenfalls fleißiger als Brenner sein und hat dadurch entschiedenes Ascendant über Thun. Alle drei Herrn der Oestreichischen Gesandschaft haben durchaus nichts, was Vertrauen erweckt, Thun noch am meisten… vorsichtige Unaufrichtigkeit ist der bemerkbarste Characterzug in ihrem Verkehr mit uns. Redensarten von der Notwendigkeit gemeinsamen und einheitlichen Wirkens mit Preußen haben sie bis zum Ueberdruß im Munde, wenn es sich aber darum handelt, unsre Wünsche zu fördern, so ist ein offizielles „nicht entgegen sein wollen" und ein heimliches Vergnügen, uns Hindernisse zu bereiten, das Einzige, was wir m. E. zu erwarten haben, wie wir das in der Flotten-Sache bestimmt und in der wegen des Austritts unsrer Provinzen, falls nicht präcise Instructionen von Wien durch Graf Arnim zu erreichen sind, erleben werden. In Ermanglung entscheidender Verhandlungen hier am Ort äußert sich diese Tendenz in kleinlichen Bestrebungen, den formellen Vorrang Oestreichs, den ihm niemand bestreitet, ostensibel und handgreiflich darzustellen. Der General Xylander[62] stellt sich beschränkt und ehrlich; erstres gelingt ihm vollständig; in Bezug auf die zweite Eigenschaft habe ich noch kein Urteil gewonnen. Herr v. Nostitz[63] ist vorsichtig, höflich, biegsam, wie ich glaube, unzuverlässig.... aus Schwäche, geschäftskundig und nach seinen Reden vulgär constitutionell. Ueber Herrn v. Reinhard[64] weiß ich nur zu sagen, daß ihm die Aussöhnung seines hohen Herrn und Sr. Majestät des Königs sehr am Herzen liegt, und er wiederholt deßhalb mit Rochow conferirt hat, ohne Verständigung beider, Herr von Marschall[65] ist ein kluger gewandter Mann, der viel Hinneigung zu Preußen an den Tag legt, fast zu höflich, aber ich ziehe ihn den übrigen Gesandten aus Süd- und Westdeutschland vor; betrügt auch Bayerer uns, so tut er es wenigstens mit Anstand. Herr von Trott[66] läßt sich nirgends sehn, lebt einsam in seinem Zimmer, klagt sehr über die Hitze trotz eines auffallend leichten und nicht ganz propern häuslichen Kostüms und macht einen etwas landjunkerlichen Eindruck. Der Darmstädtische Gesandte v. Münch ist unter den Kleinen derjenige, welcher, sei es aus persönlicher Wahl oder in Folge seiner Instructionen am meisten eine antipreußische Vorliebe für Oestreich an den Tag legt; er scheint ein stiller, kalter, vernünftiger Mann zu sein. Baron Dungern[67] halte ich für einen, unbedeutenden Menschen; auf der Straße sieht er etwas ordinär aus; politisch

---

62 Bayerischer Bundestagsabgesandter.
63 Kgl. Sächs. Bundestagsgesandter.
64 Württembergischer Bundestagsgesandter.
65 Badischer Bundestagsgesandter.
66 Kurhessischer Bundestagsgesandter.
67 Bundestagsgesandter für Nassau und Braunschweig.

würde er sich, soweit die Interessen auseinandergehn, für seine Person lieber zu Oestreich wie zu uns halten, aber er unterliegt dem sich bekämpfenden Einfluß des preußisch gesinnten Ministers von Wintzingerode und der östreichischen Richtung seines Hofes, welche besonders an der hübschen und liebenswürdigen jungen Herzogin[68] eine Stütze findet.

Herr von Wintzingerode hat sich mir gegenüber als einen Freund Preußens à toute épreuve ausgesprochen; der Herzog soll ihn nicht lieben, seiner aber den Ständen gegenüber bedürfen. Von den Norddeutschen Gesandten kann ich die Herrn von Schele[69] und von Oertzen[70] beide als grade, ehrenwerte gentlemen bezeichnen, Leute ohne Falsch, die das Beste wollen für das Ganze, aber treu ihren Fürsten; beide etwas zu peinliche Juristen für Politiker und von nicht sehr ausgedehntem Gesichtskreis, doch ist Schele der Bedeutendere von ihnen. Die Auffassung beider ist für alle Fragen die eines Richters in einem Spruch-Collegium. Schele äußerte sich bei einer gelegentlichen Konversation mit mir dahin, daß er in das jetzige Hanöversche Ministerium auf keinen Fall, und in ein andres nur dann eintreten wolle, wenn die Frage über die Landstände zu seiner Befriedigung gelöst sei. Herr von Bülow[71] aus Holstein gehört ebenfalls zu den besten Elementen der Versammlung, er ist ein angenehmer Gesellschafter, von liebenswürdigen Manieren, dabei schlau und umsichtig, und wenn die Dänische Sache erst in ein klareres Stadium getreten sein wird, so glaube ich, daß wir ihn zu unsern Freunden werden zählen können, soweit die Dänischen Partikular-Interessen es zulassen. Der Lübecker Gesandte Brehmer ist mir mit seinen banalen Gothaer Phrasen, die durch eine gewisse Mecklenburgische Iactanz und Breitspurigkeit nicht genießbarer gemacht werden, eine ebenso incommensurable Erscheinung, als der Syndicus Banks[72] durch angenehme Formen mit seiner kaufmännisch-mattherzigen Richtung in der Politik

---

68 Adelheid.
69 Hannoverscher Bundestagsgesandter.
70 Mecklenburgischer Bundestagsabgesandter.
71 Dänischer Bundestagsgesandter für Holstein und Lauenburg.
72 Hamburgischer Bundestagsgesandter.

aussühnt; indessen habe ich auch mit dem erstern in dienstlicher Heuchelei freundschaftliche Beziehungen angeknüpft. Dem Talleyrand von Bremen, dem alten Smidt, traut keiner recht, und er scheint für Deutschland nur insoweit Sinn zu haben, als Bremen darin liegt. Herrn v. Fritsch (Weimar) .... [halte ich für][73] gutmütig und rechtlich, soweit letztres von einem Gothaer zu verlangen ist. Mit Eisendecher[74] läßt sich eher reden, aber ich glaube, er macht hier nur bonne mine à mauvais jeu; er liebt den Bundestag als solchen nicht und spricht viel davon, daß er bald wieder nach Oldenburg gehn werde; bis jetzt habe ich noch nie gehört, daß er sich mit etwas ihm Gesagten nicht mit wohlwollender Miene einverstanden erklärt hätte, auch dann, wenn er es nicht ist. Daß wir mit dieser ganzen Gesellschaft Deutschland reformiren und Europa durch die Regeneration unsres Vaterlandes staunende Teilnahme ablocken werden, glaube ich nicht. Es ist kein einziger Mann von geistiger Bedeutung darunter, die meisten sind wichtig tuende Kleinigkeitskrämer, die die Bundesvollmacht mit ins Bett nehmen, und mit denen keine Konversation zu führen ist, weil sie bis in die gleichgültigsten Gespräche hinein diplomatisiren, beobachten und zum Bericht notiren. Die gemeinsame Gefahr von 1848, wenn sie auch auf der Zunge lebt als gelegentliches Unterhandlungsmittel, im Herzen ist sie vergessen, und die gegenseitige Mißgunst und Susceptibilität wird schwerlich in irgend einer wichtigen Frage ein entschiednes und einheitliches Vorgehn des Bundes aufkommen lassen, solange neue Gefahren nicht ostensibel vor Augen treten. Es scheint, als ob Oestreich beabsichtigte, den Angriff der schwebenden Fragen zu verzögern, denn grade von dem Präsidium geht die Langsamkeit der Einleitungen aus, und es ist fast keine Frage, über welche Thun nicht erklärte ohne Instruction zu sein. In der Hamburger Verfassungsfrage wird es sich zeigen, daß, außer etwa Schele und Oertzen, niemand in der Versammlung ist, für den das Recht als solches einen Wert hat, und der überhaupt mehr von bestimmten Rechtsauffassungen, als von

---

73 Vom Herausgeber zur Herstellung des Zusammenhangs ergänzt.
74 Oldenburgischer Bundestagsgesandter.

Gründen momentaner Zweckmäßigkeit geleitet würde. Das Traurigste ist, daß es sich, trotz der entente cordiale, hier fast nur um die Parteistellungen von östreichisch oder preußisch zu handeln scheint, während eine richtige Teilungslinie so liegen müßte, daß man entweder östreichisch und preußisch oder keins von beiden wäre. Die benachbarten Fürsten sind entschieden antipreußisch und aus dem Grunde östreichisch, wobei das Mißtrauen zum Vorwande dient, welches die frühere preußische Politik, in der man eine Verbindung Preußens mit den Völkern gegen die Fürsten zu sehn behauptet, hinterlassen hat. Die offenbar vorhandene Vorliebe der Mittelklassen, soweit sie protestantisch sind, für uns hilft uns nichts auf dem Bundestage, wo das Verhältniß so liegt, daß ein östreichischer Vorschlag, bei entschiednem Widerspruch von unsrer Seite, doch Hoffnung auf Majorität haben würde, während ein speziell preußischer, wenn er von Oestreich keine stärkere Unterstützung erhält als die einer passiven, nur pour menager les dehors ausgesprochnen Zustimmung, schwerlich auf mehr als 3 oder 4 Stimmen würde rechnen können. Die vorgängige Verständigung über das, was hier vorgebracht werden soll zwischen Berlin und Wien, scheint daher unumgänglich notwendig zu sein, so sehr auch die hiesige Position dadurch an Interesse verliert, aber ich sollte glauben, so wie die Beziehungen zwischen uns liegen und bei der viel größern Wahrscheinlichkeit, daß Oestreich unser, als daß wir Oestreichs bedürfen, müßte es möglich sein, in Wien über Fragen wie die Hamburger Verfassung, die Flotte, die Stellung des Bundes zur Presse und zu den territorialen Märzverfassungen, einschließlich Kurhessen, eine uns genehme Verständigung bald zu erreichen, ohne daß wir das Band des Bundestags dabei um so viel fester zu schnüren brauchen, daß es uns unbequem sitzt. Die Dänische Frage, namentlich die über die Succession, nach deren Erledigung die Schleswig-Holsteinische sehr erleichtert sein wird, liegt meines Trachtens außerhalb unsres hiesigen Wirkungskreises, und ich hoffe, wir bleiben damit verschont. Für sehr nützlich würde ich es halten, wenn man sich bei Zeiten mit den deutsch-materiellen Fragen befaßte. Diejenige Stelle,

94

die darin die Initiative ergreift, sei es der Bundestag, der Zollverein oder Preußen allein, wird einen großen Vorsprung in den Sympathien der Beteiligten haben, denn die Sachen, quae numero et pondere dicuntur, sind der Mehrheit der Deutschen wichtiger als Ihnen und mir, und wenn ich auch eine Gleichheit von Maß, Gewicht, Wechselrecht und andern derartigen Schnurrpfeifereien nicht sehr hoch anschlage und für schwer ausführbar halte, so sollte man doch den guten Willen zeigen und zu Ehren des Handwerks etwas damit klappern, das heißt, mehr von preußischer als von bundestäglicher Seite. Es würde mir sehr interessant sein zu hören, ob die Unterhandlungen zwischen dem Zollverein und Hanover noch im Gange sind und fortschreiten, denn die Consolidirung der gesunden norddeutschen Elemente durch das Band materieller Interessen, selbst wenn sie mit Verlust an süddeutschen Bestandteilen des Zollvereins erkauft werden sollte, würde für die Richtung unsrer innern Politik nicht ohne conservative Rückwirkung sein und uns berechtigen, mit mehr Kaltblütigkeit auf die Entwicklung der Bundestagspolitik zu sehn. Werden wir auch unsre Militär-Conventionen aufrecht erhalten? Doch ich frage, als ob ich glaubte, daß Euer Excellenz ebensoviel Zeit zum antworten hätten, als ich zum schreiben, und wenn ich radottire, so entschuldigen Sie mich damit, daß ich wegen zu großer Hitze noch jetzt um 6 Uhr nicht zu Mittag gegessen habe. Gestatten Sie mir noch ein Wort über unsre innre Politik; ich fürchte, daß die Minister in eine schiefe Stellung geraten mit Berufung der Provinzialstände. Wollen sie wirklich nur ein interimistisches Organ für einen bestimmten administrativen Zweck in diesen Ständen sehn, so nenne ich das mit der Kanone auf die Hühnerjagd gehn; kehren sie um, sobald diese interimistische Function erfüllt ist, so haben sie ohne Not das Odium und Mißtrauen in demselben Grade auf sich geladen, als wenn sie dauernde Herstellung der Stände octroyirt hätten, was sie ohne Verfassungsbruch konnten; und durch einen Rückzug verlieren sie im Vertrauen der conservativen Partei mehr, als wenn sie die Sache ganz hätten schlummern lassen. Will die Regirung aber in den Ständen eine dauernde Organisation wieder gewinnen, so hätte sie ihre eigne Position fester nehmen müssen, als sie in der Motivirung und in den spätern Erklärungen der Preußischen Zeitung getan hat; sie hätte sich von Hause aus entschlossen für das rechtliche Bestehn der Stände aussprechen müssen, nicht aber abwarten, daß ihr die Reclamationen, die in diesem Sinne aus der Mitte der ProvinzialLandtage nicht ausbleiben werden, die Alternative stellen, sich nachträglich durch das Junkertum diese Ansicht aufdrängen oder die Stände fallen zu lassen, nachdem letztre geglaubt haben werden, den Absichten der Regirung entgegenzukommen, wenn sie ihre Rehabilitation erstreben und sich danach enttäuscht sehn. Das Facit ist dann triumphirende Gereiztheit bei der bisherigen Opposition, Mißtrauen im Centrum der bourgeoisie und Verlust des Vertrauens bei den Conservativen. Will die Regirung ernstlich sich auf Grundlagen organischen Staatslebens und vernünftiger Freiheit übersiedeln, so kann sie das, wie ich glaube, erreichen ohne formellen Verfassungsbruch, aber dann muß sie die Schiffe hinter sich verbrennen und die Scheide fortwerfen; halber Mut, stutzen und zag werden im Feuer, kann nur zu ganzer Niederlage führen. Wenn die Regirung nicht den Entschluß hat, sich offen und rücksichtslos der Werkzeuge in der Bürokratie zu entäußern, von denen sie sicher weiß, daß sie ihre Stellung nur als Waffe gegen die Regirung nutzen werden, so ist auch vorauszusehn, daß sie die Entschlüsse, welche man von ihr hofft oder fürchtet, entweder nie gehegt hat, oder nicht ausführen will, oder bei der Ausführung erlahmt, weil ihre Organe offen oder heimlich den Dienst versagen.

Ich habe schon an den Major von Manteuffel einmal über die unhaltbare pekuniäre Lage unsrer hiesigen Subaltern-Offiziere geschrieben; er antwortet mir, der Preußische Offizier sei daran gewöhnt, mit Anstand zu hungern; es handelt sich hier aber nicht um hungern, sondern um Schuldenmachen; leben und wohnen ist hier um 30 bis 50 Prozent teurer als in Berlin, und schon da kann ein Linien-Lieutenant, der gewöhnlich ohne Zulage ist, nicht bestehn. Die notwendigen unvermeidlichen Ausgaben und Abzüge übersteigen hier die dienstlichen Emolumente um monatlich 5 bis 6 Tlr., der Offizier mag hungern, so viel er kann; ich werde mir erlauben, Eurer Excellenz einen speziellen Nachweis über diese Angabe hinzureichen. Die letzte Soldstufe der Baiern hat 9, die der Oestreicher 25 Tlr. mehr hier am Ort als unsre monatlich.

Ueber den Herrn, dessen Privatcorrespondenzen Sie die Güte hatten, mir vor meiner Abreise zu zeigen[75], höre ich viel Nachteiliges. Die Offiziere klagen, daß er dienstlich untätig sei; andre fechten seine Uneigennützigkeit an, indem er von der Stadt Emolumente und gelegentliche Geschenke beziehe, sich bei kleinen Fürsten um Orden bewerbe u. dgl. Savigny und Goltz nannten ihn intrigant, indem er mit Personen in der Nähe Sr. Majestät und mit der Kreuzzeitung einerseits und mit der Kölnischen Zeitung und mit hervorragenden Persönlichkeiten in Coblenz in einem andern Sinne correspondire. Sein äußerlicher habitus ist nicht Zutrauen erweckend; ich kann aber nicht näher über ihn aus eigner Auffassung urteilen, da er Herrn v. Rochow und mir bald nach unsrer Ankunft ausdrücklich erklärte, er werde zwar auf Erfordern uns jede verlangte Auskunft geben, aber in keiner fortlaufenden Verbindung mit uns stehn, sondern selbständig seine eignen Beziehungen erhalten. Seitdem habe ich ihn nicht wiedergesehn, da zwei Versuche dazu von meiner Seite fehlschlugen. Herrn v. Rochow hat er über Coblenz allgemeine, schon bekannte Mitteilungen gemacht. Zum Schluß noch ein personalissimum. Euer Excellenz fragen Rochow, welche Bewandniß es mit einem englischen Artikel über mein Spielen in Homburg hat. Der Schreiber desselben ist Mr. Hodgekins, Correspondent der Daily News und einer der gekränkten Litteraten, mit denen ich meine Fehde in Erfurt hatte, indem ich ihm den Tribünen-Platz entzog, weil er den von seinen Collegen erfüllten Bedingungen nicht nachkommen wollte. Ich war bis zum Erscheinen jenes Artikels nur einmal in meinem ganzen Leben und zwar auf Rochows Wunsch und mit ihm in Homburg gewesen, habe 2 Minuten lang gespielt und mich dann entfernt. Ich spiele sonst seit meiner Verheiratung grundsätzlich garnicht Hazard, auch nicht in

---

75 Major Deetz.

Privatgesellschaft, weil es mir zu teuer ist, und meine Frau triumphirt schon, daß jener Bruch meiner Grundsätze mich sofort öffentlich als einen enragirten Spieler erscheinen läßt. Tun und Nostitz sind übrigens an der Roulette Stammgäste und spielen sehr hoch, letztrer glücklich, erstrer mit schlechtem Erfolg, und ich finde es in seiner Stellung überhaupt unschicklich.

Verzeihn Sie dieses lange opus und betrachten Sie es als eine elegentliche Conversation bei mitternächtlicher Cigarre am Kanal in Potsdam. Mit der Bitte, Ihrer Frau Gemalin und Ihrem Herrn Bruder, wenn Sie ihn sehn, meine Empfehlung zu machen,

Euer Excellenz

treu ergebner

v. Bismarck.

Savigny[76] habe ich sehr vernünftig gefunden und vollkommen bereit, die jetzige Politik der Regirung, als die einzige den Umständen nach mögliche, zu adoptiren und zu stützen und die Vergangenheit als abgetan zu betrachten; Herr v. Roggenbach sprach sehr anerkennend von ihm, Rüdt gegen Rochow das Gegenteil. Rüdt ist übrigens unser Freund nicht, und ich bin zweifelhaft, ob es richtig ist, Savigny, von dem ich bei unsrer persönlichen Stellung nicht glauben kann, daß er mich belügt, dort abzurufen. Die Frau Prinzessin leidet stärker an Leberschmerzen, wie er mir sagt, der Prinz hat sehr befriedigt über Warschau geschrieben, auch sich in frühern Briefen anerkennend über mich und meine hiesige Ernennung geäußert.

Frankfurt, 24. 6. 51

Lieber Bruder,

So faul man auch sein mag, so kommt doch der Termin, wo die Brutalität materieller Interessen das bei mir bewirkt, was Bruderliebe an-

---

76 Preußischer Gesandter am badischen Hofe.

scheinend nicht vermochte, daß ich nämlich einen regelrechten Brief schreibe. Ohne einen gewissen Zwang gehe ich allerdings nicht in das Tintfaß, aber dieser Zwang ist jetzt mitunter so stark, daß ich beispielsweise vorgestern, am Sonntag, von des Morgens 9 Uhr bis Abends 8 ohne Unterbrechung und ohne zu essen geschrieben habe, was mir selbst sehr imponirt. Uebrigens ist es hier ziemlich langweilig, sobald man nichts zu tun hat. Das Angenehmste ist, daß man sehr schnell fort kann und Partien wie nach Heidelberg, Bingen in 1 Tag macht. Ich bin eben durch eine 4 Stunden lange Reihe von Besuchen unterbrochen worden, die hiesigen kleinstaatlichen Diplomaten sind sonderbare Käutze, die nach Hause berichten, was für Cigarren man raucht, nie aus der diplomatischen Fechterstellung kommen und auch im bloßen Hemde das Bewußtsein, Bundestagsgesandter zu sein, niemals verlieren. Der gesellige Verkehr mit ihnen wird dadurch lästig und insipide. Meine Stellung ist hier eine lediglich zuschauerliche und ex post kritisirende, da die wichtigern Sachen fertig aus Berlin kommen, die übrigen meist mündlich und gelegentlich abgeredet werden, was doch nur Einer besorgen kann. Von östreichischer Seite bemüht man sich, meine Ernennung zu hintertreiben, geschieht das mit Erfolg, so werde ich vor Ablauf des Sommers die Freude haben, mich dem harmlosen ländlichen Leben zurückgegeben zu sehn, denn in meiner jetzigen Stellung fühle ich mich überflüssig, und eine Ernennung nach Stuttgart oder so etwas, für wie auszeichnend ich sie auch vor 3 Monaten gehalten hätte, würde jetzt nicht viel Andres als ein Testimonium meiner Unbrauchbarkeit für die hiesige Stelle sein, nachdem man die Absicht, mich als Bundesgesandten anzustellen, einmal auf glaubwürdige Weise ins Publikum gebracht hat und mir die bündigsten Zusicherungen von höchster Stelle darüber erteilt hat. Außerdem weiß ich nicht, ob und wie weit ich mich mit unsrer deutschen Politik identificiren kann, wenn nicht der Hauptfaden durch meine Hand geht, jedenfalls will ich hier nicht Hütten bauen, ehe ich nicht selbständig und klar sehe und genau weiß, welche Stelle man mir der arroganten Pfiffigkeit unsrer „ehrlichen Halters" gegenüber zumutet. Johanna geht nach Stolpmünde, und ich hole sie im August hierher, vorausgesetzt, daß bis dahin alles so eingerichtet ist, wie es bei meiner Abreise von Berlin mit der Regirung abgeredet worden. Ich bombardire von hier aus, daß sie in der innern Politik sich klar machen, wo sie hinauswollen und sich nicht zwischen zwei Stühle setzen. Wenn sie die Stände zu weiter nichts als zu einem interimistischen Einschätzungs-Organ aufrufen, so heißt das mit Kanonen auf die Hühnerjagd gehn, und wenn sie nicht aufhören, die wichtigen amtlichen Functionen durch Leute üben zu lassen, denen ihr Amt nur eine Waffe gegen die Regirung ist, so können sie nichts durchführen. In 8 Tagen kommt der Prinz von Preußen her; er hat sich, wie ich erfahre, schon überzeugt, daß seine erste Ansicht, meine Ernennung sei eine Mediatisirung unter Oestreich, nicht richtig gewesen, und scheint mit uns oder doch mit meiner Person ganz ausgesöhnt. Im August erwarten wir den König hier auf dem Wege von Königsberg, wo er am 3. eintrifft, nach Hohenzollern. Weißt Du keinen Finanzminister? Zuletzt wird Herrmann mein Rabe wohl ruhig wieder eintreten . . .

Die Besuche lassen mir keine Ruhe, und ich mag die Tür nicht schließen, weil so oft schnell Durchreisende kommen, die man gern gesehn hätte. Seit ich an diesem Briefe schreibe, habe ich 3 oder 4 deutsche Kleinstädter, einen magyarischen Magnaten, einen stockrussischen hazardspielenden Diplomaten, den alten Radziwill und einen Berliner Geh. Rat hier gehabt, und sie alle in Unterhosen und dem Dir bekannten schwarzgelben Schlafrock empfangen, da ich noch jetzt um 4 Uhr nicht zum Anziehn gelangt bin. Grüße alle Bekannte herzlich, namentlich meine liebenswürdige Schwägerin, Kamekes, Lettows ... Leb wohl und schreibe bald.

Dein treuer Bruder

v. B.

An den Appellationsgerichts-Präsidenten Ludwig v. Gerlach.[77]

Frankfurt, 28. Juni 1851

Verehrtester Herr Präsident,

‚ich habe vor einigen Tagen den Besuch eines Baron Josika gehabt, der mir versprochen hat, Sie auf seiner Rückkehr von Johannnisberg in die Heimat, die ihn in einigen Tagen durch Magdeburg führt, persönlich zu begrüßen. Ich erlaube mir Ihnen denselben zu empfehlen; er gehört der conservativen Partei seines Vaterlandes an und war früher Kanzler von Siebenbürgen. Mir selbst geht es körperlich wohl, im Uebrigen bin ich etwas niedergeschlagen, teils über die lange Trennung von den Meinigen, teils über das geringe Aequivalent, welches sich mir hier für diese Entbehrung bietet, ich meine nicht in geselliger Beziehung, denn da mache ich keine Ansprüche, sondern in politischer Tätigkeit. Mit meinen künftigen Collegen ist wenig aufzustellen; ledern, kleinlich und lügenhaft ist der vorherrschende Character der Einzelnen, wie der Totalität; 1848 ist vergessen, man giebt sich der arrogantesten Sicherheit hin und glaubt vielmehr zum Kampf gegen einander als gegen die Revolution hier zu sein. Oestreich sieht alles durch die Brille des Gesammteintritts an und kennt für jede Frage nur den Maßstab, ob dieses Project dadurch gefördert werden kann oder nicht. Ich weiß nicht, ob ich mir, wenn ich selbständig hier sein werde, eine Wirksamkeit werde schaffen können, die mich für das entschädigt, was ich durch das Ab-geschnittensein von der innern Politik aufgegeben habe, die grade jetzt anziehend und wichtig werden kann, wenn die Junker ihre Aufgabe verstehn. So lange Rochow hier ist, bin ich natürlich nur Zuschauer und Lehrling und habe einstweilen zu meiner formellen Ausbildung noch die Geschäfte der Mission bei Darmstadt, Nassau und Stadt Frankfurt übernommen, für Herrn von Otterstädt, der 3 Monat auf Urlaub geht. Mir scheint, als ob es in der Preußischen Diplomatie, außer der Stellung des Königs, des General-Adjutanten und des auswärtigen Ministers sehr wenig gäbe, was den Ehrgeiz und die Tätigkeit eines erwachsnen Menschen beschäf-

---

77 Übernommen aus Bismarck-Jahrbuch III 38 ff.

tigen könnte; alles Uebrige ist doch mehr oder weniger Kanzley- oder Kammerherrn-Arbeit. Der hiesige Posten könnte eine Ausnahme machen, wenn man ihm einen mäßigen Grad von Selbständigkeit giebt. Bis jetzt tauscht man hier nur Instructionen aus und schweigt, wenn man keine hat. Ich höre hier von manchen Seiten, daß die Ansichten in Berlin sich in Bezug auf die Besetzung der hiesigen Stelle seit meiner Abreise geändert haben. Ihr Glaube an die Maßlosigkeit meines Ehrgeizes ist zu eingewurzelt, als daß er nicht neue Nahrung finden sollte, wenn ich Ihnen sage, daß ich weder Neigung habe, hier in zweiter Stelle zu bleiben, noch auf einen andern Posten als den des Bundestagsgesandten besondern Wert lege. Was ist Ihre Ansicht und Ihr Rat in dieser Beziehung? Ich finde in der Stellung eines Gesandten an einem kleinen deutschen Hofe kein Aequivalent für die Wirksamkeit, welche ich im Lande, in der Kammer und in der Partei vermöge meiner Abwesenheit oder meiner Gebundenheit im Dienst, wenn nicht ganz aufgebe, so doch ziemlich lahm lege, und ich würde, wenn ich mit der mir zugedachten Stellung nicht einverstanden bin, ohne Groll gegen die Regirung, ja mit etwas von dem Gefühl eines Schülers für Ferien, nach Hause gehn.

In der Ständesache scheint die Regirung wieder das leidige System anzunehmen, sich von der etwaigen Flut treiben zu lassen, anstatt das Steuer zu ergreifen und einen bestimmten Curs zu segeln. Leider haben mich anhaltende Besuche, während ich dieses schrieb, genötigt, mich fragmentarisch zu expectoriren, und jetzt ein Ende zu machen. Wenn Sie Zeit haben, so würdigen Sie mich einer Antwort, und jedenfalls bitte ich Sie, mich Ihrer Frau Gemalin zu empfehlen. In treuer Ergebenheit
    der Ihrige
    v. Bismarck.

An Frau v. Bismarck.

Frankfurt, 3. Juli 51

Vorgestern habe ich mit vielem Dank Deinen Brief und die Nachricht von Euer aller Wohlsein erhalten. Vergiß aber nicht, wenn Du mir schreibst, daß die Briefe nicht blos von mir, sondern von allerhand Postspionen gelesen werden, und tobe nicht so sehr gegen einzelne Personen darin, denn das wird Alles sofort wieder an den Mann gebracht und auf meine Rechnung geschrieben; außerdem tust Du den Leuten Unrecht. Ueber meine Ernennung oder Nichternennung weiß ich gar nichts, als was man mir bei meiner Abreise sagte, alles andre sind Möglichkeiten oder Vermutungen. Das Schiefe in der Sache ist bisher nur das Stillschweigen auf Seite der Regirung mir gegenüber, indem es billig wäre, mich nachgrade wissen zu lassen, und zwar amtlich, ob ich mit Frau und Kind im nächsten Monat hier oder in Pommern wohnen werde. Sei vorsichtig in Deinen Reden gegen Alle dort ohne Ausnahme, nicht blos gegen *, namentlich in Urteilen über Personen, denn Du glaubst nicht, was man in dieser Art erlebt, wenn man erst einmal Gegenstand der Beobachtung wird; sei darauf gefaßt, daß hier oder in Sanssouci mit Sauce aufgewärmt wird, was Du etwa in den Bossatken[78] oder in der Badehütte flüsterst. Verzeih, daß ich so ermahnend bin, aber nach Deinem letzten Brief muß ich etwas die diplomatische Heckenscheere zur Hand nehmen. Wenn die *** und andre Leute in unserm Lager Mißtrauen säen können, so erreichen sie damit einen der Hauptzwecke ihrer Briefdiebstähle. Vorgestern war ich zu Mittag in Wiesbaden bei * und habe mit einem Gemisch von Wehmut und altkluger Weisheit die Stätten früherer Torheit angesehn. Möchte es doch Gott gefallen, mit Seinem klaren und starken Weine dies Gefäß zu füllen, in dem damals der Champagner 21 jähriger Jugend nutzlos verbrauste und schale Neigen zurückließ. Wo und wie mögen * und Miß * jetzt leben, wie viele sind begraben, mit denen ich damals liebelte, becherte und würfelte, wie hat meine Weltanschauung doch in den 14 Jahren seitdem so viele

---

78   Wald bei Reinfeld.

Verwandlungen durchgemacht, von denen ich immer die grade gegenwärtige für die rechte Gestaltung hielt, und wie vieles ist mir jetzt klein,
was damals groß erschien, wie vieles jetzt ehrwürdig, was ich damals
verspottete! Wie manches Laub mag noch an unserm innern Menschen
ausgrünen, schatten, rauschen und wertlos welken, bis wieder 14 Jahre
vorüber sind, bis 1865, wenn wir's erleben! Ich begreife nicht, wie ein
Mensch, der über sich nachdenkt und doch von Gott nichts weiß oder
wissen will, sein Leben vor Verachtung und Langeweile tragen kann.
Ich weiß nicht, wie ich das früher ausgehalten habe; sollte ich jetzt leben
wie damals ohne Gott, ohne Dich, ohne. Kinder – ich wüßte doch in der
Tat nicht, warum ich dies Leben nicht ablegen sollte wie ein schmutziges Hemde; und doch sind die meisten meiner Bekannten so und leben.
Wenn ich mich bei dem Einzelnen frage, was er für Grund bei sich haben kann weiter zu leben, sich zu mühen und zu ärgern, zu intriguiren
und zu spionieren, ich weiß es wahrlich nicht. Schließe nicht aus diesem
Geschreibsel, daß ich grade besonders schwarz gestimmt bin, im Gegenteil, es ist mir, als wenn man an einem schönen Septembertage das
gelbwerdende Laub betrachtet; gesund und heiter, aber etwas Wehmut,
etwas Heimweh, Sehnsucht nach Wald, See, Küste, Dir und Kindern,
alles mit Sonnenuntergang und Beethoven vermischt. Statt dessen muß
ich nun langweilige ** besuchen und endlose Ziffern über deutsche
Dampfcorvetten und Kanonenyollen lesen, die in Bremerhafen faulen
und Geld fressen. Ich möchte gern ein Pferd haben, aber allein mag ich
nicht reiten, das ist zu langweilig, und nun muß ich zu Rochow und zu
allerhand – in's und – off's, die mit der Großfürstin Olga hier sind. ...

An Frau von Bismarck.

Frankfurt, 8./7. 51

...Gestern und heut wollte ich gern an Dich schreiben, kam aber vor
allem Geschäftswirrwarr nicht eher dazu, als jetzt spät am Abend, wo ich
von einem Spaziergang zurückkomme, auf dem ich in reizender Som-

mernachtluft, Mondschein und Pappelblättergeschwirr den Aktenstaub des Tages abgestreift habe. Am Sonnabend bin ich mit Rochow und Lynar Nachmittags nach Rüdesheim gefahren, da nahm ich mir einen Kahn, fuhr auf den Rhein hinaus und schwamm im Mondschein, nur Nase und Augen über dem lauen Wasser, bis nach dem Mäuseturm bei Bingen, wo der böse Bischof umkam. Es ist etwas seltsam Träumerisches, so in stiller warmer Nacht im Wasser zu liegen, vom Strom langsam getrieben, und den Himmel mit Mond und Sternen und seitwärts die waldigen Berggipfel und Burgzinnen im Mondlicht zu sehn und nichts als das leise Plätschern der eignen Bewegung zu hören; ich möchte alle Abend so schwimmen. Dann trank ich sehr netten Wein und saß lange mit Lynar rauchend auf dem Balkon, den Rhein unter uns. Mein kleines Testament und der Sternenhimmel brachten uns auf christliche Gespräche, und ich rüttelte lange an der Rousseauschen Tugendhaftigkeit seiner Seele, ohne etwas andres (zu erreichen), als daß ich ihn zum Schweigen brachte. Er ist als Kind mißhandelt von Bonnen und Hauslehrern, ohne seine Eltern recht kennen zu lernen, und hat auf Grund ähnlicher Erziehung ähnliche Ansichten aus der Jugend mitgebracht wie ich, ist aber befriedigter darin, als ich jemals war. Am andern Morgen fuhren wir mit dem Dampfschiff nach Coblenz, frühstückten dort eine Stunde und kehrten auf demselben Wege nach Frankfurt, zurück, wo wir Abends eintrafen. Ich unternahm die Expedition eigentlich in der Absicht, den alten Metternich auf Johannisberg zu besuchen, der mich hat einladen lassen; aber der Rhein gefiel mir so, daß ich lieber spazieren fuhr nach Coblenz und den Besuch verschob. Wir haben ihn damals auf der Reise unmittelbar nach den Alpen und bei schlechtem Wetter gesehn; an diesem frischen Sommermorgen und nach der staubigen Langeweile von Frankfurt ist er wieder sehr in meiner Achtung gestiegen. Ich verspreche mir rechten Genuß davon, mit Dir ein paar Tage in Rüdesheim zu sein, der Ort ist so still und ländlich, gute Leute und wohlfeil, und dann nehmen wir uns ein kleines Ruderboot und fahren gemächlich hinab, besteigen den Niederwald und diese und jene Burg und kehren mit dem Dampfschiff zurück. Man kann des Morgens früh hier abgehn, 8 Stunden in Rüdesheim, Bingen, Rheinstein u. s. w. bleiben und Abends wieder hier sein. Meine Ernennung hier scheint nun doch sicher zu sein. ...

An Frau v. Bismarck.

Frankfurt, 13./8. 51

... Ich habe heut und gestern viel gearbeitet, wegen der Reise des Königs und unzähligen andern Weiterungen mit den kleinen Höfen, und nun erwarte ich jede Stunde einen langweiligen Gesandtenbesuch, so daß dieser Brief sehr kurz wird, aber ein Lebenszeichen soll er doch sein. Wer hat den Unsinn wegen Petersburg ausgeheckt? Aus Deinen Briefen habe ich das erste Wort davon vernommen. Möchtest Du nicht zu Nikolai? Einen Winter dort denke ich mir gar nicht so übel, aber die Trennungen habe ich satt, und für Dich und die Babies möchte das Klima doch nicht ratsam sein. Gestern habe ich einen langen und einsamen Spaziergang gemacht im Gebirge bis tief in die wundervolle Mondnacht hinein. Ich hatte von 8 bis 5 Uhr gearbeitet, dann gegessen und schwelgte in der frischen Abend- und Bergluft des Taunus, nachdem ich das staubige Nest hier vermittelst einer halbstündigen Eisenbahnfahrt nach Soden um 2. Meilen hinter mir gelassen hatte. Der König reist den 19. hier durch und kommt über Ischl und Prag den 7. September nach Berlin zurück. Ich werde ihm wohl nach Coblenz ent- gegengehn, da ich mit Manteuffel viel zu bereden habe. Bringt er meine Ernennung mit, wie ich voraussetze, so nehme ich gleich ein Quartier, und dann können wir von Deiner Herreise sprechen. ...

An Frau v. Bismarck.

Frankfurt, 23./8. 51

. . . Ueber allen Geschäfte ist die Poststunde heran, und ich will Dir doch lieber flüchtig schreiben als garnicht. Seit Montag bin ich immer unterwegs. Zuerst großes Galadiner hier für den Kaiser von Oestreich, wobei für 20.000 Tlr. Uniformen goldbeladen am Tisch saßen, dann nach Mainz, dein König zu empfangen; er war sehr gnädig für mich, seit langer Zeit zum ersten Mal wieder harmlos und heiter mit mir spaßend. Großes Souper, dann Arbeit mit Manteuffel bis gegen 2, dann Cigarre mit dem lieben alten Stolberg, um halb 6 wieder auf Parade, hier große Vorstellung, ich mit nach Darmstadt, dort Diner, nach dem ging der König nach Baden, ich nach 3 langweiligen Stunden mit dem dortigen **[79] am Abend wieder hierher. Mittwoch noch im Bett wurde ich zum Herzog von Nassau nach Bieberich geholt, aß dort. Spät Abends kam ich zurück, um am andern Morgen sehr früh von Präsident G(erlach) und J.[80] geweckt zu werden, die mich in Beschlag nahmen, nach Heidelberg entführten, wo ich die Nacht blieb und reizende Stunden mit ihnen auf dem Schloß Wolfsbrunn und Neckarsteinach verlebte; gestern Abend kam ich erst zurück von diesem Exceß. G(erlach) war liebenswürdiger wie je; er stritt garnicht, schwärmte, war poetisch und hingebend. Auf dem Schloß sahen wir vorgestern einen Sonnenuntergang wie unsern vom Rigi, gestern frühstückten wir oben, gingen zu Fuß nach Wolfsbrunn, wo ich an demselben Tische Bier trank wie mit Dir, fuhren dann den Neckar aufwärts nach Steinach, und trennten uns am Abend in Heidelberg, G(erlach) geht nach Coblenz heut, J. (?) nach Italien...

Frankfurt, 22. 9. 51

Lieber Bruder,

Unsre Correspondenz ist kein Maßstab für unsre brüderlichen Gefühle, das ist von jeher so gewesen und bei mir jetzt noch mehr der Fall, weil ich mich täglich wundre und bewundre, daß ich es nach mehr als 12jähriger Faulheit möglich mache, so arbeitsam zu sein, wie ich es

---

79 Minister Dalwigk (?).
80 J. ist vielleicht von Hesekiel verlesen für C. = Canitz. (?) – Gerlach gedenkt des Ausflugs nach Heidelberg in einem Briefe vom 18. 7. 1855, Bismarck-Jahrbuch III 52.

jetzt bin. Von 7 Uhr früh bis zum dîner um 5 Uhr habe ich selten eine unabhängige Minute, wenn ich nicht wie heut meine Türe fest schließe und weder für Geschäfte noch für Besuche zu Hause bin. Meine häusliche Einrichtung und eine lebhafte Ministerialcorrespondenz über das Landtagswesen erhöhn augenblicklich noch die Anforderungen an meine Tätigkeit, so daß ich manchmal denke wie Goldschmidts Junge und Lust habe, in die Wälder zu laufen. Du bist wohl so gut und händigst Johanna die Einlage . . aus. Sie kömmt, wenn sie ihren Plan nicht ändert, morgen nach Zimmerhausen und am Donnerstag zu Dir. Verzögert sich ihr Eintreffen, und dieser Brief ist eher in Külz als sie, so sei so gut und schicke ihr den Brief . . nach Zimmerhausen entgegen, damit sie mir gleich darauf antworten kann. Ich freue mich sehr, endlich einmal wieder eine Häuslichkeit vor mir zu sehn, wenn auch von der Art, wie sie weder meinem noch Johannas Geschmack zusagt. Wer hätte vor einem Jahre, ja vor einem halben, auch nur daran gedacht, daß ich für 5000 Fl. zur Miete heut wohnen und mir einen französischen Koch halten würde, um dîners an Königs Geburtstag zu geben. Ich finde mich in alles, aber meiner armen Nanne wird das nie gefallen, und sie wird sich schwer an die kalten und spitzen Berührungen mit dieser Art von Welt gewöhnen. Ich selbst leide oft an maßlosem Heimweh, wenn ich nach vollbrachter Schreiberei einsam im Walde umherreite und mich an die harmlose Ländlichkeit früherer Existenz erinnre. . . .

Dein treuer Bruder

v. Bismarck.

An General Leopold v. Gerlach.[81]

Euer Excellenz

haben mich auf das Tiefste beschämt durch Ihr gütiges Schreiben, welches mir gestern zuging, nachdem es 3 Tage bei Halle im Schnee gekühlt worden war; Sie würden mich aber nachsichtig beurteilen, wenn

---

81 Bismarcks Briefe S. 11 f.

Sie wüßten, wie Jemand zu Mute ist, der, nachdem er 12 Jahr lang ein unabhängiger Landjunker, das heißt bodenlos faul gewesen ist, nun plötzlich vom Aufstehn bis zum Niederlegen galérien des Dienstes ist. Eine viertel Stunde bei meiner Frau zu sitzen und mit väterlichem Wohlgefallen dem Gebrüll der unnützesten beiden Kinder auf der Welt zuzuhören, ist mir ein seltner Genuß, wenn „aus dem schrecklichen Gewühle ein süß bekannter Ton mich zieht."[82] Doch zur Sache[83].....

Bis hierher war ich gekommen und hatte die besten Absichten die interessantesten Dinge zu schreiben, da kam Herr von Reinhard[84], um mir zu sagen, daß der Prinz August von Würtemberg mich morgen in Wiesbaden zu sehn wünsche; dann mußte ich zum Ausschuß, von dort zu Nostitz,[85] und nun schlägt die Poststunde. Einen schweren Stoßseufzer muß ich noch einlegen über die verlogne, doppelzüngige und nichts weniger als bundesfreundliche Handelspolitik der Oestreicher. Was der Hock[86] hier lügt und intriguirt, den Rhein auf und ab, davon hat ein ehrlicher Altmärker garkeine Vorstellung; diese süddeutschen Naturkinder sind sehr verderbt. Montag habe ich die Ehre, Eurer Excellenz todt oder lebendig zu erscheinen. Bis dahin empfehle ich mich gnädigem Andenken bei Herrn und Damen. In treuster Ergebenheit Euer Excellenz
Frankfurt, 26. November 1851
gehorsamster Freund und Diener
v. Bismarck.

---

82 Goethe, Faust I 4 (Studirzimmer).
83 Die hier ausgelassene Stelle s. in meiner Ausgabe.
84 Der Württembergische Bundestagsgesandte.
85 Kgl. Sächs. Bundestagsgesandter.
86 Oestreichischer Ministerialrat, der zu Verhandlungen in handelspolitischen Angelegenheiten nach Frankfurt geschickt worden war.

An Frau v. Bismarck.

... Von hier habe ich Dir, so viel ich weiß, noch nicht geschrieben, und hoffe, daß es auch künftig nicht wieder vorkommt. Ich habe mich so viel besonnen, ob gestern doch nicht am Ende Freitag war, als ich abreiste; ein dies nefastus[87] (* wird Dir sagen, was das heißt) war es sicherlich; in Gießen kam ich in ein hundekaltes Zimmer mit drei nicht schließenden Fenstern, zu kurzes, zu schmales Bett, schmutzig, Wanzen; infamer Kaffee, noch nie gekannt so schlecht. In Guntershausen kamen Damen in die erste Klasse und das Rauchen hörte auf, eine höhere Geschäftsdame (* wird Dir sagen, was das ist) mit zwei Kammerjungfern, Zobelpelz; sprach abwechselnd, mit russischem und englischem Accent deutsch, sehr gut französisch, etwas englisch, war aber meiner Ansicht nach aus der Reezenjasse[88] in Berlin, und die eine Kammerfrau ihre Mutter oder ältere Geschäftsfreundin (*[89]). Zwischen Guntershausen und Gerstungen platzt ganz sanft eine Röhre an der Locomotive, das Wasser lief aus, da saßen wir, 1 1/2 Stunden lang im Freien, recht hübsche Gegend und warme Sonne. Ich hatte mich in die zweite Klasse gesetzt, um zu rauchen, da fiel ich einem Berliner Kammer- und Geh. Rats-Collegen in die Hände, der jetzt 14 Tage Homburg getrunken hatte und mich im Beisein einiger Meßjuden fragte und zur Rede stellte, bis ich verzweifelt wieder zur Prinzessin aus der Reezenjasse heimkehrte; durch den Aufenthalt kamen wir 3 Stunden zu spät nach Halle, der Berliner Zug war lange fort, ich muß hier schlafen und morgen früh per Güterzug um 1/2 1 reisen, um 2 ankommen. Hier am Bahnhof sind 2 Gasthöfe, aus Versehn bin ich in den falschen geraten; ein Gensdarm ging im Saal auf und ab und musterte bedenklich meinen Bart, während ich ein muffiges Beefsteak aß. Ich bin sehr unglücklich, werde aber nun noch den Rest

87 Unglückstag.
88 ergänze wie oben: wird Dir sagen, was das ist.
89 Die Reetzengasse kennt das neue Berlin nicht mehr. Im alten Berlin war die Straße meist von Schuhmachern bewohnt. Vgl. auch in der Berliner Literatur das Büchlein: „De Philosoph aus de Reetzenjasse."

Spickgans zu mir nehmen, etwas Portwein trinken und dann zu Bette gehn. . .

An den Vetter Gustav von Puttkamer-Versin.

Berlin, 21. Januar 1852

. . . Ich habe nicht über eine freie Stunde hinter einander disponiren können, seit ich hier bin. Morgen Abend muß ich aufbrechen und den Tag Deiner Hochzeit zu einer sehr unbehaglichen Bundessitzung in Frankfurt verwenden. Ich kann Dir daher nur schriftlich meinen herzlichen Glückwunsch und meinen Dank für die Herstellung einer neuen ausgezeichnet liebenswürdigen Cousine aussprechen. Gottes Segen wolle mit Deiner Ehe sein.

Dein treuer Vetter v. Bismarck.

An Frau v. Bismarck.

Berlin, 1. Mai 52

Ich komme eben von einem unendlich langen Diner bei Le Coq, wo ich zwischen L. G.[90] und dem jüngeren M.[91] saß, zwei grundverschiednen Naturen, zwischen denen ich vergebens eine Vermittlung über den Streit suchte, der jetzt wieder König und Kammer bewegt;[92] der eine trocken, klug und praktisch; der andre liebenswürdig, geistreich und theoretisch; er hatte schon Anlage, die Welt und ihr Regiment über seine eigne Anschauung davon zu vergessen, aber die Kammerluft hatte diese unpraktische Richtung in ihm gefördert, und über diesen Turn- und Exercierplatz von Geist und Zunge vergißt er oder schätzt gering, was zu tun notwendig ist. Es liegt etwas recht Demoralisirendes in der Kammerluft, die besten Leute werden eitel, ohne daß sie es merken, und ge-

---

90 Ludwig v. Gerlach (?).
91 Unterstaatssekretär v. Manteuffel.
92 über die Bildung der ersten Kammer.

wöhnen sich an die Tribüne, wie an ein Toilettenstück, mit dem sie vor dem Publikum sich produciren. Verzeih diesen politischen Erguß...

An Frau v. Bismarck.

Berlin, 3. Mai 52

... Ich habe es hier recht herzlich satt und sehne mich nach dem Tage der Abreise. Die Kammerintriguen finde ich über die Maßen schal und unwürdig; wenn man immer darin lebt, so täuscht man sich darüber und hält sie für Wunder was. Wenn ich von Frankfurt unbefangen herkomme, so ist mir wie einem Nüchternen, der unter Betrunkne gerät. Ich wollte, sie schickten mich nach Con-stantinopel, da braucht man doch nicht alle Augenblicke herzureisen...

An Frau v. Bismarck.

Wien, 16./6. 52

,S'gfallt mer hier gar net, wie Schrenk sagt, obschon es so nett war Anno 47, mit Dir, aber nicht bloß Du fehlst mir, sondern ich finde mich hier überflüssig, und das ist schlimmer, als ich Deinem unpolitischen Gemüt verständlich machen kann. Wenn ich, wie damals, nur zum Vergnügen hier wäre, so könnte ich nicht klagen; alle, die ich bisher kennen gelernt habe, sind bemerkenswert liebenswürdig, und die Stadt ist zwar heiß und engstraßig, aber doch eine ausgezeichnete Stadt. Im Geschäft dagegen herrscht große Flauheit: die Leute haben entweder nicht das Bedürfniß, sich mit uns zu arrangiren,[93] oder setzen es bei uns in höherem Grade voraus, als es vorhanden ist. Ich fürchte, die Gelegenheit der Verständigung geht ungenützt vorüber, das wird bei uns einen bösen Rückschlag üben, denn man glaubt, einen sehr versöhnlichen Schritt durch meine Sendung getan zu haben, und sie werden sobald nicht wie-

---

93 In der Frage der Zolleinigung mit Oestreich.

der einen herschicken, der so geneigt ist, sich zu verständigen, und dabei so freie Hand hat wie ich. Verzeihe, daß ich Dir Politik schreibe, aber wessen das Herz voll ist u. s. w., ich trockne ganz aus geistig in diesem Getriebe, und ich fürchte, ich bekomme noch einmal Geschmack daran. Ich komme eben aus der Oper, mit Old Westmoreland,[94] Don Giovanni, von einer guten italiänischen Truppe, bei der ich die Miserabilität des Frankfurter Theaters doppelt empfand. Gestern war ich in Schönbrunn und gedachte an unsre abenteuerliche Mondscheinexpedition beim Anblick der himmelhohen Hecken und der weißen Statuen in den grünen Büschen, besah mir auch das heimliche Gärtchen, in das wir zuerst gerieten, was sehr verbotner Grund ist, so daß die Jägerschildwache, die schon damals dort stand, sogar das Hineinsehn verbietet...

An Frau v. Bismarck.

Ofen, 23.6. 52

So eben komme ich vom Dampfschiff und weiß den Augenblick, der mir bleibt, bis Hildebrand[95] mit meinen Sachen nachfolgt, nicht besser anzuwenden, als indem ich Dir ein kleines Lebenszeichen von dieser sehr östlich gelegnen, aber sehr schönen Welt schicke. Der Kaiser hat die Gnade gehabt, mir Quartier in seinem Schlosse anzuweisen, und ich sitze hier in einer großen, gewölbten Halle am offnen Fenster, zu dem die Abendglocken von Pest hereinläuten. Der Blick hinaus ist reizend. Die Burg liegt hoch, unter mir zuerst die Donau, von der Kettenbrücke überspannt, dahinter Pest und weiterhin- die endlose Ebene über Pest hinaus im blauroten Abendduft verschwimmend. Neben Pest links sehe ich die Donau aufwärts, weit, sehr weit links von mir, d. h. auf dem rechten Ufer, ist sie zuerst von der Stadt Ofen besäumt, dahinter Berge, blau und blauer, dann braunrot im Abendhimmel, der dahinter glüht. In der Mitte beider Städte liegt der breite Wasserspiegel wie bei Linz,

---

94   Lord Westmoreland war der Großbritanische Gesandte in Wien.
95   Bismarcks Diener.

von der Kettenbrücke und einer waldigen Insel unterbrochen. Auch der Weg hierher, wenigstens von Gran bis Pest, würde Dich gefreut haben. Denke Dir Odenwald und Taunus nahe aneinandergerückt, und der Zwischenraum mit Donauwasser angefüllt. Die Schattenseite der Fahrt war die Sonnenseite, es brannte nämlich, als ob Tokayer auf dem Schiffe wachsen sollte, und die Menge der Reisenden war groß, aber denke Dir, nicht ein Engländer, die müssen Ungarn noch nicht entdeckt haben. Uebrigens sonderbare Käuze genug, von allen orientalischen und occidentalischen Nationen, schmierige und gewaschne. Ein recht liebenswürdiger General war meine Hauptreisegesellschaft, mit dem ich fast die ganze Zeit über oben auf dem Radkasten gesessen und geraucht habe. Nachgrade werde ich ungeduldig, wo Hildebrand bleibt; ich liege im Fenster halb mondscheinschwärmend, halb auf ihn wartend, wie auf die Geliebte, denn mich verlangt nach einem clean shirt.[96] Wärst Du doch einen Augenblick hier und könntest jetzt auch die mattsilberne Donau, die dunkeln Berge auf blaßrotem Grund und auf die Lichter sehn, die unten aus Pest heraufscheinen; Wien würde sehr bei Dir im Preise sinken gegen Buda-Pest, wie der Ungar sagt; Du siehst, ich bin, auch Naturschwärmer. Jetzt werde ich mein erregtes Blut mit einer Tasse Tee besänftigen, nachdem Hildebrand wirklich eingetroffen ist, und dann bald zu Bette gehn.

Vorige Nacht wurden es nur 4 Stunden Schlaf, und der Hof ist schauerlich matinös hier; der junge Herr selbst steht schon um 5 Uhr auf, da würde ich also ein schlechter Höfling sein, wenn ich sehr viel länger schlafen wollte. Daher, mit einem Seitenblick auf eine riesenhafte Teekanne und einen verführerischen Teller mit Kaltem in Gelee und andrem Zeuge, wie ich sehe, sage ich Dir gute Nacht aus weiter Ferne. Wo habe ich denn das Lied her, was mir heut den ganzen Tag im Sinne liegt: „Over the blue mountain, over the white sea-foam, come thou beloved

---

96   reinem Hemd.

one, come to thy lonely home!" Ich weiß nicht, wer mir das einmal vorgesungen haben muß, in auld lang syne![97]

Den 24. Juni

Nachdem ich sehr gut, obschon auf einem Keilkissen, geschlafen habe, sage ich Dir guten Morgen. Die ganze Landschaft vor mir schwimmt in so heller, brennender Sonne, daß ich gar nicht hinaussehn kann ungeblendet. Bis ich meine Besuche beginne, sitze ich hier einsam frühstückend und rauchend in einem sehr geräumigen Lokal, 4 Zimmer, alles dick gewölbt, 2 etwa so wie unsre Tafelstube in der Dimension, dicke Wände wie in Schönhausen, riesenhafte Nußbaumschränke, blauseidne Möbel, auf der Diele eine Profusion von ellengroßen, schwarzen Flecken, die eine erhitztere Phantasie als die meine für Blut ansehn könnte, ich aber décidément für Tinte erkläre; eine unglaublich ungeschickte Schreiberseele muß hier gehaust, oder ein andrer Luther wiederholentlich große Tintenfässer gegen den Widersacher geschleudert haben. Ein sehr freundlicher, alter Diener in hellgelber Livree teilt sich mit Hildebrand ins Geschäft: überhaupt sind sie sehr liebenswürdig; das Dampfschiff fuhr gestern dem Vertreter des Königs zu Ehren unter großer preuß. Flagge, und Dank dem Telegraphen, wartete Kais. Equipage am Landungsplatz. Sage das nicht *, er schreibt sonst Artikel darüber. Unten treiben auf langen Holzflößen die sonderbarsten braunen, breithutigen und weithosigen Gestalten die Donau entlang. Es tut mir leid, daß ich nicht Zeichner bin, diese wilden Gesichter, schnurrbärtig, langhaarig, mit den aufgeregten schwarzen Augen und der einzig malerischen Draperie, die an ihnen hängt, hätte ich Dir gern vorgeführt, wie sie gestern den Tag über mir unter die Augen kamen. Nun muß ich ein Ende machen und Besuche. Ich weiß nicht, wann Du diese Zeilen erhältst, vielleicht schicke ich morgen oder übermorgen einen Feldjäger nach Berlin, der sie mitnehmen kann.

---

97   vor alter langer Zeit (Burns).

115

Noch habe ich keine Gelegenheit gefunden, dies abzusenden. Wieder scheinen die Lichter aus Pest herauf, am Horizont nach der Theiß zu blitzt es, über uns ist es sternenklar. Ich habe heut viel Uniform getragen, in förmlicher Audienz dem jungen Herrscher dieses Landes meine Creditive überreicht, und einen sehr wohltuenden Eindruck erhalten. Nach der Tafel wurde vom ganzen Hofe eine Excursion ins Gebirge gemacht, zur „schönen Schäferin", die aber lange todt ist, der König Mathias Corvinus liebte sie vor etlichen hundert Jahren. Man sieht von da über waldige, neckaruferartige Berge auf Ofen, dessen Berge und die Ebene. Ein Volksfest hatte Tausende hinangeführt, die den Kaiser, der sich unter sie mischte, mit tobenden eljen (evviva) umdrängten, Csardas tanzten, walzten, sangen, musicirten, in die Bäume kletterten und den Hof drängten. Auf einem Rasenabhang war ein Soupertisch von etwa 20 Personen, nur auf einer Seite besetzt, die andre für die Aussicht auf Wald, Burg, Stadt und Land frei gelassen, über uns hohe Buchen mit kletternden Ungarn in den Zweigen, hinter uns dicht gedrängtes und drängendes Volk in nächster Nähe, weiterhin Hörnermusik mit Gesang wechselnd, wilde Zigeunermelodien. Beleuchtung, Mondschein und Abendrot, dazwischen Fackeln durch den Wald; das Ganze konnte ungeändert als große Effectscene in einer romantischen Oper figuriren. Neben mir saß der weißhaarige Erzbischof von Gran, Primas von Ungarn, im schwarzseidnen Talar mit rotem Ueberwurf, auf der andern Seite ein sehr liebenswürdiger, eleganter Cavalleriegeneral: Du siehst, das Gemälde war reich an Contrasten. Dann fuhren wir unter Fackelescorte im Mondwobei der brave General Hentzy und die ganze Besatzung nach einer bewundernswert tapferen Vertheidigung niedergehauen wurden. Die schwarzen Flecken auf meiner Diele sind zum Teil Brandflecken, und wo ich Dir schreibe, tanzten damals die platzenden Granaten und schlug man sich schließlich auf rauchendem Schutt. Erst vor wenig Wochen ist dies zur Herkunft des Kaisers wieder in Stand gesetzt worden. Jetzt ist es recht still und behaglich hier oben, ich höre nur das Ticken einer Wanduhr und fernes Wagenrollen von unten herauf. Mögen Engel bei Dir wachen, bei mir tut's ein bärenmütziger Grenadier, von dessen Bajonett ich 6 Zoll auf 2 Armeslängen von mir über den Fensterrand ragen und einen Strahl wiederspiegeln sehe. Er steht über der Terrasse an der Donau und denkt vielleicht an seine Nanni...

An General Leopold v. Gerlach.[98]

(E.)   Ofen, 25. 6. 1852

Verehrtester Freund und Gönner,

auf die Gefahr hin, von Ihnen wieder für einen importunen, brieflichen Schwätzer erklärt zu werden, schreibe ich Ihnen einige Zeilen aus dem Sitze des Pascha von Buda. Se. Majestät der Kaiser hat die Gnade gehabt, mich hier in der Burg in eine gewölbte Halle einzuquartiren, von wo aus ich einen prächtigen Blick auf die Stadt Ofen, blaue Berge, die Ausläufer des Bakonyer Waldes, sehr viel Donau, eine imposante Kettenbrücke, ganz Pesth mit einer schönen neuen Kaifront und die endlose Sandsteppe dahinter habe, von deren Bestandteilen augenblicklich ein wütender Sturm viele 1000 Centner in der Luft umherführt, so daß der Horizont wie in Rauch gehüllt aussieht und der Staub beide Städte überzieht bis hier oben in das Schloß hinein. Der junge Herrscher dieses Landes hat mir einen sehr angenehmen Eindruck gemacht: zwanzigjähriges Feuer, mit der Würde und Besonnenheit reifen Alters gepaart, ein schönes Auge, besonders wenn er lebhaft wird, und ein gewinnender Ausdruck von Offenheit, namentlich beim Lächeln. Wenn er nicht Kaiser wäre, würde ich ihn für seine Jahre etwas zu ernst finden. Die Ungarn sind begeistert von dem nationalen Accent, mit dem er ihre Sprache redet und von der Eleganz, mit der er reitet. Hier in den[99] – – –

---

98 Bismarcks Briefe S. 32.
99 Der Brief ist hier abgebrochen und wurde erst am 19. Juli in Frankfurt fortgesetzt. Diese Fortsetzung s. in meiner Ausgabe.

An Frau v. Bismarck.

Szolnok, 27./6. 52

... In den vorhandnen Atlanten wirst Du eine Karte von Ungarn finden, auf dieser einen Fluß Theiß und, wenn Du dann über Szegedin hinauf nach der Quelle suchst, einen Ort Szolnok. Ich bin gestern mit Eisenbahn von Pest nach Alberti-Irza gefahren, wo ein Fürst W. in Quartier liegt, der mit einer Prinzessin v. M. verheiratet ist. Dieser machte ich meine Aufwartung, um ** Nachricht von ihrem Ergehn bringen zu können. Der Ort liegt am Rande der ungarischen Steppen zwischen Donau und Theiß, welche ich mir Spaßes halber ansehn wollte. Man ließ mich nicht ohne Escorte reisen, da die Gegend durch berittne Räuberbanden, hier Petyaren genannt, unsicher gemacht wird. Nach einem comfortabeln Frühstück unter dem Schatten einer Schönhausischen Linde, bestieg ich einen sehr niedrigen Leiterwagen mit Strohsäcken und drei Steppenpferden davor, die Ulanen luden ihre Karabiner, saßen auf, und fort ging's in sausendem Galopp. Hildebrand und ein ungarischer Lohndiener auf dem Vordersack, und ein Kutscher, ein dunkelbrauner Bauer mit Schnurrbart, breitrandigem Hut, langen speckglänzenden schwarzen Haaren, und einem Hemd, das über dem Magen aufhört und einen handbreiten, dunkelbraunen Gurt eigner Haut sichtbar läßt, bis die weißen Hosen anfangen, von denen jedes Bein weit genug zu einem Weiberrock ist, und die bis an die Knie reichen, wo die gespornten Stiefel anfangen. Denke Dir festen Rasengrund, eben wie der Tisch, auf dem man bis an den Horizont meilenweit nichts sieht, als die hohen, kahlen Bäume der für die halbwilden Pferde und Ochsen gegrabnen Ziehbrunnen (Püttschwengel), tausende von weißgrauen Ochsen mit armlangen Hörnern, flüchtig wie Wild, von zottigen, unansehnlichen Pferden, gehütet von berittnen, halbnackten Hirten mit lanzenartigen Stöcken, unendliche Schweincherden, unter denen jederzeit ein Esel, der den Pelz (bunda) des Hirten trägt und gelegentlich ihn selbst, dann große Schaaren von Trappen, Hasen, hamsterartige Zeisel, gelegentlich an einem Weiher mit salzigem Wasser wilde Gänse, Enten, Kibitze, waren die Gegenstände, die an uns – und wir an ihnen – vorüberflogen während der drei Stunden, die wir auf 7 Meilen bis Kecskemet fuhren, mit etwas Aufenthalt in einer Csarda (einsames Wirtshaus). Kecskemet ist ein Dorf, dessen Straßen, wenn man keine Bewohner sieht, an das kleine Ende von Schönhausen erinnern, nur hat es 45,000 Einwohner, ungepflasterte Straßen, niedrige, orientalisch gegen die Sonne geschlossne Häuser mit großen Viehhöfen. Ein fremder Gesandter war da eine so ungewöhnliche Erscheinung, und mein magyarischer Diener ließ die Excellenz so rasseln, daß man mir sofort eine Ehrenwache gab, die Behörden sich meldeten und Vorspann requirirt wurde. Ich brachte den Abend mit einem liebenswürdigen Offiziercorps zu, die darauf bestanden, daß ich auch ferner Escorte mitnehmen müsse, und mir eine Menge Räubergeschichten erzählten. Grade in der Gegend, nach der ich reiste, sollten die übelsten Raubnester liegen, an der Theiß, wo die Sümpfe und Wüsten ihre Ausrottung fast unmöglich machen. Sie sind vortrefflich beritten und bewaffnet, diese Petyaren, überfallen in Banden von 15 bis 20 die Reisenden und die Höfe und sind am andern Tage 20 Meilen davon. Gegen anständige Leute sind sie höflich. Ich hatte den größten Teil meiner Baarschaft bei Fürst W. gelassen, nur etwas Wäsche bei mir und hatte eigentlich einen Kitzel, diese Räuber zu Pferde, in großen Pelzen, mit Doppelflinten in der Hand und Pistolen im Gurt, deren Anführer schwarze Masken tragen und zuweilen dem kleinen Landadel angehören sollen, näher kennen zu lernen. Vor einigen Tagen waren mehre Gensdarmen im Gefecht mit ihnen geblieben, dafür aber zwei Räuber gefangen und in Kecskemet standrechtlich erschossen worden. Dergleichen erlebt man in unsern langweiligen Gegenden gar nicht. Um die Zeit, wo Du heut morgen aufwachtest, hast Du schwerlich gedacht, daß ich in dem Augenblick in Kumanien in der Gegend von Felegyhaza und Csonigrad mit Hildebrand im gestreckten Galopp über die Steppe flog, einen liebenswürdigen, sonnenverbrannten Ulanenoffizier neben mir, jeder die geladnen Pistolen im Heu vor sich liegend, und ein Commando Ulanen, die gespannten Carabiner in der Faust, hinterher jagend. Drei schnelle Pferdchen zogen uns, die unweigerlich Rosa und Csillak (Stern) und das nebenlaufende Petyar (Vagabund) heißen, von dem Kutscher ununterbrochen bei Namen und in bittendem Ton angeredet werden, bis er den Peit-schenstiel quer über den Kopf hält, und mega, mega (halt an) ruft, dann verwandelt sich der Galopp in sausende Carriere. Ein sehr wohltuendes Gefühl! Die Räuber ließen sich nicht sehn; wie mir mein netter, brauner Lieutenant sagte, würden sie schon vor Tagesanbruch gewußt haben, daß ich unter Bedeckung reiste, gewiß aber seien welche von ihnen unter den würdig aussehenden stattlichen Bauern, die uns auf den Stationen aus den gestickten, bis zur Erde gehenden Schafpelzmänteln ohne Aermel ernsthaft betrachteten und mit einem ehrenfesten istem adiamek (gelobt sei Gott) begrüßten. Die Sonnenhitze war glühend den ganzen Tag, ich bin im Gesicht wie ein Krebs so rot. Ich habe 18 Meilen in 12 Stunden gemacht, wobei noch 2 bis 3 Stunden, wenn nicht mehr, auf Anspannen und Warten zu rechnen sind, da die 12 Pferde, die ich brauchte, für uns und die Bedeckung erst gefangen werden mußten. Dabei waren vielleicht 1/3 des Weges tiefster Mahlsand und Dünen, wie bei Stolpmünde. Um 5 kam ich hier an, wo ein buntes Gewühl von Ungarn, Slovaken, Walachen die Straßen (Sz. ist ein Dorf von 6000 Einwohnern, aber Eisenbahn- und Dampfschiffstation an der Theiß) belebt und mir die wildesten und verrücktesten Zigeunermelodien ins Zimmer schallen. Dazwischen singen sie durch die Nase mit weit aufgerissnem Munde in kranker, klagender Molldissonanz Geschichten von schwarzen Augen und von dem tapfern Tod eines Räubers, in Tönen, die an den Wind erinnern, wenn er im Schornstein lettische Lieder heult. Die Weiber sind im ganzen gut gewachsen, einige ausgezeichnet schön; alle haben pechschwarzes Haar, nach hinten in Zöpfe geflochten, mit roten Bändern darin. Die Frauen entweder lebhaft grünrote Tücher oder rotsammtne Häubchen mit Gold auf dem Kopf, ein sehr schönes gelbes seidnes Tuch um Schulter und Brust, schwarze, auch urblaue kurze Röcke und rote Saffianstiefel, die bis unter das Kleid gehn, lebhafte Farben, meist ein gelbliches Braun im Gesicht, und große brennend schwarze Augen; im ganzen gewährt so ein Trupp Weiber ein

Farbenspiel, das Dir gefallen würde, jede Farbe am Anzug so energisch, wie sie sein kann. Ich habe nach meiner Ankunft um 5, in Erwartung des Diners, in der Theiß geschwommen, Csardas tanzen sehn, bedauert, daß ich nicht zeichnen konnte, um die fabelhaftesten Gestalten für dich zu Papier zu bringen, dann Paprika-Hähndel, Stürl (Fisch) und Tick gegessen, viel Ungar getrunken, geschrieben, und will nun zu Bett gehn, wenn die Zigeunermusik mich schlafen läßt. Gutnacht. Istem adiamek!

An Frau v. Bismarck.

Pest, 28. [Juni 1852]

Wieder sehe ich das Ofener Gebirge, diesmal von der Pester Seite, von unten her. Aus der Ebene, die ich eben verlassen habe, sah man nur an einigen Stellen und bei sehr klarer Luft in 12 bis 15 Meilen Entfernung blaue Karpathenumrisse schimmern. Südlich und östlich blieb die Ebene unabsehbar und geht in erster Richtung bis weit in die Türkei, in der andern nach Siebenbürgen. Die Hitze war heut wieder sengend, sie hat mir die Haut im Gesicht abgeschält. Jetzt ist ein warmer Sturm, der so heftig über die Steppe herkommt, daß die Häuser davon zittern. Ich habe in der Donau geschwommen, mir die prächtige Kettenbrücke von unten angesehn, Besuche gemacht, auf der Promenade sehr gute Zigeuner, spielen hören und will nun bald schlafen. Die Gegend am Rande der Pusta, da wo es anfängt, cultivirter zu werden, erinnert an Pommern, an die Gegend von Ramelow, Roman und Coseeger. Die Zigeuner sind grauschwarz im Gesicht, fabelhaft costümirt, die Kinder ganz nackend, bis auf eine Schnur Glasperlen um den Hals. Zwei Frauen hatten schöne regelmäßige Züge, waren auch reiner und geputzter als die Männer. Wenn die Ungarn einen Tanz noch einmal hören wollen, so rufen sie ganz erstaunt: hody wol? hody? (wie war das? wie?) und sehn sich fragend an, als hätten sie nicht recht verstanden, obschon sie die Musik auswendig wissen. Es ist überhaupt ein seltsam Volk, gefällt mir aber sehr gut. Meine Ulanenescorte ist doch so übel nicht gewesen. Um dieselbe Zeit, wo ich Kecskemet in südlicher Richtung verließ, gingen 63 Wagen nach Körös nördlich ab. Diese sind 2 Stunden später angehalten und ausgeplündert worden. Einem Obersten, der zufällig vor diesen Wagen fuhr, haben sie, weil er nicht anhalten wollte, einige Schüsse nachgeschickt und ein Pferd durch den Hals geschossen, doch nicht so, daß es stürzte, und da er, im Galopp davonfahrend, nebst 2 Dienern, das Feuer erwiderte, haben sie vorgezogen, sich an die übrigen Reisenden zu halten. Sonst haben sie niemand etwas getan und nur einige Personen geplündert, oder vielmehr gebrandschatzt, denn sie nehmen nicht Alles, was einer hat, sondern fordern nach Vermögen und nach ihrem eignen Bedürfniß eine Summe von jedem und lassen sich z. B. 40 fl., die sie gefordert haben, aus einem Portefeuille mit 1000 fl. ruhig zuzählen, ohne den Ueberrest anzurühren. Also Räuber, die mit sich reden lassen...

An Frau v. Bismarck.

Wien, 30. [Juni 1852]

Da sitze ich wieder im römischen Kaiser. Während Du vom Coblenzer Schloß aus auf den Rhein blicktest und auf unsern König und Herrn wartetest, sah ich vom Ofener Schloß auf die Donau, und hatte mit dem jungen Kaiser eine after-dinner conversation in einer Fensternische über die preußische Militärverfassung, und sonderbarerweise machte ich an demselben Nachmittag, wo Ihr Ehrenbreitstein und Stolzenfels saht, eine Spazierfahrt auf die über dem Schloß liegende Citadelle und ins Ofener Waldgebirge. Die Aussicht von erstrer ist bewundernswürdig. Sie erinnert an die auf Prag, nur mehr Hintergrund und Fernsicht hat sie, ähnelt darin also eher Ehrenbreitstein, und die Donau ist großartiger als die Moldau. Ich kam gestern Abend mit dem Pester Zug um halb 7 hier an...

Lieber Bruder,

ich muß Dir die Wünsche, mit denen wir gestern Deiner gedacht haben, doch auch schriftlich darbringen, zumal ich seit meiner Reise nach Wien entschlossen bin, mich nur noch schriftlich zu äußern, von wegen der spätern Entstellungen. Ich habe gestern 2 Mal dinirt, zuerst in Soden mit Hans Kleist und Gattin, dann hier mit Minister Westphalen und beide Male haben wir Deine, dann der Carlsburger Cousine, dann Ed. Blankenburg und schließlich des duc von Nassau Gesundheit getrunken. Alle diese merkwürdigen Leute sind am 24. geboren, und ich dachte, daß Johanna die Zahl um Einen vermehren würde, aber sie wollte lieber noch warten . . . Diese Erwartung hat mich um eine neue Reise nach Wien gebracht, die mir „bei die Hitze" doch lästig gewesen wäre. Die Zeitungen haben über die erste soviel gefabelt, daß ich am Ende selbst unsicher werde, was ich da gemacht habe. Sie wissen es alle besser wie ich. Ich habe mich über die ungeschickte Vorschnellheit der Kreuzzeitung und über die Gemeinheiten der Quehlschen Preßintriguen, über die Lügenhaftigkeit einzelner persönlicher Gegner und die Confusion hochgestellter Personen hinreichend ärgern können in den letzten Tagen. Schließlich tröste ich mich aber stets mit dem weisen Spruch, den Götz von Berlichingen dem Kaiserlichen Commissar aus dem Fenster zuruft und der sich in gewöhnlichen Ausgaben von Goethe nur durch Punkte angedeutet findet. Die Leute können mir das nicht vergeben, jungen Kaiser einen guten Eindruck gemacht und den schon sehr unparlamentarisch sogar gewordnen Ton des gegenseitigen Verkehrs wieder in ein anständiger Regirungen würdiges Gleise von Höflichkeit und Form gebracht habe, ohne ein Haar nachzugeben, ja ohne mich auf die Vermittlungsversuche auch nur einzulassen, mit denen man mich schon um 6 Uhr im Bett überfiel und bei Tisch und Theater nicht losließ. Große Angst habe ich noch, daß man mich, wenn Arnim nicht mehr will, nach Wien schickt, ein in jeder Beziehung unangenehmer Tausch, gegen den ich mich wehre, so lange es mit Anstand geht. Mir gefällt es hier jetzt ausgezeichnet und Johanna auch. . . . Eben springt Esthländischer Besuch aus Wiesbaden ein. Leb sehr wohl, herzliche Grüße an Malwine und alle Freunde.

Fr. 25. 7. 52

Dein treuer Bruder

v. B.

An General Leopold v. Gerlach.[100]

Der Sohn[101] ist, und zwar nach Gottes Barmherzigkeit leicht und glücklich, geboren, grade als es zum letzten Mal Mitternacht schlug. Ist das am 1. oder 2. August? Darüber muß abgestimmt werden, er schrie in den Uhrschlag.

Viel Dank für Ihren eben erhaltnen Brief; Se. Majestät ist doch der beste, der weiß, daß ich unter allen Umständen Ordre parire und keine Haugwitzeleien mache. Der Prinz von Preußen hat sich das hartnäckig in den Kopf gesetzt, und scheint lieber der Anklage als der Verteidigung zu glauben. . . . Klentze hat bis hierher gelogen durch Gothaer Connexionen in dem Sinne, als wäre der Kreuzzeitungs-Conflict durch mich eingerührt, um Manteuffel zu stürzen. Ich müßte ein rechter Narr sein, wenn ich jetzt und freiwillig mit Manteuffel tauschen wollte, oder auch mit Arnim in Wien. Ich lebe hier, wie Gott in Frankfurt, und dieses Gemisch von Regensburger Zopf, Eisenbahn, Landjunker (bei Bockenheim), diplomatischem Republikaner und kammermäßigem Bundestags-Gezänk, behagt mir so, daß ich auf dieser Welt höchstens mit meinem allergnädigsten Herrn den Platz tauschen würde, wenn mich die Königliche Familie mit unerträglicher Dringlichkeit darum bäte.

Frankfurt, 2. 8. 52

Viele Empfehlung an die gnädige Frau.

Treu der Ihrige

v. B.

---

100   Bismarcks Briefe S. 36.
101   Wilhelm.

Lieber Bruder,

eben beim Aufräumen fällt mir Dein Brief vom 11. v. M. in die Hände, und ich sehe, daß ich ihn damals nicht mit der Gründlichkeit, die sein Inhalt erfordert, beantwortet habe .... In Wien war es gräßlich langweilig. Ich sollte eigentlich jetzt noch da sein, während Arnim in Ischl badet, aber nachdem ich mich unter dem Vorwande eines vierzehntägigen Urlaubs losgeschwindelt habe, sitze ich hier unter allerhand Vorwänden fest. Der ganze Schwindel macht mir den Eindruck, als wenn ich so ganz unvermerkt mich da in die Erbschaft hineinleben sollte. Wenn ich nur mein Creditiv erst wieder hätte, denn formell bin ich noch heut da accreditirt. In Ungarn habe ich mich gut amüsirt; etwas unsicher ist das Reisen; sie ließen mich stets von einem Cavallerie-Commando mit Offizier escortiren, alles schußfertig, den Carabiner in der Faust. Man reist aber wohlfeil, für 16 Pferde Vorspann und 4 Wagen, freilich Leiterwagen mit Stroh, gab ich 2 fl. (etwa 1 Tlr. 5 Sg.) für die Station von 2 Meilen. Einmal war ich, wie ich erst durch meinen Interpreten nachträglich erfuhr, in Gefahr, „befreit" zu werden, da man mich für einen politischen Gefangnen hielt, der unter Escorte nach Munkacs gebracht würde. Da ich garkeine Miene des Einvernehmens machte, so kam ich mit einigen mitleidigen éljens davon. Ich ging von Pest nach der Theißmündung zu, dann letztern Fluß aufwärts, der unsicherste Teil des Landes von je her. Ich hörte von mehren Ueberfällen in meiner Nähe, habe aber nur Einen dieser berühmten Petyaren (berittne Räuber) gesehn und den bei der Hinrichtung mit dem bekannten Pulver und Blei, ein Medicament, welches noch immer ziemlich freigebig administrirt wird. Später machte ich eine kleine Tour nach Steiermark, wo ich fast den Hals brach, als ich durch einen in Arbeit befindlichen Eisenbahntunnel kroch und ein Steg, der über einen unterirdischen Abgrund führte, mit mir stürzte. Der Führer war schon hinüber und mein Reisegefährte, Graf Kinsky, zufällig zurückgeblieben, sonst fiel der auch. Zufällig lag neben dem Steg eine Schiene, an der hielt ich mich so geschickt, daß ich nicht einmal den Hut verlor, nur mein Grubenlicht fiel in die Tiefe, blieb aber an einem

Baugerüst hängen und beleuchtete unten recht unbehagliche Felsecken und Spitzen, während ich wie zu Eiselens[102] Zeiten am Reck hing. Freiwillig gehe ich gewiß nicht nach Wien. Ueberhaupt das Angenehmste, was mir Passiren kann, ist, daß ich bleibe, was ich bin. Ich freue mich, daß Du eine gute Ernte machst, und hoffe, daß Malwine sich die Unarten im Halse bei diesem schönen Sommer ganz abgewöhnen wird. Gestern war ich in Baden beim Prinzen von Preußen. Sonst habe ich jetzt viel zu tun, weil Ferien sind und ich Präsidium spiele, welchem in der Zeit alle laufenden Geschäfte zufallen. Johanna und Söhne sind wohl und grüßen . . . Aus Berlin höre ich mit größtem Verdruß, daß sie sich von Hanover haben breit schlagen lassen, die auf gestern angesetzte Wiedereröffnung der Zollconferenz aufzuschieben. Das ist ein großer politischer Fehler. Viele Grüße an die Demigen, von mir und Johanna.

Fr. 17. 8. 52

Dein treuer Bruder

v. Bismarck.

An General Leopold v. Gerlach.[103]

Ich bin nach mehrtägiger Obdachlosigkeit durch die Not in ein Quartier getrieben worden, welches ich einstweilen mit einem Dutzend verschiedner Handwerker teile, und schreibe Ihnen in einem unheizbaren, bei dieser Temperatur nicht grade comfortabeln Gartensalon. Es giebt hier nur 3 oder 4 vermietbare, für Gesandte, wie Ihr Freund und Diener einer ist, brauchbare Häuser. Wird mir das jetzige (Kauf bricht hier Miete) wieder über dem Kopfe verkauft, was nicht unmöglich ist, so muß ich Se. Majestät bitten, mir statt der Mietsentschädigung ein Zelt überweisen zu lassen, welches ich auf dem Preußischen Exercierplatze aufschlagen kann, sonst läuft Allerhöchstdero Gesandter Gefahr, wegen Obdachlosigkeit ausgewiesen zu werden. Jetzt wird es mir zu kalt, und

102   Eiselen war Bismarcks Turnlehrer am Plamannschen Institut.
103   Bismarcks Briefe S. 37 ff. Der größere, politische Teil des Briefes ist hier weggelassen.

ich muß etwas reiten, um mich zu erwärmen, denn meine Oefen sind noch unter Töpfershänden.

Frankfurt, 11. October 1852
Mit der Bitte, mich Ihren Damen zu empfehlen,
Ihr treuer Freund
v. Bismarck.

An Frau v. Bismarck.

Blankenburg, 1./11. 52

Ein ungewöhnliches frühes Aufstehn, veranlaßt durch den Umstand, daß mein Zimmer den Durchgang für einige noch schlafende königliche Hofbedienten bildet, gibt mir Zeit zu diesen Zeilen. Unsre Königin ist auch hier und wird eben durch sanfte Hörnermusik geweckt. In Letzlingen habe ich diesmal nicht so gute Jagd gemacht, als vor drei Jahren; es war Freitag! Drei Stück Damwild, voilà tout. Eins davon wird hoffentlich heut in Deinen Besitz gelangen. Das Wildschwein verzehrt mit Bedacht und macht etwas Weißsauer davon, Se. Majestät haben es Allerh. eigenhändig geschossen. Sonst war es sehr nett da, und weil ich Manteuffel dort fand, so brauche ich nicht nach Berlin, sondern hoffe, übermorgen Abend bei Dir einzutreffen, wovon ich Dich bitte Tun benachrichtigen zu lassen, ebenso davon, daß seine Ernennung für Berlin an unserm Hofe als ganz sicher betrachtet wird.

v. B.

Die Musik spielt noch immer, sehr gut, selbst Freischütz, „ob auch die Wolke sie verhülle," bei dem unsichern Wetter sehr passend.

An den Bruder.

Frankfurt, 10. 11. 52

Dein Schreiben vom 28. Sept. aus Stettin habe ich seiner Zeit erhalten und komme nach vielfachen guten Vorsätzen, die durch Reisen und andre, namentlich über alle Begriffe durch Umzugsgeschäfte gestört wurden, erst jetzt zur Beantwortung. Ich bin im Begriff zur Jagd nach der Gegend von Aschaffenburg zu reisen, habe meinen Wagen nach Seligenstadt vorausgeschickt und will bis dahin reiten, woraus Du entnehmen kannst, daß ich mich mit Gottes Hülfe körperlich wohl befinde. Ein gleiches kann ich von den Meinigen rühmen, der kleine Junge, der zu Johannas Kummer Wilhelm heißt, nach dem Prinzen von Preußen . . ., gedeiht .. und verspricht ein kräftiger Gesell zu werden. Mein Umzug, wegen Verkauf des frühern Hauses, hat mir unglaubliche Mühe und Kosten verursacht und mich genötigt, noch für mehre tausend Taler Sachen zu kaufen, da ich in der frühern Wohnung einen Teil mit gemietet hatte. Ich habe schon 10 bis 12 000 Taler in die Einrichtung gesteckt und bin noch immer nicht fertig. Das Meiste ist Silber, Bronzen, Glas, Porzellan; Teppiche und Möbel tragen weniger aus...

Meine Schwiegerältern sind noch hier. Wir wohnen ganz ländlich im Hinterhause zwischen Hof und Garten, da die eigentliche Wohnung noch immer in den Händen aller möglichen Handwerker ist. Ueber Dienstgeschäfte ärgre ich mich nie, aber diese Prellereien aller Handwerker und Kaufleute hier, die großen nutzlosen Ausgaben, die Klatschereien unsrer guten Landsleute hier vom Militär und Civil mit ihrem Parteigift gegen mich und unter einander, machen mir mitunter das Leben sauer, nicht zu vergessen 12 Domestiken, halb Männer, halb Weiber, ich will lieber 30 Mann Gesinde auf dem Lande in Ordnung halten.

Gestern habe ich mir von der Jagd einen Hexenschuß mitgebracht, weil ich die letzte halbe Meile wegen des Terrains, nachdem ich mich sehr erhitzt, in der Nachtkälte Schritt reiten mußte.

Herzliche Grüße an Malwine, Lettows, Kamekes, ...

11. 11. 52

Leb von Herzen wohl...

Dein treuer Bruder

v. B.

An H. Wagener.[104]

Frankfurt, 27. April 1853

. . . Wenn man den Einfluß der Handwerker in der hiesigen Republik kennt, den Sammet und die Seide der Handwerkerfrauen, die elegante Einrichtung der Wohnungen sieht, so wird man leicht klar über die Quelle der Unzufriedenheit, die auch hier den Handwerkerstand zum großen Teile Gewinn von einer Umwälzung erwarten läßt. Die corporativen Verbände sind hier weit entfernt, eine Grundlage christlicher Zucht und Sitte zu bilden, sie dienen vielmehr nur zum Tummelplatz untergeordneter politischer und persönlicher Zänkereien und als Mittel, die Ausbeutung des Publicums und den Ausschluß der Concurrenz mit Erfolg zu betreiben. Ich entnehme aus diesen Erscheinungen noch kein Motiv, meine bisherige Ueberzeugung in diesen Fragen zu desavouiren, und gebe gern zu, daß die Resultate eines Systems in der hiesigen Kleinstaaterei anders sind als in einem großen Lande, aber leugnen kann ich nicht, daß mich diese Erscheinungen stutzig gemacht haben, und da ich weiß, daß Sie sich für diese Fragen mit Recht besonders interessiren, so wäre es mir lieb, Ihre Auffassung der vorstehend characterisirten Erscheinung kennen zu lernen.

---

104 S. Wagener, Die kleine, aber mächtige Partei: Nachtrag zu Erlebtes S. 45 f.

In politischer Beziehung haben wir jetzt hier eine todte Saison. Der Anlauf, den Oestreich seit 1850 nahm, um im Bunde eine starke, dem Wiener Cabinet dienstbare Centralgewalt zu schaffen, scheint Angesichts des Bedürfnisses Preußischen Beistandes in der europäischen Politik erlahmt zu sein und glaube ich selbst nicht, daß ein etwaiges Ausscheiden des Grafen Buol zur Wiederbelebung der Schwarzenbergschen Politik führen würde. Die schöpferischen Bestrebungen des Bundestags haben mehr dem Streit über die Frage, wer die zerschlagnen Töpfe der letzten 5 Jahre bezahlen soll, Platz gemacht, und die Geschäfte verlieren sich einigermaßen ins Kleinliche. So langweilig meine Rolle dabei auch ist, so kann es doch nicht in unserm Interesse liegen, den Bund zu kräftigen, so lange seine Organisation dem östreichischen Präsidium und einer Majorität souveränitätsschwindliger Regirungen über in Summa noch nicht 5 Millionen Deutscher ein gefährliches Uebergewicht verleiht. So lange dies Verhältniß obwaltet, kann der Bund für uns nicht viel mehr als die negative Bedeutung einer Assekuranz für Kriegs- und Revolutionsgefahr haben. Soll er etwas andres werden, so muß entweder in seiner Verfassung oder in andern Mitteln eine Garantie für die Vernünftigkeit oder die Unschädlichkeit unsrer Bundesgenossen vorher gefunden werden.

Nehmen Sie, mein verehrter Freund, das Vorstehende als einen Ausdruck meines Bedürfnisses auf, in lebendigerer Beziehung als der eines Lesers der Zeitung mit Ihnen zu bleiben, nachdem sich seit 10 Monaten keine Gelegenheit gefunden hat, die mich nach Berlin führte. Ich würde gern in regelmäßiger Verbindung mit Ihnen sein, aber wir haben beide viel zu tun. Ich bewundre mich täglich, bis zu welchem Grade es mir gelingt, meiner angebornen Tintenscheu und Faulheit Gewalt anzutun. Gegen unsern Geschäftsgang hier war der von Regensburg gewiß ein Zeit und Papier sparender.

Grüßen Sie unsre Freunde von mir. In Treue
der Ihrige
v. Bismarck.

An den Appellationsgerichts-Präsidenten Ludwig v. Gerlach.[105]

(Frankfurt, 1. Mai 1853)

Verehrtester Freund,

Nachdem ich soeben Ihre jüngste Rundschau gelesen habe, überwindet das Bedürfniß, Ihnen „im Namen Deutschlands" dafür zu danken, daß Sie dieselbe geschrieben haben, die abstoßende Kraft, die mein Tintfaß mit Eintritt der bessern Jahreszeit jedesmal auf mich ausübt. Als Preuße bin ich stolz, als Bundestagsgesandter sollte ich niedergeschlagen darüber sein, daß nirgends als bei uns die Wahrheit in dieser Kraft geschrieben, geschweige denn von einer hinreichenden Anzahl von Menschen gelesen wird, um wenigstens den Namen einer Partei zu verdienen; und bei uns ist doch die Partei, deren Glieder bewußt oder unbewußt der Politik dieser Rundschau huldigen, nicht nur einflußreich, sondern auch zahlreich; die Regirung gehört ihr teilweis an, selbst die Majorität der Gefühle Sr. Majestät. Bei Erwähnung der Letztern kann ich die Frage nicht unterdrücken, inwieweit es Pflicht eines Königs sei, in seinem mutmaßlichen Nachfolger bei Gelegenheit der Jugendbildung die Keime der von der reifern Erfahrung des Regenten für richtig erkannten Politik zu pflanzen und sie zu pflegen, und in wie weit dieser etwaigen Pflicht bei uns nachgekommen wird; oder ob man nach den mißlungnen Versuchen Friedrich Wilhelms I. mit seinem Sohne ein derartiges Bemühn ein für alle Mal als unpractisch erkannt hat. Meiner Ansicht nach sollte bei Erziehung von Thronfolgern der Wille des regnenden Herrn maßgebender sein als der der Mutter des jungen Erben.

Mein Schreiben hat, außer dem, Ihnen Weihrauch zu streuen, noch einen andern Zweck, der aber nicht ganz ohne Zusammenhang mit den Gedanken der Rundschau ist. Aus einem Zeitungsartikel entnehme ich, daß die Commission der Kammer sich für Ablehnung der von der Regirung proponirten Erhöhung der Branntweinsteuer ausgesprochen habe. Ohne mich auf eine materielle Kritik der Vorlage einzulassen, welche

---

105 Übernommen aus Bismarck-Jahrbuch III 40 ff. Ueber die Datirung vgl. dort S. 40 Anm. 3.

schließlich das, besonders auf den Rittergütern der östlichen Provinzen betriebne Gewerbe ebensowenig ruiniren wird, als die letzte ihm als förderlich durch die Erfahrung erwiesne Steuererhöhung, würde ich es aus politischem Standpunkte sehr beklagen, wenn unser tapfres Junkertum für den Schnaps gegen den Finanzminister in die Schranken ritte. So berechtigt, vom rechtlichen Standpunkte (von dem der Nützlichkeit bin ich zweifelhaft), der Widerstand gegen die Grundsteuervorlage war, so würde es doch grade wegen der Mißdeutungen, denen er unterliegt, wünschenswert sein, daß bei Verhandlung über die Maischsteuer von der Ritterschaft jeder Verdacht fern bleibt, als sei sie nicht bereit, von diesem, christlicher Sitte ohnehin nicht unter die Arme greifenden Gewerbe jede Last zu tragen, welche der Staatshaushalt ihnen vernünftiger Weise auflegen kann, und der verwandten Zucker-Industrie zu meiner Freude aufzulegen im Begriff ist. Es würde mich sehr beruhigen, wenn Sie mir Ihr Einverständniß mit dieser Ansicht erklärten. Von hier kann ich Ihnen wenig melden. Seit Prokeschs Ankunft ist eine gewisse, in der abendländischen Diplomatie meines Erachtens veraltete und nutzlose Lügenhaftigkeit und mesquine Intrigue hierher verpflanzt worden, die das ohnehin geringe Vertrauen und damit den Fortgang der Geschäfte stört. Ohnehin hat sich seit 1815, besonders seit 1824, wo der Graf Münch herkam, vielleicht weil man unsrerseits dem Bunde und seinen Formen zu wenig Bedeutung beilegte, ein Geschäftsgang gebildet, der mehr der einer Präfectur mit dem Präsidialgesandten als Präfecten, als der eines Collegiums gleichberechtigter Gesandten ist. So lange diesem Uebel, teils durch Revision, teils durch Reintegrirung obsolet gewordner Bestimmungen der Geschäftsordnung nicht abgeholfen wird, ist es für Preußen kaum möglich, zu kräftigerer Ausbildung des Bundes die Hand zu bieten. Gegen Revision der Geschäftsordnung aber wehrt sich Oestreich in kleinlicher Eifersucht auf seine per nefas[106] erlangten Vorteile. Andre Gründe, die den Bund hindern, etwas andres als Assecuranz (und schlechte) gegen Krieg und Revolution zu werden, würden

---

106   unrechtmäßigerweise.

hier zu weit in das Gebiet kleinstaatlicher und Darmstädter Coalition-
sund Rheinbundspolitik führen. Leben Sie wohl für heut und empfehlen
Sie mich Ihrer Frau Gemalin. In treuer Ergebenheit
der Ihrige
v. Bismarck,

An Graf M. v. Hatzfeldt.[107]

Frankfurt, 12. August 1853

Verehrtester College,

mit dem lebhaftesten Danke habe ich Ihre freundliche Einladung erhalten, und hat es mir nicht geringe Ueberwindung gekostet, derselben
nicht schon zum 15. Folge zu leisten. Leider führt mich eine verabredete
Zusammenkunft mit Herrn v. Schele, dem Hanöverschen Minister-Präsidenten, in diesen Tagen nach der Schweiz, wo ich gleichzeitig meine
Familie für die Zeit der Bundesferien etabliren will; unmittelbar von
dort, etwa den 17., begebe ich mich ins Seebad nach Ostende, welches
ich nach Abreise Sr. K. H. des Prinzen von Preußen mit Norderney zu
vertauschen beabsichtige, um von dort über Hanover wieder nach der
Schweiz zu gehn. Ich kann das mir empfohlne Seebad der Jahreszeit
wegen nicht länger hinausschieben; nach demselben aber hoffe ich eine
Excursion nach Paris machen zu können, und da unsre Ferien bis zum
Anfang November dauern, so habe ich vielleicht die Hoffnung, Sie dann
schon wieder dort einheimisch zu finden, falls ich mich im Laufe des
October einfinde. Jedenfalls wird es mir eine große Freude sein, dort,
oder wenn Ihre Rückkehr in eine spätere Periode fällt, hier wieder mit
Ihnen zusammenzutreffen und Ihnen mündlich die Dankbarkeit auszusprechen, mit der ich an Ihren liebenswürdigen Besuch vom vorigen Jahre zurückdenke. Canitz, den Sie damals bei mir trafen, ist soeben nach
Turin ernannt, und Perponcher hierher, aber ohne Darmstadt, mit dem
wir boudiren. Savigny wird stündlich mit der jungen Frau erwartet. Herr

---

107 Übernommen aus Bismarck-Jahrbuch III 84 f.

v. Manteuffel geht morgen nach Putbus, und ich denke auch die allerdings noch schwebende ministerielle Krise wird nach dem Beispiel der orientalischen verlaufen. Quehl[108] hat gebeten, als Consul nach Antwerpen oder Kopenhagen geschickt zu werden.

Mit der ausgezeichnetesten Hochachtung Ihr

ganz ergebenster

v. Bismarck.

Noch bitte ich, Graf Lynar von mir zu grüßen und ihm zu sagen, daß meine Frau und ich mich sehr freuen würden, ihn in Interlaken oder Vevey zu sehn, wo wir bis Ende September bleiben.

An Frau v. Bismarck.

Ostende, 19. Aug. 53

... Bisher habe ich hier außer dem heutigen drei Bäder genommen, die mir sehr gefielen; starker Wellenschlag und weicher Grund. Die meisten baden dicht unter dem Damm, der den Spaziergang bildet, Damen und Herrn durcheinander; erstre in sehr unkleidsamen langen Röcken von dunkler Wolle, letztre in einem Tricot, Jacke und Hose aus einem Stück, so daß die Arme bis oben und die Beine fast ganz frei bleiben. Nur das Bewußtsein tadelfreier Körperformen kann unser einem die Dreistigkeit geben, sich so vor der ganzen Damenwelt zu produciren...

An Frau v. Bismarck.

Brüssel, 21. Aug. 53

... Ich habe Ostende mit Bedauern verlassen und bin heut voller Sehnsucht dahin; ich habe dort eine alte Geliebte wieder gefunden, und zwar so unverändert und reizend, wie bei unsrer ersten Bekanntschaft; die Trennung finde ich grade in dieser Stunde schwer und sehe mit Un-

108   Referent der Centralstelle für Preßangelegenheiten.

134

geduld dem Augenblick entgegen, wo ich mich bei dem Wiedersehn in Norderney wieder an ihre wogende Brust werfen werde. Ich begreife eigentlich kaum, wie man nicht immer an der See wohnen kann, und warum ich mich habe überreden lassen, zwei Tage in diesem gradlinigen Steinhaufen hier zuzubringen, Stiergefechte, Waterloo und pomphafte Aufzüge zu sehn. Hätte ich nicht die mir in allen Beziehungen verquere Abrede mit Schele, so wäre ich noch einige Wochen in Ostende geblieben und hätte Norderney aufgegeben. Morgen bleibe ich wenigstens noch bis Mittag hier, fahre dann, oder übermorgen früh nach Antwerpen, Rotterdam, Amsterdam; von dort mit dem Dampfschiff nach Harlingen und durch Friesland nach Norderney. Ich fürchte, Schele wird mich dort bald derangiren, und bin ich einmal mit ihm in Bremen, so weiß ich kaum, ob ich den langweiligen Weg nach Norderney noch einmal zurücklege, sondern werde mich wohl über Hanover, Hamm, Kassel, Frankfurt nach dem Ort, den Du dann bewohnst, aufmachen. Wenn Du mir schreibst, so dirigire nach Norderney...

An Frau v. Bismarck.

Amsterdam, 24. Aug. 53

... In Brüssel und Antwerpen habe ich vor lauter Festen und Sehenswürdigkeiten gar nicht zu einem ruhigen Augenblick kommen können. Ich habe eine abscheuliche Nacht auf einem Feldstuhl zugebracht, mit einem überfüllten Dampfboot von Antwerpen um 1 Uhr Nachts abfahrend. Durch ein winkliges Labyrinth von Schelde-, Maas- und Rheinarmen gelangte ich heut früh um 2 nach Rotterdam, gegen 4 hierher. Das ist ein sonderbarer Ort; viele Straßen sind wie Venedig, einige ganz mit dem Wasser bis an die Mauer, andre mit Canal als Fährdamm und mit lindenbesetzten, schmalen Wegen vor den Häusern. Letztre mit phantastisch Bigeformten Giebeln, sonderbar und räucherig, fast spukhaft, mit Schornsteinen, als ob ein Mann auf dem Kopfe stände und die Beine breit auseinander spreizte. Was nicht nach Venedig schmeckt, ist das rührige

Leben und Treiben und die massenhaften, schönen Läden; ein Gerson neben dem andern, und großartiger aufgeputzt, als mir die Pariser und Londoner in der Erinnerung vorschweben. Wenn ich das Glockenspiel höre und mit einer langen Tonpfeife im Munde durch den Mastenwald über die Canäle auf die in der Dämmerung noch abenteuerlicheren, verwirrten Giebel und Schornsteine im Hintergrunde sehe, so fallen mir alle holländischen Gespenstergeschichten aus der Kinderzeit ein, von Dolph Heylinger und Rip van Winkel und dem fliegenden Holländer. Morgen früh gehe ich mit dem Dampfschiff nach Harlingen am Zuydersee, und morgen Abend hoffe ich in Norderney zu sein, dem fernsten Punkte von Dir, den ich zu berühren gedenke, und dann ist die Zeit nicht fern, wo ich Dir auf einem Gletscher unverhofft begegnen werde. Von Berlin habe ich seit Ostende nichts gehört und schließe daraus, daß sich alle Stürme gelegt, und die Wasser ins alte Bett zurückgekehrt sind, für uns das Angenehmste, was sein kann. Daß ich Holland gesehn habe, ist mir recht lieb; es ist von Rotterdam bis hier eine immer gleich grüne und gleich flache Wiese, auf der viele Büsche stehn, viel Vieh weidet, und einige aus alten Bilderbüchern ausgeschnittne Städte liegen; Acker garnicht...

An General Leopold v. Gerlach.[109]

Amsterdam, 24. August 53

Verehrtester Freund,

Nur für die Eventualität, daß Sie in der Rohrbeker Muße eine unbezwingbare Luft anwandeln sollte, mir zu schreiben, erlaube ich mir die Benachrichtigung, daß ich von morgen an bis etwa gegen den 10. September in Norderney sein werde. Wenn ich sage von morgen an, so kann vielleicht auch übermorgen werden, indem ich von hier nach dem Texel, von da nach Ameland und weiter gehe, wobei die Schnelligkeit der „Pink", welcher ich mich und meinen Diener anvertraue, vom Winde abhängt. Die Angaben schwanken zwischen 12 und 48 Stunden,

---

109   Bismarcks Briefe 98 f.

und ich werde mich so verproviantiren, daß ich nicht auf die Seehunde und Delphine, die ich unterwegs zu schießen gedenke, angewiesen bin. Bisher habe ich entdeckt, daß die Stelle, welche auf der Karte Holland heißt, garkein „Land" im Sinne eines Rohrbeker Landwirts ist, sondern eine 10 Meilen lange Wiese, auf welcher viele Büsche stehn und zwischen zahllosen wiederkäuenden Kühen einige nach alten Bilderbüchern gebaute Städte liegen. Dieses Amsterdam mit seinen lindenbesetzten Canälen und Grachten, der räucherigen Atmosphäre, durch welche ein phantastisches Gewirre von Masten, sonderbaren Hausgiebeln, und Yförmigen Schornsteinen in unbestimmten Umrissen sichtbar ist, hat trotz seiner betriebsamen Rührigkeit etwas so gespenstiges für mich, daß ich an keine Erscheinungen glaube, so lange es hier nicht spukt. Ich bin darauf gefaßt, in der Nacht mehre fliegende Holländer in Büffelleder und spanischer Krause mit spitzen Hüten und noch spitzern Bärten vor meinem Bett zu sehn. In Ostende habe ich bereits eine Woche gebadet, und schreibe Ihnen nächstens mit sichrerer Post noch Einiges über dort. Schele will in der nächsten Woche mir in Bremen ein Rendezvous geben, dessen Resultate ich melden werde.

Einstweilen leben Sie wohl, ich muß schlafen, da ich vorige Nacht auf einem Stuhl ohne Lehne in einem überfüllten Dampfschiff zugebracht. In treuer Verehrung stets Ihr
v. B.

An Frau v. Bismarck.

Norderney, 27. Aug. 53

... Gestern Abend bin ich auf einer dicken holländischen Kuff unter Donner, Blitz und Regen hier eingelaufen, habe heut nach grade Eine Woche Entbehrung wieder ein wundervolles Seebad genommen und sitze in einem Fischerhäuschen mit dem Gefühl großer Einsamkeit und Sehnsucht nach Dir, welches teils durch Kindergeschrei nebenan beim Wirt erhöht wird, teils durch das pfeifende Sausen des Sturmes am Giebel und an der Flaggenstange ein melancholisches Accompagnement gewinnt. Es scheint hier gründlich langweilig zu sein, das ist mir grade recht, denn ich habe eine längere Arbeit zu machen. Ich schrieb Dir zuletzt aus Amsterdam, vorher aus Brüssel. Seitdem habe ich ein reizendes Ländchen gesehn, Westfriesland; ganz flach, aber so buschig grün, heckig, um jedes nette Bauerhaus für sich ein Wäldchen, das man sich nach der stillen Unabhängigkeit sehnt, die da zu wohnen scheint. * wird dieses Wohlgefallen vielleicht besonders dem Umstände zuschreiben, daß wie bei Linz und Gmünden alle Mädchen bildhübsch sind, nur größer und schlanker als dort, blond, Farben wie Milch und Rosen und mit einem sehr wohlkleidenden helmartigen goldnen Kopfputz...

Turin, 14. 10. 53

Lieber Bruder,

Ich benutze eine regnichte Stunde, die ich hier warten muß, um Dir mit 2 Worten Nachricht von unserm Ergehn zu geben und Dich gleichzeitig zu vergewissern, daß nach Frankfurt vor etwa 3 Wochen ein Brief mit Geld aus Naugard, also vermutlich von Dir, eingelangt ist, wofür ich vielmals danke. Ich habe mich während der Ferien mit Kind und Kegel am Genfer See bei Vevey etablirt, wo ich wohlfeiler lebe, als in Frankfurt. Von dort habe ich mit Johanna eine Partie zu Pferde über den St. Bernhard gemacht, wo wir beim Herabsteigen in Italien 6 Zoll Schnee auf der Erde und den Tannen fanden, die schönste Winterlandschaft. Wir flohn daher, mit sehr wenig Gepäck nach Genua in eine lächerliche Wärme, aber mit viel Regen; Tuchkleider beim Gehn kaum zu ertragen. Ich wurde durch einen heftigen Kolikanfall einige Tage dort festgehalten und bin nun hier, um über Chambéry nach dem Genfer See zurückzugehn, meine dort unter schwiegermütterlicher Obhut gelassnen Kinder abzuholen und in etwa 8 Tagen in Frankfurt einzutreffen. Ich bin etwas beunruhigt, weil ich noch immer an Kolik leide, seit 14 Tagen ohne Urlaub und ohne die mindeste Nachricht von Berlin oder Frankfurt

138

bin, nicht einmal Zeitungen habe ich gelesen. Erst übermorgen in Genf finde ich Briefe. Du siehst, daß ich noch immer leichtsinnig sein kann.

Johanna befindet sich wohl und grüßt Dich und Malwine und wünschen von Herzen Glück zum jungen Sohn ...

Meine herzlichsten Grüße.

Dein

treuer Bruder

v. Bismarck.

An General Leopold v. Gerlach.[110]

Chambéry, 16. October 1853

Verehrtester Freund,

Ich weiß nicht, ob ich zu Hause schon als Deserteur verfolgt werde, oder ob meine Vagabondage unbeachtet geblieben ist; erst morgen früh in Genf, wohin ich Briefe bestellt habe, werde ich darüber ins Klare gelangen. Mein Urlaub war Anfang dieses Monats zu Ende, die Ferien erst zum 3. November; ich kann mir nicht denken, daß man mir den erbetnen Nachurlaub abgeschlagen haben wird, da ich in Frankfurt ein geschäftsloser Spaziergänger sein würde. In dieser Voraussetzung ritt ich vor etwa 14 Tagen mit meiner Frau über den großen Bernhard, in der Absicht, den tour du Mont Blanc über Col du Bonhomme und Chamounix zu machen; und nach 5 bis 6 Tagen in Genf zu sein, wohin ich meine Briefe dirigirt hatte. Auf der italiänischen Seite vom Bernhard faßte uns aber ein solches, 24 Stunden anhaltendes Schneegestöber, daß weder an tour du Montblanc noch an den directen Rückweg zu denken war. In der. Hoffnung, gutes Wetter zu erreichen, machten wir einen leichtsinnigen coup de tête und fuhren direct über Turin, Alessandria nach Genua. Warm war es dort sehr, ganz sommerlich laue Nächte, aber ich hatte das Schicksal so manches deutschen Reitersmannes seit 1000 Jahren, ich bekam einen Ruhranfall, der mich auf einige Tage einsperrte; aus dem

---

110   Bismarcks Briefe S. 101 ff.

beabsichtigten zweitägigen wurde dadurch ein sechstägiger Aufenthalt in Genua, ich mußte des Nachts, unter vervielfältigten Beziehungen zu den unerhört schweinischen „Bequemlichkeiten" italiänischer Gasthöfe, still liegen, und komme 10 Tage später nach Genf, als ich gerechnet hatte. Seit fast 3 Wochen bin ich ohne jede Nachricht aus sämmtlichen deutschen Bundesstaaten, nicht einmal Zeitungen habe ich gesehn, und ich bin noch heut nicht sicher, ob S. Majestät wirklich Warschau gewesen ist oder ob die demokratischen Scherze, die ich darüber in einer Turiner Art von Kladderadatsch las, den ich am Bahnhof kaufte, es nur fingirten. Es ist doch sehr glücklich, einmal 14 Tage so garnichts von Politik zu hören und zu sehn und sich über nichts zu ärgern und aufzuregen als über seine eignen Torheiten. Verachten Sie mich auch wegen des studentischen Leichtsinns, mit dem ich in der Welt umherdämmre, oder schätzen Sie diese Eigenschaft hoch an Diplomaten? Nach meinen Reiseeindrücken ist übrigens dieses Land unendlich viel mehr in der Civilisation zurück, als ich geglaubt habe, und die Rodomontaden in der liberalen Partei über die Vortrefflichkeit der hiesigen Staatsmaschine und die Höhe der materiellen Entwicklung sind in unverschämter Weise aus der Luft gegriffen. Das Militär sieht gut aus, d. h. soldatisch, nicht elegant. Dagegen die Douaniers überzahlreich und bettelhaft corrumpirt, d. h. sie drängen privative Dienste auf und behalten Geld, was sie herausgeben sollen, bitten auch darum. Die öffentlichen Straßen und zwar die großen Heerstraßen, von Novara über Ivrea nach Turin, das noch nicht Eisenbahn habende Ende von Turin nach Genua, der Weg an der Riviera, der von Turin über den Mt. Cenis, also die Hauptwege des Landes sind so, daß Extrapost mit leichtestem Wagen auf wenigstens dem halben Teil durch kein Trinkgeld aus dem kurzen Schritt gebracht werden kann. Die Posteinrichtungen sind unglaublich liederlich. Man ist ganz der Willkür der Posthalter und Postillone preisgegeben; erstre haben nicht die vorgeschriebne Pferdezahl; die sie haben, sind abgetriebne Schindmähren, die keine Peitsche mehr zum Laufen bringt, garkeine Vorschrift über Beförderungszeit, beliebiges Wartenlassen bei bestellten Pferden,

Ansetzen von mehr Pferden, die garnicht angespannt werden, und keine Möglichkeit der Beschwerde. Der Postmeister in Susa, dem ich mit den klarsten Artikeln des vom König unterschriebnen und höchst constitutionell contrasignirten regolamente sulla posta – cavalli gegenübertrat, lachte mich aus, sagte in Bezug auf gedachtes Reglement me ne f . . ., me ne stra-arci-f. . ., und meine Drohung, mich in Turin zu beschweren, erfüllte ihn mit aufrichtiger Heiterkeit. In einer Stadt wie Genua ist durch kein Mittel, auch nicht durch unsern Consul herauszubringen, was für Posten und wann sie von Turin hierher oder von Alessandria über den Simplon gehn; wie lange eine Post fährt und wie teuer, kann man nur an Ort und Stelle im Bureau erfahren, keine andre Behörde, kein Buch giebt sonst Aufschluß. Auf jeder Station vom Mt. Cenis bis hier habe ich zu ermitteln gesucht, wann eine diligence oder Courier von hier nach Genf ginge; erst auf der letzten Station bekam ich eine Antwort, aber eine grundfalsche vom Postmeister. Und bei dem Allen war nicht etwa Bosheit, sondern naive brutale Unwissenheit der Grund. Ich bin wahrhaft erstaunt, ein wie großer Abstand in puncto europäischer Civilisation zwischen den Zuständen nicht bloß bei uns, sondern in jedem deutschen Staate und denen dieses „cultivirtesten" italiänischen liegt. Dabei sprechen diese Leute in ihrer Presse von uns wie von nordischen Barbaren und Sclaven sultanischer Herrscher. Ich habe hier eben einige Blätter gelesen, alte, und ohne politische Nachrichten, nur räsonnirende Artikel; man staunt vor dem Grad von Dummheit und Unkultur, dessen man bei seinen Lesern sicher sein muß, um so etwas schreiben zu können; alles im rohsten Styl roter Demokratie. Diese scheint hier ihr Heil aus endlichen Kriegen Amerikas gegen Europa zu erwarten. Amerika gegen ein russisches Europa ist der Schlußgedanke, den ich auch in deutschen roten Blättern gefunden habe, und schließlich die „Vereinigten Staaten von Europa".[111]

---

111   Hier bricht der Brief mitten auf der Seite ab; er ist ohne Abschluß geblieben und nicht abgesandt worden.

An H. Wagener.[112]

Frankfurt, 27. 10. 53

Wenn mir meine dienstliche Stellung und manche Personal-Ver-
hältnisse, die ich Ihnen nicht näher anzudeuten brauche, sowohl wegen
Mangel an Zeit als aus andern Rücksichten, untersagen, mich in dem
engen Verkehr wie früher mit der Kreuzzeitung zu erhalten, so kann
ich doch nicht unterlassen, über einige schwebende Punkte Ihnen meine
Ansicht auszusprechen.

In der neulichen Debatte über die außerpreußische Presse hat m. E.
die Regirung den Punkt, auf welchen es besonders ankam, nicht hinreichend hervortreten lassen, und darüber ist die ganze Sache in einem
unrichtigen Licht erschienen; es handelte sich dabei vielmehr um eine
Abwehr gegen Angriffe der Preß-Propaganda im ultramontanen, östreichischen oder coalitionistischen Sinne, als um Gefahren, welche von
einer unabhängigen Presse zu besorgen sind. In eigentlich revolutionärer
Beziehung haben die Blätter der meisten übrigen Bundesstaaten weniger Freiheit als die Preußens; dagegen scheint es mir die Gutmütigkeit
zu weit getrieben, wenn wir gestatten, daß Blätter, die vorzugsweise von
andern Regirungen benutzt werden, um Preußen anzugreifen und herab-
zusetzen, ihre Subsistenzmittel größtenteils aus den Taschen Preußischer Abonnenten beziehen, während dieselben Blätter Entgegnungen und
Berichtigungen in unserm Sinne um deshalb aufzunehmen sich weigern,
weil ihnen von andern Regirungen für diesen Fall mit Debits-Entzie-
hung gedroht wird. Ich begreife namentlich nicht, wie die Mitglieder
der Bethmann-Hollweg'schen Fraction, welche zum Teil persönlich die
hiesigen Verhältnisse kennen gelernt haben und wissen, wie ungleich in
der süd- und westdeutschen außerpreußischen Presse Sonne und Wind
für sie verteilt sind, sich den Bemühungen unsrer Regirung, die Gleichheit einigermaßen wiederherzustellen, haben widersetzen können.
Allerdings haben die gouvernementalen Verteidiger des Gesetzentwurfs

---

112 Übernommen aus Wagener, Die kleine, aber mächtige Partei S.46ff. – Über
die Datirung des Briefes s. Kohl, Bismarck-Regesten I 89 Anm. *.

durch die zu große Verallgemeinerung desselben dazu beigetragen, daß er mißverstanden wurde. Es hätte genügt, die Regirung mit der Befugniß zum Verbot auswärtiger Zeitungen auszurüsten und ihr damit eine Waffe mehr gegen die Umtriebe fremder Regirungen als gegen die der Demokratie, in die Hände zu geben. Für dies Mal ist indessen die Sache vorbei; es läßt sich aber voraussehn, daß das Bedürfniß sich wieder fühlbar machen wird, sobald wieder ein lebhafterer Zwiespalt zwischen den Interessen deutscher Regirungen obwaltet.

Ein zweites Desiderium meinerseits betrifft die Behandlung der mittleren und kleinen deutschen Staaten in der Presse. In Bezug auf Conflikte zwischen Deutschland und Frankreich läßt sich allerdings weder aus der Geschichte noch aus der Gegenwart ein günstiger Schluß über das mutmaßliche Verhalten der ehemaligen Rheinbundstaaten mit Sicherheit ziehn; indessen möchte ich auch hier an das Beispiel von Leuten erinnern, welche zu Dieben geworden sind, weil doch Niemand an ihre Rechtlichkeit glauben wollte. So oft aber unsre Interessen mit denen Oestreichs auseinandergehn, kann es nur als ein widernatürliches Resultat falscher Politik betrachtet werden, wenn Baiern, Würtemberg und Baden nicht auf unsrer Seite zu finden sind. Daß dies in der jüngsten Zeit der Fall gewesen ist, hat zwar seinen Hauptgrund in dem Mißtrauen, welches unsre von 48–50 beobachtete Politik bei den regirenden Familien und dem conservativen Particularismus erweckt hat; auf die Fortdauer dieser Empfindungen ist es aber nicht ohne Einfluß, daß in unsrer Presse, besonders in der mit Recht als Ausdruck des specifischen Preußentums geltenden Kreuzzeitung das Selbstgefühl der Bevölkerung der kleineren Staaten, in früherer Zeit wenigstens, nicht geschont worden ist. Unsre Regirung sollte denen jener Staaten gegenüber fest, unsre Presse aber m. E. der Bevölkerung mit liebend würdiger Zuvorkommenheit entgegentreten; besonders scheint mir Baiern in allen deutschen Händeln unser natürlicher Bundesgenosse, und würde ich es für richtig halten, die Sache v. d. Pfordten's von der des bairischen

Landes und Königshauses entschieden zu sondern, den beiden letztern Factoren aber zu schmeicheln.

Ueber eine andre Frage muß ich Ihnen wenigstens eine Erfahrung mitteilen, die ich hier gemacht habe; ich[113] habe mir bisher viel von der Wiederaufhebung der Gewerbefreiheit versprochen; daß es aber damit allein nicht getan ist, beweisen die hiesigen Zustände. Das Zunftwesen ist hier bisher intact, und man vermißt keinen der Nachteile, die es mit sich führt: übermäßige Teuerung des Fabrikats, Gleichgültigkeit gegen Kundschaft und deshalb nachlässige Arbeit, langes Warten auf Bestellung, spätes Anfangen, – frühes Aufhören, lange Mittagszeit bei Arbeiten im Hause, Mangel an Auswahl fertiger Gegenstände, Zurückbleiben in technischer Ausbildung und viele andre von den Mängeln, die ich stets zu tragen entschlossen gewesen bin, wenn ich dafür einen conservativen befriedigten Handwerkerstand haben kann. Diese Entschädigung für jene Uebel fehlt aber hier in noch höherm Maße als in Berlin; man findet hier kaum einen Handwerksburschen von andrer als entschieden demokratischer Richtung, und selbst die Meister, mit Ausnahme einer mehr von der katholischen Geistlichkeit als durch eignes Interesse zusammengehaltnen conservativen Phalanx gehören der Bewegungspartei an und treiben den Unsinn zum Teil so weit, daß sie ihren Gesellen während der Arbeit, an der sie selbst nicht teilnehmen, die Schriften der roten Demokratie vorlesen.

Ich suche die Ursache dieser Erscheinung in dem neidischen Gleichheitsgefühl, welches den wohlhabenden Handwerker antreibt, mit dem Handelsherrn und Bankier an Luxus oder mit dem Studirten der hiesigen Republik an Einfluß zu wetteifern.

---

113   Von hier an ist der Brief von v. Poschinger in den Bismarckbriefen N. I. III 9 veröffentlicht unter dem Datum des 27. April 1853 und willkürlich mit einem Stücke des Briefes vom 27. April (s. o. S. 98 f.) zusammengeflickt worden.

An den Bruder.

Frankfurt, 8. 12. 53

Ich benutze die Zeit, während ebenso voluminöse als insipide Abstimmungen über Regulirung des Vereinswesens verlesen werden, um Dir, lieber Bruder, einmal Nachricht von unserm Ergehn zu geben. Ich habe Dir zuletzt aus irgend einem italiänischen Neste einige Zeilen geschrieben, von denen ich nicht weiß, ob Du sie bei der fabelhaften Liederlichkeit des Piemonteser Postwesens erhalten hast. Ich wurde aus Genua durch Vorspiegelung wichtiger und dringlicher Geschäfte zurückcitirt, und da ich seit 4 Wochen keine Zeitung gelesen hatte, hielt ich alles für möglich, ließ Frau und Kinder zurück und reiste, mit Kolik behaftet, Tag und Nacht bis Frankfurt, wo ich schon merkte, daß es sehr töricht von mir war, den diplomatischen Dienst mit militärischer Pünktlichkeit zu behandeln. Es war offenbar bloß Futterneid hochgestellter Personen, die sich ärgerten, daß ich mich umhertrieb und sie nicht. Indessen gab mir meine Eile wenigstens noch Gelegenheit, die Jagd in Letzlingen mitzumachen und einigen inzwischen in Berlin aufgetauchten leichtsinnigen Projekten ein Bein zu stellen, die allerdings mir wichtig genug scheinen, um mich über meine Couriereile zu freuen, trotz mancher Not . . ., die ich vermöge meiner italiänischen Bauchverfassung unterwegs erlitten habe. In Letzlingen habe ich 1 Schwein und 11 Stücken Damwild erlegt. Mindestens ebensoviel habe ich teils gefehlt, teils krank geschossen, und in einem Treiben, wo ich früher nie etwas gesehn hatte, war ich so leichtsinnig, meinen Posten einem Andern abzutreten, weil ich die Zeit zur Besprechung mit jemand benutzen wollte. Mein Stellvertreter fehlte in meinem Stand 4 Sauen, schoß 1 und 3 Stücken Wild. Du kannst denken, wie ich mich ärgerte. Aber Du siehst daraus, daß jemand, der garnicht vorbeischösse und nicht von seinem Posten ginge, an meiner Stelle etwa 25 Stück Damwild, 5 oder 6 Sauen und 1 von mir gekränktes Rottier hätte schießen können. Hier giebt es leidliche kleine Jagd; auf den besten schießt man etwa 300 Hasen bei ca. 50 Schützen. Gestern haben wir dicht bei der Stadt hier 100 und einige 20, ich selbst 11 geschossen. Vorgestern kamen auf mich 5 Hasen und 4 Fasanen, deren letzter ich 7 schießen konnte, wenn ich wußte, daß auch die Hennen sterben sollten. Du siehst, daß ich in dem Actenstaube dem edlen Waidwerke nicht absterbe; leider gehört es nur zu den großen Seltenheiten, daß ich die Zeit habe, die ich mir meist durch späte Abend- oder Nachtarbeit schaffen muß. Sonst tue ich grundsätzlich des Abends nichts. Bis zum Essen, um 5 Uhr, geht es aber gewöhnlich vom Aufstehn an so scharf, daß ich oft nicht Zeit finde, eine Stunde zu reiten; ein solcher Ausfall der Unterleibserschütterung macht mich immer etwas unwohl. Um 9 Uhr Abends muß ich fast jeden Tag Frack und weiße Halsbinde antun, denn die Leute sind schauderhaft gesellig, und es ist mir in den meisten Fällen nicht gestattet, mich ihrer Liebenswürdigkeit zu entziehn; ein Zwang, den Johanna auch nur mit Murren erträgt. Ich habe nicht geglaubt, daß ich ein so arbeitsames und von dem Zwange regelmäßiger Zeiteinteilung abhängiges Leben auf die Dauer erträglich finden würde; aber es gefällt mir recht gut, und es ist mir unwillkommen, wenn einmal Geschäftsstille eintritt. Mein früherer Hang zum Reisen hat sich ganz gegeben. Bei dem mehrmonatlichen Umhertreiben in den Ferien war mir zuletzt, wie dem ewigen Juden sein muß, und ich freute mich kindisch, wie ich endlich wieder in meinem Bett lag. Du kannst daraus entnehmen, daß ich zu den zufriednen Menschen für gewöhnlich gehöre, wie sich auch Prokesch bemühn mag, meine Gemütsruhe zu trüben. An Sorgen fehlt es freilich nicht denn unter 3 Kindern ist fast immer eins, was Unruhe macht, und Johanna reibt sich in excessiven Aengsten und Anstrengungen bei kleinen Vorkommnissen auf. Ab und zu tauchen auch drohende Gerüchte von Versetzung nach Wien oder Petersburg auf, aber ich wehre mich entschlossen .... Die 17. Curie hat abgestimmt, ich muß daher schließen mit herzlichstem Gruß an Malwine. Gott erhalte Euch beide und die Kinder

Dein treuer Bruder

v. B.

Johanna grüßt sehr und hätte Dich herzlich lieb, behauptet sie.

Liebe Malle,

Während ich genötigt bin, in der Sitzung einen ganz unglaublich langweiligen Vortrag meines . . . Darmstädtischen Kollegen[114] über die anarchischen Zustände in Ober-Lippe anzuhören, dachte ich darüber nach, wie ich diesen Moment utilisiren könnte, und als hervorragendstes Bedürfniß meines Herzens stellte sich ein Erguß brüderlicher Gefühle heraus. Es ist eine sehr achtungswerte, aber wenig unterhaltende Tafelrunde, die mich hier an einem grünbehangnen, etwa 20 Fuß im Durchmesser haltenden, kreisrunden Tische, im Parterre des Taxisschen Palais, mit Aussicht auf Garten umgibt. Der durchschnittliche Schlag ist etwa der wie M ...und L ... in Berlin, die haben ganz bundestäglichen pli! . . . .

Außer den Sitzungen geht es mir übrigens gut; Johanna und die Kinder sind wohl, erstere behauptet es wenigstens von sich, obschon sie durch das zweimalige Nähren und das Schlafen mit den kleinen Schreihälsen zusammen doch sehr in ihren Kräften zurückgeblieben ist.

Ich jage ziemlich fleißig, auf Jagden, wo der Einzelne 6 bis 15 Hasen und einige Fasanen schießt, seltner einen Rehbock oder Fuchs, und mitunter ein Stück Rotwild in bedeutender Entfernung sieht. Die Zeit dazu habe ich dadurch gewonnen, daß ich sehr viel fauler bin, als im vorigen Jahre, weil mein Fleiß in Berlin kein Echo oder Resultat findet. Auch social bin ich sehr viel zurückhaltender geworden, nachdem man mir diverse allen meinen Vorgängern gewährte Kanzleiemolumente entzogen und mich genötigt hat, etwa 1000 Tlr. auf meine Tasche zu übernehmen, die früher der Staat trug. Sogar die Pensionirung eines entbehrlichen Kanzleigreises hat mir Fra diavolo abgeschlagen, so daß ich täglich mit mir kämpfe, ob ich diesen hier seit einem Menschenalter als preußischer

---

114   v. Münch.

Kanzleidiener bekannten Ehrenmann hilflos auf den Bettel schicken oder ferner auf eigne Kosten unterstützen soll.

Manteuffel ist überhaupt nicht mehr so liebenswürdig wie früher, er hört auf alle möglichen verlognen Klatschereien und läßt sich immer einreden, ich strebte nach seiner Erbschaft, während ich froh bin, wenn man mich da läßt, wo ich bin. Ich gewöhne mich daran, im Gefühle gähnender Unschuld alle Symptome von Kälte zu ertragen und die Stimmung gänzlicher Wurschtigkeit in mir vorherrschend werden zu lassen, nachdem ich den Bund allmählich mit Erfolg zum Bewußtsein des durchbohrenden Gefühls seines Nichts zu bringen nicht unerheblich beigetragen zu haben mir schmeicheln darf. Das bekannte Lied von Heine: „O Bund, du Hund, du bist nicht gesund" u. s. w., wird bald durch einstimmigen Beschluß zum Nationalliede der Deutschen erhoben werden. A propos von Musik; Therese Milanollo hat meine Gattin in krankhaftes Entzücken versetzt . . . Unsre Gesellschaft hat auch ihre orientalische Frage. Frau v. Vrints spielt in derselben bisher die dominirende Rolle und läßt sich durch dieses Bewußtsein verleiten, der Gesellschaft eine Lady R octroyiren zu wollen, eine frühere Schönheit, von guter Familie, die aber . . . heruntergekommen ist, so daß sie nur für Deutsche noch gut genug gilt. Diese bringt mir Frau v. V. zum Ball mit, wo ich ganz verblüfft war über die Erscheinung dieser . . . Dame . . . Ich gab der Einführerin demnächst in gemäßigter Form meine Mißbilligung über ihre Geschmacksrichtung zu erkennen, und auf den nächsten rout bei Baiern wurde Milady nicht einge- laden. Darüber Notenwechsel, . . . Scenen bei Diners, Tränen, Krämpfe, vollständiger Bruch, aber doch Verhinderung wirklicher Tätlichkeiten. Sämmtliche Bundesfrauen nahmen für ihre Collegin Partei, gaben Oppositionsthees ohne die Vrints, und die Spaltung wird sich verewigen, wenn nicht die Unfähigkeit des Baiern, ohne die Vrintssche Whistpartie zu existiren, einen Anknüpfungspunkt für friedliche Bestrebungen darbietet. Dies ist die herrschende Tagesfrage trotz Weihnachten, Milanollo und französischen Hofmänteln.[115]

---

115 Vgl. Bismarcks Briefe an Gerlach S 118.

Um den Orient kümmert sich hier niemand; mögen die Russen oder die Türken in die Zeitungen setzen, was sie wollen, man glaubt hier weder an Land- noch Seegefechte, und bestreitet die Existenz von Sinope, Kalafat und Chefketil. Theodor Stolberg vermisse ich übrigens schmerzlich als Maschinisten gesellschaftlicher Inscenirung. Sein Nachfolger B... ist viel weniger Windkutscher und hat viel mehr gelernt, ist aber so wesentlich zur Zierde kleiner Cavalerie-Garnisonen oder höherer Landjunkerkreise prädestinirt, daß ich daran verzweifle, ihm eine salonmäßige aisance in Jahresfrist beizubringen ...

Endlich hat Darmstadt zu lesen aufgehört, und ich stürze gerührt in Deine Arme und wünsche Dir ein frohes Fest. Viele Grüße an Oscar.

Fr. Donnerstag. [22. 12. 1853][116]

Dein treuer Bruder

v. B.

Lieber Bruder,

– – – Uns geht es wohl hier, bis auf kleine Leiden mit Kinder-Bonnen und die drückende Last der täglichen Geselligkeit, ich bin wochenlang täglich Mittags und Abends aus, ohne mich dem entziehn zu können. Heut hab ich ein dîner bei mir, muß aber Johanna allein damit lassen, weil ich dringend in Wiesbaden zu tun habe, um dem Herzog den Rücken zu stärken gegen seinen Bischof. Den Krieg zwischen Rußland und England-Frankreich hält man hier für so gut wie ausgebrochen. Hoffentlich lassen wir uns weder durch persönliche Rücksichten noch durch agitirende Aufstachelungen gegen Rußland aus der Contenance bringen, so lange wir nicht selbst in Gefahr sind.

---

116   Vgl. Kohl, Bismarck-Regesten I, 92.

Herzliche Grüße an Malwine von Johanna und mir. Möge die Zeit mit Gottes Hülfe Euern Schmerz[117] mildern und Euch stets Freude an den andern Kindern erleben lassen.

Fr. 7. 2. 54

Dein treuer Bruder

v. B.

An Moritz v. Blankenburg.[118]

Frankfurt, 4. April 1854

Ich bin Dir sehr dankbar für die wiederholten brieflichen Mitteilungen; sie sind das einzige, was ich nebst einem Briefe von Below seit meiner Abreise von Berlin erhalten habe, und ich werde mich sehr freuen, wenn Du mitunter Muße zu fernern Nachrichten findest. Mit Deiner aus dem letzten Briefe zu entnehmenden Ansicht über Behandlung des Ausschußantrages in der Kammer bin ich ganz einverstanden. Die Motive und Erwägungen des Beschlusses sind ziemlich gleichgültig; das Papier ist geduldig. Mit der Gefahr einer Verwerfung der Regirungsvorlage oder starken Verminderung der Majorität stehn sie meines Erachtens garnicht im Verhältniß. Der Nachteil, daß überhaupt „Erwägungen" vorangeschickt werden, ist durch die diesen Erwägungen einigermaßen absprechende Haltung der Regirung auf der Wiener Konferenz sehr verringert; die Kammer stimmte der Regirung in ihrer bisher offiziell an den Tag gelegten Haltung bei; ändert die Regirung infolge der sich weiter entwickelnden Ereignisse ihre Stellung, so braucht nicht einmal präsumirt zu werden, daß die Kammer dieser Wandlung unter keinen Umständen habe folgen wollen. Außerdem wird die Kammer ohne Motive hoffentlich zustimmen; wenn aber auch von diesem Allen das grade Gegenteil der Fall wäre, so sind doch die Motive der Bewilligung für die Regirung ganz gleichgültig und werden in keiner

---

117 Über den Tod der Tochter Elise (24. 12. 1853).
118 Übernommen aus Kohl, Bismarck-Regesten I, 96.

Weise einen nötigenden Einfluß auf unsre auswärtige Politik üben können, wenn die Ereignisse zu anderweitigen Entschließungen auffordern. Die Manteuffelsche Idee, ganz zu schweigen, wird sich nicht durchführen lassen. Es werden von der Linken zu viel Angriffe und Entstellungen vorgebracht werden, die widerlegt werden müssen, und die Minister ängstigen sich, wenn sie nur angegriffen, nicht verteidigt werden; sie geben dann üble Erklärungen in der Angst von sich. Wageners Deduction über das Recht der Anleihebewilligung überschießt das Ziel. Die Sitzung, in der ich schreibe, ist aus. Leb wohl, herzliche Grüße an Therese, und in der Kammer vergiß nicht, daß die Linke dem Lande als Kriegspartei, wir als die des Friedens erscheinen müssen.

Dein

v. B.

Berlin, Mittwoch [10. 5. 54]

Lieber Bruder,

Am Bußtag fallen mir alle meine Sünden ein und unter ihrer Menge auch die, daß ich Dir auf Deinen letzten Brief noch nicht geantwortet habe. Mit Deinen politischen Auslassungen brauche ich Dir nicht zu sagen, wie sehr ich einverstanden bin. Daß wir uns mit dem ersten Schuß gegen Rußland zum Prügeljungen der Westmächte machen, und uns von ihnen müssen den Frieden vorschreiben lassen, nachdem wir die Hauptlast des Krieges getragen haben, ist so klar wie ein Rechenexempel. Mit Gottes Hülfe werden unsre Anstrengungen, diese Wahrheit zur Geltung zu bringen, von Erfolg gekrönt werden; nachdem man sich von dem schlauen Fuchs, dem Heß, hier hat ins Bockshorn jagen und einfangen lassen, fängt man doch an in den höhern Regionen einzusehn, daß eine feige Politik die allergefährlichste ist, und wenn wir nur für die Zukunft mit mehr Entschlossenheit uns wappnen, so werden wir aus den Verlegenheiten, in die der Vertrag vom 20. v. M. uns bringen kann, wohl noch mit dem blauen Auge davonkommen. Ich habe hier wieder das Handwerk eines Flickschneiders zu üben, nachdem man sieht, daß der Rock unbequem zugeschnitten ist. In der nächsten Woche denke ich aber wieder in Frankfurt zu sein, sehr froh, daß ich nicht das Aufgehn des Newa-Eises anzusehn brauche, was mir einige Leute zugedacht hatten. Werther aus Kopenhagen geht hin ....

Die herzlichsten Grüße an Malwine und Elise, für deren Erinnerung ich sehr dankbar bin. In treuer Liebe

Dein

v. B.

An Frau v. Arnim.

Frankfurt (27. 6. 1854)[119]

Unter allen Umständen hätte ich Dir meinen Glückwunsch gern persönlich überbracht, besonders aber jetzt, wo ich meine vagabond-irende Gattin bei Dir weiß.[120] Leider aber kommen wir uns hier zu wichtig vor, um dem verwirrten Europa die Leuchte unsrer Weisheit vorenthalten zu können. Wer jetzt von Ferien spricht, wird als ein Attentäter gegen die welthistorische Aufgabe der confédération gerrm. angesehn. Ich habe rechtes Heimweh nach Land, Wald und Faulheit mit der obligaten Zugabe liebender Gattinnen und artiger, reinlicher Kinder. Wenn ich von der Straße her eins dieser hoffnungsvollen Geschöpfe schreien höre, so füllt sich mein Herz mit väterlichen Gefühlen und Erziehungsmaximen. Wie vertragen sich denn unsre Nachkommen mit einander, und sind meine auch artig? Ich habe diese paar Zeilen in drei Absätzen schreiben müssen, weil N. N. und N. N.[121] Ost und West mich inzwis-

---

119 Unverglichen; Original war nicht zu finden.
120 Frau v. B. weilte vom 24.-30. Juni in Kröchlendorf (laut Eintrag im Kröchlendorfer Fremdenbuch).
121 Wahrscheinlich Glinka und Tallenay, die Vertreter Rußlands und Frankreichs am Bundestage.

chen störten, und eben wird mir der Z.[122] gemeldet: der geht in einer Stunde nicht, deshalb nehme ich Abschied.

Ich wollte heut angeln (so tief gesunken) mit dem Engländer,[123] aber es regnet zu sehr, ich bin statt dessen Schlachtopfer von Besuchen. Leb wohl und lange.

Dein treuer Bruder.

Lieber Bruder,

Dieser Brief wird, wie ich voraussetze, Johanna schon bei Dir finden, weshalb ich meine Grüße an sie und die Meldung meines gelangweilten Wohlseins vorausschicke....

In der Politik weiß jetzt kein Mensch mehr, welche Chance in der nächsten Woche die wahrscheinliche sein wird. Die Nummer des großen Looses läßt sich mit mehr Sicherheit berechnen, als die Antwort auf die Frage nach Krieg und Frieden. In Bezug auf mich spuken wieder Versetzungspläne nach Wien; ich habe mir das schon zweimal glücklich vom Halse gehalten, hoffentlich gelingt es auch jetzt.

Fr., 29. 6. 54

Herzliche Grüße an Malwine.

Dein treuer Bruder

v. B.

Lieber Bruder,

es ist eigentlich leichtsinnig, daß ich die Wahl[124] annehme, da viele Reisen und Ausgaben ohne die leiseste Spur einer Diäte im Gefolge

---

122 Wahrscheinlich Herr v. Nostitz und Jänckendorf, der Kgl. sächs. Gesandte. Mit Glinka und Nostitz hatte Herr v. B. am 27. 6.1854 längere Unterredungen, s. den Bericht an Manteuffel vom 28. 6. 1854 bei v. Poschinger, Preußen im Bundesrat IV, 200 Nr. 85. Daraus ergiebt sich weiter das Datum des Briefes.
123 Sir Alexander Malet.
124 in die erste Kammer.

davon sein werden. Aber es ist auf lebenslänglich und giebt eine feste Position, welche der Regirung gegenüber Einfluß verleiht. Ob es nützlich und angenehm ist, letztern zu besitzen, ist freilich eine kritische Frage, die ich in den meisten Augenblicken meiner Existenz verneinen möchte, während ich in andern ehrgeizigeren oder patriotischer bewegten meine beiden Ohren dafür geben möchte, meine politischen Ansichten durchzusetzen. Vom Standpunkte der Pflicht und des Anstandes aufgefaßt, ist gewiß, daß ich Unrecht täte, mich diesem nur mit Ehre bezahlten Dienste zu entziehn.

In der großen Politik tauchen augenblicklich friedliche Aussichten auf; man scheint in Wien ruhiger zu werden, oder vielmehr, man stellt sich nicht mehr so ungeberdig an, wie man bisher für nötig hielt, um uns einen Eindruck zu machen.

Wie geht es denn mit dem armen kleinen Jungen, und finde ich Malwine noch in B., wenn ich zur Kammereröffnung hinkommen sollte? Leb wohl.

Fr., 10. 7. 54

Dein treuer Bruder

v. B.

Lieber Bruder,

erst im Moment des Postschlusses, obschon heut Sonntag, werde ich soweit fertig, daß ich an Deinen Brief komme. Daher nur dieß Zeichen, daß ich Deines Ehrentags hier morgen mit einem Schluck Sect gedenken werde und Dir mit Frau und Kind Gottes reichsten Segen wünsche, in- und auswendig.

Ein andermal mehr; vielleicht kann ich auch in 2 bis 3 Wochen bei Dir sein. Herzliche Grüße.

Fr., 23. 7. 54

Dein treuer Bruder

v. B.

154

Lieber Bruder,

Durch S. Maj. bin ich über München hierher entführt worden, muß aber heut wieder nach Frankfurt. Ich hoffe, Du hast Deinen Geburtstag heiter gefeiert und meinen flüchtigen Glückwunsch erhalten. Mir geht es wohl, aber gehetzt von Geschäften und politischen Sorgen, letztre mehr auf Grund innrer als äußrer Gefahren. Den Krieg fürchte ich nicht und glaube nicht, daß wir sehr bald hineingeraten; aber Entfremdung nach allen Seiten hin fürchte ich, die uns zu gleichzeitigen Aufstellungen gegen Rußland und behufs der Küstenverteidigung gegen die Seemächte bringen und unsre Geldkräfte vorzeitig verprezeln kann. Ich kann das in der Kürze und schriftlich überhaupt nicht genauer entwickeln; aber das Unbehagen darüber macht mich mitunter ehrgeizig, ich möchte nur auf 6 Monat das Ruder in der Hand haben, um dem Hangen und Bangen in schwebender Pein ein Ende zu machen.... Herzliche Grüße an Malwine.

Dein treuer Bruder

v. B.

An Herrn v. Manteuffel.[125]

[Frankfurt, Ende Juni 1855]

.... Es kommt fast täglich vor, daß in den belebtesten Straßen durch Arbeitswagen und deren Manipulationen nach den Häusern hinein die Passage mit dem Trottoir bis zur Mitte des Fahrdammes für jeden Fußgänger stundenlang hintereinander gesperrt wird. Die übliche Weise, Flüssigkeiten jeder Art in einen Keller zu bringen, ist die, daß ein Wagen auf dem Fahrdamm hält, und von dort aus eine jeden Verkehr sperrende Leitung in den Keller angebracht wird. Den Vorübergehenden gelingt es nicht immer, durch Ausweichen den Grobheiten zu entgehn, mit welchen die Arbeitsleute diese polizeiwidrige Operation vor jeder unberufnen

---

125   Aus v. Poschinger, Preußen im Bundesrat II 246 f. Nr. 135.

Annäherung schützen. Direktes Herbeirufen eines Polizeibeamten hat bei diesem keinen andern Erfolg, als daß er mit schweigendem Achselzucken der Contravention den Rücken kehrt. Die Zuchtlosigkeit auf der Straße bringt nicht selten die Vorübergehenden in den Fall, ihre persönliche Sicherheit beeinträchtigt zu sehn. Im vorigen Jahre, bei dem sogenannten Herbstschießen, wurde nach mir, als ich zu Fuß die Eisenbahnbrücke passirte, von unten mit einem Stein geschossen, der mich so nahe streifte, daß ich den Luftzug im Gesicht verspürte. Vor wenigen Wochen wurde ich, aus der Sitzung kommend, bei einem Wurfgefecht, welches die halberwachsne Jugend wohl eine Viertelstunde lang auf dem belebtesten Teil der Zeil ohne Einschreiten der Polizei exemtirte, von mehren Steinwürfen getroffen, und ein neben mir gehendes Mädchen stürzte, von einem solchen schwer am Kopfe verletzt, zu Boden. Der ganze Vorfall gelangte erst durch die von mir veranlaßte Anzeige zur Kenntniß der Polizei. Nicht lange vorher war meiner Frau durch einen Steinwurf am hellen Tage in einer der Hauptstraßen der Hut zerrissen worden. Charakteristisch für die Zusammensetzung der Gensdarmerie ist auch die Erfahrung, die ich im vorigen Jahre machte, wo eine in meinem Hause dienende Magd durch fast ein Jahr hindurch fortgesetzte unentdeckte Hausdiebstähle ihre Ausstattung herzustellen gesucht hatte, in der Absicht, demnächst mit dem Gensdarmen des Reviers, mit dem sie ein Verhältniß hatte, nach Amerika auszuwandern, sämmtliche gestohlne Gegenstände, über 200 Nummern, und zum Teil sehr voluminöse, wurden in dem Dienstquartier des Gensdarmen vorgefunden, in dem Moment, wo dieser, nach Verhaftung der Magd, sich eben zur Flucht rüstete. Ich habe nicht gehört, daß ihn eine andre Strafe, als Dienstentlassung getroffen hätte, während die Magd mit vierzehntägigem Gefängniß davonkam.

v. B.

156

Frankfurt, 22. July 55

Lieber Bruder,

meinen herzlichen Glückwunsch bringe ich Dir für übermorgen. Wir sind nun beide in unserm fünften Jahrzehnt, und ich kann nicht leugnen, daß mich das Erscheinen der 40 in diesem Frühjahr etwas erschüttert hat. Man sagt sich so schwer von einem gewissen Anspruch an Jugendlichkeit los, und die 3, selbst mit der 9 dahinter, hat noch etwas an sich, wodurch dieser Illusion Vorschub geleistet wird. Das Leben ist wie ein geschicktes Zahnausziehn, man denkt, das Eigentliche soll erst kommen, bis man mit Verwunderung sieht, daß es schon vorbei ist; oder ich wollte es, meiner hiesigen Beschäftigung entsprechend, lieber mit einem dîner vergleichen, bei dem das unerwartet frühe Erscheinen von Braten und Salat auf den Gesichtern der Gäste den Ausdruck der Enttäuschung hervorruft. Möge sich für beide die Aehnlichkeit mit dem dîner dadurch vervoll ständigen, daß nach dem Braten nur noch. süße Speisen folgen. Verzeih mir diese etwas resignirte Betrachtung, die sich grade zum Geburtstage eines robusten Familienvaters, von 45 J. nicht passend ausnimmt; es ist ein unwillkürlicher Ausbruch meiner eignen Stimmung. Ich bin nicht wohl und fange an die Folgen vom vielen Sitzen bei gutem Leben und einigem Aerger zu empfinden, und die 3 letzten Nächte waren meine beiden Jungen krank, nicht gefährlich, aber doch ruhestörend. Ich werde wahrscheinlich einige Wochen nach Kissingen gehn und dann ins Seebad; Leber und dickes Blut reden mir die Aerzte vor; um 5 aufstehn und in nasse Tücher wickeln wollen sie mich; ich aber ziehe eine natürlichere Todesart vor, wenns einmal sein soll; le remède est pire que le mal. Johanna ist auch nicht recht munter, sie mutet sich zu viel zu bei den Kindern. Meine Schwiegerältern sind bei uns, und die Mutter ist ebenfalls krank. Es ist aber alles nicht so ernsthaft, daß man dabei nicht Gott für seine Gnade ungezwungen danken könnte; nur die gute Laune vergeht einem, wenn ich sie mir nicht durch das Bischen Zank mit Prokesch auffrische. Die Oestreicher sind sehr töricht, daß sie ihn wieder hergeschickt haben; man sagt, Buol habe dringend gewünscht, ihn aus Wien los zu sein, und nichts Andres gewußt, als Frankfurt. Ich scheine der Einzige zu sein, der ihn verdauen kann, ich wünsche mir gar keinen andern. Ueberhaupt ist dienstlich meine Stellung ganz meinem Geschmack entsprechend und die Verteilung der Stimmen zwischen uns und Oestreich jetzt Gott sei Dank eine andre als vor 3 Jahren. In Berlin ist man seit Monaten fest und gut in der europäischen Politik und wird es hoffentlich bleiben, da allmählich auch die Gegner der bisherigen Politik sich bekehren…..

Dein treuer Bruder

v. B.

An Graf M. v. Hatzfeldt.[126]

Frankfurt, 12. August 1855

Verehrtester College,

ich hoffe am 17. oder 18. in Paris einzutreffen; sollten mich unvorhergesehne Hindernisse abhalten, am 16., wie es meine Absicht ist, zu reisen, so erlaube ich mir Ihnen nochmals zu schreiben. Mit dem herzlichsten Danke nehme ich Ihr freundliches Anerbieten an, bei Ihnen abzusteigen; und wenn es die beschränkte Schlafstelle ist, die Sie für mich übrig haben, so bleibt es immer eine große Beruhigung zu wissen, daß man sein Haupt sicher niederlegen kann. Alle, die von Paris jetzt kommen, wissen nicht genug von den Schwierigkeiten ihres dortigen Unterkommens zu erzählen, und ihre Räubergeschichten wären geeignet, mich von der ganzen Reise abzuschrecken, wenn ich nicht durch Ihre Güte vor ähnlichen Abenteuern sicher gestellt wäre. Die bevorstehenden Festlichkeiten zu sehn, werde ich mich sehr freuen, insoweit es geschehn kann, ohne Ihre Mühen im Geringsten zu vermehren; denn ich kann mir denken, daß ohnehin in diesen Tagen die Plage der reisenden Landsleute einen für Ihre Zeit und Ihre Ruhe bedenklichen Grad **errei-**

---

126 Übernommen aus Bismarck-Jahrbuch III 87.

chen wird. Um so dankbarer bin ich für die Freundlichkeit, mit der Sie mich auszeichnen.

In der Hoffnung also, Ihnen den Ausdruck meiner vorzüglichen Hochachtung bald mündlich erneuern zu können, bitte ich mich der Frau Gräfin im Voraus zu Gnaden empfehlen zu wollen.
Der Ihrige
v. Bismarck.

An Herrn v. Manteuffel.[127]

Frankfurt, 12. Aug. 1855

– – – ich habe vorgezogen, meine Kissinger Kur in Frankfurt an Ort und Stelle durchzumachen; die Diät, die Ruhe und die regelmäßige Lebensart sind am Ende die Hauptsache, und es ist hier in meinem Hause doch nicht ganz so langweilig, wie auf die Dauer in einem Badeorte. Dabei mache ich täglich Ausflüge in den Taunus oder Odenwald, um mit Bergsteigen die körperliche Anstrengung nachzuholen, deren Mangel die Hauptursache meines Unwohlseins ist. Am nächsten Donnerstag, den 16., hoffe ich ins Seebad abzugehn, wahrscheinlich nach Trouville, wenn ich nicht auf der Reise dahin ein weniger frequentes ausmittele. Die französische Küste ziehe ich vor, weil für Norderney die Jahreszeit schon spät wird; Hatzfeldt ist so freundlich gewesen, mich einzuladen, auf der Durchreise einige Tage bei ihm zu bleiben, was mir sehr interessant ist, da ich einige der Feste zu Ehren der Königin von England werde mit ansehn können. Von Paris erlaube ich mir dann, Ew. Excellenz den Strand, welchen ich aufsuche, näher zu bezeichnen. Politisch ist es hier ganz still. Der Strom der Reisenden ist gewaltig, und besonders die Berliner scheinen wanderlustiger wie je; auf allen Bahnzügen und in den benachbarten Bädern herrscht das melodische Idiom der Gertraudtenstraße in zweifelloser Majorität. Ich habe in mehren Tagen den Besuch von einem Dutzend durchreisender „Freunde" gehabt und mich deshalb

---

127 Aus v. Poschinger, Preußen im Bundestage II 260 Nr. 143.

schon seit einigen Tagen als abgereist consignirt. Meine Frau trinkt auch Kissinger, wegen ihrer Augenleiden....

    v. B.

An General Leopold v. Gerlach.[128]

Frankfurt, 15. Sept. 1855

Verehrtester Freund,

Ihr Schreiben vom 8.[129] ist mir hier zugegangen; ich war eher nach Hause gekommen, als ich ursprünglich beabsichtigte, weil unbestimmte Gerüchte nach Paris gelangten, daß Se. Majestät der König schon in den ersten Tagen dieses Monats, und spätestens am 5., in hiesiger Gegend eintreffen würden. Außerdem befällt mich stets das Heimweh, wenn die Blätter gelb werden, und das waren sie in Paris schon. Auf das Seebad habe ich verzichtet; ich war elend aus Mangel an Bewegung bei zu gutem Leben; die Strapazen des Touristen, verbunden mit absoluter Trägheit des Geistes, haben mich hergestellt. Sie schelten mich, daß ich in Babylon gewesen bin, aber Sie können von einem lernbegierigen Diplomaten diese politische Keuschheit nicht verlangen, die einem Soldaten wie Lützow, oder einem unabhängigen Landjunker so wohl ansteht; ich muß m. E. die Elemente, in denen ich mich zu bewegen habe, aus eigner Anschauung kennen lernen, soviel sich mir dazu Gelegenheit bietet. Fürchten Sie dabei nicht für meine politische Gesundheit; ich habe viel von der Natur der Ente, der das Wasser von den Federn abläuft, und es ist bei mir ein ziemlich weiter Weg von der äußern Haut bis zum Herzen. Ich habe an Vorliebe für den Bonapartismus nichts gewonnen; im Gegenteil, mir fiel es wie eine Last von der Brust, als ich die Gränze wieder hinter mir hatte; ich hätte den ersten schwarz-weißen Pfahl umarmen können, und sogar für zwei Pfälzische Fabrikanten, die mit mir im Wagen saßen, hatte ich eine Anwandlung landsmannschaftlicher

---

128   Bismarcks Briefe S. 245 ff.
129   Bismarck-Jahrbuch II 208 ff.

Gefühle. Es ist wahr, wenn ich an meinen letzten Besuch in Paris, unter Louis Philipp, denke, so finde ich die Pariser wunderbar fortgeschritten in der Disciplin und dem äußern Anstande. Der einzige Mensch, der mit Selbstbewußtsein über die Straße geht, ist der Soldat, vom General bis zum Trainknecht, und wer garnichts von der neusten Geschichte wüßte, würde doch aus einem Vergleich der Physiognomie des Straßenlebens entnehmen können, daß die Herrschaft von der July-Bourgeoisie auf die Armee übergegangen ist. Die Beleuchtung ist glänzend, aber doch sieht man noch mehr Polizisten als Laternen; es giebt keinen Winkel in allen Straßen, wo man nicht sicher wäre, in irgend einer Richtung wenigstens, dem beobachtenden Blicke eines uniformirten agent de police, gendarme, municipal, und wie sie alle heißen, zu begegnen; man kann nicht still stehn, ohne neben sich zu hören: circulez, s'il vous plaît. Ich würde mich garnicht gewundert haben, beim Aufwachen des Morgens in ein Gesicht mit 3 Bärten und schiefem Hut zu blicken, welches mir mit der gelangweilten Höflichkeit eines Gefängnißschließers sagte: P ... s'il vous plaît, changez de chemise s. v .pl. Man hört auf, nach eignem Willen zu niesen oder zu schnauben, wenn man den Fuß in diese Tretmühle gesetzt hat. Der Franzose sagt: c'est précisement ce qu'il nous faut; le despotisme es la seule forme de gouvernement compatible avec l'esprit français. Das mag richtig sein, ist aber eine scharfe Selbst-Kritik. Merkwürdig war die Gleich gültigkeit gegen den Krieg und die Nachrichten aus der Krim. Die Aufnahme der Königin von England im Publikum war unzweifelhaft kalt; man sah das an, wie man eine Menagerie oder eine Parade sieht, machte seine Witze, und der Enthusiasmus war allein auf Seiten der Engländer. Ich habe keinen Franzosen gesprochen, der nicht den Frieden gewünscht hätte; am lautesten die Militärs. So lange Louis Napoleon lebt, glaube ich übrigens, daß er fest sitzt. Er hat in der Garde und in der zahllosen Gensdarmerie zu viele gut bezahlte Leute, welche wünschen, daß alles so bleibe, wie es jetzt ist, und zahlreich genug sind, um Paris im Zaum zu halten. Geld ist alles in Paris, und Montmorency oder ein Marschall ein Hund neben Rotschild, Fould und Pereyre.

Hatzfeldt kränkelt noch unter dem Aerger, den ihm die Olbergsche Geschichte[130] gemacht hat; außerdem ist er gereizt gegen Manteuffel, weil der ihm den Rosenberg als Secretär gegeben hat. Ich habe Hatzfeldt sehr zugeredet, Fra Diadolo gegen die Angriffe zu Hülfe zu kommen, wozu er, wie er selbst sagt, sehr gutes Material hätte. Hatzfeldt mischt sich aber nicht hinein, wenn er nicht dazu aufgefordert wird. Ich habe das Fra Diavolo geschrieben.[131] Olberg passirt in Paris komischer Weise für einen Russischen Agenten, und zwar in dem Maße, daß man ihn hat ausweisen wollen. Er soll die komischsten Streiche gemacht haben, in Verkleidungen und blonden Perrücken die Volksstimmung erforscht und dabei auf das lächerlichste von der Polizei genasführt worden sein, als Fuchs in Holzschuhen. Hatzfeldt gefällt mir übrigens besser, wenn man ihn näher kennt; er ist ehrlich, und das ist viel; seine Stellung bietet ihm vorzügliche Quellen, die er noch nutzbarer machen würde, wenn er nicht disgustirt wäre. – – – – – –[132]

Heut kommt die Kronprinzessin von Würtemberg her, und hat mir schreiben lassen, daß sie mich zu sehn wünsche, ich bin neugierig, weshalb; vielleicht wollen die auch ihren Kammern zu Leibe gehn, die allerdings etwas anachronistischer Färbung sind. Se. Majestät wird nun, wie ich heut aus der Reiseroute sehe, nicht hier, sondern in Speier Nachtquartier nehmen. Wir hatten uns hier schon auf die Ehre vorbereitet, gebohnt, gewaschen, gestaubt. Ich werde mich in Guntershausen am 20. melden, obschon es in dem Schreiben heißt, daß aller Empfang und Begleitung untersagt wird. Ich weiß nicht, wohin ich Ihnen addressiren soll; am Besten doch wohl nach dem Wilhelmsplatz.

Ich wollte mit Frau und Kind noch einige Tage am Rhein leben; in Folge der Reise des Königs habe ich es aufgegeben; hätte ich gewußt,

---

130   General Olberg wurde von König Friedrich Wilhelm in besonderer Mission nach Paris gesendet.

131   Vgl. den Bericht vom 14. Sept. 1855 bei v. Poschinger, Preußen im Bundestag IV Nr. 97 S. 236 ff.

132   Die ausgelassene Stelle s. in meiner Ausgabe der Briefe Bismarcks an Gerlach S. 247.

daß er hier nur durchreist, so wäre ich doch nach Rolandseck gegangen; es stinkt hier so in dieser Jahreszeit. In Stolzenfels wage ich mich doch nicht einzufinden, wenn Se. Majestät es nicht befiehlt; es ist wenig Platz da.

Den Meinigen geht es wohl, und ich leide für jetzt nur am Reitzenstein! Herzliche Grüße von meiner Frau und von mir an
Ihre Damen.
In alter Treue
Ihr v. B.

An General Leopold v. Gerlach.[133]

Frankfurt, 7. Oct. 55
Verehrtester Freund,

in Coblenz war es recht unbehaglich. Die Majestäten waren in Stolzenfels durch fremde Herrschaften, Deputationen, Ausflüge so in Anspruch genommen, daß unsereins Ihnen nicht beikommen konnte. Der König hat über Politik nicht ein Wort mit mir gesprochen. Hans Kleist, und was sonst in Coblenz sich aufhielt, war in geschäftiger Unruhe und nie zu haben; dabei konnte man doch nicht ausfliegen in die Umgegend, weil man sich keine Stunde sicher war, ob man nicht hier oder da befohlen würde. Einen etwas bittern Nachgeschmack hat mir das erste début meiner armen Frau am Hofe hinterlassen. Sie war dem Könige zwar vorgestellt, aber Ihrer Majestät nicht, und um dieß nachzuholen, ließ ich sie hinkommen; bisher war sie niemals mit mir in der Nähe des Hoflagers gewesen. Se. Majestät ignorirten sie aber vollständig, auch als wir en tréspetit comité einige Stunden lang auf dem Dampfschiffe zusammen waren; die Königin war leidend und hatte daher nicht viel für sie übrig, und die Prinzessin von Preußen behandelte sie mit gesuchter Zurücksetzung, während alle übrigen Gesandtenfrauen sich des Sonnenscheins der Gnade der Herrschaften in hohem Maße erfreuten.

133 Bismarcks Briefe S. 248 ff.

Wenn auch der Prinz von Preußen mit großer Liebenswürdigkeit sich der merklichen Verlassenheit meiner Frau annahm, so kam doch ihr unverdorbner hinterpommerscher Royalismus etwas tränenschwer aus dieser Probe zurück. Verzeihn Sie, daß ich soviel von diesen „Privatangelegenheiten" rede, aber Ihr ritterlicher Sinn wird es natürlich finden, daß ich eine Demütigung meiner Frau schärfer fühle als alles, was mir selbst Passiren könnte, und gegen Einen muß man sein Herz doch erleichtern, namentlich wenn ich's gegen meine Ehehälfte nicht kann, die ich zu überreden suche, daß das alles ganz hübsch höfisch-natürlich war. Die Hauptsache war übrigens, daß Hatzfeldt und Bernstorff Gelegenheit fanden, Sr. Majestät zu sagen, was sie auf dem Herzen hatten. Beide sind aus allerhand allmählich gesammelten Ursachen gegen Manteuffel kaum freundlicher gestimmt, als gegen Wedell und Usedom, und es hat mir einige Mühe gemacht, sie zu überzeugen, daß die erstre Abneigung für dießmal in den Hintergrund treten müsse, und daß sie Manteuffel eine Menge von Dingen persönlich aufbürden, die nur der Schwierigkeit seiner Stellung zuzuschreiben sind. Bernstorff wäre bei seiner Steifigkeit fast nicht dazu gekommen, den König überhaupt zu sprechen; erst auf dem Dampfschiffe, eine Stunde vor seiner Verabschiedung, gelang es, und nach der Unterredung war „the winter of his discontent made glorious summer by the Sun of Royalty."[134] Der König hatte alle seine gravamina gnädig angehört, ihm die Versicherung Allerhöchsten Wohlwollens gegeben, dabei gesagt, daß Hatzfeldt sich glänzend gerechtfertigt habe, und daß die Wedellsche Anklage so gut als beseitigt sei; auch war die Königin sehr gnädig für Gräfin Bernstorff.[135] Alle finstre Gedanken an Abschied waren fort, und beide Gatten gedachten mit Wohlwollen der gesammten Menschheit außer Usedoms. Von Olympia[136] erzählte die Bernstorff Geschichten, die nahe ans Tollhaus streifen; dieses Weib compromittirt uns und in specie die allerhöchste Person, in unberechenbarem Maße in London. Usedom und Bunsen correspondiren

---

134 Shakespeare, Richard III. 1. Act, 1. Scene.
135 Vgl. Bericht vom 5. October 1855, v. Poschinger a. a. O. IV Nr. 98 S.238 f.
136 Der Gattin Usedoms.

fortwährend lebhaft, und Bunsen spricht recht indiscret von dem Inhalt dieser Korrespondenz, von Usedoms Stellung zu den englischen Ministern und von seinen Reden über den König gegenüber Aberdeen. Bunsens Tochter heiratet einen Badischen Beamten von Ungern-Sternberg[137] und dessen Schwester ist wieder Hofdame und Gouvernante der Prinzessin Luise, Braut des Prinz-Regenten von Baden. Durch diesen Canal soll viel Unheil zwischen Bunsen und Coblenz laufen.

In Marburg sah der König Bunsen, sprach aber, außer einer sehr herzlichen Begrüßung und Entlassung kaum mit ihm.

Es ist komisch, mit welchem Eifer in den Zeitungen die Conventikel der Gothaer in Heidelberg bestritten werden; nach meinen in Heidelberg selbst eingezognen Nachrichten finden sie regelmäßig am ersten Sonntag jedes Monats statt, wenn auch vorzugsweise „zweckessend".[138]

Haben Sie die eselmäßigen Artikel der Times in letzter Zeit gelesen? besonders den über die etwaige Heirat unsres Prinzen! Dabei ist Letzer die beste Partie in Europa, und eine englische Prinzessin als Gattungsbegriff betrachtet, eine der schlechtesten. Ueber die Person der jetzigen princess royal habe ich kein Urteil.

Man sagt, daß Arnims Abgang aus Wien nun wirklich bevorstehe; ich glaubs noch nicht. Als Nachfolger höre ich Redern und Brockhausen nennen; Ersterer scheint mir wegen seiner östreichischen und ihn dominirenden Frau grade für den Posten unmöglich. Beide Herrn haben sich übrigens in Ostende in der Meinung, sich damit am Hofe des Prinzen zu insinuiren, in dem Maße „westlich" nach außen und innen affichirt, daß die prinzliche Umgebung diesem Enthusiasmus für England und Frankreich nicht ganz folgen konnte; ich habe das aus unmittelbarer Quelle, und es war mir um so spaßhafter, als 8 Tage vorher in Paris Redern gegen mich so juchtenberauscht sich äußerte, daß ich bei mir dachte, wie doch dieser Grad von Ergebenheit an Rußland ganz unvereinbar

---

137 20. März 1895 zu Karlsruhe als Großh. bad. Kammerherr, Wirkl. Geh.-Rat und Vorstand des Großh. Geheim-Cabinets.
138 Vgl. Bericht vom 13. November 1855, Bismarck-Jahrbuch II 54 ff.

mit meiner Auffassung von einem Preußen sei. Brockhausen war immer etwas von König Leopold abgefärbt.

Savigny fängt an, sich von Carlsruh fortzuwünschen; auch der Regent hätte gern einen andern für ihn und wird seine Wünsche wohl gelegentlich und vertraulich anbringen; zum Prinzen von Preußen scheint Savigny's Verhältniß nicht mehr so innig wie früher zu sein.

Perponcher wünscht dringend auf seinem jetzigen Posten zum Gesandten gemacht zu werden; ich liebe ihn nicht, pour des raisons à moi connues, aber eine Anomalie ist es allerdings, daß wir in Cassel einen Gesandten und in Darmstadt einen Minister-Residenten haben.

Gestern war Dalwigk bei mir, um mir offiziell zu sagen, daß der Großherzog S. Majestät um den Roten Adler für Görtz bitte. Ich weiß nicht, warum er das nicht durch Perponcher anbringt, und habe ihm gesagt, daß es mir etwas schwierig schiene, nachdem Görtz seinen Posten noch garnicht wieder eingenommen habe und inzwischen seit seinem Abgange schon zum Johanniter-Rechtsritter creirt worden sei. Es scheint, daß Görtz, der wenig Gehalt und viel Vermögen hat, nur unter dieser Bedingung weiter mitspielen will und man ihm, trotz Dalwigks Widerspruch, den Willen tut, um solchen Diener nicht zu verlieren. Görtz wird den Großherzog nach Berlin begleiten, und wenn dann Letztrer selbst Sr. Majestät den Wunsch ausdrückt, so kann man ihn mit Rücksicht auf den Besuch des Großherzogs bei der Gelegenheit vielleicht erfüllen, denn es ist schwer, eine so directe Bitte eines Souveräns um einen Orden pure abzulehnen.

In den Zeitungen macht nachträglich eine Rede Lärm, die der hiesige Vertreter Englands, Sir A. Malet, bei Gelegenheit eines dîners zur Feier der Einnahme von Sebastopol[139] seinen Tischgenossen in Homburg gehalten hat. Es ist schwer zu ermitteln, wie viel an den verschiednen Versionen wahr oder falsch ist; jedenfalls aber ist Malet sonst stets, was man sagt, „ein guter Kerl", ruhig und versöhnlich, der niemals putscht, und den ich nie anders als mit Verehrung von unserm Könige habe spre-

---

139 10. September 1855.

chen hören, auch bei gelegentlich lebhafter Discussion über unsre Politik. Er ist mehr Landjunker als Diplomat und mehr auf der Jagd und beim Angeln als hinter den Acten, und hat die Gewohnheit dieser Art von Engländern, sein Mittagsmal im Magen stets 2 Zoll unter Portwein zu setzen; es sollte mir leid tun, wenn ihm ein unbedachtsames Wort in einem after-dinner-speech Verlegenheiten bereitete.[140]

Manteuffel hat irgend etwas auf mich, Klatscherei oder dergl.; ihm merkt man das nicht an, weil er immer so ist, aber ich fühlte, es an der Kälte der Frau, mit der ich sonst sehr gut stand. Mit Edwin (Manteuffel) hatte der König, als wir uns trennten, noch nicht viel verkehrt; er hat übrigens zu seinem Vetter Frau Diavolo noch kein Vertrauen, wiedergewonnen, wie mir schien.

Dem Herzog von Coburg hat S. Majestät eine ziemlich heftige Scene bei Gelegenheit einer Conversation über Napoleonische Politik gemacht; man müsse endlich klar sehn, woran Preußen mit Louis Napoleon sei, die détails kenne ich nicht, der Ton aber hatte Aufsehn gemacht; es war an der Familientafel gewesen.[141]

Wenn die Russen noch weiter schlechte Geschäfte machen, so taucht die Frage auf, wie weit wir in unserm Interesse ihre Schale dürfen sinken lassen. Halten sie sich besser, so sehe ich in dem Kriege zwar viel Schlimmes, aber doch auch das Gute, daß der Französischen Soldaten in Frankreich immer weniger werden. Oestreich stößt wieder stärker in seine papierne Kriegstrompete, und verpetzt uns serviliter in Paris; so lange sie aber nicht wieder Truppen aufstellen, ist das doch nur Wind; wir müßten einmal ein ernstes Bürgerwort mit ihnen sprechen, so lange sie sich nicht vor uns ebenso wie vor allen andern fürchten, juckt ihnen doch der Puckel. Die Süddeutschen Höfe haben wieder Kammerangst, und Dalwigk spricht von „der Berechtigung der Deutschen Idee" u. s. w. etwas im Style von 47. Ueber die Kammern lache ich von a bis z, aber feige Minister fürchte ich.

---

140   Vgl. Bericht vom 8. October 1855 bei v. Poschinger II Nr. 144 S. 261 f.
141   Vgl. Herzog Ernst, Aus meinem Leben II 288 f.

Leben Sie wohl, und schreiben Sie bald. Viel Grüße an Ihre Damen, auch von meiner Frau.

Treu der Ihrige

v. B.

An General Leopold v. Gerlach.

Frankfurt, 29. Oct. 1855

Verehrtester Freund,

Ihr Schreiben vom 17.[142] habe ich richtig erhalten und will dieses mit Beantwortung desselben beginnen. An Ihr baldiges, politisches Ende mag ein Andrer als ich glauben, und die Landwirtschaft sieht sich für jemand, der an geistige Tätigkeit gewöhnt ist, bei Jahre langer Probe anders an als bei monatlanger, im Winter anders als im Sommer. Ueber den Coblenzer Hof-Kummer meiner Frau ist nun schon Gras gewachsen, und ich erwähne des Trostes darüber in Ihrem Schreiben nur, weil Sie dabei dem „Hof-Gesinde" Unrecht tun; die Herrn und Damen vom Gefolge waren recht freundlich für meine Frau.

Bernstorff läßt sich durch äußerliche Gnadenbeweise ebenso leicht gewinnen, als durch das Gegenteil aus dem Häuschen bringen. Hatzfeldt sprach sich schon in Paris empfindlich über Sie aus; irgend jemand hatte ihm geklatscht, daß Sie die Nationalität seiner Frau[143] für unverträglich mit seiner Stellung hielten; ich konnte nicht herausbringen, wer ihn geputscht hatte, auch nicht dadurch, daß ich meinen Unglauben an das Factum eigensinnig behauptete; vielleicht der alte Nostitz. Hatzfeldt setzte sich dabei auf das Pferd der Entrüstung des verdächtigten Ehrenmannes. Er erfährt sehr viel in Paris, schreibt aber aus Aengstlichkeit nur wenig davon.

---

142 Bismarck-Jahrbuch II 210 ff.
143 Die Frau des Grafen Maximilian v. Hatzfeldt war eine Französin, Pauline de Castellane; nach ihres Gatten Tode (19. Jan. 1859) vermählte sie sich 1861 mit Louis duc de Talleyrand, Hz. zu Sagan; sie starb am 9. März 1895.

Die fortgesetzten maritimen Rüstungen der Franzosen sollten doch auch den bullenköpfigsten Engländer etwas stutzig machen. Daß Rußland auf die Dauer mehr mit England als mit Frankreich verfeindet ist, liegt zu Tage, und ein Französisches Bündniß gegen England wäre dort populär in der Armee; Oestreich macht, garkein Hehl daraus, daß es die Britten haßt, während es um Napoleons Gunst buhlt; in Amerika wohnt ihnen auch kein Freund, und sich Preußen-Deutschland zum Feinde zu machen, tun Presse und Regirung ihr Mögliches in jenem durch Hochmut dumm gewordnen Lande der „Erbweisheit". Am Ende wird England noch die Kriegskosten bezahlen, und mehr als das. Die Tendenz, England mit allen Continentalstaaten zu brouilliren, ist in Paris unverkennbar, und der Friede zwischen Frankreich und Rußland leicht zu machen für Frankreich. Die klügsten Engländer schmeicheln sich immer mit dem Unsinn der Sympathien der Völker und denken sich das ganze Festland wie eine Pulvermine, an die sie nur den Funken zu legen brauchen, um jeden widersetzlichen Monarchen in die Luft zu sprengen. Der Calcül wäre nur da richtig, wo Schwächlich und Bullenkalb auf dem Throne säßen. Alle mögliche demokratische und malcontente Broschüren oder Blätter gelten ihnen in London für den wahren Ausdruck einer tatbereiten Volksstimmung, und sie lassen sich das Geschreibsel jüdischer Mietlinge durch ihre Gesandschaften einschicken, als ob es Pronunciamentos der Deutschen Armeen wären.

Sie sagen in Ihrem Briefe: „wie colossal wuchs Rußlands Macht nach dem Siege von 1812". Hauptsächlich aber doch durch den Wegfall der gegnerischen Armee, dann durch den Zuwachs der äußersten Kraftanstrengung Preußens. Heut aber, wenn auch Frankreich gegen Rußland siegt, wird es doch dadurch nicht stärker gegen das inzwischen unerschöpfte Deutschland. Es wird nur stärker gegen die heilige Allianz im Ganzen um den Betrag der Verluste Rußlands, von welchem der der Franzosen selbst abzuziehn wäre. Gegen uns aber wird es relativ schwächer an Geld und Soldaten; stärker allerdings an Kriegsübung, und das ist schon viel. Ich glaube, ich äußerte selbst schon in meinem letzten Brief meine Bedenken über die Frage, wie weit wir in unserm Interesse die Besiegung Rußlands kommen lassen dürfen.[144] Es gehört aber viel dazu, bevor wir uns zu einer Halt gebietenden Demonstration ermannen würden.

Ich schicke Ihnen morgen noch einen Brief, lediglich um Ihnen die Freude zu bereiten, den Erbprinzen von Bentheim bei Sich zu sehn, der mich gebeten hat, ihm diese Briefträger-Gelegenheit zu verschaffen. Ich begreife eigentlich nicht, woran es hängt, daß die Angelegenheit unsrer Standesherrn nicht vorwärts geht. Sr. Majestät schien doch viel daran zu liegen, und seit dem von den Kammern votirten Gesetze liegt die Sache ja ganz allein in Allerhöchsten Händen. Die allgemein gehaltne Ordre, welche die Herrn zu haben wünschen, lautet auch ziemlich unverfänglich, nur prinzipiell, und die practische Einführung der Reaction ins Leben der Verhandlungen vorbehaltend. Ich werde meinem Briefe morgen eine Abschrift meines amtlichen Berichtes beilegen, da ich nicht weiß, ob Sie ihn kennen.

Wie lächerlich hat sich Prokesch durch seine Eitelkeit blamirt, indem er seine „Mission"[145] durch die von ihm abhängigen Blätter in bengalisches Feuer setzen ließ. Die offiziösen Wiener Blätter sogar rupfen ihm die Pfauenfedern aus und nennen als Correspondenten des Constitionnel einen Mr. Debreauz, der ursprünglich auf gut Deutsch Herr Braus heißt und früher in der „ausländischen Presse" Oestreichs unter Hübner diente, mit dem er sich später überworfen hat. Nach guten Nachrichten, die mein Würtembergischer College[146] aus Paris brachte, ist aber unser und aller Leute alter Freund Klindworth der eigentliche Faiseur Prokeschs in dieser Sache.[147] Der Armenier hat übrigens in der letzten Sitzung noch wieder den größten Unfug getrieben, offenbar in der Absicht, mein

144 S. o. S. 130.
145 nach Paris.
146 v. Reinhard.
147 Vgl. Immediatbericht vom 26. October 1855, v. Poschinger II Nr. 145 S. 262 f.

Verhältniß zu Rechberg mit einem Streit beginnen zu lassen[148] Fanchon bleibt sich immer gleich. Auch Brunnow[149] hat er unartig empfangen. Einige servile Collegen wünschten, ich sollte Prokesch ein Abschieds-fest geben; die Heuchelei wäre zu groß; ich habe gesagt, ich könne es nicht, bevor Herrn von Brunnow nicht das vorschriftsmäßige Präsidial-Diner in Uniform gegeben worden sei, was Prokesch pöbelhafter Weise verweigert.

Unser Freund Dalwigk hat sich bei dem Einweihungsfest der Mainz-Straßburger Bahn wieder gründlich blamirt, indem grade er den Toast auf den Französischen Kaiser ausbrachte, und zwar mit den Worten: vive l'empereur, „ce grand homme"; die anwesenden Franzosen haben eine hohe Idee von dem Tact deutscher Minister bekommen. Dazu be-geht Görtz die Dummheit, sich mit einem Hutmacher zu prügeln, der stärker ist als er.

Kommt denn der Großherzog noch nach Berlin? er sagt, Ihre Majestät habe ihm geraten, die Reise wegen der Cholera noch aufzuschieben. Das sieht fast aus, als wollte man ihn nicht haben?

Wird man bei uns auch fest bleiben in der Hanover zu gewährenden Unterstützung? Mein Freund Platen giebt mir die rührendsten Versich-erungen seiner Bekehrung zu Preußen und klagt, daß Oestrich auch die pflichtschuldigste Hülfe nicht umsonst, sondern nur gegen Concession auf anderm Gebiet gewähren wolle. Die Oestreicher bringen sich um jedes Vertrauen mit der Gemeinheit ihrer jetzigen Machthaber. Nur ein-en andern Preußischen Gesandten wünscht sich Platen dringend. Das-selbe sagt mir Kielmansegge.

Sie fragen, was die Gesandten gegen den Mann des Teufels haben. Hatzfeldt nannte mir als Hauptgrund seiner Verstimmung, daß man ihm Brandenburg genommen und Rosenberg gegeben habe;[150] über Weitres machte er nur mysteriöse Andeutungen; Manteuffel habe ihn in eine

---

148   Vgl. Bericht vom 29. October 1855, v. Poschinger II No. 147 S. 264 ff.
149   Der neue russische Gesandte am Bundestage.
150   S. o. S. 126. – Vgl. Bericht vom 14. Sept. 1855, v. Poschinger II S. 238, wo Z. 6 v. o. die Chiffre X durch Rosenberg zu ersetzen ist.

schiefe Stellung gebracht; er, Hatzfeldt habe ihn in der Hand, wenn er ihm schaden wollte, u. dergl. Bernstorff hat wohl noch alten Zorn aus 1850er Zeit und über seine lange Inactivität trotz aller Bemühungen um Wiederanstellung, giebt ihm auch Mitschuld an seinen Usedomschen Leiden. Meines Teils wüßte ich gern, was Fra Diavolo über mich Böses gehört hat; denn zum ersten Mal war die Frau gegen mich sichtlich kühl in Coblenz.[151] Ich habe ihm doch gegen die Luxemburger Verschwörung durch Bearbeitung von Hatzfeldt und Bernstorff wirksam beigestanden. Beide liebten ihn allerdings so wenig, daß sie große Lust hatten, gegen ihn und dabei auch gegen die Wahrheit aufzutreten; nur die Angst vor (einem) Ministerium Usedom wirkte dagegen, daß Manteuffel in dieser Sache unschuldig war, weniger. Indessen vermag ich auch Liebe zu entbehren, nur die Ihrige nicht, um schmeichelhaft zu schließen.

Meiner Frau geht es jetzt gut, den Kindern auch. Ihnen wünsche ich ein Gleiches. Treu ergeben
   Ihr v. B.

An Graf M. v. Hatzfeldt.[152]

                                 Frankfurt, 7. Februar 1856
Verehrtester Freund und College,
    bei der nahen Beziehung, in welcher die Frage unsrer Zuziehung zu den Conferenzen zu dem Inhalt des Beschlusses steht, welchen wir hier auf die heut eingebrachte östreichische Vorlage fassen werden, ist es Ihnen vielleicht nicht ohne Interesse, eine directe Nachricht über die Lage der Dinge hier am Bunde zu haben, und unser gemeinschaftlicher Chef empfiehlt mir, Ihnen, wenn ich es für ersprießlich hielte, darüber zu schreiben. Ich kann meine, von fast allen meinen deutschen Collegen geteilte Ansicht über unsre, d. h. des Bundes, Situation hier am Ort in

---

151   ) S. o. S. 127 f.
152   Übernommen aus Bismarck-Jahrbuch III 88 ff.

wenig Worten ausdrücken. Sobald die Teilnahme Preußens an den Verhandlungen der Conferenz gesichert ist, werden wir einen den östreichischen Wünschen entsprechenden Beschluß ohne Schwierigkeit zu Stande
bringen; so lange aber jene Teilnahme nicht feststeht, werden wir uns
auf einen geschäftsmäßigen Dank an Oestreich beschränken, zu einer
amtlichen Aeußerung unsrer Meinung über den Inhalt der Präliminarien
und über die Stellung, welche der Bund zu deren Durchführung einnehmen will, aber keine Veranlassung haben. Die Motive dieser Auffassung
sind folgende. Es ist weder für den Bund noch für Preußen ein Unglück,
an den Conferenzen keinen Anteil zu nehmen; es würde daraus nichts weiter folgen, als daß die Stipulationen, welche aus denselben hervorgehn und welche für die Nichtteilnehmer nur von secundärem Interesse sein können, der Garantie Preußens und des Bundes entbehren, und
daß es während der Conferenzen zweifelhaft bleibt, für welche der sich
etwa ergebenden verschiednen Auffassungen das Gewicht Deutschlands
in die Wagschale fallen würde. Durch letztern Umstand kann das Zu-
standekommen des Friedens erschwert werden; dieses zu erwägen liegt
mehr in dem Interesse der kriegführenden Mächte als in dem unsrigen.
Wir können es also sehr gut ertragen, außerhalb der Conferenzen zu
bleiben, dann aber muß auch unser Verhalten gegenüber der östreichischen Vorlage am Bunde schon auf diese Eventualität zugeschnitten sein.
Unpassend wird unsre Lage erst dann, wenn wir hier am Bunde in unsern offiziellen Voten und Erklärungen eine Haltung annehmen, welche
offenbar auf unsre Zuziehung zu den Conferenzen berechnet ist, und uns
dann, nachdem wir unsre Concessionen von uns gegeben haben, die Tür
doch geschlossen bleibt. Gradezu komisch würde unsre Situation, wenn
der Bund, wie Oestreich beabsichtigt, das Vertrauen aussprüche, daß
Preußen und Oestreich die Interessen des Bundes wahrnehmen würden,
und wir mit diesem Vertrauensvotum in der Tasche vor der verschlossnen
Tür ständen. Wenn wir beschließen sollen, die Präliminarien anzunehmen und zu ihrer Aufrechterhaltung mitzuwirken, so müssen wir auch
sicher sein, daß wir nicht von der Gelegenheit hierzu ausgeschlossen

werden; denn daß unser Beschluß den Character eines effectlos zu den Acten gehenden Gutachtens, einer unfruchtbaren Meinungsäußerung, welche wir gewissermaßen qualité d'amateur abgeben, behalten sollte, wäre eine Unwürdigkeit, der wir uns nicht aussetzen können. Unsre Entschlüsse aber für den Fall eintretender Ereignisse zu fassen, wenn der Friede etwa nicht zu Stande kommt, dazu ist später immer Zeit, und für den Fall will sich keiner der Bundesstaaten jetzt schon binden, auch Oestreich nicht, welches sich niemals zur Action ohne Preußen und den Bund entschließen wird. Einige der Mittelstaaten hatten zuerst eine besondre Vertretung des Bundes auf den Conferenzen verlangen wollen, wie sie hier jetzt einen Beschluß über die Präliminarien fassen sollten. Nach der dermaligen Lage der Instructionen aber hält die Gesammtheit der Bundesstaaten sich factisch für ausreichend vertreten, wenn Preußen teilnimmt; durch Oestreich allein aber nicht, weil dieses privative, dem übrigen Deutschland nicht eigne Interessen und Verbindlichkeiten bei der Sache hat. Ist daher Preußens Zuziehung verbürgt, so wird sich hier ein Oestreich zufriedenstellender Beschluß leicht herbeiführen lassen, und namentlich unserm Allergnädigsten Herrn wird es dann auf eine Handvoll Noten bei dem Inhalt des Beschlusses nicht ankommen. Im andern Falle aber muß die Stellung Deutschlands zu den Präliminarien so unbestimmt bleiben, wie sie jetzt ist, und damit fehlt ohne Zweifel ein nutzbares Element in der Wagschale des Friedens, zumal da Oestreich in letzter Instanz nicht handeln wird, wenn es Deutschland nicht hinter sich hat; das weiß man in Petersburg so gut wie in Wien. Wenn Frankreich den Bemühungen Oestreichs, uns in die Conferenzen hineinzubringen, ernstlich secundirt, so ist kein Zweifel, daß England nachgiebt; bis dies aber geschehn ist, wird hier am Bunde der unentschiedne Zustand fortdauern. Es ist zu leicht, uns, wenn wir hier unsre „Schuldigkeit" getan haben, mit bedauerndem Achselzucken zu sagen: der Widerstand Englands gegen Euern Eintritt war nicht zu überwinden. Wir brauchen Gewißheit, ehe wir eine Haltung aufgeben, in der wir es noch mit Anstand ertragen können, daß man die Conferenzen ohne uns abhält. Versprechungen guter Dienste und Hoffnungen auf deren Erfolg sind keine Brücken, auf die wir treten können. Der Frau Gräfin lege ich mich in dankbarer Erinnerung an ihre Güte zu Füßen.

Treu der Ihrige

v. Bismarck.[153]

Frankfurt, 22. März 56

Lieber Bruder,

25. Ich wurde am Sonnabend verhindert, diesen Brief zu vollenden durch die Meldung, daß die Schnepfe en masse eingetroffen sei. Könnte ich mir das Vorbeischießen abgewöhnen, so würde ich an dem Tage 5 erlegt haben, so wurden es nur 3. Heut will ich ihnen wieder zu Leibe gehn. Das Wetter ist bei Tage wie im Sommer, warm und wolkenlos, aber diese Nacht, fürchte ich, hat es draußen gefroren, mindestens gereift. Sonst ist es ein frühes Jahr, alle Büsche ausgegrünt, auch manche Bäume schon. Gestern haben wir in großer Gala hier im Dom Te deum gesungen für die Geburt des enfant de France. Die Russen trieben die Höflichkeit soweit, auch dabei zu erscheinen, obschon noch nicht Friede ist. Wir haben diese Woche noch Ferien; morgen gehe ich nach Biebrich, Donnerstag wieder zur Schnepfe, Freitag nach Coblenz, um dort den wegen des Festes um 8 Tage verschobenen Geburtstag des Prinzen von Pr. feiern zu helfen. Die englische Heirat scheint Ernst zu werden; die Prinzessin hat den Ruf, sehr gescheut zu sein; hoffentlich gelingt es ihr, sich ganz in die Preußin hineinzuleben, wenn wir sie bekommen. Johanna ist ziemlich wohl, war aber den ganzen Winter an einem fatalen Husten leidend. Sie soll deshalb, sobald die Saison beginnt, nach Schwalbach und demnächst ins Ostseebad, wahrscheinlich Stolpmünde. Haben wir Ferien, so folge ich ihr dahin, aber schwerlich vor August. Wie ist es denn mit Eurer Herkunft? Du wirst uns doch endlich einmal

---

153 Hatzfeldts Antworten vom 10. u. 13. Febr. 1856 s. Bismarck-Jahrbuch III 90 ff.

besuchen, aber bald, sonst tritt wieder ein Reisehinderniß ein. Es geht ja so schnell jetzt; wenn Du heut von Külz abfährst, so kannst Du morgen früh hier sein; aus Berlin geht der Schnellzug hierher gegen 7 Uhr A. Schreibe mir ja in Deiner Antwort etwas darüber. Herzliche Grüße an Malwine und bitte sie dringend in meinem und Johannas Namen, daß sie herkommt. Sie hat noch soviel Zeit in Külz zu sein, reisen tut man aber nur, wenn man jung ist. Also kommt bald.

Dein treuer Bruder

v. B.

An General Leopold v. Gerlach.[154]

Frankfurt, 8. April 1856

Verehrtester Freund,

... Sie fragen mich in Ihrem Briefe[155], was ich zu der Englischen Heirat sage? Ich muß beide Worte trennen, um meine Meinung zu sagen; das Englische darin gefällt mir nicht, die Heirat mag aber ganz gut sein, denn die Prinzessin hat das Lob einer Dame von Geist und Herz, und eine der ersten Bedingungen, um seine Schuldigkeit in der Welt tun zu können, sei es als König oder als Untertan, ist die, in seiner Häuslichkeit von alle dem frei zu sein, was das Gegenteil von Geist und Herz bei der Frau bildet, und was die Folgen dieses Gegenteils notwendig sind. Gelingt es daher der Prinzessin, die Engländerin zu Hause zu lassen und Preußin zu werden, so wird sie ein Segen für das Land sein. Fürstliche Heiraten geben im Allgemeinen dem Hause, aus welchem die Braut kommt, Einfluß in dem andern, in welches sie tritt; nicht umgekehrt. Es ist dieß um so mehr der Fall, wenn das Vaterland der Frau mächtiger und in seinem Nationalgefühl entwickelter ist als das ihres Mannes. Bleibt also unsre künftige Königin auf dem Preußischen Throne auch nur einigermaßen Engländerin, so sehe ich unsern Hof von englischen Einflußstrebun-

154   Bismarcks Briefe 2c. S. 291 ff.
155   Vom 3. April 1856, Bismarck-Jahrbuch II 222 ff.

gen umgeben, ohne daß wir und die mannichfachen andern zukünftigen Schwiegersöhne of Her Gracious Majesty irgend welche Beachtung in England finden, außer wenn die Opposition in Presse und Parlament unsre Königsfamilie und unser Land schlecht macht. Bei uns dagegen wird brittischer Einfluß in der stupiden Bewunderung des deutschen Michels für Lords und Guineen, in der Anglomanie von Kammern, Zeitungen, Sportsmen, Landwirten und Gerichtspräsidenten den fruchtbarsten Boden finden. Jeder Berliner fühlt sich jetzt schon gehoben, wenn ein wirklicher englischer Jokey von Hart oder Lichtwald ihn anredet und ihm Gelegenheit giebt, the Queen's english zu radebrechen; wie wird das erst werden, wenn die erste Frau im Lande eine Engländerin ist....[156]

Frankfurt, 23. Juli 56

Lieber Bruder,

ich weiß kaum, ob ich Dir Glück wünschen soll, daß Du morgen wieder um ein Jahr älter wirst. Wir sind beide in der Zeit angelangt, wo man die Ziffer des eignen Alters mit einem unbehaglichen Gefühl wechseln sieht, und wo es fast scheint, als ob sie uns zum Tort schneller zunähme, wie früher. Möge Dir Gott wie bisher, so auch während Du die 6 zur 4 schreibst, Gesundheit an Leib und Seele geben und Dich mit den Deinigen vor schweren Heimsuchungen in Gnaden bewahren.

Johanna kommt heut mit den Kindern von Schwalbach zurück; ich bin in jeder Woche 3 Tage um den Sonntag her bei ihr gewesen, woraus folgte, daß ich die andern 4 Tage für 7 arbeiten mußte. Dazu hatten sich alle vergnügungssüchtigen Weiber in den Kopf gesetzt, mich in meinem Strohwittwertum zu amüsiren, auch vergeht kein Tag, wo nicht von unsern Fürstlichkeiten Jemand oder ein andres großes Tier durchkäme, das ich empfangen, besuchen und einladen muß. In diesem Trouble habe ich ganz vergessen, Deinen Brief ... zu beantworten und bin jetzt wieder in der Hast vor dem Postschluß und mit Besuch im Vorzimmer. Ich be-

156 Das weitere s. a. a. O. S. 292 f.

schränke mich daher auf dieses Lebenszeichen und meinen herzlichen Gruß an Malwine. Johanna wird kaum 8 Tage hier bleiben, also wohl in den ersten Tagen des August mit den Kindern Eure Gastfreiheit ansprechen. Ich folge ihr einige Tage später. In herzlicher Liebe
Dein eiliger Bruder
v. B.

Eine Beschwerde Bismarcks an die Direction der Rheinischen Dampfschifffahrtsgesellschaften.[157]

Stolpmünde, 11. August 1856

Durch den Herrn Ober-Präsidenten von Kleist ist mir die Erwiderung des verehrlichen Directoriums auf meine Beschwerde über den Agenten Brenner in Biebrich mitgeteilt worden.[158] Der letzte hat, wie ich danach annehmen muß, den von mir zur Sprache gebrachten Vorfall unrichtig erzählt; nach seiner Darstellung sollte man glauben, ich hätte ihm die unbillige Zumutung gemacht, das Schiff meinetwegen zum zweiten Mal anlegen zu lassen. Ich bin weit entfernt gewesen, irgend etwas zu verlangen, worauf nicht jeder Reisende meines Erachtens Anspruch hätte.

Bei der Erklärung der verehrlichen Direction, daß jener Zug auf Anschluß in Biebrich keinen Anspruch hatte, bescheide ich mich; aber hierauf kam es in diesem Falle nicht an, da ich nebst andern Reisenden jenes Zugs, wie schon in meiner frühern Eingabe erwähnt, nicht nur vor Abgang, sondern vor Ankunft des „Grafen von Paris" an dessen Anlegestelle eintraf.

Das Einschreibe-Bureau, welches ich leer fand, als ich meine Billets nehmen wollte, war nicht das Niederländische, sondern das mir sehr wohl bekannte der Cölnischen Gesellschaft, dasselbe, in welchem ich später die Billets für das nächste Schiff nahm. Ich bin überhaupt mit der

---

157   Übernommen aus Bismarck-Jahrbuch III 119 f.
158   Bismarck-Jahrbuch III 117 ff.

Oertlichkeit und dem Betriebe auf derselben so vollständig vertraut, daß Irrtümer wie die bei mir vorausgesetzten nicht möglich waren.

Dasjenige, was Herr Brenner auf Pflicht und Gewissen über den Vorfall ausgesagt hat, ist in jedem Teile unrichtig, wie ich meinerseits versichre und durch mehre andre Zeugen beweisen kann. Er sagt, daß in dem Augenblicke, als ich vom Bahnhof. Hier ist jedes Wort falsch. Ich kam garnicht vom Bahnhofe nach der Niederländischen Anlegestelle; sondern nachdem ich das Bureau der Cölner Gesellschaft leer gefunden hatte, ging ich zur Anlegestelle der Cölner Gesellschaft, überzeugte mich, daß diese durch das Bergboot besetzt war, und ging deshalb dem soeben von Mainz her ankommenden „Grafen von Paris" entgegen, den Weg hart am Wasser hinter den Einschreibebüreaus haltend. Das Um- und Anlegen des „Grafen von Paris" erfolgte, während ich auf der Landungsbrücke war; in meinem Beisein erfolgte die Aufnahme der übrigen Passagiere; ich war im unmittelbaren Anschluß an die Andern der letzte derselben, weil ich meine Damen vor dem Gedränge hüten wollte. Ich wäre auch gleich den Andern mit meinem Gepäck an Bord gelangt, hätte nicht Herr Brenner mich zuerst mit der Frage aufgehalten, ob ich ein Billet hätte; ich verneinte dieß, da ich das Bureau leer gefunden hatte. Darauf bat er mich zuerst höflich, das nächste Schiff zu benutzen; ich mußte dieß ablehnen, weil ich die Damen nur soweit begleiten wollte, daß meine Rückfahrt an demselben Tage möglich blieb. Brenner wiederholte seinen Wunsch, indem er anführte, dieses Schiff sei schon verspätet, das nächste, ein Schnellschiff, werde es ohnehin überholen; ich entgegnete, daß die Abfahrt durch unser Uebertreten auf das Schiff nicht im Mindesten verzögert werde n. f. w. Dieses ganze Gespräch wurde geführt, während der „Graf von Paris" ruhig neben uns an der Landungsbrücke lag und ich mit einem Fuß auf den Verbindungsbrettern stand. Wenn hiernach B. behauptet, das Vorderschiff sei bereits zur Abfahrt gewendet gewesen, als ich vom Bahnhof auf die Landestelle zuging, so hat er der verehrlichen Direction „auf Pflicht und Gewissen" etwas ausgesagt, über dessen Falschheit er selbst wohl nicht in Zweifel sein konnte. Die Damen, welche nach Angabe des Brenner nicht „in Sicht waren", standen mit uns auf der Landungsbrücke in solcher Nähe, daß sie an meinem Gespräch mit Brenner Teil nehmen konnten, und das Gepäck hatten die Träger, als sie sahn, daß mir die Mitfahrt streitig gemacht wurde, am Rande der Landungsbrücke niedergesetzt. Dieses sowohl als unsre Personen an Bord des Schiffes zu versetzen, würde weniger Zeit erfordert haben, als B.'s unnötige Discussion mit mir. Während der letztern gingen mehre Personen und Gepäckstücke an uns vorbei in das Schiff und aus demselben. Anstatt mich und die meinigen einfach über die Bretter gehn zu lassen, befahl Brenner, die Bretter, auf denen ich im Gespräch mit ihm so lange gestanden hatte, abzuwerfen; er mußte den Befehl zweimal wiederholen, da die Matrosen des „Grafen von Paris", welche ihn auszuführen hatten, zuerst mit einiger Verwunderung fragten, ob ich denn nicht mitführe; Brenner befahl darauf kurz und ohne Antwort nochmals, die Bretter abzuwerfen und abzufahren. Ich kann mir keinen andern Grund seines Verfahrens denken als Rechthaberei oder den Wunsch, daß ich meine Billets nicht erst an Bord lösen sollte. Ich stellte ihn nach Abfahrt des Schiffes zur Rede und er berief sich darauf, daß mein Gepäck nicht zur Stelle gewesen sei; ich bestritt dieß, worauf er sagte, daß er es nicht gesehn und daher nicht habe wissen können, ob es gleich oder in einer Viertel-Stunde kommen werde, übrigens wisse er sehr wohl, was er tun und lassen dürfe. Eine verehrliche Direction kann versichert sein, daß ich nicht noch nach 2 Monaten Zeit und Arbeit an diese Beschwerde wenden würde, wenn Brenner nicht mit einer verletzenden Willkür gegen mich verfahren wäre, der nach Kräften entgegenzutreten ich für meine Pflicht halte.

Sollte diese meine wiederholte Darstellung des Vorfalls nicht genügen, um die verehrliche Direction von der Unrichtigkeit der Wohl derselben durch Brenner gemachten Angaben zu überzeugen, so bin ich bereit, die protokollarische Vernehmung mehrer Zeugen zu veranlassen; sollte aber der von mir vorgetragne Tatbestand zu einer Rüge gegen Brenner nicht ausreichend erscheinen, so bitte ich um gefällige Mitteilung darüber, damit ich meine Beschwerde in weitern Instanzen anbringen kann.

v. Bismarck.

An General Leopold v. Gerlach.[159]

Stolpmünde, 25. August 1856

Verehrtester Freund,

es ist soeben 7 Uhr Morgens, und ich merke an der Unbeholfenheit meiner Hand, daß diese nächtliche Stunde in der Oekonomie meiner Natur eigentlich nicht zum Schreiben bestimmt ist; aber in der geschäftigen Tagesordnung eines Seebades ist es schwer, zu einer andern Tageszeit in die Nähe des Tintfasses zu kommen. Wenn ich um 9 Uhr in einem Wasser von selten über 10° Reaumur gebadet habe, so muß ich natürlich um 10 frühstücken, um 11 ausreiten, und wenn ich dann um 2 zum Essen komme, so gebe ich mich dieser Function so rückhaltlos hin, daß ich den torporem der Sättigung um 4 Uhr mit Aufwendung aller Energie meines Characters soweit überwinde, um mich in ein Segelboot zu versetzen, aus welchem ich zur regelmäßigen Strandpromenade mit Sonnenuntergang und demnächst zu einer abendlichen Vereinigung übergehe, welche von einigen Dutzend Damen, die man nach Belieben entweder Puttkamer oder Zitzewitz nennt, durch Gesang oder Tanz erheitert wird. Die Damen singen besser, als sie tanzen; merkwürdig ist, daß sie unverkennbar den Männern nach allen Seiten hin geistig überlegen sind. Vielleicht ist das aber nicht bloß in Pommern so; bei den rheinischen Bankiers und Fabrikanten machen die Frauen durchschnittlich auch den Eindruck, als ob sie einer höhern Klasse der Gesellschaft angehörten wie ihre Männer. Bei Angehörigen der frühern Generation fällt das weniger ins Auge; es muß seine Ursache in der heutigen Erziehung und materialistischen Lebensrichtung der Männer haben.

---

159   S. Bismarcks Briefe S. 299 ff.

Doch Sie haben vermutlich nicht so viel Zeit und Lust wie ich hier, müßigen Reflexionen nachzuhängen. Ich will daher zu dem Motive dieses matinösen Schreibens, zu der Frage übergehn, ob zu der durch Schlegel's Abgang vacant werdenden Flügel-Adjutantur schon Ersatz vorhanden ist, und ob dabei auf Schweinitz in Frankfurt Rücksicht genommen werden kann. Er hat sich in der Welt umgesehn, spricht mehre fremde Sprachen, ist von angenehmen und guten Manieren und befindet sich in dem angemessnen Mittelzustande eines ursprünglich lebhaften, aber durch die Premier-Lieutenants-Resignation temperirten Geistes. In seiner jetzigen Stellung muß er schließlich verkommen, weil er nichts Rechtschaffnes zu tun hat, und das wäre schade um ihn; er hat alle Anlage, ein brauchbarer Mensch zu werden.

Ich denke hier in diesem abgelegnen Küstenstädtchen mich, je nach Gestaltung des Wetters, noch 8 bis 14 Tage im Seewasser zu vergnügen, dann etwa ebensolange in Reinfeld bei meinem Schwiegervater und in Hohendorf bei Below zu bleiben und zwischen dem 15. und 20. September nach Berlin zu kommen. Findet alsdann die Badische Vermählung[160] wirklich statt, so werde ich mich bemühn, dabei zugelassen zu werden, da ich dergleichen noch niemals mit angesehn habe. Demnächst habe ich einige Tage in Schönhausen zu tun; unsre Ferien enden den 30. October, mein Urlaub Ende September. Findet mein Chef es nötig, so bleibe ich den October über offiziell in Frankfurt, und teilt er meine Ansicht, daß für mich allein dort nichts zu tun ist, so vagabondire ich noch 4 Wochen.

Ich weiß nicht, ob Sie Se. Majestät nach Preußen begleiten, geschieht es, so sehn Sie mich vielleicht irgendwo auf einer Durchfahrtstation, die ich etwa von Hohendorf erreichen kann. Ich will mir dort Pferde kaufen, auch Danzig und das, Land einmal sehn, da ich bisher die Weichsel nie passirt habe. Zeitungen lese ich hier wenig; gestern sah ich in einer veralteten Nummer der Augsburger, wie der offiziöse Wiener

---

160 Der Prinzessin Louise, Tochter des Prinzen Wilhelm von Preußen, mit dem Großherzog von Baden.

Correspondent im Sinne fortgeschrittner Humanität Oestreich damit rühmt, daß die Zahl der jüdischen Offiziere in der Kaiserlichen Armee sich fortwährend mehre. Er zählt 500 Avancirte mosaischen Glaubens auf, darunter mehre Stabsoffiziere und einige 50 Oberoffiziere. Daß man darin seinen Ruhm findet, ist das Bezeichnende. Instinctmäßig und historisch identifcirt man bei uns Oestreich mit der conservativen Sache; aber ist nicht das dermalige Regiment in Wien genau dasselbe, als ob bei uns Hansemann gleich Bach am Ruder geblieben, zu Kräften gekommen wäre und schließlich, nachdem er sich stark fühlte, die Verfassung über Bord geworfen hätte, weil es sich ohne sie bequemer regirt? Ich weiß nicht, welche Vorzüge das beschnittne oder getaufte Gesindel von Börsenwucherern und bezahlten Zeitungsschreibern, welches die östreichische Staatskuh an Horn und Euter festhält, vor seinen Sinnesverwandten in Paris hat, oder inwiefern mutatis mutandis und quoad intendem die Bestrebungen Oestreichs seit 5 Jahren in Betreff Deutschlands ehrenwerter und conservativer sind, als die Sardiniens in Italien. Arcades ambo.[161] In Sardinien ist mehr Lärm, in Oestreich mehr Hinterlist, aber nicht weniger böse Absicht.

Werden wir denn die Riff-Piraten (à propos von Piraten) ausräuchern? Ich kann in die vielseitige humane Verurteilung des Prinz-Admirals nicht einstimmen.[162] Einige Tropfen Königliches Blut befruchten die Ehre der Armee, und es ist besser, daß unsre jungfräuliche Flagge mit Anstand, wenn auch mit Unglück, Pulver gerochen hat. Unsre Marine muß von sich hören lassen, damit man ihr den kleinen und langsamen Anfang verzeiht. Die Gelegenheit scheint sehr günstig, einen eclatanten kleinen coup zu machen; die Menschen, die er kostet, sterben doch, ehe 40 Jahr vergehn, und die Taler wird Bodelschwingh auch schwerlich

---

161 Virgil, Eclog. 7, 4: Beides sind Arkader, d. h. einander wert.
162 Bei einer Übungsfahrt im J. 1856 auf der Dampfercorvette Danzig im Mittelmeer besuchte Prinz Adalbert die Küste des Rîf, wo 1852 ein preußisches Handelsschiff beraubt worden war, wurde aber am Cap Tres Forcas von den Piraten beschossen. Er landete mit 65 Mann, mußte sich aber nach Erstürmung einer Anhöhe, selbst schwer verwundet, zurückziehen.

besser als in der Ehre der Flagge anlegen können. Noch heut spricht jeder Preuße mit Stolz davon, daß unsre Flagge unter dem Großen Kurfürsten in Guinea von sich reden machte, und es sind bald 200 Jahr; dergleichen Erinnerungen sind wertvoller für die nationale Kraft als so manche Staatseisenbahn und andre civilisirte Geldfresser.

Meinen Respect an Ihre Damen. In treuer Verehrung und Ergebenheit

der Ihrige v. B.

An Herrn v. Below-Hohendorf.

Reinfeld, 11. Sept. 1856

... Im Nov. denke ich, wird der Bund, mit mehr Wohlwollen als Erfolg, seine Sitzungen den Holsteinern widmen. In dieser Sache werden äußerlich alle Regirungen einig sein. Oestreich aber wird heimlich ein Freund der Dänen bleiben und in seiner Presse den Mund voll deutscher Phrasen haben und Preußen die Schuld aufbürden, daß nichts geschieht. Der Schwerpunkt der Sache liegt factisch nicht in Frankfurt, sondern in der Frage, ob die Dänen eines Rückhaltes an einer oder mehren der außerdeutschen Großmächte sicher sind. Sind sie das, so werden sie in jedem Bundesbeschluß ein Competenzloch finden. . . .

An Herrn v. Manteuffel.[163]

Reinfeld bei Zuckers, 11. Oct. 1856

Von Ew. Excellenz Ermächtigung, meinen Aufenthalt auf dem Lande zu verlängern, habe ich vielleicht schon einen ausgedehnteren Gebrauch gemacht, als in Ew. Excellenz Absicht lag. Ich würde meine Rückreise auch bereits angetreten haben, wenn nicht meine Kinder von einer hoffentlich nicht gefährlichen, aber doch immerhin bedenklichen Krankheit befallen wären. Wenn es aus irgend einem Grunde nach Ew. Excellenz

163   v. Poschinger, Preußen im Bundestag III 31.

Ermessen wünschenswert ist, daß ich ohne Verzug nach Frankfurt oder Berlin zurückkehre, so liegt in dieser häuslichen Sorge allerdings nichts, was mich davon abhalten könnte, denn meine Anwesenheit hier kann den armen kleinen Patienten keine Erleichterung ihrer Leiden gewähren. Wenn indessen, was ich nach meinen Frankfurter Nachrichten annehmen darf, dort nichts für mich zu tun ist, so möchte ich gerne noch etwa 8 Tage bei den Meinigen bleiben, um hoffentlich beruhigter abreisen zu können und ungefähr den 20. in Berlin einzutreffen. Befehlen Ew. Excellenz aber, daß früher dort bin, so würde ich einer Benachrichtigung darüber entgegensehn. Bis Cöslin ist Telegraphen-, von dort nach Stolp täglich dreimal Postverbindung, von Stolp aber nur durch Expressen eine prompte Beförderung zu erreichen, denn die Post geht nur einmal in 24 Stunden von Stolp hierher, und sonderbarer Weise grade eine halbe Stunde vor dem Eintreffen der Berliner Schnellpost in Stolp, so daß die Briefe für hiesige Gegend zwar von Berlin in 24 Stunden nach Stolp gelangen, dort aber 23 1/2 Stunde ausruhn, falls sie mit der Schnellpost gekommen sind. ...

    v. Bismarck.

Reinfeld, 15. October 1856

Geliebte Malle,

    Es ist, als sollte ich gar nicht bis Kröchlendorf gelangen. Harry[164] wird Dir wohl erzählt haben, in welcher Weise ich es beabsichtigte. Ich wäre schon bei Dir, aber in voriger Woche wurde meine arme kleine Marie von einer ziemlich bösen Art Pocken befallen, und da konnte ich Johanna nicht gut verlassen, ehe man sah, wie es sich gestaltete. Sie ist noch bunt wie eine Forelle, aber decidirt in der Besserung. Nun wollte ich heut direct nach Passow stiegen, erhielt aber gestern ein Schreiben von Graf Bülow, wodurch (er) mir ... den Wunsch ausdrücken läßt, mich

---

164   v. Arnim.

am 18. in Ornshagen bei Höchst mit seinem Minister[165] zu treffen. Als Diplomat kann ich es nicht ablehnen, unserm treuesten Bundesgenossen und einem der olympischen Götter des Frankfurter Heidentums meine Aufwartung zu machen. Bekomme ich nun inzwischen kein Mahnschreiben von Fra Diavolo, so hoffe ich doch noch am 19. in Deinen schwesterlichen Armen zu ruhn. Komme ich den 18. abends schon von Ornshagen fort, so fahre ich mit dem Frühzug aus Stettin, kann ich nicht den 19. früh aufbrechen, so hoffe ich doch zum 12 Uhr Zug Stettin zu erreichen, wenn die Postillons irgend in Trab zu setzen sind.

Warte aber mit keiner Mahlzeit auf mich. Johanna grüßt herzlich.

Dein treuer Bruder
v. Bismarck.

Frankfurt, 26. Nov. 56

Meine geliebte Malle,

Bernhard wird Dir erzählt haben, durch welche unerwartete Verkettung von Kinderkrankheit und königlichen Befehlen ich in meinen Zeitberechnungen derangirt wurde, und wie Bülow, der für mich ein Gegenstand dienstlicher Rücksichten ist, noch meine freie Zeit verkürzt, wie es also kam, daß ich wenige Stunden vor unsrer gemeinschaftlich beabsichtigten Fahrt nach Kröchlendorf dem männlichen wie dem weiblichen Bernhard erklären mußte, daß ich sie nur bis Passow geleiten könne. An besagtem uckermärkischen Grenzorte traf ich mit Raumer-Greifswald zusammen, und in Angermünde stieß der Herr der Grafschaft Boytzenburg zu uns, so daß ich nach meiner ländlichen Harmlosigkeit von 3 Monaten in geeigneter Weise durch ministeriale Gespräche und dreistündige Cigarrenlosigkeit auf die Berliner Zwangsjacke vorbereitet wurde. Es war, als sollte ich nicht nach Kröchlendorf; ich hatte vollständig Zeit und die Absicht dazu, nach Beendigung der Berliner

---

165   v. Oertzen.

Vermählungsfeste, und nur nach Besprechung mit Harry entschied ich mich, erst nach Reinfeld und auf dem Rückweg zu Dir zu kommen, um etwa acht Tage mit ihm dazubleiben, weil er erst im October auf Urlaub konnte, und unsre Abrede war, daß ich etwa am 15. kommen und circa den 22. mit ihm nach Berlin zurückkehren würde. Nun wurde den 11. meine Kleine krank, und anfangs ängstlich, dann fiel mir der Obotrit in die Parade, dann die ungeduldige Citation Sr. Majestät nach Berlin, wo ich am 25. Oct. immer noch früh genug gewesen wäre. Und nun bin ich hier, habe seit vier Wochen zweimal die Sonne gesehn und sage mir alle Tage, daß im November ohne Frau und Kinder garnicht zu leben ist. Aus langer Weile gebe ich Diners, deren Reste mich jedesmal in Verlegenheit setzen. Vertilge ich sie allein, so verderbe ich mir den Magen, lade ich mir junge oder alte Gourmands dazu ein, so berausche ich mich mit ihnen. Des Abends drängt ein rout den andern, und nächstens werde ich anfangen zu spielen...., wenn Johanna nicht bald in die leeren Räume einrückt. Sie wollte am Sonnabend den 22. von Reinfeld abreisen, schrieb mir aber am 20. einen etwas kleinlauten Brief über Kälte und Schnee, den ich am 23. erhielt. Seitdem habe ich keine Ahnung, ob sie sich jenseits des Gollenberges oder diesseits der Randow befindet. Ich hatte ihr empfohlen, Dich im allgemeinen um eine vorbereitende Erwägung in Betreff ihres Unterkommens in Berlin zu bitten und Dir demnächst von Cöslin aus mit dem Telegraphen zu melden, wann sie bestimmt in Berlin eintreffen würde. Mit Hôtel de Princes habe ich mich erzürnt, die Leute werden zu vornehm und dickfellig, und ich wußte nicht recht, welchen andern Gasthof ich ihr empfehlen sollte. Ich habe das letzte Mal in Hôtel Royal gewohnt, ganz leidlich, es sah mir aber aus, als ob dieses jugendliche Unternehmen noch nicht oder schon „fertig" wäre. Sollte Johanna zufällig in Berlin sein, so grüße sie von mir. Ich komme vielleicht selbst am Sonnabend dort an. Ich habe eine Aufforderung, im Herrnhause zu erscheinen, bekommen, nach deren Inhalt ich zweifelhaft bin, ob Se. Majestät in der Tat, wie es darin geschrieben steht, mich in Person oder nur seine untertänigen Herrn und Diener en bloc dort zu sehn wünschen. Im letztern Falle würde ich mich nicht für berufen erachten, meine wichtigen Geschäfte und den Kamin im roten Kabinet verwaisen zu lassen, um bei Halle im Schnee sitzen zu bleiben und demnächst unter der Rubrik von „Volk, Edelleute, Häscher und Priester" den Effect des großen Ensemble im weißen Saal mit einer Costümnüance zu beleben. Ich erwarte noch eine Antwort von Fra Diavolo darüber, ob ich als Decoration oder als Mitspieler verlangt werde, im letztern Falle würde ich Sonnabend früh in Berlin eintreffen. Ich würde mich sehr freuen, Dich bei der Gelegenheit in Entschädigung für Kröchlendorf zu sehn, im Uebrigen aber bin ich froh, wenn ich außerhalb Berlin bleiben und die Meinigen baldigst hier empfangen kann.

Viele Grüße an Oscar.

Dein treuer Bruder

v. B.

(Nachschrift): Lady Malet, die hiesige Bloomfield, plagt mich stets mit Fragen, bei wem in Berlin des joupes en baleine, zu deutsch Fischbeinunterröcke von sehr leichter Arbeit zu haben wären; sie soll dergl. für Landsmänninnen aus Berlin besorgen; weißt Du's? Ich weiß Deine jetzige Adresse nicht und schicke deshalb über Harry.

An Graf M. v. Hatzfeldt.[166]

[Frankfurt, 30. März 1857]

Verehrter Freund und College,

bei Gelegenheit des Osterfestes fällt uns eine Sitzung aus, und ich möchte einen Teil der dadurch frei werdenden 14 Tage zu einer Excursion nach Paris benutzen. Nicht nur wegen Ihrer persönlichen Liebenswürdigkeit, sondern auch, weil ich manches gern mit Ihnen bespräche, liegt mir daran, nicht etwa Tage zu wählen, an denen Sie auf dem Lande

---

166 Übernommen aus Bismarck-Jahrbuch III 93. – Die Datirung ist aus dem Präsentationsvermerk Praes. Paris 31. 3. 57 zu erschließen.

oder sonst abwesend sind, und erlaube ich mir deshalb anzufragen, ob Sie in der ganzen Zeit von etwa dem 4. bis 20. April in Paris bleiben oder vielleicht das Fest über fortgehn? Von unserm gemeinschaftlichen Chef habe ich noch keinen Urlaub; sollte er wider Erwarten meinen Plan durchkreuzen, so schreibe ich Ihnen und sehe einstweilen einer baldigen freundlichen Antwort von Ihnen entgegen.

Mit der Bitte, der Frau Gräfin den Ausdruck meiner Verehrung zu Füßen zu legen, der Ihrige

v. Bismarck.

Paris (Hotel de Douvres), 16. April 57

Meine geliebte Malle,

Ich fange an Heimweh zu haben, obschon man sehr liebenswürdig für mich ist; aber das Wetter ist kalt, ich sitze mit den Füßen fast im Kamin, während ich schreibe. Eben scheint aber die Sonne, und ich schiele ab und zu vom Papier in das Treiben auf dem Boulevard, dem die Fenster meines beinah parterre liegende entresol's zugewendet sind. Ich habe ein sehr stattliches Quartier, salon, salle à manger und 3 Schlafzimmer, deren eines ich, das andre Engel bewohnt. . . Aber das Quartier ist nicht zu teilen und kein andres unter 4 Treppen zu finden. Ich habe 5 Kamine und friere doch, 5 gehende Stutzuhren und weiß nie, wie spät es ist, 11 große Spiegel, und die Halsbinde fitzt mir doch immer schlecht. Von Personen und Zuständen bin ich hier sehr erbaut, bes. vom Kaiser; die Kaiserin habe ich erst einmal gesehn; heut werde ich bei dieser, wie Du weißt, von mir lebhaft bewunderten Frau diniren, in kurzen Hosen, Schuh und Strümpfen, eine Tracht, in der ich meine eigne Heiterkeit errege. An ältern Bekannten sind wenig Leute hier, die Kalergis, Seebachs, Rud. Croy u. Frau. . . Ich werde wahrscheinlich bis Dienstag Abend noch hier bleiben müssen, obschon es mich sehr nach Hause zieht; ich bin seit November aus dem Vagabundenleben nicht herausgekommen, und das Gefühl regelmäßiger und dauernder Häuslich-

189

keit habe ich nicht gehabt, seit Du im vorigen Sommer mit Johanna nach Schwalbach gingst. Nun wollten sie mich gar zur Salzsteuer nach Berlin citiren; wenn ich auch Zeit hätte, so kann ich mich an dieser Debatte doch nicht beteiligen; für die Regirung kann ich, meiner Ueberzeugung nach, nicht stimmen; es muß ein Riegel vorgeschoben werden, um zu Reformen zu nötigen, sonst bleibt der überladne Actenwagen schließlich stecken, an dem nach allen Seiten hin mit großer Anstrengung gezogen wird, mache ich aber Opposition, so ist es kaum anständig, dazu Urlaub zu verlangen und meinen Posten zu verlassen, und bei den Gerüchten über meinen eventuellen Eintritt ins Ministerium, von denen Johanna, auf Grund Deiner Nachrichten, verzweiflungsvoll schreibt, könnte man gar glauben, ich hätte Absichten auf den Schwindel. Herzliche Grüße an Oscar. Leb wohl, mein liebes Herz.

Dein treuer Bruder

v. B.

An Frau v. Bismarck.

Kopenhagen, 6. Aug. 57

. . . Heut früh 7 Uhr bin ich glücklich hier angelangt, nach einer sehr angenehmen Fahrt; weiche Luft, roter Mond, Kreidefelsen mit Teertonnen beleuchtet, zwei Gewitter in See und etwas Wind; was braucht man weiter? Nur hielt mich die schöne Nacht ab, schlafen zu gehn, und als mich um 2 Uhr der Regen vom Verdeck trieb, war es unten so heiß und menschendunstig, daß ich schon um 3 wieder nach oben ging mit Mantel und Cigarre. Jetzt habe ich ein Seebad genommen, Hummer gefrühstückt, um halb 2 soll ich zu Hof, und nun will ich noch 2 Stunden schlafen. . . .

An Frau von Bismarck.

Näsbyholm, 9. Aug. 57
Du wirst meine gleich nach Ankunft in Kopenhagen geschriebnen
Zeilen erhalten haben. Seitdem bin ich dort zwei Tage mit Museen und
Politik beschäftigt gewesen, gestern nach Malmö übergesetzt, und etwa
8 Meilen nordostwärts gefahren, wo ich mich nun an oben genanntem
Ort befinde, in einem weißen hochgelegnen Schloß auf einer Halbinsel
von einem großen See umgeben. Durch das Fenster sehe ich in dichtes
Epheulaub, welches einige Durchsichten auf das Wasser und die Hügel jenseits läßt, die Sonne scheint, Fliegen summen, hinter mir sitzt
der ** und liest schlafend, unter dem Fenster wird breites Schwedisch
geredet, und aus der Küche tönt ein Reibeisen wie eine Säge herauf.
Das ist alles, was ich Dir über die Gegenwart schreiben kann. Gestern
haben wir nach Rehböcken gepirscht, einen erlegt, ich nicht geschossen, gründlich naß geworden, dann Glühwein und 9 Stunden fest geschlafen. Die Rehböcke sind stärker hier, als ich je gesehn habe, und die
Gegend schöner als ich dachte. Prächtige Buchenwälder und im Garten
mannsdicke Wallnußbäume. Eben haben wir die Fasanerie besehn, nach
dem Essen fahren wir auf dem See, schießen vielleicht eine Ente, wenn
wir nicht fürchten, die Sonntagsstille dieser schönen Einsamkeit durch
einen Knall zu stören; morgen wird gründlich gejagt, übermorgen Rückfahrt nach Kopenhagen und von da zu N. N., dort Hirschjagd am Mittwoch. Donnerstag über Kopenhagen nach Helsingborg, etwa 20 Meilen
nach Schweden hinein, Birk- und Auerhühner in öder Wüste, Quartier in
Bauerhäusern, Küche und Lebensmittel bringen wir mit. Das wird etwa
acht Tage dauern, und was ich dann tue, weiß ich noch nicht; entweder
über Jönköping, am Südende des Wettersee, und über letztern, oder über
Gothenburg und Wennersee nach Stockholm, oder nach Christiania, mit
Aufgabe von Stockholm, oder über Memel nach Curland. Das hängt von
einem Brief ab, den ich noch von Keyserlingk in Kopenhagen erwarte.
. . .

An Frau v. Bismarck.

Tomsjonäs, 16. Aug. 57

Wiederum benutze ich die Sonntagsruhe, um Dir ein Lebenszeichen zu geben, von dem ich noch nicht weiß, an welchem Tage es Gelegenheit finden wird, aus dieser Wildniß auf die Post zu gelangen. Etwa 15 Meilen bin ich ununterbrochen im wüstesten Walde gefahren, um hierher zu gelangen, und vor mir liegen noch 25 Meilen, ehe man wieder in ackerbauende Provinzen gelangt. Keine Stadt, kein Dorf weit und breit, nur einzelne Ansiedler und bretterne Hütten mit wenig Gerste und Kartoffeln, die unregelmäßig zwischen abgestorbenen Bäumen, Felsstücken und Buschwerk einige Ruthen angebautes Land finden. Denke Dir von der wüstesten Gegend bei Viartlum[167] etwa 100 Quadratmeilen aneinander, hohes Haidekraut mit kurzem Gras und Moor wechselnd, und mit Birken, Wachholder, Tannen, Buchen, Eichen, Ellern, bald undurchdringlich dick, bald öde und dünn besetzt, das ganze mit zahllosen Steinen, bis zur Größe von hausdicken Felsblöcken, besäet, nach wildem Rosmarin und Harz riechend; dazwischen wunderlich gestaltete Seen, von Haidehügeln und Wald umgeben, so hast Du Småland, wo ich mich dermalen befinde. Eigentlich das Land meiner Träume, unerreichbar für Depeschen, Collegen und Manteuffel, leider aber auch für Dich. Ich möchte wohl an einem dieser stillen Seen ein Jagdschlößchen haben und es mit allen Lieben, die ich mir jetzt in Reinfeld versammelt denke, auf einige Monate bevölkern. Der Winter wäre allerdings hier nicht auszudauern, besonders im Regenschmutz. Gestern rückten wir um 5 aus, suchten in brennender Hitze, bergauf, bergab, durch Sumpf und Busch bis 11 und fanden garnichts; das Gehn in Mooren und undurchdringlichen Wachholderdickungen, auf großen Steinen und Lagerholz ist sehr ermüdend. Dann schliefen wir in einem Heuschuppen bis 2 Uhr, tranken viel Milch und jagten bis Sonnenuntergang, wobei wir 25 Birkhühner und 2 Auer erlegten.

---

167 Puttkamersches Gut in Pommern.

Dann dinirten wir auf dem Jagdhaus, einem wunderlichen Gebäude von Holz, auf einer Halbinsel im See. Meine Kammer und deren drei Stühle, zwei Tische und Bettstelle bieten keine andre Farbe, als die roher Fichtenbretter, wie das ganze Haus, dessen Wände daraus bestehn. Bett sehr hart, aber nach diesen Strapazen schläft man ungewiegt. Aus meinem Fenster sehe ich einen blühenden Haidehügel, darauf Birken, die sich im Winde schaukeln, zwischen ihnen durch den Seespiegel, jenseits Tannenwald. Neben dem Hause ist ein Zeltlager für Jäger, Kutscher, Diener und Bauern aufgeschlagen, dann die Wagenburg und eine kleine Hundestadt, 18 oder 20 Hütten zu beiden Seiten einer Gasse, die sie bilden, aus jeder schaut ein Gischperl müde von der gestrigen Jagd. In dieser Wüstenei denke ich bis Mittwoch oder Donnerstag zu weilen, dann zu einer andern Jagd nach dem Strande zu gehn, heut über acht Tage wieder in Kopenhagen zu sein, um der leidigen Politik willen. Was dann wird, weiß ich noch nicht.

Den 17.

Heut früh sind sechs Wölfe hier gewesen und haben einen armen Ochsen zerrissen, wir fanden ihre frische Fährte, aber persönlich wurden wir ihrer nicht ansichtig. Wir sind von früh 4 bis abends 8 in Bewegung gewesen, (haben) 4 Birkhühner geschossen, zwei Stunden auf gemähtem Haidekraut geschlafen, jetzt todtmüde und zu Bett.

Den 19.

Es ist gar keine Möglichkeit, einen Brief von hier zu expediren, ohne einen Boten 12 Meilen weit zur Post gehn zu lassen. Ich werde diesen daher morgen selbst mit an die Küste nehmen. Ich war vorgestern, als eben der Hund stand und ich mehr auf ihn, als auf den Boden sah, über den ich ging, gefallen und hatte mich am linken Schienbein verletzt. Gestern hatten wir ungewöhnlich anstrengende Jagd, weit fort und felsig, die mir einen jungen Auerhahn einbrachte, aber mich auch so zahm gemacht hat, daß ich heut zu Hause sitze und Umschläge mache, damit ich morgen reise- und übermorgen jagdfähig bin. Ich bewundre mich selbst, daß ich bei dem reizenden Wetter zu Hause geblieben bin und kann mich des schändlichen Neides kaum erwehren, daß die andern auch nichts schießen werden. Es ist etwas zu spät im Jahre, die Hühner halten nicht mehr, sonst wäre die Jagd viel reichlicher. Reizende Gegenden hatten wir gestern, große Seen mit Inseln und Ufern, Bergströme über Felsblöcke, Granitufer mit Tannen und grauen Felsmassen, meilenweite Flächen ohne Häuser und ohne Acker, alles, wie es Gott geschaffen hat, Wald, Feld, Haide, Sumpf, See. Ich werde doch wohl nach hierher auswandern.

Zwei dänische Kammerherrn sind schon zurück, es ist ihnen zu heiß geworden, sie haben nichts geschossen und liegen jetzt, um zu schlafen. Es ist bald 6 abends, die andern kommen erst um 8. Ich habe mich den ganzen Tag damit unterhalten, dänisch zu lernen und zwar von dem Doctor, der mir Umschläge macht. Wir haben ihn von Kopenhagen mitgebracht. Hier gibt es keinen. Seit sich das Gerücht von der Anwesenheit eines Arztes hier im Walde verbreitet hat, strömen täglich 20 bis 30 Hüttenbewohner hierher, um seinen Rat zu holen. Am Sonntag Abend haben wir den auf den 5 Quadratmeilen des Jagdgebietes wohnenden Waldbauern ein sehr spaßhaftes Tanzfest gegeben, bei dem die Musik abwechselnd gesungen und gespielt wurde. Da haben sie von dem gelehrten Manne gehört, und nun kommen die Krüppel, die seit 20 Jahren unheilbar sind, und hoffen Hülfe von ihm.

An Frau v. Bismarck.

Königsberg, 12. Sept. 57

Mit großer Freude habe ich Deine vier Briefe in Polangen (welches übrigens nicht in Preußen, sondern in Rußland liegt) vorgefunden und ersehe daraus, daß es Dir und den Kindern wohl ergangen ist. Mir ist es sehr wohl ergangen, die Feuerländer[168] waren alle von einer rührenden Liebenswürdigkeit für mich, wie man es schwerlich in einem andern Lande als Fremder wiederfinden wird. Ich habe außer diversen Rehböcken und Damhirschen 5 Elenn erlegt, darunter einen sehr starken Hirsch, der nach gradem (nicht Band-) Maß bis zum Widerrist 6 Fuß 8 Zoll hoch war, und dann noch den kolossalen Kopf darüber trug. Er stürzte wie ein Hase, da er aber noch lebte, schoß ich mitleidig meinen andern Schuß auf ihn, und kaum war das geschehn, so kam ein andrer, wohl noch größrer, mir so nahe vorbeigetrabt, daß Engel, der lud, hinter einen Baum sprang, um nicht übergelaufen zu werden, und ich mußte mich begnügen, ihn freundlich anzusehn, da ich keinen Schuß mehr hatte. Diesen Kummer kann ich noch garnicht los werden und muß ihn Dir klagen. Eins schoß ich außerdem an, das werden sie wohl noch finden, und eins gründlich vorbei. Drei Stück hätte ich also noch schießen können. Vorgestern Abend fuhren wir aus Dondangen und legten 40 Meilen ohne Chaussee, durch Wald und Wüste bis Memel in 29 Stunden zurück, im offnen Wagen über Stock und Block, daß man sich halten mußte, um nicht herauszufallen. Nach drei Stunden Schlaf in Memel ging's heut früh mit dem Dampfschiff hierher, von wo wir heut Abend nach Berlin abfahren und morgen Abend dort ankommen. „Wir" sind nämlich Behr und ich. In Hohendorf kann ich nicht anhalten, ich hätte heut schon in Berlin sein müssen, meinem Urlaub nach; dann hätte ich aber die beste Jagd, die in Dondangen, mit den großen Hirschen, oder Bollen, wie sie dort sagen, aufgeben müssen, und hätte nicht gesehn, wie die Achse eines Bauerwagens unter der Last des großen Tieres brach. Am Montag kommt der Kaiser nach Berlin, dazu sollte ich vorher dort sein, und sollte „einige Tage" vorher kommen. Hoffentlich komme ich von Berlin zurück, nach Hohendorf und Reinfeld. Wenn aber der König nach Frankfurt geht, so wird es unwahrscheinlich . . .

---

168   So nennt Bismarck die Curländer.

Meine geliebte Malle,

Dein treues Schwesterherz hat sich zu Weihnachtsbesorgungen so freundlich angeboten, daß ich mich nicht weiter entschuldige, wenn ich Dir nun Anlaß gebe, Dich Gersons und andrer Bösewichter Verführungen wiederholt auszusetzen, und Dich sans phrase um folgende Weihnachtseinkäufe für Johanna bitte: Eine Bijouterie; sie wünscht sich ein Opalherz, wie Du es hast, und des Menschen Wille ist sein Himmelreich; ich will etwa 200 Tlr. dafür ausgeben. Kann man für den Preis zwei Ohrringe, jeder aus Einem möglichst klar gefaßten Brillanten haben, so fände ich das geschmackvoller; Du hast ähnliche, aber sie werden sehr viel teurer sein, und wenn Du das Opalherz als Halsschmuck vorziehst, so werde ich später suchen ein paar passende Ohrringe auf Grundlage der Perle dazu zu finden.

Ein Kleid, zu etwa 100 Tlr., nicht mehr; sie wünscht sich „sehr licht weiß", à deux jupes, moiré antique, oder so etwas; 10 Stab gebraucht sie (gegen 20 Ellen).

Findest Du sehr preiswürdig und hübsch einen vergoldeten Fächer, der sehr rasselt, so kaufe ihn auch: höchstens 10 Tlr., ich kann die Dinger nicht leiden.

Eine warme große Decke, im Wagen über die Kniee zu legen, mit Dessin von Tiger, Köpfe mit Glasaugen darauf, kann auch Fuchs oder Nilpferd imitiren, irgend ein reißendes Tier. Ich habe bei Below so eine gesehn, von sehr weicher Wolle, wird kaum 10 Taler kosten.

Wenn Du eine reizende Schwester bleiben willst, so kaufe mir das alles und schicke mir das gleich mit Eilfracht her, unter Adresse von: Hofrat Kelchner, Preußische Gesandschaft.

Ich habe so viel zu schreiben, wegen Holstein, Mainz, Kehler Brücke und allerhand Teufelein in Berlin, daß ich heut und morgen zwei sehr gute Jagdeinladungen, Rotwild, habe ablehnen müssen.

Johanna und Kinder sind wohl, erstre würde grüßen, wenn sie wüßte, daß ich Dir schreibe, laß sie nichts davon merken, mein Herz, und lebe wohl. Grüße Oscar.

Dein treuer Bruder v. B.

(Nachschr.) Die Gelder werde ich Dir durch Fritz, den Gehalterheber, zu Neujahr erstatten.

An General Leopold v. Gerlach[169].

Frankfurt, 19. Dez. 1857

Verehrtester Freund,

ich würde Ihnen schon früher geschrieben haben, wenn es eine Vorrichtung gäbe, die Gedanken zu Photographiren und die meinigen zu Ihrer Anschauung zu bringen, ohne die Arbeit, mit der man einen meilenlangen Tintenfaden in Gestalt dieser Schnörkel über Papier zieht. In den ersten 3 Wochen meines Hierseins litt ich an der Grippe, mit einigen Rückfällen durch zu frühes gesund sein wollen, und dann fand meine Tintenscheu und Jagdlust einen Vorwand in der Mitteilung von sichrer Hand, daß die postalische Ueberwachung des Inhaltes von Briefen an markante Personen in Berlin mit mehr Eifer als je geübt werde. Dieser Deckmantel meiner Faulheit wird mir dadurch genommen, daß Prillwitz heut oder morgen über Berlin zu seinen Schwiegereltern reist, und ich will die Lücke in unsrer Correspondenz nicht größer werden lassen.

Ich nehme den Faden unsrer Beziehungen von dem Momente her auf, wo wir uns zuletzt in Sans-Souci sahen[170] und erlaube mir, Ihnen meine Gedanken mit der Offenheit auszusprechen, welche mir im Verkehr mit Ihnen Bedürfniß ist. Ich geriet damals unerwartet in eine Conferenz hinein, welche Sie mit Dohna, Massow und Edwin [Manteuffel] hatten; ich kam, um Ihnen zu erzählen, wie ich die Stimmung

169 Bismarcks Briefe S. 337 ff.
170 Am 19. October 1857, vgl. Gerlachs Denkwürdigkeiten II 542 f.

des Prinzen befriedigend und klar über sich und die Lage der Dinge gefunden hatte. Nach dem Eindruck, den mein Erscheinen machte, mußte ich vermuten, daß Ihre Freunde grade von mir gesprochen hatten, und die Art, wie Edwin Manteuffel sich nachher zu mir ausließ, mußte mich glauben machen, daß es in keiner wohlwollenden Weise und mit Bezug auf die Tatsache meiner Unterredung mit dem Prinzen geschehn sei. Ich erhebe natürlich nicht den Anspruch, und wenn ich die Ehre hätte, Ihr Bruder zu sein, so würde ich es nicht tun, Mitwisser aller politischen Besprechungen zu sein, welche zwischen Ihnen und andern Gleichgesinnten stattfinden, sondern respectire gern die Gränze, welche ein amtliches Gebiet von dem einem Freunde zugänglichen scheidet, und nicht Ihr, sondern das Verhalten von E. Manteuffel bei dieser Gelegenheit hat mich verletzt. Er begegnete mir nachher an der Wache, und in einer Form, wie selbst beim Militär ein irgend höflich erzogner Vorgesetzter sie nicht anzuwenden pflegt, schärfte er mir ein, daß alle Gesandten sich ohne Zögern auf ihre Posten zu begeben hätten, und unterstützte diese Weisung mit Gründen, wie sie allenfalls ein Lehrer einem Kinde giebt, wenn er ihm die Wahrheit nicht sagen will. Sie können leicht denken, welche Rückschlüsse ich aus seinen Reden auf den Inhalt der Gespräche machen mußte, welche ich in Ihrem Zimmer durch mein Erscheinen unterbrochen hatte. Ich hätte Edwin antworten können, daß ich und jeder andre Gesandte grade soviel in Berlin zu tun hätte, wie der Chef des Militär-Cabinettes mit Politik überhaupt, und insbesondre mit dem Verhalten der Gesandten: aber der Gedanke, daß diejenigen, welche ich bisher als nahe politische und persönliche Freunde betrachtet (hatte), und von denen ich gewohnt war, daß sie mich jederzeit gern in Berlin wußten, das Bedürfniß fühlten, mich zu entfernen, frappirte mich so, daß ich seinen zornigen Worten und Blicken nur mit der bescheidnen Hinweisung auf die Bundesferien, auf das ausdrückliche Verlangen des Minister-Präsidenten nach meiner Anwesenheit und dergl. erwiderte. Nun ist Edwins Verhalten zu mir allerdings niemals das eines persönlichen Freundes gewesen, sondern stets ablehnend und mißtrauisch, und bei Meinungsverschiedenheiten absprechend wie ein Obertribunal, ohne Würdigung der Gegengründe, ohne Offenheit über die eignen, wie man es, im Bewußtsein einer auf große geistige Ueberlegenheit gestützten Autorität, vergleichweise Unmündigen gegenüber halten mag. Ich kann mir denken, daß in neuerer Zeit die Servilität, deren Gegenstand Manteuffel wegen seiner dienstlichen Stellung in militärischen Kreisen nicht selten ist, sein Selbstgefühl gegen alles, was nicht Vorgesetzter ist, erhöht haben mag. Sein Benehmen brauchte mich bei dieser Gelegenheit ebenso wenig zu befremden, wie bei frühern, wenn ich es nicht für einen Ausdruck der Gefühle hätte halten müssen, welche die kurz vorher mit Ihnen, Dohna und Massow gehabte Unterredung bei ihm hinterlassen.

Warum schreibe ich Ihnen dieß Alles? Weil ich meine Verstimmung los werden und von Ihnen eine Versicherung haben möchte, daß zwischen uns alles ist, wie früher, oder, wenn nicht, die Gründe davon, damit ich sie widerlege, wenn ich kann. Ein Hof bleibt immer ein Hof. In den ersten Jahren meiner hiesigen Stellung war ich eine Art von Günstling, und der Sonnenschein des Königlichen Wohlwollens strahlte mir von den Gesichtern der Hofleute zurück. Das ist anders geworden; entweder hat der König gefunden, daß ich ein ebenso alltäglicher Mensch bin, wie alle übrigen, oder er hat Schlechtes von mir gehört, vielleicht Wahres, denn jeder hat seine faulen Stellen unter der Haut; kurz, Se. Majestät hat weniger als früher das Bedürfniß, mich zu sehn, die Hofdamen Ihrer Majestät lächeln mir kühler zu als sonst, die Herrn drücken mir matter die Hand, die gute Meinung von meiner Brauhbarkeit ist gesunken, nur der Minister Manteuffel ist freundlicher gegen mich. Das Gefühl davon habe ich seit 2 bis 3 Jahren crescendo, ohne mich zu wundern; dergleichen passirt jedem, ändert sich auch wieder, und nur einmal bin ich empfindlich darüber gewesen, vor zwei Jahren in Coblenz, wo meine Frau schlecht behandelt wurde. Sie aber, Verehrtester Freund, halte ich von jenen kleinen Menschlichkeiten der Hofleute freier, und wenn Ihr Vertrauen zu mir gemindert sein sollte, so bitte ich Sie, mir noch andre Gründe als den Wandel der Hofgunst dafür anzugeben. Es ist mir kein

Bedürfniß, von vielen Leuten geliebt zu werden, ich leide nicht an der Zeitkrankheit der love of approbation, und die Gunst des Hofes wie der Menschen, mit denen ich in Berührung komme, fasse ich mehr vom Standpunkte anthropologischer Naturkunde, als von dem des Gefühls auf. Bei dieser Kaltherzigkeit habe ich natürlich wenig Freunde, und das Leben im Auslande entfremdet mich noch so manchen Beziehungen zu Alters- und Standesgenossen, mit denen ich in zufriednen Lebensverhältnissen verkehrte, bevor ich der Politik verfiel. Um so mehr habe ich das Bedürfniß, vergewissert zu sein, daß dieser fanatische Corporal, der Edwin, nicht in Ihrem Sinne verfuhr, wenn er mich, gleich einem bedenklichen politischen Intriganten, aus Berlin los zu sein wünschte.

Diese Herzensergießung ist natürlich nur für Sie berechnet, und ich wäre nicht so weitschweifig dabei, wenn ich nicht voraussetzte, daß die dermalige geschäftliche Stagnation Ihnen Muße zum Lesen und zur Teilnahme an „Privatgefühlen" gestattet. Namentlich möchte ich keine Erörterung mit E. Manteuffel; wir können beide leben, ohne uns zu lieben, er in seiner Mördergrube hinter dem Marstall, und ich an dem Wasserfaß der Danaiden in der Eschenheimer Gasse. Doch genug davon. Das dominirende Thema der Politik war damals die Frage, ob Regentschaft oder wie sonst die Maschine in Gang zu halten sei. Man wußte noch nicht, ob der König eine Erklärung über die Art seiner Vertretung werde geben können oder wollen, und die Velleitäten, unter etwa günstigen Umständen einen Staatsstreich im liberalen Sinne vorzubereiten, machten sich in einigen Kreisen ebenso erkennbar, wie die ähnlichen Tendenzen bürokratischer Fanatiker für Absolutismus in ihrem Sinne. Glücklicher Weise gestaltete sich Sr. Majestät Befinden so, daß eine provisorische Lösung möglich wurde, wie sie damals, wenn sie zu erreichen war, allseitig für erwünscht galt.[171] Eine lange Dauer dieses Provisoriums ist ein Unglück für das Land, denn sie befördert die ohnehin vorhandene Tendenz, unser staatliches Räderwerk, in Gleichgültigkeit

---

171   Am 23. October übertrug Friedrich Wilhelm IV. seinem Bruder Wilhelm auf 3 Monate die Stellvertretung.

gegen das Resultat, maschinenartig fortspielen zu lassen und auf dem Strome der Zeit ohne bewußtes Ziel hinabzutreiben. Ich sehe aber in menschlichem Bereich kein Mittel, dieß zu ändern. Von dem Prinzen kann ein lebendiges Eingreifen nicht erwartet werden, so lange er nicht sicher ist, definitiv zu regiren; es ist nicht der Rechtstitel, auf dessen Grund er die Geschäfte in Händen hat, welcher die Action der Krone gegenwärtig neutralisirt, sondern es ist die Notwendigkeit, dem Könige, wenn er die Regirung wieder ergreift, das Concept nicht verdorben zu haben und ihm nicht Anlaß zu Desavouirungen dessen, was der Prinz inzwischen tut, zu geben. Diese Rücksicht bleibt dieselbe, es mag der Prinz als Regent oder als Bevollmächtigter die Geschäfte führen. Wenn Gott nicht dem Könige bald wieder volle Gesundheit giebt, so bleiben wir in einem Zustande der Stagnation, der sich mehr und mehr verknöchert; die Maschine bleibt im Gang, wird aber bewußtloser und todter, und das monarchische Prinzip gewinnt dabei nicht. Befestigt sich aber im Prinzen die Ueberzeugung, daß der König nicht wieder ohne Lebensgefahr die Geschäfte wird führen können, so wird der Prinz auch anfangen, seinen eignen Ansichten Nachdruck zu geben in Bezug auf Personen und Prinzipien, mag er eine Regentschaftsacte oder eine Königliche Vollmacht hinter sich haben. Mir scheint daher, daß die Regentschaftsfrage nicht von so großer Wichtigkeit ist, wie viele annehmen, und ich glaube auch, daß die Kammern für eine solche keine Initiative haben, sondern nur das Königliche Haus. Ich sehe daher nur in der Herstellung des Königs den einzigen Weg, aus dem Marasmus des jetzigen Zwitterzustandes heraus zu gelangen, und bin sehr niedergeschlagen, daß nach den glaubwürdigen Privatnachrichten, welche hierher gelangen, der Zustand unsres allergnädigsten Herrn bisher nur sehr geringe Aussicht auf eine Aenderung bietet.

In der Holsteiner Sache ist hier noch nichts geschehn; wir warten, daß Baiern das Referat fertig macht. Die Signatur der Lage ist das ängstliche Zurückhalten der Mittelstaaten, seit sie aus Kritikern in Acteurs verwandelt sind. Namentlich Baiern, welches früher den Mund so weit aufriß, scheint jetzt keinenfalls weiter gehn zu wollen, als von Paris aus Hut geheißen würde.

Leben Sie wohl, und schreiben sie bald einige Worte in alter Liebe an Ihren treuen Freund und Verehrer

v. B.

Frankfurt, 2. 1. 58

Geliebte Malle,

Herzlichen Dank für Deine guten und schnellen Besorgungen, alles war nach Wunsch, die Opale sind besonders schön und nach hiesigen Preisen wohlfeil; für einen einzelnen Stein, kleiner und sonst nicht besser, als die 10 größern auf der Brosche wurde mir 35 fl. als Preis genannt; das Fest war recht froh, jetzt aber liegen wieder Marie an Grippe und Bill an Rheumatismus im Knie. Johanna ist auch nicht sehr wohl an Augen, Kopf und verstauchtem Knöchel, und ich bin von den grippigen Zuständen und den Diners, gegen die mein Magen mühsam ankämpft, in die Mitte genommen. Zu Weihnachten hat mir Johanna eine Kette mit allen möglichen kleinen Orden daran geschenkt, es ist äußerst niedlich, mir aber etwas genant (gé), immer das ganze Handwerkszeug an mir zu tragen; ich muß schon, denn Joh. hat sich halb ruinirt mit diesem teuren Schmuck meines Knopflochs, und es würde sie sehr schmerzen, wenn sie merkte, daß es nicht ganz mein geheimrätliches Ideal ist. Wentzel hat sie dazu verführt. . . Johanna grüßt sehr und wünscht mit mir Dir und O. alles Glück zum neuen Jahr, welches eine so reizende und vortreffliche Geschenke besorgende Schwester verdient. Ich komme im Lauf des Winters, vielleicht schon Mitte Januar, hänge aber von der Holsteiner Sache damit ab. Leb wohl.

Dein treuer Bruder v. B.

An Graf M. v. Hatzfeldt.[172]

Frankfurt, 2. April 1858

Verehrtester Freund und College,

ich komme mit einer Bitte, welche gänzlich außerhalb der gesandschaftlichen Geschäfte liegt und sich im Grunde mehr an die Frau Gräfin als an Sie adressirt; ich wage sie mir nicht direct und ohne Ihre collegialische Befürwortung zu stellen. Am 11. c. ist der Geburtstag meiner Frau, und ich will leichtsinnig genug sein, ihr einen Kaschmir zu schenken. Im vorigen Jahre habe ich recht schöne bei den Compagnies Lyonnaises am Boulevard, nicht weit von der Madeleine gesehn; wenn mein Gedächtniß mich nicht täuscht, so waren achtbar aussehende Tücher dieser Gattung für 12 bis 1500 Franken zu haben. Ihre Frau Gemalin hat stets soviel Gnade für mich gehabt, daß ich mich unterstehe, sie um die gütige Besorgung zu bitten, d. h. nur um die Auswahl und den Ankauf, die Hersendung besorgt der Kaufmann, und wenn die Frau Gräfin die Cies Lyonnaises patronisirt, so kennt man dort wahrscheinlich meine Adresse noch. Die Bezahlung würde ich auf Rotschild anweisen, sobald ich die Rechnung habe, und sehr dankbar würde ich sein, wenn der Gegenstand bis Sonnabend den 10. c. hier eintreffen könnte.

Von Berlin höre ich außer dem Offiziellen nur wenig; Privatbriefe meiner Freunde verraten eine Erregtheit in doppelter Richtung, einmal eine landtägliche in Betreff der Rübensteuer, dann eine allgemeine Besorgtheit, daß von Westen her der Friede bald gestört werden könnte. Das Letztre ist mir eigentlich überraschend, denn mir erscheinen die Dinge nicht so bedrohlich. Aber verschiedne Correspondenten in Berlin schreiben mir dasselbe, und es scheint, daß diese Stimmung von dem Agenten einer großen und mit uns eng verbundenen Macht in der Diplomatie und der Presse geflissentlich hervorgerufen und genährt wird. Außerdem giebt es eine Person in Berlin, die sehr viel zur Verschlechterung unsrer Beziehungen mit Paris beiträgt, während das Gegenteil ihre Aufgabe ist.

---

172 Übernommen aus Bismarck-Jahrbuch III 94 f.

Leben Sie wohl, Verehrtester Freund, und wenn Ihre Frau Gemalin das Tuch nicht besorgen kann, so erlangen Sie mir wenigstens ihre Verzeihung für meine Zumutung.

In freundschaftlicher Verehrung

der Ihrige

v. Bismarck.

von Bismarck als Bundestagsgesandter im Jahre 1858.
Nach dem in Friedrichsrut befindlichen Ölgemälde von Jakob Becker.

Wegen der Farben des Kaschmirs bemerke ich noch, daß meine Frau brünett und blaß ist, was Sie vielleicht so genau nicht mehr wissen oder nicht in Anschlag bringen; auf die Größe kommt es wohl nicht an.

An Herrn v. Below-Hohendorf.[173]

Frankfurt a. M., 3. April 1858

Ich bin mit Ihnen darüber einverstanden, daß unsre Stellung im Zollverein verpfuscht ist; ich gehe noch weiter, indem ich fest überzeugt bin, daß wir den ganzen Zollverein kündigen müssen, sobald der Termin dazu gekommen ist. Die Gründe dieser Ueberzeugung sind zu weitschichtig, um sie hier zu entwickeln, und zu eng zusammenhängend, um sie einzeln zu nennen. Wir müssen kündigen, auf die Gefahr hin, mit Dessau und Sondershausen allein zu bleiben. Es ist aber nicht zu wünschen, daß letztres der Fall werde, oder doch, daß es lange daure. Deshalb müssen wir in der noch laufenden Periode den andern Staaten den Zollverein angenehm, wenn es sein kann, zum unentbehrlichen Bedürfniß machen, damit sie nach der Kündigung den Anschluß auf unsre Bedingungen suchen. Ein Teil dieses Systems ist, daß man sie höhere Nettorevenüen ziehen läßt, als sie selbst durch Gränzzölle auf Zucker ohne Preußen sich würden verschaffen können. Ein andrer Teil ist der, daß man ihnen nicht die Fortdauer eines Zollvereins mit Preußen als sachlich unmöglich erscheinen läßt, das wird aber, wenn neben den 28 Regirungen noch einige 50 ständische Körperschaften, geleitet von sehr particulären Interessen, ein liberum veto ausüben. Fangen die preußischen Kammern damit an, so wird schon der Gleichheitsschwindel der deutschen Regirungen nicht zugeben, daß die übrigen zurückstehn; sie werden sich auch wichtig machen wollen.

---

173 Den Brief des Herrn v. Below vom 23. März 1858, zu dem der Brief Bismarcks die Antwort bildet, habe ich Bismarck-Jahrbuch III 122 ff. veröffentlicht; ebendort S. 125 ff. den Bismarcks nach dem Concept letzter Hand.

Ich glaube, daß wir in einem nach 1865 von Preußen umzubildenden Zollvereine, um diesen Klippen zu entgehn, für die Ausübung des ständischen Zustimmungsrechtes in Zollvereinssachen den Unionsprojekten von 1849 eine Einrichtung entnehmen, eine Art Zollparlament einrichten müssen, mit Bestimmung für itio in partes, wenn die andern es verlangen. Die Regirungen werden schwer daran gehn; aber wenn wir dreist und consequent wären, könnten wir viel durchsetzen. Die in Ihrem Briefe ausgesprochne Idee, die preußischen Kammern, vermöge der Vertretung aller deutschen Steuerzahler durch sie, zur Grundlage hegemonischer Bestrebungen zu machen, steht auf demselben Felde. Kammern und Presse könnten das mächtigste Hülfsmittel unsrer auswärtigen Politik werden. In dem vorliegenden Falle, welches auch das Ergebniß der Abstimmung sein mag, müßte jedenfalls die Zollvereinspolitik, der Schaden des Vereins für Preußen, die Notwendigkeit für uns, ihn zu kündigen, auf das eingehendste und schärfste erörtert werden, damit die Erkenntniß darüber sich Bahn bricht; Ihr Brief sollte als Artikel in der Kreuzzeitung stehn, anstatt hier auf meinem Tisch zu liegen. Kammern und Presse müßten die deutsche Zollpolitik breit und rückhaltslos aus dem preußischen Standpunkte discutiren; dann würde sich ihnen die ermattete Aufmerksamkeit Deutschlands wieder zuwenden, und unser Landtag für Preußen eine Macht in Deutschland werden. Ich wünschte den Zollverein und den Bund nebst Preußens Stellung zu beiden in unsern Kammern dem Secirmesser der schärfsten Kritik unterzogen zu sehn; davon kann der König, seine Minister und deren Politik, wenn sie ihr Handwerk verstehn, nur Vorteil haben. Aber ich wünschte doch als Resultat einer solchen Discussion die Vorlage mit geringer Majorität angenommen zu sehn. Denn es handelt sich im nächsten Augenblick für den Zollverein mehr darum, deutsche Regirungen an die Fleischtöpfe desselben zu fesseln, als Sympathieen ihrer Untertanen zu gewinnen. Die letztern sind jetzt machtlos, und in Betreff ihrer erreicht eine kräftige, sachverständige und ehrliebende Debatte dasselbe, wie die Zufälligkeit eines Abstimmungsresultates. (* Ich würde daher aus Gründen unsrer äußern Politik jedenfalls für die Regirungsvorlage stimmen, wenn ich dort wäre. Die Bedenken aus innern Gründen, die Ihr Brief enthält, vermag ich hier nicht zu beurteilen. Drückend ist die Steuer nicht, denn die Leute sind reich, und wem der Zucker zu teuer wird, der ißt keinen. Gegen Heydt aber würden Sie mit der Verwertung der Vorlage gar nichts erreichen, zumal er mit dieser Sache in keinem amtlichen Zusammenhange steht; aber auch Bodelschwingh würde durch die Verwerfung keinen Schaden leiden.[174]

Frankfurt, 29. April 58

Lieber Bruder,

verzeih, daß ich Deinen Brief, den ich grade am Morgen des 1. empfing, so spät beantworte und Dir erst jetzt meinen herzlichen Dank für Deine Glückwünsche sage. Ich bin in der Zwischenzeit von Arbeit und Unwohlsein so in Anspruch genommen worden, daß ich froh war, wenn ich die notdürftigste Zeit fand, mir Bewegung zu machen. Am Mangel derselben leide ich empfindlich in Gestalt von Blutstockungen, Kongestionen und Weichlichkeit für Erkältung. Die dänische Sache und noch mehr andre innre Streitigkeiten des Bundes fesseln mich seit Monaten so an den Schreibtisch, daß ich meinen Leib nicht ausreichend strapaziren kann. Bei unserm Geschäftsgange hier giebt jede Kleinigkeit viel Arbeit, da ich statt des Einen auswärtigen Ministers, mit welchem sonst Gesandte zu tun haben, ihrer 34 in Gestalt meiner 16 Collegen zu bearbeiten habe. Dabei fällt grade dem Vertreter Preußens am Bunde vermöge der Politik, die Oestreich und die andern süddeutschen Staaten gegen uns betreiben, einigermaßen die Rolle des Uhu zu, nach dem die Krähen stoßen. Diese Nacht bin ich von Berlin zurückgekommen, wohin man mich weniger wegen Zucker, als wegen der hiesigen Händel citirt hatte. Da war die Arbeit auch nicht leicht. In der Zuckerfrage

---

174   Von (* an aus dem Manuskript letzter Hand zugefügt, s. Bismarck-Jahrbuch III 126 f.

lagen in der Sache selbst keine Gründe zur Ablehnung; die Steuer ist eine ganz vernünftige. Dem Widerstände, welcher stattfand, lag auch wohl nur eine Unzufriedenheit mit den Ministern oder einzelnen unter ihnen zu Grunde. Dem Ausdruck eines solchen förderlich zu sein, ist aber meiner Stellung im Dienst nicht entsprechend, und wenn ich nicht meiner Ueberzeugung nach für die Vorlage hätte stimmen können, so wäre ich nicht in die Sitzung gegangen. Bei Berlin war große Dürre, nur gestern Morgen etwas Regen; in Pommern soll es besser aussehn, weil mehr Schneefall gewesen ist. Bellin schreibt mir, daß die Rapsfelder dort teilweis, der Klee fast ohne Ausnahme untergepflügt worden sind. In den Gebirgen ist es fruchtbar, und hier in der Umgegend kann man bei den fabelhaften Dungverhältnissen aus dem Stand der Früchte nicht aufs Allgemeine schließen. Die Meinigen habe ich Gott sei Dank im besten Wohlsein vorgefunden; unsre augenblickliche Not ist der Umzug, der am 1. vollendet sein soll, aber wahrscheinlich nicht wird. Das neue Haus ist ganz leidlich bequem, und wir bewohnen es allein; aber Raum für große Gesellschaften ist nicht. Alle meine Bemühungen, die Regirung zum Kauf eines Hauses zu bestimmen, sind erfolglos geblieben. Mir kanns recht sein, wenn ich verhindert werde, Bälle und große dîners zu geben. Hätte ich das jetzige Haus nicht zufällig bekommen, so lag ich auf der Straße, denn es war das einzige, und die Gasthöfe nehmen im Sommer keine Familien auf die Dauer – –

Ich habe den Brief bis dahin in einer langweiligen Sitzung geschrieben, während allerhand endlose Acten gegen und für Dänemark verlesen wurden. Jetzt schließe ich ihn in Mitten der Zerstörung, die der Umzug neben mir anrichtet. Ich kümmre mich um nichts dabei, Johanna hat alles auf sich genommen. Herzliche Grüße an Malwine von Johanna und mir.

Dein treuer Bruder

v. B.

An Graf M. v. Hatzfeldt.[175]

Verehrtester Freund.

Der Adressat der Einlage, Bruder unsres gleichnamigen Landsmannes in Rautenburg,[176] für seine Person aber Russe, hat sich vielleicht bei Ihnen gemeldet, oder Rosenberg weiß, wo er zu finden ist. Der einliegende Brief, eilige Geschäfte betreffend, ist mir aus Kurland zur Besorgung geschickt, und ich sende ihn in einigen Abschriften in die Welt, hoffend, daß eine in seine Hände gelangt. Keyserlink ist zur ärztlichen Behandlung einer lahmen Tochter in diesem Frühjahr nach Paris gegangen, war im Juli noch dort, seit-dem verlor ich seine Spur.

Auf der Durchreise von Berlin fand ich üble Nachricht von dem Befinden unsres allergnädigsten Herrn. Die Minister glaubten nicht mehr an Besserung und waren, wie mir schien, alle bis auf Westphalen entschlossen, die Herstellung einer Regentschaft einzuleiten. Nur über die Fassung der Actenstücke, mit denen die Sache vor das Publikum und den Landtag zu bringen wäre, und über das Maß der Mitwirkung des letztern bei dem Uebergange schienen noch Meinungsverschiedenheiten obzuwalten, welche zwischen Sanssouci, dem Prinzen und den Ministern verhandelt wurden und jetzt Manteuffel noch nach Domanze geführt haben. Der alte Landtag sollte zum 16. October zusammentreten, wenns nicht geändert ist, seit ich hier bin.

Wir langweilen uns hier mit dem dänischen Collegen, der uns heut ziemlich dürftige Eröffnungen gemacht hat. Die Minister in Kopenhagen haben die besten Absichten, aber sie fürchten sich bisher noch mehr vor der dortigen Demokratie und der Danner als vor dem Bund.

Wenn Keyserlinks Aufenthalt bei Ihrer Gesandschaft nicht bekannt ist, so haben Sie vielleicht die Güte, auf der russischen nachfragen zu lassen. Weiß die auch nichts, so bin ich unschuldig und bitte Sie nur die Be-

---

175   Übernommen aus Bismarck-Jahrbuch III 95 f.

176   Graf Hermann Keyserlingk.

lästigung zu verzeihn, der Frau Gräfin aber den Ausdruck der wärmsten Verehrung zu Füßen zu legen.

Frankfurt, 13. Sept. 58

Der Ihrige

v. Bismarck.

Frankfurt, 12. Nov. 1858

Geliebte Malle

Dein Brief war mir eine unverhoffte Freude; in der Adresse sah er ganz wie einer von Johanna aus, und ich wunderte mich, wie die nach der Uckermarck gekommen wäre. Ich bin nicht eher zum Antworten gekommen, teils Geschäfte, Erkältung, Jagd, nahmen meine Zeit in Anspruch, teils wußte ich selbst nicht, was ich Dir über die neue Erscheinung am politischen Himmel[177] schreiben sollte, was ich nicht auch über den Kometen hätte sagen können. Eine interessante Erscheinung, deren Eintritt mir unerwartet, deren Zweck und Beschaffenheit mir noch unbekannt ist. Doch die Laufbahn des Kometen berechneten unsre Astronomen ziemlich genau, und das dürfte ihnen in Betreff des neuen politischen Siebengestirnes ohne Heydt und Simons schwer werden. Johanna ist heut früh mit den Kindern hier eingetroffen, Gott sei Dank gesund, aber nicht heiter. Sie ist niedergedrückt von allen den politischen Aengsten, die man ihr in Pommern und Berlin eingeflößt hat, und ich bemühe mich vergebens, ihr die gebührende Heiterkeit einzuflößen. Es ist der natürliche Verdruß der Hausfrau auch dabei im Spiel, wenn es zweifelhaft wird, ob man in einem eben mit Mühe und Kosten neu eingerichteten Hause bleiben wird. Sie kam mit dem Glauben hier an, daß ich den Abschied sofort nehmen würde. Ich weiß nicht, ob man ihn mir nicht ungefordert gibt, oder mich so versetzt, daß ich ihn Anstandshalber nehmen muß. Bevor ich es aber freiwillig tue, will ich doch erst abwarten, daß das Ministerium Farbe zeigt.

---

177   Das Ministerium der neuen Aera.

Wenn die Herrn die Fühlung der conservativen Partei behalten, sich aufrichtig um Verständigung und Frieden im Innern bemühn, so können sie in unsern auswärtigen Verhältnissen einen unzweifelhaften Vorzug vor Manteuffel haben, und das ist mir viel wert; denn wir „waren heruntergekommen und wußten doch selber nicht wie."[178] Das fühlte ich hier am empfindlichsten. Ich denke mir, daß man den Fürsten von H. grade deshalb an die Spitze gestellt hat, um eine Garantie gegen eine Parteiregirung und gegen Rutschen nach links zu haben. Irre ich mich darin, oder will man über mich lediglich aus Gefälligkeit für Stellenjäger disponiren, so werde ich mich unter die Kanonen von Schönhausen zurückziehn und zusehn, wie man in Preußen auf linke Majoritäten gestützt regirt, mich auch im Herrnhause bestreben, meine Schuldigkeit zu tun. Abwechslung ist die Seele des Lebens, und hoffentlich werde ich mich um 10 Jahr verjüngt fühlen, wenn ich mich wieder in derselben Gefechtsposition befinde, wie 48–49. Wenn ich die Rollen des Gentleman und des Diplomaten nicht mehr mit einander verträglich finde, so wird mich das Vergnügen oder die Last, ein hohes Gehalt mit Anstand zu depensiren, keine Minute in der Wahl beirren. Zu leben habe ich, nach meinen Bedürfnissen, und wenn mir Gott Frau und Kind gesund erhält wie bisher, so sage ich: „vogue la galère", in welchem Fahrwasser es auch sein mag. Nach 30 Jahren wird es mir wohl gleichgültig sein, ob ich jetzt Diplomat oder Landjunker spiele, und bisher hat die Aussicht auf frischen ehrlichen Kampf, ohne durch irgend eine amtliche Fessel genirt zu sein, gewissermaßen in politischen Schwimmhosen, fast ebensoviel Reiz für mich, als die Aussicht auf ein fortgesetztes Regime von Trüffeln, Depeschen und Großkreuzen. Nach Neune ist alles vorbei, sagt der Schauspieler. Mehr als diese meine persönlichen Empfindungen kann ich Dir bisher nicht melden, das Rätsel vom 6. steht auch mir noch ungelöst gegenüber, und Olympia[179] mit ihrem Gemahl hat sich allerdings grade meinen Posten als Ziel ihrer lebhaftesten Bestrebungen aus-

---

178 Goethe, Schäfers Klagelied.
179 Frau des Herrn v. Usedom.

ersehn. Eine besondre Freude habe ich einstweilen am Bunde; alle die Herrn, die noch vor sechs Monaten meine Abberufung als Erforderniß der deutschen Einheit verlangten, zittern jetzt bei dem Gedanken, mich hier zu verlieren; Usedom winkt als Schreckbild 48er Reminiscenz, und sie sind wie ein Taubenschlag, der den Marder merkt, so verängstigt vor Demokratie, Barrikade, Parlament und Radowitz. – Rechberg sinkt mir gerührt in die Arme und sagt mit krampfhaftem Händedruck: „wir werden wieder auf ein Feld gedrängt werden." Der Franzose natürlich, aber selbst der Engländer sieht uns für Brandstifter an, und der Russe fürchtet, daß der Kaiser an unserm Beispiel in seinen Reformplänen irre werden würde. Ich sage allen natürlich: „Nur ruhig Blut, die Sache wird sich schon machen," und habe die Genugtuung, daß sie antworten: „Ja wenn Sie hier blieben, da hätten wir eine Garantie, aber Usedom!" Wenn dem nicht die Ohren in diesen Tagen Frankfurtisch klingen, so hat er kein Trommelfell. Er ist hier in acht Tagen aus einem achtbaren liberal Conservativen in der Einbildung seiner eventuellen Collegen zu einem brandrot getigerten Helfershelfer von Kinkel und d'Ester degradirt. Der Bamberger Diplomat spricht von einer continentalen Assecuranz gegen preußische Brandstiftung, Dreikaiserbündniß gegen uns und neues Olmütz mit „thatsächlichen Garantien". Kurz, es fängt an, weniger langweilig in der politischen Welt zu werden. Meine Kinder rufen: „Pietsch kommt", in der Freude, daß ich einen Schönhauser Diener dieses Namens habe, und es scheint, daß die Ankunft dieses Pütsch (ein Zwickäuer Pietsch)[180] und des Kometen in der Tat nicht ohne Vorbedeutung war. Lebe herzlich wohl, mein sehr Geliebtes, und grüße Oscar; er soll nur die Ohren nicht hängen lassen, es ist doch alles Kaff.

---

180 „Pütsch" statt Pietsch entspricht der Aussprache, die der Kladderadatsch der bekannten Figur des Zwückäuer in den Mund legt („Uech muß müch doch söhr wundern").

Frankfurt, 16. Nov. 1858

Lieber Bruder,

schon seit Monaten habe ich Dir schreiben wollen, aber das Schreiben ist eine schwere Sache....

Johanna mit den Kindern ist glücklich eingetroffen, erdte aber stark erkältet, weil sie um der Kinder willen gefroren hat. Mütter sind unverbesserlich. Aus ihren Erzählungen und einem Briefe meiner Schwiegermutter sehe ich, wie liebenswürdig Ihr für alle gewesen seid, die Schwiegermama weiß nicht genug zu rühmen, wie wohl sie sich in Külz gefühlt hat. Ich bin ganz überrascht, daß sie sich zu der Reise bei dieser Kälte entschlossen hat. Du wirft in vollen Wahlen stecken. Das neue Ministerium scheint die besten Absichten zum Widerstände gegen das Drängen nach links zu haben; wieweit es darin bei den obwaltenden Umständen glücklich sein wird, muß der Erfolg lehren. Ebenso ob es den Anstrengungen Usedoms oder seiner Frau gelingt, mich hier zu verdrängen. An gutem Willen dazu fehlt es nicht seit Jahren, und er ist mit den neuen Ministern allerdings persönlich intimer wie ich. Unbekannte Freunde nehmen dagegen in mehr oder weniger demokratischen Blättern meine Partei in einer Weise, die schließlich noch einen rötlichen Schimmer auf mich werfen wird. Johanna wäre natürlich sehr unglücklich über irgend welche Versetzung, und ich würde ebenso wenig eine jede annehmen, sondern habe für den Fall der Not meinen Rückzugsplan nach Schönhausen schon bedacht und festgestellt. Tausend Grüße an Malwine von Johanna und mir.

Dein treuer Bruder
v. B.

Frankfurt, 10. December 1858

Geliebteste Malle,

Du hast richtig vorausgesehn in Deinem Briefe an Johanna, daß Deine Güte noch für eine Weihnachtscommission in Anspruch genommen werden würde. Ich möchte Johanna ein Armband schenken, die Gattung, die mir vorschwebt, ist breit, glatt, Panzerartig, biegsam, aus schachbrettartig zusammengefügten kleinen viereckigen Goldstücken bestehend, ohne Juwelen, reines Gold, so schwer, wie es für etwa 200 Tlr. zu haben ist. Findest Du eine andre Form, die Dir besser gefällt, so habe ich alles Zutrauen auf Deinen Geschmack. Was grade Mode ist, hat um deshalb für mich nicht den Vorzug, man behält dergleichen doch länger, als die Mode dauert. Es giebt hier derartige Armbänder genug, aber bei Silbersachen habe ich mich überzeugt, daß man hier für façon doppelt so viel nimmt als in Berlin, und mit dem Gold wird es ähnlich sein. Sei so gut und laß es an „Hofrath Kelchner, Preußische Gesandschaft", adressiren, mit eingelegter Zuschrift an mich, sonst denkt der alte Herr, daß es eine kleine Aufmerksamkeit für ihn ist.

Johanna wird Dir geschrieben haben, wie wir Kinderkrankheiten durchmachten, und mir steckt seit Wochen Erkältung und Magenkatarrh im Leibe; ich weiß nicht, ob viel oder wenig schlafen, Diät oder Unmäßigkeit, Stubensitzen oder Jagd mir helfen oder schaden, ich wechsle mit alledem aus Gesundheitsrücksichten ab. Ueber meine Versetzung oder Entlassung ist wieder alles still; eine Zeit lang schien mir Petersburg sicher, und ich hatte mich mit dem Gedanken so vertraut gemacht, daß ich eigentlich Enttäuschung fühlte, als es hieß, daß ich hier bleiben würde. Es wird hier wohl schlechtes Wetter, politisches, geben, welches ich recht gern im Bärenpelz bei Kaviar und Elennjagd abwarte. Budberg würde mich vielleicht nicht gern in Petersburg sehn, er hält mich für unruhiger, als ich bin. Es heißt, daß er Brunnow in London ablösen soll, der seinerseits den kranken Kisseleff ersetzen würde. – Unser neues Cabinet wird vom Auslande noch immer mit Mißtrauen betrachtet, nur Oestreich wirft ihm mit schlauer Berechnung den Köder seines Lobes hin, während Rechberg unter der Hand vor uns warnt, dasselbe tun gewiß seine Collegen an allen Höfen. Die Katze läßt das Mausen nicht. Endlich werden die Minister doch Farbe zeigen müssen; das Schimpfen auf die Kreuzzeitung tut's auf die Dauer nicht. Ich werde im Winter schwerlich nach Berlin kommen, sehr schön wäre es, wenn Ihr uns hier besuchen wolltet, ehe ich an der Newa kalt gestellt werde. Herzliche Grüße.

Dein treuer Bruder.

Frankfurt, 14. Dec. 58

Lieber Bruder,

Deinen Brief vom 24. v. M. habe ich mit Dank erhalten und bin weniger durch Geschäfte als durch privative Erlebnisse von der Beantwortung bisher abgehalten. Zu tun giebt es hier augenblicklich wenig, und wir werden wohl zu Weihnachten 4 Wochen Ferien machen. Dagegen haben wir mit Kinderkrankheiten zu kämpfen gehabt; Marie war etwas, Bill sehr krank, an rheumatischem Fieber, das sich in Gestalt von Neuralgie auf seine kleinen Nerven geworfen hatte. Er stand viel Schmerz aus und darf seit 3 oder 4 Wochen nicht aus dem Zimmer. Johanna war durch die Nachtwachen sehr angegriffen. Seit 14 Tagen ist die Angst vorbei, und ich bin jeden freien Tag auf der Jagd; gestern bei Gerau nahe Mainz, wo ich 11 Fasanen schoß und bei dem sehr ungünstigen Holzbestand fast ebensoviel fehlte; Sonnabend waren wir im Taunus bei Königstein, höchst ermüdende Kletterpartie in Fels und Geröll und mäßige Jagd, 29 Hasen, wovon 4 für mich, 2 Rehböcke, 1 Fuchs, 1 Birkhahn. Ich rechne mir die Hasen aber als Gemsen an und fühle meine Knie noch vom Steigen. Tags zuvor war ich auf der Saujagd beim Großherzog von Darmstadt und erlegte für meine Person ein überjährig Schwein und einen dreijährigen Keiler, einen stärkeren fehlte ich; das Büchsenschießen im Stangenholz auf flüchtiges Wild ist keine leichte Sache, man hat nicht Uebung genug dazu. Morgen ist wieder eine recht gute Jagd, dicht am Rhein, zwischen Worms und Oppenheim; Hasen, Füchse, vielleicht ein Bock, besonders aber Fasanen, auch Darmstädter Hofjagd. Das Schlimme ist dabei, daß man immer um 5 aufstehn muß, um 6 zur Eisenbahn; aber ich wäre längst krank von allen Diners und Ballsoupers, wenn ich

216

nicht eifrig jagte; morgen versäume ich zwei andre gute Jagden, die leider mit jener zusammenfallen; eine, auf der etwa 300 Hasen geschossen zu werden pflegen, aber auch nichts andres. Du siehst, wovon mein Herz voll ist. Von meiner Versetzung tauchen wieder Gerüchte auf; bald bestimmt man mir Petersburg, bald Madrid, also jedenfalls weit weg. Nach P. würde ich gehn und gern, nach M. aber nicht. Usedom hat man Brüssel angeboten, er will aber nur Frankfurt oder das Cultusministerium annehmen. Die Minister werden wahrscheinlich abwarten, wie der Hase auf dem Landtag läuft, und sich dann entscheiden, ob sie Usedom belohnen oder mich schonen. Hier wird die Stellung nicht sehr angenehm werden, und ich wäre gar nicht böse über einen Tausch mit Petersburg. Ich schneide mir aber auch den Hals nicht ab, wenn es mir geht wie Kleist; die Freiheit der Bewegung hat auch ihr Angenehmes . . .

Johanna grüßt herzlich, und ich nicht minder, Malwine ins Besondre und wen Du sonst siehst nach Gelegenheit. Von Arnims habe ich keine Nachricht, erwarte aber Antwort auf Weihnachtsbestellungen. Vor Neujahr schreibe ich schwerlich wieder, also prosit Neujahr im Voraus.

Dein treuer Bruder

v. Bismarck.

Frankfurt 16. [12. 1858]

Geliebte Malle,

Das Armband ist eingegangen, herzlichen Dank für die Besorgung, ich habe es Johanna gezeigt unter dem Vorwande, daß ich es für Prinzeß Karl aus Hanau nach Berlin zu schicken bekommen. Sie fand es reizend; auf meine scherzhafte Frage, ob ich ihr eins danach bestellen sollte, machte sie die richtige Bemerkung, daß man solches Armband nur tragen könnte, wenn man vielen andern Schmuck hätte; es sei zu sehr en prétenclon. Ich will es ihr aber doch aufbauen, falls ich es nach Weihnachten noch gegen andre Sachen umtauschen kann. Muß er es vor dem Fest wieder im Laden oder definitiv verkauft haben, so schreibe oder telegraphire 2 Worte, dann schicke ich es. Kann er es so lange missen, dann will ich nochmals an Johannas Entscheidung appelliren, wenn sie weiß, daß es ihrs ist. Sie glaubt, daß es über 500 Tlr. kosten müsse. Was würde wohl eine einfache Schnur von solchen Perlen kosten, wie die 6 an dem Armband? und was das Armband ohne Perlen, ohne Lapis Lazuli? ich wollte, es wäre 2/3 so breit und weder Lapis noch Perle daran. Leb wohl, mein Herz, und verzeih die Last.

Dein treuer Bruder.

Frankfurt, 3. März 59

Lieber Bruder,

ich habe Dir auf mehre Briefe noch nicht geantwortet; wir haben eine böse Krankheitsperiode hier durchgemacht. Johanna, alle 3 Kinder und ich selbst haben successive an der Grippe darniedergelegen, bald heftiger, bald gelinder. Seit 4 Wochen werde ich den täglich zweimaligen Doctor-Besuch nicht los. Wir sind alle in der Besserung, nur Marie liegt noch, und ich hab's noch im Magen, dazu die Plage mit Packen, Papiere ordnen, Geldgeschäfte, Briefe, wie das ein Umzug nach 8 Jahr Aufenthalt mit sich bringt; Geschäfte im Dienst mehr als je, da man uns durch die mannichfaltigsten Mittel in den italiänischen Streit durch Bundesbeschlüsse hineinzuziehn sucht; die Uebergabe der Geschäfte und Comptabilität an Usedom, der seit 3 Tagen hier ist, ihn vorzustellen und einzuführen, alles vermehrt die Unruhe. Eine Wohnung ist in Petersburg nicht... Ich denke am Sonnabend oder Sonntag aufzubrechen; die arme Johanna ist ganz trostlos darüber. Wie lange ich in Berlin bleibe, ob ich Zeit finde, nach Pommern zu kommen und auf einen Tag nach Schönhausen zu gehn, hängt nicht von mir ab. Einen Reisewagen habe ich in Königsberg gekauft, wo ihn ein Russe hat stehn lassen. Nach meinem Wunsche würde ich im April Urlaub nehmen und wieder herkommen, um Johanna hier flott zu machen. Sie geht dann zum Mai nach Reinfeld, später zu Verwandten in Esthland, Belows, Ungerns und im September erst nach Petersburg....

Ich kann mich vor Besuchen gar nicht retten und schließe deshalb mit herzlichen Grüßen von Johanna, die an Malwine schreiben will. In diesem Monat oder im Mai hoffe ich also, daß wir uns sehn.

Dein treuer Bruder

v. B.

III. Abteilung
Briefe aus der Zeit der Petersburger
Gesandtschaft 1859–1862

An Frau v. Bismarck.

Pskow, 28. 3. 59

. . . Rußland hat sich unter unsern Rädern gedehnt, die Werste bekamen Junge auf jeder Station, aber endlich sind wir im Eisenbahnhafen. 96 Stunden von Königsberg ohne Aufenthalt gefahren, nur in Kowno schliefen wir 4 Stunden, und 3 in Egypten (Station bei Dünaburg), ich glaube, es war vorgestern. Jetzt ist mir sehr wohl, nur die Haut brennt mir, da ich fast die ganze Nacht draußen saß und wir zwischen 1 und 12° Kälte wechselten. Wir hatten so tiefen Schnee, daß wir mit 6 bis 8 Pferden buchstäblich stecken blieben und aussteigen mußten. Noch schlimmer waren die glatten Berge, besonders hinunter; auf 20 Schritt brauchten wir 1 Stunde, weil 4 Mal die Pferde stürzten und sich 8 untereinander verwickelten; dazu Nacht und Wind, eine rechte Winterreise in Natur. Auf meinem Außensitz war nicht zu schlafen, schon der Kälte wegen, aber besser doch in der Luft, den Schlaf hole ich nach; der Niemen war frei, die Wilija, ein Dir schwerlich bekanntes Wasser, aber so breit, wie der Main und reißend, ging mit Eis; die Düna hatte nur eine freie Stelle, wo wir mit 4 Stunden Warten und 3 Stunden Arbeit hinüberkamen. Die ganze Gegend ist ziemlich wie in Vorpommern, ohne Dörfer, meist wie zwischen Bütow und Berent,[181] einige gute Wälder, die Mehrzahl aber den Neu-Kolziglowschen Fichten[182] ähnlich. Viel Birkenwälder, meilenweite Sümpfe, schnurgrade Chaussee, alle 14 bis 22 Werst ein Posthof, wie Hornskrug[183] jeder gut eingerichtet, alles Mögli-

---

181   So ist vermutlich statt „Bohren" der Hesekielschen Ausgabe zu lesen.
182   Bei Hesekiel: Neu-Kolpizlowschen Küsten. Solche giebt es in der Geographie Pommerns nicht.
183   Dorf in Pommern zwischen Altdamm und Gollnow.

che zu haben und alles geheizt; Jedermann sehr höflich und der Dienst pünktlich, nur jenseit Dünaburg zu wenig Pferde, auf einer Station bei Kowno 3 Stunden gewartet und dann müde Tiere. Wo der Weg gut war, liefen sie ausgezeichnet, halbe Meilen Carriere mit dem großen, schweren Wagen; aber ziehn können sie nicht, wo es schwer geht, so fixe Kerle auch die Postillone sind. Der gemeine Mann gefällt mir überhaupt dem ersten Anblick nach. Es ist jetzt 6, wir haben eben dinirt; mir gegenüber, ich schreibe auf dem Tischtuch, sitzt * und raucht gedankenvoll. . . .

Petersburg, 19/31. März 1859

Mein liebes Schwesterherz,

Seit vorgestern früh bin ich hier im Hotel Demidoff warm und trokken untergebracht, aber nicht ohne Anstrengung bin ich so weit gelangt. Kaum hatte ich heut vor acht Tagen Königsberg passirt, so stellte sich das lebhafteste Schneegestöber ein, und ich habe seitdem die natürliche Farbe der Erdoberfläche noch nicht wiedergesehn. Schon bei Insterburg fuhr ich mit Courierpferden 1 Stunde auf die Meile. In Wirballen fand ich eine Mallepost, deren Innres aber zu eng für meine Länge war, ich tauschte daher mit Engel und habe die ganze Reise im Außensitz gemacht, der vorn offen ist; schmale Bank mit spitzwinkliger Anlehnung, so daß, auch abgesehn von der Kälte, die nachts bis 12° stieg, nicht zu schlafen war. Ich beharrte in dieser Lage von Freitag früh bis Montag Abend, und außer der ersten und letzten Eisenbahnnacht habe ich von Mittwoch früh bis Dienstag Abend nur 3 Stunden in Kowno und 2 Stunden auf einem Sopha eines Stationshauses geschlafen. Die Haut im Gesicht blätterte mir ab, als ich ankam. Die Fahrt dauerte so lange wegen tiefen Schnees, der frisch gefallen war, ohne Schlittenbahn zu machen; mehrmals mußten wir aussteigen und zu Fuß gehn, weil 8 Pferde den Wagen absolut stecken ließen. Die Düna war gefroren, hatte aber 1/2 Meile aufwärts eine offne Stelle, wo wir übergingen; die Wilija trieb mit Eis, der Niemen offen. Mitunter fehlten Pferde, weil alle Posten 8 und

10 nahmen, statt der sonstigen 3 und 4, unter 6 habe ich nirgend gehabt, und der Wagen war nicht überschwer. Conducteur, Postillon und Verräter (Vorreiter) taten ihr Mögliches, so daß ich mich der Pferdeschinderei selbst widersetzte. Glatte Berge waren das übelste Hinderniß, besonders bergab stürzten mitunter alle 4 Hinterpferde im Knäuel übereinander, nur der Verräter auf dem rechten der beiden Vorderpferde fiel nie, und kaum waren sie wieder auf, so ging es in der gestreckten Carriere mit dem hochbepackten Wagen vorwärts, bergab und über Brücken immer, was sie winden konnten, mit Geschrei und Knallen; es mag ganz richtig sein, denn die Pferde fielen nur im Schritt; wenn sie aber bei diesen werftlangen Galoppaden auf abschüssigen Dämmen gefallen wären, so waren wir auch der reine Schlippenbach vom Prinzen Karl. Das ist nun vorbei und macht mir Spaß, erlebt zu haben. Hier steht die Newa fest wie Granit, seit gestern ist aber Tauwetter mit Sonnenschein. Daß die Stadt schön, ist bekannt, wenn ich mich aber dem Gefühl des Wunderns hingäbe, so würde es über die außerordentliche Belebtheit der Straßen sein; ungeachtet ihrer Breite gehören gute Kutscher dazu, um immer im Trabe sich durchwinden zu können, so wimmelt es von Wagen; die Schlitten verschwanden gestern. Meine Commissionen habe ich alle schon vorgestern besorgt; die Adresse für Schenk wird in der Kanzlei geschrieben. Ich kam hier unerwartet an.

1. April

Beim Schreiben des Datums fällt mir ein, daß heut mein Geburtstag ist, das erste Mal, daß ich ihn bei klingendem Frost verlebe, denn den haben wir heut wieder, und seit 12 Jahren der erste ohne Johanna. Gestern hatte ich eine lange Audienz bei der Kaiserin-Mutter und freute mich an der graziösen Vornehmheit der alten Dame. Heut beim Kaiser, so daß ich grade am Geburtstage die neue Function antrete. Der Kaiser hat vorgestern noch 2 Bären geschossen, nun ist es aber leider aus mit Petz, er läßt sich nicht mehr ankommen, es sei denn zufällig. Der frische Schnee ist in 3 Tagen Tauwetter wie weggefegt worden, das ganze Land soll frei sein. Eben dringen Geschäfte ein. Von Johanna und Kindern heut liebe Briefe. Grüße O. und schreibe mal durch Courier.

Dein treuer Bruder

v. B.

Petersburg 8.Mai/20. April 59

Lieber Bruder,

ich hätte Dir schon längst von meinem Ergehn Nachricht gegeben, wenn ich nicht bisher ein vielfach gequälter Mensch gewesen wäre. Meine Reise hierher, plötzlich und eilig, war eine beschwerliche. Bei Königsberg (24. März) fing das Schneegestöber an, und ich bin von Donnerstag bis zum Dienstag Tag und Nacht gefahren, mit 8 Courierpferden, oft im Frachtwagenschritt, auch vollständig im Schnee stecken geblieben und zu Fuß gegangen, dann wieder meilenweit gestreckten Galopp, wobei man in der Finsterniß, an glatteisigen Bergen und bei gelegentlich stürzenden Pferden, im Andenken an den verunglückten Schlippenbach, seine Seele Gott zu empfehlen alle Ursache hatte. Das Innre des Wagens war mir zu eng, ich tauschte deshalb mit Engel und nahm den Sitz auf einem verdeckten, aber vorn offnen Bock; da die Kälte bis 14° stieg, so ging mir die Haut vom Gesicht. Es lief aber alles gut ab, und ich mußte manchmal an die Sylvesternacht denken, in der wir beide einige Mal umwarfen, bei Schlossin und Raden, ich glaube, es war 1840. Hier habe ich zunächst die Vorstellungen bei Hofe, die vielen Hunderte von Visiten, die Mühe ein Quartier zu suchen und verschiednes andre Notwendige zu kaufen gehabt, vor Allem aber einen Geschäftsverkehr, wie er so heftig hoffentlich nicht bald wiederkehrt. Die laufenden Sachen bestehn in dem polizeilichen und gerichtlichen Schutz von etwa 40 000 Preußen, die in Rußland leben, und in Besorgung preußischer Processe gegen russische Untertanen. Man ist Advokat, Polizei, Landrat, Ersatz-Commission für alle diese Leute und correspondirt für sie direct mit allen Behörden des russischen Reichs von Weichsel bis Ural. Ich habe oft über 100

Unterschriften den Tag. Nimm dazu die gegenwärtige politische Krisis, die mir während der Verhandlungen über den Congreß täglich 2 bis 4 chiffrirte Depeschen, gleich zu beantworten, brachte und fast tägliche Conferenzen mit dem Franzosen und dem Engländer bei Gortschakow veranlaßte, über die dann wieder telegraphisch zu berichten war. Dabei habe ich die Kanzlei noch nicht im Hause und muß deshalb das Meiste vom Chiffriren und Dechiffriren mit Hülfe meines attachirten Ltnt. Klüber selbst besorgen, oft auch allein, mitten in der Nacht. Dabei habe ich mir die Augen etwas fatigirt und arbeite nicht mehr bei Licht, sondern stehe früh auf. Du siehst, daß da wenig Zeit zum Briefschreiben war; seit sie[184] sich schlagen, kann man sich etwas erholen. Ich bin nur in großer Sorge, daß wir uns schließlich mit dem nachgemachten 1813er von Oestreich besoffen machen lassen und Torheiten begehn. Sobald wir uns einmischen, wird natürlich für Frankreich der deutsche Krieg Haupt- und der italienische Nebensache und die Parteinahme Rußlands für Frankreich unvermeidlich. Dann bricht der Tanz an allen Ecken los, auch im Orient und in Ungarn. Ich glaube, daß wir es in der Hand haben, den Krieg auf Italien einzuschränken und auch Oestreichs deutsche Besitzungen davor zu sichern. Tun wirs nicht, so mag Gott ein Einsehn haben und uns den gesunden Menschenverstand wieder verleihn, der wenigstens unsrer Partei für die Beurteilung auswärtiger Verhältnisse abhanden gekommen sein muß, wenn die blödsinnigen Elucubrationen der Kreuzzeitung über die europäische „Situation" die Ansichten ihrer Leser ausdrücken sollten. Wenn wir Oestreich zum Siege verhülfen, so würden wir ihm eine Stellung verschaffen, wie es sie in Italien nie und in Deutschland seit dem Restitutions-Edict im 30jährigen Kriege nicht gehabt hat, dann brauchen wir einen neuen Gustav Adolph oder Friedrich II., um uns erst wieder zu emanzipiren. Bisher haben wir uns nicht dumm machen lassen, und ich hoffe, wir bleiben fest. Wir sind nicht reich genug, um unsre Kräfte in Kriegen aufzureiben, die uns nichts einbringen.

---

184 Franzosen und Sardinier gegen die Oestreicher.

Ich habe endlich ein Haus gefunden, schön gelegen am englischen Kai (an der Newa nach der Seeseite zu) groß, aber mehr Säle als Wohnzimmer, gute Ställe und eigne Reitbahn, aber miserables Unterkommen für die Leute, mit einem guten Teil Luxusmöbeln, aber keinen für täglichen Gebrauch; Preis 7000 Rubel Silber jährlich ohne Heizung. Die Teurung ist für tägliche Bedürfnisse, Fleisch, Brot, Fourage nicht übermäßig, aber für alles, was zum Luxus gehört, fabelhaft. Dem Kanzleidiener muß ich 35 Rubel monatlich geben, Jäger, Lakaien 25, Reitpferde garnicht zu erschwingen, d. h. elegante; mittelmäßige sind unbedeutend teurer wie bei uns, etwa 80 Fdr. statt 60; Pferde, die bei uns 120 bis 80 kosten, gelten aber hier das Doppelte, ja in einzelnen Fällen für reiche Liebhaber bis 10 000 Rubel! Arabischer Schnitt, hochhalsig bei sehr großer Statur ist, was man schätzt. Eine einfache 2 sitzige Glaskutsche 11 bis 1200 Rubel, und unsre Wagen halten hier das unglaublich schlechte Pflaster bei dem schnellen Fahren nicht aus. Die Menge der Wagen auf den Hauptstraßen ist erstaunlich, wie in London; man muß sein Tempo sehr schnell und umsichtig wahrnehmen, wenn man zu Fuß über den Fahrimm will. Vorgestern war die erste große Parade, etwa 40 000 M. Tscherkessen, Kosaken, Tataren aller Art, sehr schönes Material an Mensch, Pferd und Leder, überhaupt sehr gelungen. Ich war als Kürassier, und der Kaiser, der überall besonders gnädig für mich ist, nahm mich von Anfang bis zu Ende neben sich und setzte mir alles selbst auseinander. Gegen den kalten Wind habe ich mir ein vollständiges Untercostüm von Leder machen lassen, was mir vortreffliche Dienste tat, da die Geschichte fast 3 Stunden dauerte und eisiger Sturm mit Staub, Schnee und Hagel wechselte. Zur Jagd habe ich noch nicht viel Zeit gehabt; mit den Bären wars zu Ende; grade in der Woche, wo ich kam, „standen sie auf" und lassen sich nicht mehr finden. Einen Auerhahn habe ich geschossen und bin dazu 3 Meilen gefahren, um Mitternacht zu Pferde gestiegen, etwa 25 Werst durch Haide, Moor und wüsten Wald geritten und war Morgens 8 Uhr wieder hier bei der Arbeit. Eine mühsame, aber sehr gesunde Abwechslung in dem Schreiberleben. Wenn ich Urlaub bekommen kann, so komme ich vielleicht Ende Juni nach Pommern, um Johanna mobil zu machen. Mit der Gesundheit geht es, nach einigen kleinen Leiden, gut und bin ich überhaupt bis auf das Klima und die Trennung von meiner Familie vollständig mit meiner Lage zufrieden. Das gesellige Treiben ist angenehm und wohlerzogen, und nach allen den Frankfurter Zänkereien ist es eine wahre Erholung, dienstlich nur mit liebenswürdigen Leuten und Formen zu tun zu haben. Herzliche Grüße an Malwine, an Deine Kinder und an alle Nachbarn . . . Von Schönhausen bin ich ohne Nachricht, seit ich fort bin ... Leb wohl und schreibe bald.

Dein treuer Bruder

v. B.

An den Freiherrn von Schleinitz.

Petersburg, 12. Mai 1859

. . . Aus den acht Jahren meiner Frankfurter Amtsführung habe ich als Ergebniß meiner Erfahrung die Ueberzeugung mitgenommen, daß die dermaligen Bundeseinrichtungen für Preußen eine drückende, in kritischen Zeiten eine lebensgefährliche Fessel bilden, ohne uns dafür dieselben Aequivalente zu gewähren, welche Oestreich, bei einem ungleich größern Maße eigner freier Bewegung, aus ihnen zieht. Beide Großmächte werden von den Fürsten und Regirungen der kleinern Staaten nicht mit gleichem Maße gemessen; die Auslegung des Zweckes und der Gesetze des Bundes modificirt sich nach den Bedürfnissen der östreichischen Politik. Ich darf mich Ew. Excellenz Sachkenntniß gegenüber der Beweisführung durch detaillirtes Eingehn auf die Geschichte der Bundespolitik seit 1850 enthalten, und beschränke mich auf die Nennung der Rubriken von der Wiederherstellung des Bundestages, der deutschen Flottenfrage, der Zollstreitigkeiten, der Handels-, Preß- und Verfassungsgesetzgebung, der Bundesfestungen Rastatt und Mainz, der Neuenburger und der orientalischen Frage. Stets haben wir uns derselben compacten Majorität, demselben Anspruch auf Preußens Nachgiebigkeit gegenüber befunden. In der orientalischen Frage erwies sich die Schwerkraft Oestreichs der unsrigen so überlegen, daß selbst die Uebereinstimmung der Wünsche und Neigungen der Bundesregirungen mit den Bestrebungen Preußens ihr nur einen weichenden Damm entgegenzusetzen vermochte. Fast ausnahmslos haben uns damals unsre Bundesgenossen zu verstehn gegeben oder selbst offen erklärt, daß sie außer Stande wären, uns den Bund zu halten, wenn Oestreich seinen eignen Weg gehe, obschon es unzweifelhaft sei, daß das Bundesrecht und die wahren deutschen Interessen unsrer friedlichen Politik zur Seite ständen; dies war wenigstens damals die Ansicht fast aller Bundesfürsten. Würden diese den Bedürfnissen oder selbst der Sicherheit Preußens jemals in ähnlicher Weise die eignen Neigungen und Interessen zum Opfer bringen? Gewiß nicht, denn ihre Anhänglichkeit an Oestreich beruht überwiegend auf falschen Interessen, welche beiden das Zusammenhalten gegen Preußen, das Niederhalten jeder Fortentwickelung des Einflusses und der Macht Preußens als dauernde Grundlage ihrer gemeinschaftlichen Politik vorschreiben. Ausbildung des Bundesverhältnisses mit östreichischer Spitze ist das natürliche Ziel der Politik der deutschen Fürsten und ihrer Minister; sie kann in ihrem Sinne nur auf Kosten Preußens erfolgen und ist notwendig nur gegen Preußen gerichtet, so lange Preußen sich nicht auf die nützliche Aufgabe beschränken will, für seine gleichberechtigten Bundesgenossen die Assecuranz gegen zu weit gehendes Uebergewicht Oestreichs zu leisten, und das Mißverhältniß seiner Pflichten zu seinen Rechten im Bunde, ergeben in die Wünsche der Majorität, mit nie ermüdender Gefälligkeit zu tragen. Diese Tendenz der mittelstaatlichen Politik wird mit der Stetigkeit der Magnetnadel nach jeder vorübergehenden Schwankung wieder hervortreten, weil sie kein willkürliches Produkt einzelner Umstände oder Personen darstellt, sondern ein natürliches und notwendiges Ergebniß der Bundesvechältnisse für die kleinern Staaten bildet. Wir haben kein Mittel, uns mit ihr innerhalb der gegebnen Bundesverträge dauernd uns befriedigend abzufinden.

Seitdem unsre Bundesgenossen vor neun Jahren unter der Leitung Oestreichs begonnen haben, aus dem bis dahin unbeachteten Arsenal der Bundesgrundgesetze die Principien ans Tageslicht zu fördern, welche ihrem Systeme Vorschub leisten können, seitdem ihre Bestimmungen, welche nur eine Deutung im Sinne ihrer Stifter haben konnten, soweit sie von dem Einverständnisse Preußens und Oestreichs getragen werden, einseitig zur Bevormundung preußischer Politik auszubeuten versucht wurden, haben wir unausgesetzt das Drückende der Lage empfinden müssen, in welche wir durch die Bundesverhältnisse und ihre schließliche historische Entwickelung versetzt worden sind. Wir mußten uns aber sagen, daß in ruhigen und regelmäßigen Zeiten wir das Uebel durch geschickte Behandlung wohl in seinen Folgen abzuschwächen, aber nichts zu seiner Heilung zu tun vermochten; in gefahrvollen Zeiten, wie es die jetzigen sind, ist es zu natürlich, daß die andre Seite, welche sich im Besitz aller Vorteile der Bundeseinrichtungen befindet, gern zugiebt, daß manches Ungehörige geschehn sei, aber im „allgemeinen Interesse" den Zeitpunkt für durchaus ungeeignet erklärt, um vergangne Dinge und „innere" Streitigkeiten zur Sprache zu bringen. Für uns aber kehrt eine Gelegenheit, wenn wir die jetzige unbenutzt lassen, vielleicht nicht sobald wieder, und wir sind später von neuem auf die Resignation beschränkt, daß sich in regelmäßigen Zeiten nichts an der Sache ändern läßt.

Seine Königliche Hoheit der Prinz-Regent haben eine Haltung angenommen, welche den ungeteilten Beifall aller derer hat, denen ein Urteil über preußische Politik beiwohnen kann und die sich dasselbe nicht durch Parteileidenschaft getrübt haben. In dieser Haltung sucht ein Teil unsrer Bundesgenossen durch unbesonnene und fanatische Bestrebungen uns irre zu machen. Wenn die Staatsmänner von Bamberg so leichtfertig bereit sind, dem ersten Anstoß des Kriegsgeschreis der urteilslosen und veränderlichen Tagesmeinung zu folgen, so geschieht das vielleicht nicht ganz ohne tröstende Hintergedanken an die Leichtigkeit, mit der ein kleiner Staat im Fall der Not die Farbe wechseln kann.

Wenn sie sich aber dabei der Bundeseinrichtungen bedienen wollen, um eine Macht wie Preußen ins Feuer zu schicken; wenn uns zugemutet wird, Gut und Blut für die politische Weisheit und den Tatendurst von Regirungen einzusetzen, denen unser Schutz unentbehrlich zum Existiren ist; wenn diese Staaten uns den leitenden Impuls geben wollen, und wenn sie als Mittel dazu bundesrechtliche Theorien in Aussicht nehmen, mit deren Anerkennung alle Autonomie preußischer Politik aufhören würde – dann dürfte es meines Trachtens an der Zeit sein, uns zu erinnern, daß die Führer, welche uns zumuten, ihnen zu folgen, andern Interessen dienen als preußischen, und daß sie die Sache Deutschlands, welche sie im Munde führen, so verstehn, daß sie nicht zugleich die Sache Preußens sein kann, wenn wir uns nicht aufgeben wollen.

Ich gehe vielleicht zu weit, wenn ich die Ansicht äußere, daß wir jeden rechtmäßigen Anlaß, welchen unsre Bundesgenossen uns bieten, ergreifen sollten, um zu derjenigen Revision unsrer gegenseitigen Beziehungen zu gelangen, deren Preußen bedarf, um in geregelten Beziehungen zu den kleinern deutschen Staaten dauernd leben zu können. Ich glaube, wir sollten den Handschuh bereitwillig aufnehmen und kein Unglück, sondern einen Fortschritt der Krisis zur Besserung darin sehn, wenn eine Majorität in Frankfurt einen Beschluß faßt, in welchem wir eine Ueberschreitung der Competenz, eine willkürliche Aenderung des Bundeszweckes, einen Bruch der Bundesverträge finden. Je unzweideutiger die Verletzung zu Tage tritt, desto besser. In Oestreich, Frankreich, Rußland finden wir die Bedingungen nicht leicht wieder so günstig, um uns eine Verbesserung unsrer Lage in Deutschland zu gestatten, und unsre Bundesgenossen sind auf dem besten Wege, uns vollkommen gerechten Anlaß dafür zu bieten, auch ohne daß wir ihrem Uebermute nachhelfen. Sogar die Kreuzzeitung wird, wie ich aus der Sonntagsnummer ersehe, stutzig bei dem Gedanken, daß eine Frankfurter Majorität ohne weiteres über die preußische Armee disponiren könnte. Nicht blos an diesem Blatte habe ich bisher mit Besorgniß die Wahrnehmung gemacht, welche Alleinherrschaft sich Oestreich in der deutschen Presse durch das geschickt angelegte Netz seiner Beeinflussung geschaffen hat, und wie es diese Waffe zu handhaben weiß. Ohne dieselbe wäre die sogenannte öffentliche Meinung schwerlich zu dieser Höhe montirt worden; ich sage die sogenannte, denn das wirkliche Gros der Bevölkerung ist niemals für den Krieg gestimmt, wenn nicht die tatsächlichen Leiden schwerer Bedrückung es gereizt haben. Es ist so weit gekommen, daß kaum noch unter dem Mantel allgemeiner deutscher Gesinnung ein preußisches Blatt sich zu preußischem Patriotismus zu bekennen wagt. Die allgemeine Piepmeyerei spielt dabei eine große Rolle, nicht minder die Zwanziger, die Oestreich zu diesem Zwecke niemals fehlen. Die meisten Correspondenten schreiben für ihren Lebensunterhalt, die meisten Blätter haben die Rentabilität zu ihrem Hauptzweck, und an einigen unsrer und andrer Blätter vermag ein erfahrner Leser leicht zu erkennen, ob sie eine Subvention Oestreichs wiederum erhalten haben, sie bald erwarten, oder sie durch drohende Winke herbeiführen wollen.

Ich glaube, daß wir einen erheblichen Umschlag in die Stimmung bringen könnten, wenn wir gegen die Ueberhebungen unsrer deutschen Bundesgenossen die Saite selbständiger Politik in der Presse anschlagen. Vielleicht geschehn in Frankfurt Dinge, welche uns den vollsten Anlaß dazu bieten.

In diesen Eventualitäten kann sich die Weisheit unsrer militärischen Vorsichtsmaßregeln noch nach andern Richtungen hin betätigen und unsrer Haltung Nachdruck geben. Dann wird das preußische Selbstgefühl einen ebenso lauten und vielleicht folgenreicheren Ton geben, als das bundestägliche. Das Wort „deutsch" für „preußisch" möchte ich gern erst dann auf unsre Fahne geschrieben sehn, wenn wir enger und zweckmäßiger mit unsern übrigen Landsleuten verbunden wären, als bisher; es verliert von seinem Zauber, wenn man es schon jetzt, in Anwendung auf den bundestäglichen Nexus, abnützt.

Ich fürchte, daß Ew. Excellenz mir bei diesem brieflichen Streifzug in das Gebiet meiner frühern Tätigkeit ein ne sutor ultra crepidam[185]

---

185   Schuster, bleib bei Deinem Leisten.

im Geiste zurufen; aber ich habe auch nicht gemeint, einen amtlichen Vortrag zu halten, sondern nur das Zeugniß eines Sachverständigen wider den Bund ablegen wollen. Ich sehe in unserm Bundesverhältniß ein Gebrechen Preußens, welches wir früher oder später ferro et igni werden heilen müssen, wenn wir nicht bei Zeiten in günstiger Jahreszeit eine Cur dagegen vornehmen. Wenn heut lediglich der Bund aufgehoben würde, ohne daß man etwas an seine Stelle setzte, so glaube ich, daß schon auf Grund dieser negativen Errungenschaft sich bald bessre und natürlichere Beziehungen Preußens zu seinen deutschen Nachbarn ausbilden würden, als die bisherigen. . . .

    v. Bismarck.

An Ernst Dohm.[186]

Petersburg, 14. Mai 59

Erst vor einigen Tagen sind mir von der hiesigen Post die mir bisher fehlenden Nummern Ihres geschätzten Blattes aus dem vorigen Quartal zugegangen. Nach Einficht von Nr. 14–15 erlaube ich mir an Ew. Wohlgeboren die ergebenste Bitte, Müller darüber aufklären zu wollen, daß er sich von Schultze etwas hat aufbinden lassen. Die Angaben beider sind aus der Luft gegriffen, oder nach dem technischen Ausdrucke „verfrüht", bis auf ein Abschiedsdiner bei Herrn von Bethmann; aber ohne gesinnungstüchtigen Stiefbruder, ohne Franzosen und ohne Toast, wie denn der mir in den Mund gelegte, in einer aus östreichischen, deutschen und englischen Diplomaten, neben dem russischen natürlich, bestehenden Gesellschaft auch „beim irgend wievielten Jlase" nicht wohl anzubringen gewesen wäre.

Diese Berichtigung hat nicht den Zweck, Sie zur Rehabilitirung eines in seinem Patriotismus und seiner Nüchternheit verkannten Staatsbeamten zu bewegen, sondern ist lediglich bestimmt, mich vor dem Forum eines Institutes, dem ich so viele angenehme Momente verdanke,

---

186 Nach dem Facsimile im Bismarck-Album des Kladderadatsch Beil. III. Das Gespräch lautete:

Müller: Ob denn das wahr sein mag, daß der abjejangene Preußische Bundestagsjesandte bei das Abschiedsfest, das ihm Herr von Bethmann in Frankfurt jejeben hat, einen Toast auf der „Alliance Preußens mit Frankreich" ausjebracht haben soll?

Schultze: Ja, jehört habe ich es ooch.

Müller: Ich kann es mir jar nich denken. Ich fände es unter die jejenwärtigen Verhältnisse doch jar zu ...

Schulze: Na wie denn?

Müller: Na, zu – diplomatisch.

Schultze: Nüchtern betrachtet, freilich; aber ich will Dir sagen: bei solchen Jelejenheiten kommt es immer drauf an, beim wie dielten Jlase so was jesprochen wird.

Müller: Na, jedenfalls war es bei dem Jlase, das – der Stiefbruder von den Wirt hinjesetzt und nich mitjetrunken hat.

Schultze: Bravo.

wie dem Ihrigen, von dem Verdachte einer so groben Geschmacklosigkeit zu reinigen, wie sie in solchem Toaste unter solchen Umständen gelegen hätte.

Zugleich bitte ich Sie im Interesse des Blattes, Sich gegen Frankfurter Korrespondenten ein grundsätzliches Mißtrauen aneignen zu wollen, und in meinem Interesse, sobald ich einmal mit mehr Recht als jetzt Ihrer Satire anheimfallen sollte, Sich zu erinnern, daß ich aus Nr. 14–15 auf ein Guthaben bei Ihnen Anspruch mache.

Mit vorzüglicher Hochachtung
Euer Wohlgeboren ergebener
v. Bismarck-Schönhausen.

An Frau v. Bismarck.

Moskau, 6. Juni 59

Ein Lebenszeichen will ich Dir wenigstens von hier geben, während ich auf den Samovar warte und sich hinter mir ein junger Russe im roten Hemde mit vergeblichen Heizungsversuchen abmüht; er pustet und seufzt, aber es will nicht brennen. Nachdem ich in letzter Zeit über die sengende Hitze so viel geklagt habe, wachte ich heut zwischen Twer und hier auf und glaubte zu träumen, als ich das Land und sein frisches Grün weit und breit mit Schnee bedeckt erblickte. Ich wundre mich über nichts mehr und drehte mich, nachdem ich über die Tatsache nicht länger in Zweifel sein konnte, rasch auf die andre Seite, um weiter zu schlafen und zu rollen, obschon das Farbenspiel von Grün und Weiß im Morgenrot nicht ohne Reiz war. Ich weiß nicht, ob er bei Twer noch liegt, hier ist er weggetaut, und ein kühler, grauer Regen rasselt auf das grüne Blech der Dächer. Grün ist mit vollem Recht die russische Leibfarbe. Von den 100 Meilen hierher hab ich etwa 40 verschlafen, aber die andern waren in jeder Handbreite grün in allen Schattierungen. Städte und Dörfer, überhaupt Häuser, mit Ausnahme der Bahnhöfe, habe ich nicht bemerkt, buschartige Wälder mit Birken decken Sumpf und Hügel, schöner Graswuchs unter ihnen, lange Wiesen dazwischen, so geht es 10, 20, 40 Meilen fort. Acker erinnre ich mich nicht bemerkt zu haben, auch kein Haidekraut und keinen Sand; einsam grasende Kühe oder Pferde weckten mitunter die Vermutung, daß auch Menschen in der Nähe sein könnten. Moskau sieht von oben wie ein Saatfeld aus, die Soldaten grün, die Kuppeln grün, und ich zweifle nicht, daß die vor mir stehenden Eier von grünen Hühnern gelegt sind. Du wirst wissen wollen, wie ich eigentlich hierher komme; ich habe mich auch schon danach gefragt und zunächst die Antwort erhalten, daß Abwechslung die Seele des Lebens ist. Die Wahrheit dieses tiefsinnigen Spruches wird besonders einleuchtend, wenn man zehn Wochen lang ein sonniges Gasthofszimmer mit Aussicht auf Steinpflaster bewohnt hat. Außerdem wird man gegen die Freuden des Umziehns, wenn sie sich in kurzer Zeit mehrmals wiederholen, ziemlich abgestumpft, ich beschloß daher, auf selbige zu verzichten, übergab * alles Papier, gab Engel meine Schlüssel, erklärte, daß ich nach 8 Tagen im Stenbockschen Hause absteigen würde, und fuhr nach dem Moskauer Bahnhofe. Das war gestern Mittag 12, und heut früh um 8 stieg ich hier im Hotel de France ab. Jetzt will ich zunächst eine liebenswürdige Bekannte aus frühern Zeiten besuchen, die etwa 20 Werst von hier auf dem Lande wohnt, morgen Abend bin ich wieder hier, besehe Mittwoch und Donnerstag Kreml und dergl., und schlafe Freitag oder Sonnabend in den Betten, welche Engel inzwischen kaufen wird. Langsam anzuspannen und schnell zu fahren, liegt im Character dieses Volkes. Vor 2 Stunden habe ich den Wagen bestellt, auf jede Anfrage, die ich seit 1 1/2 Stunden von 10 zu 10 Minuten ergehn lasse, heißt es: sogleich! mit unerschütterlich freundlicher Ruhe, aber dabei bleibt es. Du kennst meine musterhafte Geduld im Warten, aber alles hat seine Grenzen; nachher wird gejagt, daß in den schlechten Wegen Pferd und Wagen brechen und man schließlich zu Fuß anlangt. Ich habe inzwischen 3 Gläser Tee getrunken, mehre Eier vertilgt, die Heizbemühungen sind auch so vollständig gelungen, daß ich das Bedürfniß fühle, frische

Luft zu schöpfen. Ich würde mich aus Ungeduld rasiren, wenn ich einen Spiegel hätte. Sehr weitläufig ist diese Stadt, und sonderbar fremdartig durch ihre Kirchen mit grünen Dächern und unzähligen Kuppeln; ganz anders wie Amsterdam,[187] aber beide sind die originellsten Städte, die ich kenne. Von der Bagage, die man hier im Coupé mitschleppt, hat kein deutscher Conducteur eine Ahnung; kein Russe ohne zwei wirkliche überzogne Kopfkissen, Kinder in Körben und Massen von Lebensmitteln aller Art. Ich wurde aus Höflichkeit in ein Schlafcoupé complimentirt, wo ich schlechter situirt war, als in meinem Fauteuil; es ist mir überhaupt wunderlich, so viel Umstände wegen einer Reise zu machen.

Archangelski, am Abend spät.

Heut vor einem Jahre ließ ich mir auch nicht träumen, daß ich grade hier jetzt sitzen würde; an dem Flusse, an welchem Moskau liegt, etwa 3 Meilen oberhalb der Stadt, steht inmitten weitläufiger Gartenanlagen ein Schloß im italiänischen Styl; vor der Front zieht sich ein breiter, terrassirt abfallender Rasen, mit Hecken, wie in Schönbrunn, eingefaßt, bis zum Fluß, und links davon am Wasser liegt ein Pavillon, in dessen 6 Zimmern ich einsam circulire; jenseit des Wassers weite, mondhelle Ebene, diesseit Rasenplatz, Hecken, Orangerie; im Kamin heult der Wind und flackert die Flamme, von den Wänden sehn mich alle Bilder spukhaft an, von draußen weisen marmorne durchs Fenster. Morgen gehe ich mit meinen Wirten nach Moskau zurück, sie übermorgen von dort über Petersburg nach Berlin; ich bleibe noch bis Freitag, wenn's Gottes Wille ist, to see, what is to be seen. Die Feder ist übrigens zu schlecht, ich gehe ins Bett, so breit und kalt es auch aussieht, gute Nacht. Gott sei mit Dir und allem, was Reinfeld herbergt.

---

187   S. o. S. 104. 105.

Ich habe trotz des breiten, kalten Bettes sehr gut geschlafen, mir ein
tüchtiges Feuer machen lassen, und sehe über den dampfenden Teekes-
sel hinaus in den etwas klaren, aber immer noch grauen Horizont und in
die gänzlich grüne Umgebung meines Pavillons; ein freundliches Stück
Erde, und das angenehme Gefühl, für den Telegraphen unerreichbar zu
sein. Mein Diener, als echter Russe, hat, wie ich sehe, in meinem Vorzimmer auf einem seidnen Divan geschlafen, und darauf scheint in der
häuslichen Einrichtung gerechnet zu werden, indem man den Bedienten
keine besondre Schlafgelegenheit anweist. An meinen Pavillon stößt
ein wenigstens 150 Schritt langes, jetzt leeres Orangeriehaus, dessen
Winterbewohner gegenwärtig längs der Hecken in stattlicher Größe auf-
gepflanzt sind. Das Ganze ist mit seinen Anlagen etwas wie ein sehr
vergrößertes mit Rococobeisatz in Möbeln, Hecken, Terrassen, Statuen.
Jetzt gehe ich spazieren. . . .

An Frau v. Bismarck.

Moskau, 8. Juni

. . . Diese Stadt ist wirklich als Stadt die schönste und originellste,
die es gibt; die Umgegend ist freundlich, nicht hübsch, nicht häßlich;
aber der Blick von oben aus dem Kremlin auf diese Rundsicht von
Häusern mit grünen Dächern, Gärten, Kirchen, Türmen von der allerson-
derbarsten Gestalt und Farbe, die meisten grün, oder rot, oder hellblau,
oben am häusigsten von einer riesenhaften goldnen Zwiebel gekrönt,
und meist zu 5 und mehr auf einer Kirche, 1000 Türme find gewiß! etwas fremdartiger Schönes, wie dieses alles im Sonnenuntergang schräg
beleuchtet, kann man nicht sehn. Das Wetter ist wieder klar, und ich
würde noch einige Tage hier bleiben, wenn nicht Gerüchte von einer
großen Schlacht in Italien[188] circulirten, die vielleicht Diplomatenar-
beit nach sich ziehn kann, da will ich machen, daß ich auf den Posten

---

188   bei Magenta, 4. Juni 1859.

komme. Das Haus, in dem ich schreibe, ist auch wunderlich genug, eins der wenigen, die 1812 überlebt haben, alte dicke Mauern, wie in Schönhausen, orientalische Architectur, maurisch, große Räume. ...

An Frau v. Bismarck.

Peterhof, 28. Juni 59

Aus vorstehendem Datum siehst Du schon, daß ich wieder auf bin. Ich fuhr heut früh hierher, um von der Kaiserin-Mutter Abschied zu nehmen, die morgen in See geht. Für mich hat sie in ihrer liebenswürdigen Natürlichkeit wirklich etwas Mütterliches, und ich kann mich zu ihr ausreden, als hätte ich sie von Kind auf gekannt. Sie sprach heut lange und vielerlei mit mir; auf einem Balkon mit Aussicht ins Grüne, strickend an einem weiß und roten wollnen Shawl mit langen Stäben, lag sie, schwarz angezogen, in einer Chaiselongue, und ich hätte ihrer tiefen Stimme und ihrem ehrlichen Lachen und Schelten noch stundenlang zuhören mögen, so heimatlich war mir's. Ich war nur auf 2 Stunden im Frack gekommen; da sie aber schließlich sagte, sie hätte noch nicht Lust, von mir Abschied zu nehmen, ich aber wahrscheinlich schrecklich viel zu tun, so erklärte ich: „nicht das Mindeste" und sie: „dann bleiben Sie doch, bis ich morgen fahre." Ich nahm die Einladung mit Vergnügen als Befehl, denn es ist hier reizend und in Petersburg so steinern. Denke Dir die Höhen von Oliva und Zoppot alle in Parkanlagen verbunden und mit einem Dutzend Schlössern und Terrassen, Springbrunnen und Teichen dazwischen, mit schattigen Gängen und Rasen bis ins Seewasser hinein,

blauen Himmel und warme Sonne mit weißen Wolken, über die grünen Wipfelmeere hinaus das blaue wirkliche Meer mit Segeln und Möven, so gut ist es mir lange nicht geworden. In einigen Stunden kommt der Kaiser und Gortschakow, da wird auch wohl einiges Geschäft in die Idylle eindringen; aber Gott sei Dank, sieht es ja etwas friedlicher in der Welt aus trotz unsrer Mobilmachung, und ich brauche mich weniger zu ängstigen vor gewissen Entschließungen. Es tun mir die östreichischen Soldaten leid, wie müssen sie geführt werden, daß sie jedesmal Schläge bekommen, am 24. wieder![189] Für die Minister ist es eine Lehre, die sie in ihrer Verstocktheit nicht einmal beherzigen werden. Weniger Frankreich als Oestreich würde ich von dem Augenblick an fürchten, wo wir den Krieg auf uns nähmen.

28. abends

Nachdem ich eine dreistündige Spazierfahrt im offnen Wagen durch die Gärten gemacht habe und alle ihre Schönheiten im einzelnen besehn, trinke ich Tee, mit dem Blick auf goldnen Abendhimmel und grüne Wälder; Kaisers wollen den letzten Abend en famille sein, was ich ihnen nicht verdenke, und ich habe als Reconvalescent die Einsamkeit aufgesucht, für heut auch wirklich genug für meinen ersten Ausflug. Ich rauche meine Cigarre in Ruhe, trinke guten Tee und sehe durch die Dämpfe beider einen Sonnenuntergang von wahrhaft seltner Pracht. Beifolgenden Jasmin sende ich Dir als Beweis, daß er hier wirklich im Freien wächst und blüht. Dagegen muß ich gestehn, daß man mir die gewöhnliche Kastanie in Strauchgestalt als ein seltnes Gewächs gezeigt hat, welches im Winter eingewickelt wird. Sonst gibt es recht schöne große Eichen, Eschen, Linden, Pappeln und Birken, wie Eichen so dick. . . .

An Frau v. Arnim.

Peterhof, 29. Juni 1859

Mein geliebtes Schwesterherz,

Ich hatte Dir mit dem Postschiff vom 25. meinen Glückwunsch in ein Paar Pantoffel gesteckt schicken wollen, Du hättest ihn dann grade heut erhalten, aber ich habe in der vorigen Woche auch nicht einmal das tun

189   bei Solferino.

können, so lag ich erschlagen auf dem Rücken. Ich bin schon seit dem Januar in Berlin nie wieder recht gesund gewesen, und Aerger, Klima und Erkältung trieben ein ursprünglich unscheinbares Gliederreißen vor etwa 10 Tagen auf die Höhe, daß mir der übliche Atem nicht mehr ausreichend zufloß und nur unter sehr schmerzhaften Anstrengungen einzuziehn war. Das Uebel, rheumatisch-gastrisch-nervös, hatte sich in der Lebergegend eingenistet, und wurde mit massenhaften Schröpfköpfen wie Untertassen und spanischen Fliegen und Senf über den ganzen Leib bekämpft, bis es mir gelang, nachdem ich schon halb für eine bessre Welt gewonnen war, die Aerzte zu überzeugen, daß meine Nerven durch 8jährigen ununterbrochnen Aerger und stete Aufregung geschwächt wären und weitres Blutabzapfen mich mutmaßlich typhös oder blödsinnig machen würde. Gestern vor 8 Tagen war's am schlimmsten; meine gute Natur hat sich aber rasch geholfen, seitdem man mir Sect in mäßigen Quantitäten verordnet hat. Ich bin gestern hierher gefahren (meine erste Ausfahrt), um von der Kaiserin-Mutter Abschied zu nehmen, die für mich die Güte selbst ist, und auf ihren Wunsch bin ich bis zu ihrer Abfahrt, die heut um Mittag stattfinden wird, hier geblieben, um mich nach allen Leiden an Grün und Wasser und Landluft zu erfreuen. Schreibe über diese Krankheitsdetails nichts an Johanna, ich werde ihr das mündlich sagen; einstweilen habe ich ihr nur von gebräuchlichen Hexenschüssen geschrieben. Oscar werde ich besonders schreiben, sobald ich in Ruhe bin; ich war tief gerührt von seinem langen Brief und hätte längst geantwortet, aber vor meiner Krankheit war ich 8 Tage in Moskau und Umgegend, und dann ist der Betrieb der vielen Geschäfte jetzt doppelt zeitraubend durch den Aufenthalt des Hofes und Ministers in Sarskoe-Selo.... Die östreichischen Soldaten tun mir ehrlich leid mit ihrem Unglück; aber für das Cabinet wird die Lektion kaum stark genug sein, um es zu einer ehrlichern Politik gegen uns zu vermögen als bisher. Mit der Mobilmachung haben wir uns eine harte Last aufgebunden, da wir zum Kriege doch wohl sobald nicht kommen werden, vielleicht gar nicht; wir metzeln die 40 Millionen wieder und sind um eine Erfahrung reicher. Ich hoffe im ersten Drittel Juli Urlaub zu bekommen und dann erst nach Berlin und hoffentlich über Kröchlendorf nach Pommern zu gehn. Lebe wohl, mein Engel, ich muß mich anziehn.

Herzliche Grüße an Oscar.

Dein treuer Bruder

v. B.

An Geh. Leg.-Rat Wentzel in Frankfurt.

Petersburg, 1. Juli 1859

Ich danke Ihnen für Ihren Brief und hoffe, daß Sie diesen ersten nicht den letzten sein lassen; in meiner Teilnahme nehmen die Frankfurter Verhältnisse noch immer, nächst dem Dränge der Gegenwart, die erste Stelle ein, und ich bin erkenntlich für jede Nachricht von dort. Unsre Politik finde ich bis jetzt correct; aber ich blicke doch mit Sorge in die Zukunft; wir haben zu früh und zu stark gerüstet, und die Schwere der Last, die wir uns aufgebürdet, zieht uns die schiefe Ebene hinab. Man wird zuletzt los-schlagen, um die Landwehr zu beschäftigen, weil man sich genirt, sie einfach wieder nach Hause zu schicken. Wir werden dann nicht einmal Oestreichs Reserve, sondern wir opfern uns grades Wegs für Oestreich, wir nehmen ihm den Krieg ab. Mit dem ersten Schuß am Rhein wird der deutsche Krieg die Hauptsache, weil er Paris bedroht, Oestreich bekommt Luft, und wird es seine Freiheit benutzen, um uns zu einer glänzenden Rolle zu verhelfen? wird es nicht vielmehr dahin streben, uns das Maß und die Richtung unsrer Erfolge so zuzuschneiden, wie es dem spezifisch östreichischen Interesse entspricht? und wenn es uns schlecht geht, so werden die Bundesstaaten von uns abfallen, wie welke Pflaumen im Winde, und jeder Fürst, dessen Residenz französische Einquartirung bekommt, wird sich landesväterlich auf das Floß eines neuen Rheinbundes retten. Vielleicht gelingt es, eine gemeinschaftliche Haltung der drei neutralen Großmächte zu combiniren; wir sind nur schon zu kostspielig gerüstet, um ebenso geduldig wie England und Rußland des Erfolges warten zu können, und unsre Vermittelung wird schwerlich die Cirkelquadratur einer für Frankreich und Oestreich annehmlichen Friedensbasis zu Tage fördern können. In Wien ist die Stimmung angeblich sehr bitter gegen die eigne Regirung und soll schon demonstrativ bis zum Auspfeifen der Nationalhymne geworden sein. Bei uns ist die Begeisterung für den Krieg anscheinend auch nur mäßig, und es wird schwer sein, dem Volke zu beweisen, daß der Krieg und seine Uebel unvermeidliche Notwendigkeit ist. Der Beweis ist zu künstlich für das Verständniß des Landwehrmanns.

Geschäftlich ist meine Stellung hier sehr angenehm, aber viel zu tun mit 40,000 Preußen, deren Polizei, Advokat, Richter, Aushebungsbehörde und Landrat man ist, täglich 20–50 Unterschriften, ohne Pässe. Ich bin noch immer wie im Bivouac, mit einigen in der Eile gekauften Betten, Handtüchern und Tassen, ohne Koch und Küche, weil alles Geschirr fehlt; und bei der Hitze ohne Sommerzeug! Mein Haus ist groß genug und schön gelegen, an der Newa; 3 große Säle, wovon 2 größer wie der bei Seufferheld;[190] in einen habe ich die Kanzlei gelegt, mit Parquet, Spiegeltüren und silbernen Wandleuchtern. Das einzige, was ich bisher aus Frankfurt erhalten habe, sind meine Gewehre, die man leider mit Kronleuchtern beschwert hatte, und zwar so, daß 3 Gewehre total zerbrochen und im Lauf zerscheuert sind. Welcher Schlaukopf mag wohl das gepackt haben! wenn derselbe die andern Sachen emballirt hat, so kann ich vielleicht froh sein, wenn sie verunglückt sind. Die Assecuranz ist niedrig in der Summe, falls das Silber dabei ist, die Prämie aber hoch, weil der . . ., der Hans Narr, gegen „Kriegsgefahr" versichert hat! ...
An Frau v. Bismarck.

Petersburg, 2. Juli 59

Vor einer halben Stunde hat mich ein Courier mit Krieg und Frieden geweckt. – Unsre Politik gleitet mehr und mehr in das östreichische Kielwasser hinein, und haben wir erst einen Schuß am Rhein abgefeuert,

---

190   im Frankfurter Quartier Bismarcks.

so ist es mit dem italiänisch-östreichischen Kriege vorbei, und statt dessen tritt ein preußisch-französischer auf die Bühne, in welchem Oestreich, nachdem wir die Last von seinen Schultern genommen haben, uns soviel beisteht oder nicht beisteht, als seine eignen Interessen es mit sich bringen. Daß wir eine sehr glänzende Siegerrolle spielen, wird es gewiß nicht zugeben.

Wie Gott will! es ist hier alles doch nur eine Zeitfrage, Völker und Menschen, Torheit und Weisheit, Krieg und Frieden, sie kommen und gehn wie Wasserwogen, und das Meer bleibt. Es ist ja nichts auf dieser Erde als Heuchelei und Gaukelei, und ob nun das Fieber oder die Kartätsche diese Maske von Fleisch abreißt, fallen muß sie doch über kurz oder lang, und dann wird zwischen einem Preußen und einem Oestreicher, wenn sie gleich groß sind, doch eine Aehnlichkeit eintreten, die das Unterscheiden schwierig macht; auch die Dummen und die Klugen sehn, reinlich skelettirt, ziemlich einer wie der andre aus; den specifischen Patriotismus wird man allerdings mit dieser Betrachtung los, aber es wäre auch jetzt zum Verzweifeln, wenn wir auf den mit unsrer Seligkeit angewiesen wären. . . .

An Frau v. Bismarck.

Sonnabend (16. Juli 1859)[191] Petersburg
Bis halb 4 habe ich heut früh geschreben, da ging die Sonne auf und ich zu Bett, und heut wieder vor 9 bis jetzt in der Tinte; in 1/2 Stunde geht's Schiff; ** segelt hinter mir. Ich habe 3 Tage hintereinander nach Zarskoe-Selo müssen, kostet immer den ganzen Tag; beim Kaiser aß ich neulich in den Kleidern von vier verschiednen Leuten, weil ich nicht auf Frack gefaßt war, ich sah sehr sonderbar aus. Man ist hier sehr gut für mich, in Berlin aber intriguirt Oestreich und alle lieben Bundesgenos

---

191 Das Datum läßt sich aus der durch die Zeitungen gemeldeten Tatsache erschließen, daß Herr von Bismarck am 22. Juli in Berlin ankam. Sonnabend, den 16. Juli verließ er Petersburg.

sen, um mich hier wegzubringen, und ich bin doch so artig. Wie Gott will, ich wohne eben so gern auf dem Lande. . . .

An Frau v. Arnim.

Berlin, 24. Sept. 59

Nachdem ich gestern Abend von der Budberg erfahren, daß Ihr durch Berlin passirt und wahrscheinlich wieder in Kröchlendorf wärt, habe ich heut den Tag über unerhörte Anstrengungen gemacht, um auf morgen früh um sechs frei zu werden und morgen Abend über Kröchlendorf nach Stettin zu gelangen. Nachdem ich vom Reden mit Handwerkern und Staatsmännern heiser, vor Aerger, Hunger und Geschäftigkeit beinah blödsinnig geworden bin, erlahme ich jetzt, um 11 Uhr, vor der Aufgabe, einen weder kurzen noch einfachen Brief an Schleinitz über heutige Verhandlungen zu schreiben, morgen um halb sechs aufzustehn und einige Geld- und Justizgeschäfte demnächst schriftlich abzumachen. Je suis à bout de mes forces und muß schlafen, so schmerzlich es mir auch ist, auf die Dir für morgen zugedachte Ueberraschung zu verzichten. Zwei angefangne Briefe nach Baden habe ich schon zerrissen, ich kann meine Gedanken nicht mehr auf dem politischen Koturn erhalten und muß meine Abreise nach Stettin auf morgen Abend aufschieben. Dort übernachte ich, auf übermorgen habe ich mir mit Bernhard in Freienwalde Rendezvous gegeben, der bis Labes mit mir fahren kann, wo die Züge kreuzen; den Abend schlafe ich in Reddentin, und den 27. früh fahre ich nach Reinfeld, sonst kratzt mir Johanna die Augen aus, es ist ihres Vaters Geburtstag und die Pferde schon bestellt. Wenn ich glaubte, daß dieser Brief rechtzeitig in Deine Hände gelangte, so würde ich versuchen, Euch zur Mitfahrt nach R. zu bereden; aber Ihr werdet reisemüde sein. Ich habe mich, besonders die vierzehn Tage in Baden, sehr erholt. Das linke Bein ist noch schwach, wird vom Gehn dick, die Nerven (sind) von der Jodvergiftung noch nicht erholt, ich schlafe noch schlecht, und nach den vielen Leuten und Dingen, die ich heute ge- und besprochen habe, bin ich matt und erbittert, ich weiß nicht worauf; aber ich habe doch wieder andre Weltanschauungen wie vor 6 Wochen, wo mir am Weiterleben wenig gelegen war, und die Leute, die mich damals hier gesehn haben, sagen, daß sie nicht geglaubt haben, dieses Vergnügen heut noch zu haben. Alle preußischen Gesandten sterben oder werden wahnsinnig, sagt mir Balan heut mit einem Aussehn, welches die Wahrheit seiner Worte bekräftigt. Andre Menschen aber auch. Ich denke in Reinfeld 14 Tage zu bleiben, dann nach Norden aufzubrechen. Möglich ist, daß man mich nach Herkunft des Regenten[192] nochmals hierher citirt, und vielleicht wird meine Reise durch die des Kaisers Al. noch verzögert. Winterreise wird es doch, so wie so, in Petersburg haben sie schon Schnee und 2° Frost. Ich kann mir nicht einmal einen andern Posten wünschen, da ich nach ärztlicher Vorschrift faul sein soll; das geht nur in Petersburg, wenn ich nicht ganz ausscheiden will. Ich werde mich in den Bärenpelz wickeln und einschneien lassen, und sehn, was nächsten Mai beim Tauwetter von mir und den Meinigen übrig geblieben ist. Ist es zu wenig, so gehe ich zu Bau und schließe mit der Politik ab, wie Gischperl auf dem vierten Bilde. Schön wäre es aber doch, wenn wir uns vor dem Winterschlaf noch sehn könnten; komme ich wieder her in 14 Tagen, so ist es leicht; im andern Falle müssen wir uns noch ein Mittel ausdenken, zusammen Danzig besehn oder den Gollenberg. Leb wohl, mein Lieb, und grüße Oscar und Deine Kinder.

Dein treuer Bruder v. B.

Berlin, 14. 9.[193] 59

Mein geliebtes Herz,

Verzeih, daß ich auf Deinen Brief noch nicht geantwortet habe; ich glaubte noch einige Tage in Reinfeld bleiben zu können, wurde aber vorgestern plötzlich telegraphisch citirt. Sonst fuhr man in 28 Stunden

192   aus Baden-Baden.
193   muß heißen 14.10, s. Kohl, Bismarck-Regesten I 165 zum 14. Oct. 1859.

hierher, seit die Eisenbahn eröffnet ist, braucht man 32, und steht um 4 Uhr auf. Ich bin eben, 6 Uhr, hier angelangt, habe mich satt gegessen und will nun schlafen. Morgen ganz früh soll ich den Regenten auf dem Bahnhof empfangen, wahrscheinlich mit nach Potsdam, um noch Briefe und Aufträge entgegenzunehmen, morgen Abend nach Warschau. Mit dem Kaiser werde ich wohl nach Breslau zurückkehren; von dort hierher wieder; vielleicht können wir uns dann endlich auf einen Tag sehn. Heute trifft in Tauroggen ein 14sitziger Wagen für mich ein, wie lange er dort auf mich warten wird, weiß der Himmel, dieses Vagabondiren in herbstlicher Kälte mit winterlichem Ziel ist nicht sehr lustig. ...

Leb wohl mein Herz, grüße O. und die Kinder von Deinem sehr müden Bruder

v. B.

An Frau v. Bismarck.

Lazienki, 17. Oct. 59

Soweit hätten sie mir! Heut früh suchte ich in dem ersten polnischen Bahnhof nach dem Billetbüreau, um mich einschreiben zu lassen bis hier, als mich plötzlich ein wohlwollendes Geschick in Gestalt eines weißbärtigen russischen Generals ergriff; P. heißt der Engel, und ehe ich recht zur Besinnung kam, war mein Paß den Polizisten, meine Sachen den Douaniers entrissen, und ich aus dem Bummelzug in den Extrazug verpflanzt, saß mit einer Cigarre dieses liebenswürdigen Herrn in einem kaiserlichen Salonwagen und gelangte nach einem guten Diner in Petrikau hier auf dem Bahnhof an, wo ich von Alexander und Sachen durch das goldne Gedränge getrennt wurde. Mein Wagen war vor, ich mußte hinein, und meine in mehren Sprachen gerufnen Fragen, wo ich wohnte, verhallten in dem Wagengerassel, mit welchem zwei aufgeregte Hengste mich in die Nacht hineingaloppirten. Wohl eine halbe Stunde lang fuhr man mich in rasender Eile durch die Finsterniß, und nun sitze ich hier in Uniform mit Ordensband, welches wir sämmtlich auf der letzten Station anlegten – Tee neben mir, einen Spiegel vor mir, und weiß nichts, als daß ich im Pavillon Stanislaus Augusts in Lazienki bin, aber nicht, wo das liegt, und lebe der Hoffnung, daß Alexander mit einem etwas bequemern Kostüm meine Spur bald auffinden wird. Vor dem Fenster scheinen dem Rauschen nach hohe Bäume oder Springbrunnen zu sein, außer vielen Leutenin Hoflivrée entdecke ich noch keine menschlichen Wesen ringsum. Der Kaiser kommt den 23. früh nach Breslau, bleibt dort bis heut über 8 Tage und dann komme ich mit zwei Tagen Aufenthalt zu Dir

An Frau v. Bismarck.

Lazienki, 19. 10. 59

Ich kann Dir nur mit einfachen Worten sagen, daß es mir wohl geht. Gestern war ich den ganzen Tag en grandeur, Frühstück mit dem Kaiser, dann Audienz, eben so gnädig, wie in Petersburg und sehr teilnehmend; Tafel bei Sr. Maj., Abends Theater, recht gutes Ballet und alle Logen voll hübscher junger Damen; jetzt habe ich vortrefflich geschlafen, der Tee steht auf dem Tisch, und wenn ich ihn getrunken haben werde, fahre ich aus. Am 23. früh kommt der Kaiser nach Breslau, den 25. früh werden wir wohl nach Berlin fahren. Besagter Tee, den ich eben trank, bestand übrigens nicht nur aus Tee, sondern auch Caffee, 6 Eiern, 3 Sorten Fleisch, Backwesen und 1 Flasche Bordeaux, und aus der Bresche, die ich darin frühmorgens schon angerichtet habe, würdest Du ersehn, daß die Reise mir nicht geschadet hat. Der Wind fährt wie ausgelassen über die Weichsel her und wühlt in den Kastanien und Linden, die mich umgeben, daß die gelben Blätter gegen die Fenster wirbeln; hier drin aber, mit Doppelfenstern, Tee und dem Gedanken an Dich und die Kinder, raucht sich die Cigarre ganz behaglich. Leider hat alles Behagen auf dieser Welt seine gemessnen Gränzen, und ich warte nur, daß das Frühstück der Leute im Vorzimmer, bei welchem ich eben Alexanders Stimme lebhaft nach einem Pfropfenzieher verlangen höre, beendigt sei, um mich in den Wagen zu werfen und erst nach verschleimen Schlössern und Schlößchen, dann nach der Stadt zu fahren …

Lazienki, 20. Oct. 59

Lieber Bruder,

ich benutze einige freie Momente, um Dir für Deinen Brief zu danken, den ich in Berlin erhielt, und insbesondre für die Apfelsendung, für deren Schicksal ich bei den frostigen Nachrichten aus Petersburg besorgt bin. Meine Reise verzögert sich durch diese Expedition hierher bis in den wirklichen Winter hinein; ich ruinire mich in Pelzwerk und hoffe dadurch mein kleines Volk zu schützen; wenn nur der Schneefall nicht zu stark wird. Wir leben hier von dîners, Bällen, Paraden, Ballets und Politik, für einen Reconvalescenten in etwas lebhafter Gangart. Uebermorgen, ich glaube Sonnabend, ist eine Jagd in Skierniewice, am Abend Abreise nach Breslau, wo der Kaiser bis Montag Abend bleibt. Ich wohne mit dem ganzen Hof- und Diplomatenwesen hier etwa 1/4 M. von der Stadt, der Kaiser bei Belvedère, dicht bei Lazienki, und ich teile mich mit Budberg in einen netten Pavillon, von dichtem Baumschlag gelb eingefaßt, der Wind wird die Blätter bald abgestreift haben. Ich werde mich in Berlin so kurz wie möglich aufhalten und denke noch im Laufe der nächsten Woche, wenn nicht bis Petersburg, doch bis Riga oder so etwas zu gelangen. . . Johanna hatte, als ich nach Reinfeld kam, ein schweres Halsleiden durchgemacht; es ist so schlimm noch nie gewesen, sie war 8 Tage lang aufs äußerste elend, und nach ihr hatten die Kinder allerhand Erkältungen. Schreibe mir doch nach Berlin, wo ich den 25. und 26. voraussichtlich bin, wie es mit der Gränzregulirung ist; wenn es notwendig, so komme ich dazu auf einen Tag nach Kniephof. Herzliche Grüße an Malwine, der ich Gottes Beistand wünsche.

Dein treuer Bruder

v. B.

An Frau v. Bismarck.

Lazienki, 21. Oct. 59

Nur ein Lebenszeichen gebe ich Dir heut. Ich habe zu lange geschlafen. Gestern war großes Diner, eine Wasser- und Waldillumination,
die alles übertraf, was ich in der Art gesehn habe, und Ballet mit Ma-
zurka zum Verlieben. Was gemacht werden kann, wird gemacht, und für
amüsable Leute ist es hier wie in Abrahams Schooß. Ich würde emp-
fänglicher dafür sein, wenn ich ein Wort der Nachricht von Euch hätte;
Du hast bei der Unsicherheit meiner Reise wohl nicht riskirt, hierher zu
schreiben, oder es geht sehr langsam. Morgen um 9 fahren wir nach Skierniewice, wo Jagd im Park ist, morgen Abend von da nach Breslau. Mit
Gottes Hülfe bin ich heut über 8 Tage schon in Reinfeld und finde Dich
und das kleine Volk gesund und reisefertig. Ich sehne mich nach dem
Moment, wo wir zum ersten Mal im Winterquartier ruhig am Teetisch
sitzen werden, mag die Newa so dick gefroren sein, wie sie will...

An Frau v. Bismarck.

Skierniewice, 22. Oct. 9 Uhr abends

. . . Fünf Stunden Damwild geschossen, 4 Hasen gehetzt, 3 Stunden
geritten, alles sehr gut bekommen. Eben steigen wir ins Coupé nach
Breslau, wo wir morgen früh sind...

An einen preußischen Diplomaten.[194]

Hohendorf, 3. Februar 1860

Ich höre immer noch mit Vergnügen und mit einem Anflug von
Heimweh alle Nachrichten über Frankfurter Zustände und Personen,
und beim Zeitungslesen befällt mich oft der Trieb, kampflustig in die
Sitzungen zu eilen. Der Zug mit der Kriegsverfassung war vortrefflich,

---

194   Herrn v. Wentzel in Frankfurt (?).

nur weiter so, offen und dreist mit unsern Ansprüchen herausgetreten, sie sind zu berechtigt, um nicht schließlich, wenn auch langsam, sich Anerkennung zu verschaffen, und die von des Rheinbunds- und der Bundesacte Gnaden souveränen Kleinstaaten können ihren Particularismus auf die Dauer gegen den Strom der Zeit nicht halten. Es kann, wie meine Genesung, Stillstand und Rückschritt gelegentlich durchmachen, aber im ganzen rückt es vorwärts, sobald wir mutig wollen und uns unsres Wollens nicht mehr schämen, sondern im Bunde, in der Presse, und vor allem in unsern Kammern offen darlegen, was wir in Deutschland vorstellen wollen, und was der Bund bisher für Preußen gewesen ist: ein Alp und eine Schlinge um unsern Hals mit dem Ende in feindlichen Händen, die nur auf Gelegenheit zum Zuschnüren warten...Doch genug Politik.

Ich hoffe bald reisefertig zu sein, bin's vielleicht schon; meine Frau und die Aerzte drängen mich nach Süden, Heidelberg oder Schweiz; ich dränge nach Petersburg, um endlich im eignen Hause in Ruhe zu wohnen ....

An den Bruder.

Hohendorf, 15. Febr. 1860

Gott sei Dank bin ich wieder soweit, daß ich auf Deinen Brief von vorgestern mit einigen eigenhändigen Zeilen antworten kann. Ich freue mich, daß Ihr gesund seid, besonders Malwine und ihre kleine Adelheid. Ich will in diesen Tagen nach Berlin fahren, und mich dort, nach Anhörung von ärztlichem- und ministeriellem Rat entscheiden, ob ich schon jetzt nach Petersburg gehe oder noch einige Monat in Deutschland bleibe, in letztrem Falle wahrscheinlich am Rhein. Faulheit und gute Luft tun mir ohne Zweifel gut, aber diese Reise und Gasthofsexistenz mit ihren Provisorien und ihrer Ungewißheit über nächste Zukunft ist mir nachgrade unleidlich, und das Bedürfniß, einmal wieder in meinem eignen Bett zu liegen und in Zimmern zu sein, die ich nicht so bald als möglich zu verlassen beabsichtige, ist so lebhaft in mir, daß ich schon ernstlich an Abschied und Schönhausen gedacht habe. Da ist wenigstens die Möglichkeit denkbar, daß ich nie wieder zu reisen und umzuziehn brauche, bis an mein, so Gott will, seliges Ende, und der Trost, daß ichs nachdem nicht weit zum Kirchhof habe. Außerdem ziehn sie mir im Urlaub soviel ab, daß mir nicht die Kosten meines Petersburger Haushalts gedeckt bleiben, den ich doch nicht auflösen und nach 3 Wochen oder 3 Monat neu bilden kann ....

Johanna grüßt Dich und Malwine herzlich und ich nicht minder. Bill und Marie sind beide einige Tage krank gewesen, um unsre Sorgen zu vermehren, aber Gottlob beide in der Besserung, wenn auch Bill noch liegt; eine Art gastrisches Fieber hat ihn scharf geschüttelt, und schwächlich bleibt er immer. Leb wohl.

Dein treuer Bruder
v. Bismarck.

Berlin, 12. Mai 1860

Lieber Bruder,

verzeih, daß ich Dir nicht früher für Deine beiden letzten Briefe gedankt habe. Ich bin hier zwischen Geschäften, Geselligkeit und gelegentlichem Unwohlsein so in Anspruch genommen worden, daß ich es von einem Tage zum andern verschob. Ich kam zu Anfang März auf 8 Tage her, um ärztlichen Rat und je nach dessen Ausfall Urlaub zu einer Badereise zu holen. Letztre wurde nicht für nützlich erachtet, und ich drückte den Wunsch aus, nach Hohendorf zurückzukehren und von dort die Reise nach Petersburg anzutreten, sobald Wege und Flüsse sicher passirbar sein würden. Ohne grade bestimmten Widerspruch zu erfahren, bin ich aber hier von Tage zu Tage zurückgehalten worden; 4 Abschiedsaudienzen führten jede am Schluß nur zu dem Wunsche des Prinzen, daß ich noch einige Tage bleiben möchte. Abgesehn von der Unbehaglichkeit des Gasthofslebens und der Trennung von Johanna, die vor 3 oder 4 Wochen abreiste in der Hoffnung, daß ich in 3 Tagen folgen würde, bringt mich dieses äußerlich unmotivirte Verweilen hier am Hofe in eine schiefe Stellung zu den Ministern, befonders zu Schleinitz. Ich habe deshalb vor einigen Tagen noch einen entschlossnen amtlichen Schritt gemacht, um auf meinen Posten zu gehn, und gleichzeitig in scherzhafter Weise um 6 W. Urlaub gebeten, die ich in Petersburg zuzubringen beabsichtige. Das Ergebniß ist aber ein ziemlich ungnädiger Befehl gewesen, „hier zu bleiben.“ Nun weiß ich wenigstens, woran ich bin, oder vielmehr, was ich zu tun habe, und da der Regent gleichzeitig Perponchers Bitte, ihm die Rückkehr und Uebersiedlung nach Neapel zu gestatten, trotz ministerieller Befürwortung abgeschlagen hat, so ist klar, daß er mich in den nächsten Tagen noch nicht nach Petersburg läßt. An Johanna habe ich geschrieben, daß sie mich vor Schluß des Landtags (23.) nicht erwarten möge. Das Gerücht erklärt sich mein Festhalten natürlich durch die Annahme, daß ich Schleinitz ersetzen soll; dieselbe verliert aber für mich dadurch jede Wahrscheinlichkeit, daß mit mir von competenter Stelle kein Wort in diesem Sinne gesprochen worden ist und man doch nicht annehmen kann, daß ich gar keine Bedingungen machen würde, wenn ich in dieses Cabinet eintreten sollte. Wollte ich bereitwillig in diese Galeere hineingehn, so müßte ich ein ehrgeiziger Narr sein; jeder große Gesandschaftsposten, auch der Petersburger, der abgesehn vom Klima, der angenehmste von allen ist, ist ein Paradies im Vergleich mit der Schinderei eines heutigen Ministergeschäftes, besonders des auswärtigen. Wenn mir aber die Pistole auf die Brust gesetzt wird mit ja und nein, so habe ich das Gefühl, eine Feigheit zu begehn, wenn ich in der heutigen, wirklich schwierigen und verantwortungsvollen Situation „nein“ sage. Wenn wir so vor dem Winde weitertreiben, so ist es Gottes Wunder und besondre Gnade, wenn wir nicht so fest laufen, daß die Fragen von Juden und Grundsteuern bald sehr nebensächlich erscheinen. Kurz, ich tue ehrlich, was ich kann, um unbehelligt nach Petersburg zu gelangen und von dort der Entwicklung in Ergebenheit zuzusehn; wird mir aber der ministerielle Gaul dennoch vorgeführt, so kann mich die

Sorge über den Zustand seiner Beine nicht abhalten aufzusitzen. Johanna und meine Schwiegereltern erwarten mich schmerzlich von Tage zu Tage in Hohendorf, und dieser Mißbrauch der Gastfreundschaft ist mir, trotz der stets erneuerten Einladung und Liebenswürdigkeit, fast das Peinlichste an der Situation. In dem steten Glauben, in zwei Tagen nach Petersburg reisen zu können, haben wir immer Anstand genommen, die 2 Tagereisen nach Reinfeld mit 8 resp. 11 Personen nochmals hin und her zu machen. Es wird nun aber doch wohl nicht anders werden, und wenn dann meine Abreise nicht, wie es wohl zu geschehn pflegt, urplötzlich sehr eilig betrieben wird, so hoffe ich dann den Weg über Külz und Reinfeld nehmen zu können . . .

Johanna und die Kinder sind wohl mit Gottes Hülfe, und mit dem neuen Hauslehrer geht es gut ... Ich bin ziemlich wieder zu Kräften gekommen, aber doch nicht ganz der Alte, erkälte mich leicht, und darf nur wenig Wein trinken. Wenn ich, was auch in der Möglichkeit liegt, für die nächsten 2 Monat einen provisorischen Auftrag erhalten sollte, der mich so lange von Petersburg fern hält, so möchte ich dann noch 4 Wochen ins Seebad, am liebsten nach Stolpmünde gehn, sonst muß ichs in Finnland brauchen. Meine Sachen liegen alle unausgepackt in Petersburg, wahrscheinlich von Motten gefressen; ich habe für mich, Frau, Kinder, Leute, alles müssen neu machen lassen, da wir im November nur noch Nachtzeug bei uns hatten. In Petersburg habe ich jedes Quartal 5000 Tlr. Ausgaben, ohne dort zu sein, da ich den Hausstand doch nicht auflösen kann, und in diesem Vagabondenleben gebrauche ich, trotz Hohendorfscher Gastlichkeit, ein fabelhaftes Geld; seit Januar sind mir, außer Petersburg, über 5000 Tlr. baar durch die Hände gegangen, zum Teil noch Einrichtungskosten, und die sind noch nicht alle getilgt. 3000 Taler geben sie für den Umzug, und 13000 kostet er. Doch Gott hilft haushalten, und ich komme im ganzen im Vermögen nicht zurück.

Herzlichste Grüße an Malwine. Arnims sind wohl, alle Abend aus, Mittags esse ich da, wenn ich nicht aus bin, wie heut doppelt, um 3 und um 6, und ich habe Gründe auf beide Diners zu gehn und bei beiden zu fasten. Leb wohl.

Dein treuer Bruder

v. B.

An einen preußischen Diplomaten[195].

Petersburg, 16. Juni 1860

…Uns geht es vor der Hand ziemlich gut, und mir besonders besser, als in Deutschland, unberufen! Die Ruhe und Annehmlichkeit des häuslichen Lebens tun das ihre. 24 ° im Schatten, aber immer kühle Nächte. Die Geschäfte gehn, Dank einem so liebenswürdigen Minister wie Gortschakow, ohne Aerger, kurz cela va bien, pourvu que cela dure. Unsre Beziehungen mit hier sind ausgezeichnet, was auch die Zeitungen fabeln mögen.

Die Augsburger & Co. haben noch immer Angst, ich möchte Minister werden, und meinen dies durch Schimpfen über mich und meine französisch-russischen Gesinnungen zu hintertreiben. Viel Ehre, von den Feinden Preußens gefürchtet zu werden. Uebrigens sind meine politischen Liebhabereien im Frühjahr bei Hof und Minister so genau gesiebt worden, daß man klar weiß, was daran ist, und wie ich grade im nationalen Aufschwung Abwehr und Kraft zu finden glaubte. Wenn ich einem Teufel verschrieben bin, so ist es ein teutonischer und kein gallischer. ... ‚s Lügenfabrik könnte mich viel wirksamer auf andern Gebieten angreifen, als auf dem des Bonapartismus, wenn sie an unserm Hofe, wie bei den Augsburgern, Eindruck machen will . . . .

---

195   Leg. Rat v. Wentzel in Frankfurt (?).

Geliebte Malle,

Wie mitunter in den Bundestagssitzungen, so fällt mir auch hier für einen müßigen Moment keine angenehmere Verwendung ein, als Dir eine Zeile Nachricht über mein Befinden zu geben. Ich habe in der Meinung, daß um 8 Uhr ein Schiff nach Petersburg ginge, bis halb 7 bei Tische gesessen, genau lange genug, um nun bis zehn Uhr warten zu müssen, der Plan ist seit heut geändert, statt acht gehn sie um halb sieben und zehn. Es läßt sich hier aber aushalten, reizendes Wetter heut, Aussicht übers Grüne und auf die See aus einem wohl eingerichteten Eckzimmer des Schlosses, Musik zur Feier des kaiserlich mütterlichen Geburtstags und ein guter Wagen, in dem ich 1 Stunde spazieren fahren werde. Peterhof ist das Juwel der hiesigen Umgegend und als Park wie als Landschaft auch für den West-Europäer erfreulich zu sehn, etwas wie Gegend von Danzig und Zoppot, die Du natürlich wieder nicht kennst, und Rügen auch nicht, letztres ist im Styl, aber schöner.

Mit meinem Befinden geht es über Erwarten gut, seit ich im eignen Hause wohne; Deine Liebenswürdigkeit hat mir diesen Mangel in Berlin einigermaßen ersetzt; aber das grüne Gasthofszimmer und das ganze Provisorische meiner Existenz lastet noch drückend auf meinem Gedächtniß. Mir ist zu Mute wie einem alten Pensionär, der mit den Händeln dieser Welt abgeschlossen hat, oder doch wie einem frühern ehrgeizigen Militär, der den Hafen einer guten Commandantur erreicht hat, und mir ist, als könnte ich hier lange zufriedne Jahre hindurch meinem Ende entgegenreisen. Bis 12 habe ich jeden Morgen mit Carlsbader, Spazieren, Frühstücken, Anziehn zu tun, von da bis 5 giebt mir der Dienst grade genug regelmäßige Arbeit, um mich nicht überflüssig in der Welt zu fühlen. Das Mittag schmeckt mir vortrefflich, am besten das, was ich nicht essen darf, von 8 bis 10 reite ich, ebenfalls par ordonnance du médecin, und lese dann bis 12, mit dem begleitenden Genusse der gemeinen Lazarethpflaume, die eingegangnen Zeitungen und Depeschen. So halte ich's noch lange aus, vorausgesetzt, daß es mir gelingt, den Standpunkt des beobachtenden Naturforschers unsrer Politik gegenüber festzuhalten. Gestern hat Johanna ihren ersten Eintritt in die Gesellschaft gemacht; da ich um 12 im Bett sein soll und man vor 11 nicht kommt, so war's kurz; die Cur ist mir sonst willkommner Vorwand, mir alle Geselligkeit vom Leibe zu halten. Heut war ich hier zur Tafel; das sind die einzigen Unregelmäßigkeiten, seit die erste Bewillkommnung am Hofe vorbei ist. Der Kaiser war sehr herzlich beim Wiedersehn, umarmte mich und hatte eine unverkennbar aufrichtige Freude, daß ich wieder da war. Johanna findet das Leben viel behaglicher, als sie dachte; etwas Kindererkältung störte ihr Gleichgewicht in den letzten Tagen, Gott sei Dank ist alles wieder gut, ebenso wie mit Deiner Marie. Herzliche Grüße.

Dein treuer Bruder

v. B.

Petersburg, 15./3. July 1860

Lieber Bruder,

Deinen Brief vom 7. habe ich vor einigen Tagen mit vielem Dank erhalten und mich über Dein und der Deinigen Wohlergehn gefreut. Auch ich kann Gott für leidliches Befinden danken; die Kinder haben kleine Magen- und Erkältungsfälle durchgemacht, Johanna aber geht es unberufen vortrefflich, nachdem sie alle Geschäfte der Einrichtung dieses weitläuftigen Hauses mit leidenschaftlichem Eifer bewältigt hat. Mit mir selbst ist es noch nicht wieder beim Alten, aber es geht mir hier doch sehr viel besser als in Berlin. Das langentbehrte Gefühl, endlich wieder eine Häuslichkeit zu haben, Ruhe und gleichmäßiges Leben tun das ihrige dabei. Des Morgens trinke ich Carlsbader Mühlbrunnen, was meine Zeit mit Gehn und Frühstücken bis« nach 12 in Anspruch nimmt, dann arbeite ich bis 5 viele, aber nicht grade aufregende Geschäfte, nach dem Essen reite ich von 8 bis 10, lese 2 Stunden Zeitungen und Acten und gehe zu Bett; so ists einen wie alle Tage. Gestern habe ich die erste Ausnahme mit einem Diner beim alten Nesselrode gemacht, aber schlecht danach geschlafen.

Die Eile, mit der ich von Berlin entfloh, war nicht die Ursache, daß ich Euch nicht besuchte, sondern allein mein Gesundheitszustand. Einen oder zwei Tage später hier anzukommen, hätte nichts ausgemacht, aber damals war ich noch so schwach, daß die Eisenbahnfahrt nach Hohendorf, 12 Stunden im bequemen Wagen, ein bedenkliches Unternehmen war, und der Arzt würde mir nicht dazu geraten haben, wenn er nicht meine wachsende Hypochondrie über die Berliner Existenz noch mehr gefürchtet hätte. Jedenfalls aber sollte ich mich auf das Allernotwendigste, um an Ort und Stelle zu gelangen, beschränken. Wagenwechsel bei schlechtem Wetter, Fahren ohne Chaussee, Zugluft, frische Bettwäsche, alle körperliche Ermübung waren Dinge, die ich mehre Tage fühlte. Ich war froh, auf dem gradesten Wege zu den Meinigen zu gelangen, habe mich dort 3 Tage ausgeruht, und den Weg hierher von Hohendorf aus in 7 Tagen zurückgelegt, da ich das Fahren nicht länger als 7 bis 8 Stunden den Tag über aushielt. Die erste Nacht blieben wir in Königsberg, benutzten von da einen Probezug nach Eydtkuhnen, schliefen in Maryampol, Wilkomir, Dünaburg, Reszica und die sechste Nacht auf der Eisenbahn zwischen Ostrow und hier. An einem Dienstag, den 5. Juni, glaub ich, kamen wir an, bei 1° Wärme mit bem schneidendsten Nordwind. Ich soll viel gehn und Abends reiten; aber als ich das erste Mal zu Pferde saß, war ich so matt, daß ich nach einer halben Stunde die Zügel nicht mehr halten konnte. Jetzt geht es, Gott Lob, besser, aber gegen Erkältung bin ich noch sehr empfindlich und beim wärmsten Wetter, gleich allen Russen, nicht ohne Mantel.

Eben störte mich ein Besuch von Tun; wie merkwürdig, daß wir uns hier wieder zusammenfinden. Er war mir jedenfalls lieber als Prokesch und Rechberg...

Von ganzem Herzen wünsche ich Dir Glück und Gottes Segen in Herz, Haus und Hof zu Deinem Geburtstag; Du schreibst nun die 5; wie schnell ist man mit dem Leben fertig, nachdem man immer gedacht hat, nun wird es bald kommen, und für die Zukunft sorgt und müht bis ans Ende. Seit der Krankheit kann ich das Gefühl nicht los werden, daß es bald am Ende ist, und bin dadurch ruhiger und gleichmütiger in allen Dingen geworden. Meine herzlichsten Grüße an Malwine und die Kinder und an Deine liebenswürdige Hausgenossin Elise. Johanna grüßt natürlich, obschon sie eben mit den Kindern nach den Inseln gefahren ist, der hiesige Tiergarten, aber 3/4 Meilen entfernt. Mit dem neuen Lehrer bin ich recht zufrieden, etwas Pedant, läßt mit sich aber reden; ein Berliner von Natur... Willst Du mir wieder Aepfel und Preißelbeeren besorgen, so bin ich sehr dankbar, von den schönen Aepfeln im vorigen Jahr habe ich leider nichts bekommen. Wie wir hier mit dem Gehalt auskommen, weiß ich noch nicht. Täglich 9 Personen am Tisch, dazu 13 unsrige Domestiken und 4 für die beiden Secretäre, da wird man an allen Enden gepflückt. Auskommen werde ich sicher, aber ob ich einem Menschen ein Stück Brod bei mir werde anbieten können, das weiß ich noch nicht. Mein Reitknecht geht fort, weil er das Bier hier nicht verträgt; er ist aus Saarlouis von den 9. Husaren. Weißt Du mir dort vielleicht einen tüchtigen Menschen, der nicht säuft, gut putzt und nicht zu groß und schwer ist? Schreibe mir davon; einen Russen nehme ich nicht zu guten Pferden. Er bekommt monatlich 22 Tlr., Wohnung, Livree und beköstigt sich selbst, was ihn etwa 12 Tlr. kostet. Ich habe an Fritz geschrieben, aber noch keine Antwort. Spricht er polnisch, so ist es besser, aber nur nicht saufen. Hin- und Herreise bezahle ich. Reinlich muß er sein, das ist hier kein Mensch im Stall. 3 Pferde hat er zu warten. Wetter hier seit 3 Tagen heiß, Korn steht gut; bei Frankfurt aber schlecht, laut Brief. Leb wohl.

Dein treuer Bruder

v. B.

An Herrn v. Below (?)

Petersburg, 22. August 1860

... Der heimischen Politik bin ich ganz entrückt, da ich außer Zeitungen fast nur amtliche Nachrichten erhalte, die den Untergrund der Dinge nicht bloßlegen. Nach ihnen haben wir in Teplitz nichts Definitives versprochen, sondern unsre Leistungen für Oestreich davon abhängig gemacht, daß letztres sein Wohlwollen für uns auf dem Gebiet deutscher Politik zunächst praktisch bewähre; nachdem dies geschehn, werde es auf unsre Dankbarkeit rechnen können. Damit wäre ich sehr zufrieden; eine Hand wäscht die andre, und sehn wir die Wiener Seife nur erst schäumen, so werden wir gerne die Wäsche erwidern. Indirecte Nachrichten, die von andern Höfen hierher gelangen, lauten allerdings anders. Wenn sie richtig sind, so hätten wir zwar keinen schriftlichen Garantievertrag geschlossen, uns aber doch vermöge mündlichen Wortes gebunden, Oestreich unter allen Umständen dann beizustehn, wenn es von Frankreich in Italien angegriffen werde; sehe Oestreich sich zum Angriff genötigt, so sei unsre Einwilligung erforderlich, wenn unser Beistand erwartet werden soll. Die Version klingt unverfänglicher, als sie in der Tat sein würde. Hat Oestreich die Sicherheit, daß wir für Venedig eintreten werden, so wird es den Angriff Frankreichs zu provociren wissen, wie denn schon jetzt behauptet wird, daß Oestreich seit Teplitz in Italien dreist und herausfordernd auftrete. Seit der Garibaldischen Expedition geht die Wiener Politik dahin, es in Italien so schlimm wie möglich werden zu lassen, damit dann, wenn Napoleon selbst nötig finden werde, sich gegen die italiänische Revolution zu wahren, allseitig eingeschritten und der frühere Zustand annähernd hergestellt werde. Diese Rechnung mit und auf Napoleon kann sehr trügen; wie es scheint, hat man sie deshalb seit Teplitz aufgegeben und hofft auch gegen Napoleon zum Ziel zu gelangen. Die unruhige, gereizte Leidenschaftlichkeit der östreichischen Politik bringt auf beiden Wegen den Frieden in Gefahr. – Was wird die Kammer zu Teplitz, was zur Armeereorganisation sagen! In letztrer werden natürlich alle Vernünftigen zur

259

Regirung stehn. Der Eindruck der auswärtigen Politik wird sich aber erst berechnen lassen, wenn man genauer weiß, was Teplitz bedeutet. Ein wohlunterrichteter, aber ziemlich Bonapartistischer Korrespondent schreibt mir aus Berlin: „Wir sind in Teplitz mit Wiener Gemütlichkeit glänzend über den Löffel barbirt, für nichts, nicht einmal ein Linsengericht, verkauft." Gott gebe, daß er irrt! – Bei Gelegenheit von Bonapartisten fällt mir ein, daß gelegentliche Andeutungen hierher gelangen, als würde von der Presse – Nationalverein[196], Magdeburger, Ostpreußische Zeitung und dergleichen – ein systematischer Verleumdungsfeldzug gegen meine Person geführt. Ich sollte russisch-französische Zumutungen wegen einer Abtretung der Rheinlande gegen Arrondirung im Innern offen unterstützt haben, ein zweiter Borries sein und dergleichen. Ich zahle demjenigen 1000 Frd'or baar, der mir nachweisen kann, daß dergleichen russisch-französische Anerbietungen jemals von irgend jemand zu meiner Kenntniß gebracht seien. Ich habe in der ganzen Zeit meines deutschen Aufenthaltes nie etwas andres geraten, als uns auf die eigne und die im Fall des Krieges von uns aufzubietende nationale Kraft Deutschlands zu verlassen. Dieses einfältige Federvieh der deutschen Presse merkt gar nicht, daß es gegen das bessre Teil seiner eignen Bestrebungen arbeitet, wenn es mich angreift. Als Quelle dieser Angriffe wird mir der Coburger Hof und ein Literat bezeichnet, der persönliche Rancune gegen mich hat. Wenn ich ein östreichischer Staatsmann oder ein deutscher Fürst und östreichischer Reactionär, wie der Herzog von Meiningen wäre, so würde unsre Kreuzzeitung mich so gut in Schutz genommen haben, wie letztern; die Lügenhaftigkeit jener Verdächtigungen ist keinem unsrer politischen Freunde unbekannt. Da ich aber nur ein alter Parteigenosse bin, der obenein das Unglück hat, über manche ihm genau bekannte Dinge eigne Ansichten zu haben, so läßt man mich nach Herzenslust begeifern, und ich erfahre von der ganzen Sache hauptsächlich durch die officiöse Verteidigung der Elberfelder Zeitung,

---

196   Vgl. Wochenschrift des Nationalvereins Nr. 12. vom 20. Juli 1860 und Nr. 14. vom 3. August 1860.

die man mir einsendet. Es geht nichts über Ketzerrichter im eignen Lager; und unter Freunden, die lange aus einem Topfe gegessen haben, ist man ungerechter, als gegen Feinde. Mir ist's recht, man soll sich nicht auf Menschen verlassen, und ich bin dankbar für jeden Zug, der mich nach innen zieht!...

Zarskoe-Selo, 4. October 1860

Mein geliebtes Herz,

Ich muß aus dem geschäftlichen Uhrwerk herausgerissen werden und durch kaiserlichen Befehl eine Mußestunde zudictirt erhalten, um mich einmal besinnen und Dir schreiben zu können. Das alltägliche Leben nimmt mich von dem Augenblicke der ersten Frühstückstasse bis gegen 4 ziemlich ruhelos in Anspruch, mit Arbeit aller Art, an Papier und Mensch, und dann reite ich bis 6; nach dem Essen aber nähere ich mich dem Tintenfaß auf ärztliches Verlangen nur mit Vorsicht und im äußersten Notfalle, lese dagegen alles, was an Akten und Zeitungen eingegangen ist, und gehe um Mitternacht zu Bett, meist erheitert und contemplativ gestimmt über die sonderbaren Ansprüche, welche der Preuße in Rußland an seinen Gesandten macht. Vor dem Einschlafen denk ich dann auch an die beste meiner Schwestern, aber an diesen Engel zu schreiben gelingt mir nur, wenn ich um 1 zur Audienz hierher befohlen werde und dazu den Zug um 10 benutzen muß. So bleiben 2 Stunden, während deren man mich in die jetzt leere Wohnung der schönsten aller Großmütter, der Fürstin* einquartirt hat, wo ich Dir schreibe und Papiros rauche, bis mich ein Besuch oder das Frühstück stören wird. Ich sehe über den Tisch aus dem Fenster, bergab, über Birken und Ahorn, in deren Laub rot und gelb schon das Grün beherrschen. Dahinter die grasgrünen Dächer des Städtchens, links von einer Kirche mit fünf goldnen Türmen in Zwiebelform überragt, und das Ganze am Horizont eingefaßt von der endlosen Busch-, Wiesen- und Waldebene, hinter deren braun-grau-blauen Schattirungen irgendwo mit einem

Fernrohr die Isaacskirche von Petersburg zu sehn sein mag. Ein characteristisches Landschaftsbild, aber unter dem kalten grauen Himmel fast mehr als herbstlich, jedenfalls eine sehr nördliche Herbstlandschaft. Gestern ist der junge Großfürst Paul geboren, und in acht Tagen wird die vielverschobne Reise nach Warschau nun wohl angetreten werden. Ich bleibe hoffentlich hier, ich habe wenigstens geschrieben, daß ich die allgemein übliche Dienstpraxis des Empfangens an der Gränze bei hiesigen Entfernungen nicht anwendbar hielte und nur auf besondern Befehl kommen würde. Ich fühle mich, Gott sei, Dank, sehr viel wohler als im Frühjahr, aber so ganz traue ich meiner Gesundheit doch nicht, und das dortige Hofleben mit täglichen stehenden Bällen bis 3 Uhr und seiner ganzen Ruhelosigkeit wird eine harte Probe auch für gesundere Leute sein. Nach dem langen Umhertreiben seit Anfang 59 ist mir das Gefühl, mit den Meinigen zusammen irgendwo wieder wirklich zu wohnen, so wohltuend, daß ich mich schwer von der Häuslichkeit losreiße; wenigstens, bis es wieder Sommer ist, möchte ich ruhig, wie der Dachs, im Bau liegen. Johanna und den Kindern geht es, Gottlob, wohl, nachdem Bill uns einige Zeit geängstigt hatte, wie Dir Johanna geschrieben haben wird; aber der Lehrer und Josephine, die Bonne, liegen im Bett; ganz ohne ist man niemals, und der Doctor bleibt Stammgast. Gott gebe, daß in Deinem Hause alles Leiden gründlich vergangen ist! Man meldet mir eben Tolstoi, den Oberhofmeister, und ich weiß nicht, ob ich dazu komme, diese Zeilen hier oder in Petersburg bis übermorgen weiter zu spinnen, wo der Adler abgeht, da ich viel Depeschen zu schreiben habe bis dahin.

Jedenfalls herzliche Grüße an Oscar und Deine Marie.

Dein treuster Bruder

v. B.

Als ich heut in Reisevorbereitungen meine Brieftasche in die Hand bekam, fand ich darin den anliegenden Tintenerguß, dessen ich mich in Zarskoe schuldig machte, und will ihn Dir nicht vorenthalten. Seitdem ist mir die Aufforderung zugegangen, mich in Warschau einzufinden, und ich gehorche mit etwas schwerem Herzen, nachdem ich eine Einladung des Kaisers dahin ausweichend beantwortet hatte. Für Dienst bin ich gesund, für Vergnügen aber nicht ausreichend. Wenn Du dieses lesen wirst, vermutlich Mittwoch, bin ich, so Gott will, schon in Berlin. Donnerstag reise ich nach Warschau, und von dort über Wilna wieder nach hier. Die Freude, Dich zu sehn, werde ich also nicht haben, wenn Du nicht zufällig in Berlin bist. Hoffentlich nächsten Sommer. Die Seereise wird nicht behaglich sein, aber der Weg zu Land ist zu langweilig.

Petersburg, 10. October 1860

Lieber Bruder,

wider Erwarten fahre ich übermorgen nach Berlin und denke Dienstag (16.) mit dem Wladimir, so Gott will, in Stettin einzutreffen; ich kann dort nur wenige Stunden bleiben, weil ich Freitag in Warschau sein muß und einen Tag in Berlin zu tun habe. Kann ich Dich in Stettin sehn, so freue ich mich herzlich; ich denke, daß dieser Brief Sonntag Abend oder Montag früh bei Dir sein muß. Von Warschau gehe ich über Wilna hierher zurück, da dann kein Schiff mehr geht. Viel Grüße an Malwine.

Dein treuer Bruder v. B.

Sehr in Eile, der Dampfer schon vor dem Fenster.

Stettin, 7. Nov. 1860

Lieber Bruder,

vielen Dank für Deinen Brief, den ich in Berlin erhielt... Trotz der unangenehmen Eindrücke der vorigen Fahrt habe ich mich doch wieder entschlossen, zu See zu gehn; eine Landreise mit 4 Nächten Wagen und Eisenbahn ist auch nicht angenehm, und ich komme zu Wasser einen

Tag eher hin, wenns Gottes Wille ist. Die Newa soll freilich schon mit Eis gehn. Wenn nichts Unvorhergesehenes eintritt, bin ich Sonntag in Petersburg, und wenn Du dieß morgen liesest, werde ich wohl auf der Höhe von Bornholm schwimmen. Herzliche Grüße an Malwine und alle zeitigen Bewohner von Külz. Für die Aepfel- und Kartoffelsendung bin ich sehr dankbar und werde mich daran mit Heimatsgefühlen delectiren.

Leb wohl, es ist 11, um 12 geht das Schiff.

Dein treuer Bruder

v. B.

Petersburg, 9. December 1860

Meine geliebte Malle,

Ich setze voraus, daß Ihr schon in Berlin seid, da ich nicht weiß, was Ihr die langen Abende hindurch in Kröchlendorf anfangen könntet; wenn sie auch noch nicht so lang sind wie hier, wo jetzt Punkt 3 Uhr Licht gebracht wird, um lesen und schreiben zu können; an manchen nebligen Tagen kann man sich, in der, trotz Doppelfenstern, durch die Kälte bedingten Entfernung vom Fenster, kaum über Mittag jenen beiden Beschäftigungen hingeben. Doch kann ich nicht sagen, daß die Abende mir so lang würden oder die Nächte, meine Gereiztheit über den schnellen Verlauf der Zeit ist gleich groß, des Abends, wenn ich zu Bett gehe, und des Morgens, wenn ich aufstehn soll. Ich habe eben viel zu tun; gesellig sind wir gar nicht; meine Mittel erlauben mir das nicht; in fremden Häusern erkälte ich mich, und im eignen ist man hier als Gesandter mit 30 000 Talern schon zu großer Einschränkung verurteilt. Ich lasse mich zu Mittag besuchen, d. h. man ißt à la fortune du pot bei mir, aber ich gebe keine Diners, Abendgesellschaften, Theater u. s. w. verbietet die Trauer; Wagen, Kutscher, Jäger, alles schwarz ausgeschlagen. Auf der Jagd bin ich einmal gewesen, fand zwar die Wölfe klüger als die Jäger, habe mich aber doch gefreut, daß ich es wieder leisten kann.

Die Kälte ist nicht übermäßig, 3, 5, 7, selten 11°, gute Schlittenbahn seit einigen Wochen.

Ich bin in Weihnachtssorgen und finde hier nichts für Johanna, was nicht überteuer wäre. Bitte kaufe ihr wieder bei Friedberg 12 bis 20 Perlen, die zu ihrer Schnur, d. h. zu den größten davon passen; so um 300 Taler herum will ich daran wenden. Außerdem möchte ich gern einige Bilderbücher haben, Schneidersche Buchhandlung; ist die Besorgung Dir langweilig, so bitte Obernitz darum. Ich meine Düsseldorfer Monatshefte, den vorigen Jahrgang, desgl. Düsseldorfer Künstleralbum, diesjährig und vorjährig; Münchener fliegende Blätter vom letzten Jahr und Münchener Bilderbogen, diesjährige und vorjährige Lieferung; auch Kladderadatschkalender und dergleichen Unsinn.

Bitte, schaffe dieses alles so bald wie möglich an, und laß es mir durch Harrys[197] Vermittlung mit dem nächsten Depeschensack zugehn, auch die Perlen, damit es womöglich zu Weihnachten hier ist; es wird wohl bis dahin noch ein Feldjäger auf hier abgehn; auch einige Schachteln übliches Confect dabei, aber nicht zu viel, denn die Kinder sind ohnehin stets in beschleunigten Verdauungszuständen. Der Tod des alten Bellin reißt eine Lücke in Schoenhausen, und setzt mich in Verlegenheit mit meinen dortigen Einrichtungen. Ich weiß nicht, ob die Wittwe im großen Hause bleiben will, oder ob sie ihr Schmiedehäuschen, den Eiskeller, bezieht, welches der Alte ihr zurechtmachen ließ. Den Garten werde ich wohl dem Pächter überlassen müssen, will mir aber freihalten, ihn von Jahr zu Jahr auf Kündigung zurückzunehmen, falls ich dahin ziehn sollte. Die Buchführung muß ich meinem Anwalt übergeben, ich weiß dort niemand....

Leb wohl, mein geliebtes Herz, grüße O. sehr und Deine Kinder.
Dein treuer Bruder
v. B.

---

197 v. Arnim.

Petersburg, 26./14. März 61

Meine geliebte Malle,

Zunächst gratulire ich Dir zu meinem Geburtstag; dieser uneigennützige Schritt ist aber nicht die einzige Ursache der seltnen Erscheinung eines eigenhändigen Briefes von mir. Du weißt, daß am 11. April die Basis meines häuslichen Glücks geboren wurde; weniger bekannt ist Dir vielleicht der Umstand, daß ich meiner Genugtuung über die Wiederkehr dieses Tages im vorigen Jahre durch ein Geschenk zweier, bei Wagner unter den Linden erstandner brillantner Ohrringe Ausdruck gab und daß diese der liebenswürdigen Empfängerin vor kurzem abhanden gekommen, wahrscheinlich gestohlen sind. Um die Betrübniß über diesen Verlust einigermaßen zu lindern, hätte ich gern zum 11., es wird sich bis dahin doch irgend eine Courier- oder Reisegelegenheit finden, ein paar ähnliche Zierraten der ehelichen Ohrmuscheln. Wagner wird ungefähr noch wissen, wie sie waren und was sie kosteten, ich hätte sie gern möglichst ähnlich: einfache Fassung gleich den Deinigen, und können sie immerhin etwas teurer sein als die vorjährigen; das Gleichgewicht meines Budgets läßt sich so wie so nicht erhalten, mag der Schaden 100 Taler größer oder kleiner sein. Ich muß abwarten, in wie weit sich meine Finanzen erholen, wenn ich im Sommer Frau und Kinder nach Pommern und die Pferde nach Ingermanland für einige Monat auf Grasung schicke. Nur die Erfahrung kann lehren, wie hoch sich die Ersparniß bei dieser Operation beläuft. Erweist sie sich als unzulänglich, so verlasse ich im nächsten Jahre mein sehr angenehmes Haus, und richte mich auf sächsisch-bairisch-würtembergischem Fuß ein, bis das Gehalt erhöht wird oder man mich der Muße des Privatlebens zurückgiebt. Im übrigen habe ich mich mit der Existenz hier befreundet, finde den Winter durchaus nicht so übel, wie ich dachte, und verlange nach keiner Aenderung meiner Lage, bis ich mich, wenn's Gottes Wille ist, in Schoenhausen oder Reinfeld zur Ruhe setze, um meinen Sarg ohne Uebereilung zimmern zu lassen. Die Ambition, Minister zu sein, vergeht einem heutzutage aus mannigfachen Gründen, die sich nicht alle zum schriftlichen Vortrag eignen, in Paris oder London würde ich weniger behaglich existiren als hier, auch nicht mehr mitzureden haben, und ein Umzug ist halbes Sterben. Der Schutz von 200 000 vagabondirenden Preußen, die zu 1/3 in Rußland wohnen, zu 2/3 es jährlich besuchen, giebt mir genug zu tun, um mich nicht zu langweilen; Frau und Kinder vertragen das Klima sehr gut, ich habe eine Anzahl recht angenehmer Leute, mit denen ich verkehre, schieße gewöhnlich einen kleinen Bären oder Elch, den letzten 290 Werst von hier, reizende Schlittenbahn, und die große Gesellschaft, deren täglicher Besuch nicht den geringsten Vorteil für den königlichen Dienst liefert, vermeide ich, weil ich nicht schlafen kann, wenn ich so spät zu Bett gehe. Vor 11 kann man nicht wohl erscheinen, die meisten kommen nach 12 und gehn gegen 2 in eine zweite meist soupirende Soirée; das vertrage ich noch nicht, vielleicht nie wieder, und ich bin nicht böse darüber, denn die Langweiligkeit des rout ist hier noch viel intensiver als irgendwo, weil man zu wenig gemeinsame Lebensverhältnisse und Interessen hat. Johanna geht öfter aus und beantwortet unverdrossen alle Erkundigungen nach meiner Gesundheit, als unentbehrlichen Dünger auf dem unfruchtbaren Boden der Konversation. Ich, wünsche, daß Johanna aus ökonomischen Gründen möglichst früh nach Deutschland geht, sie will aber nicht! nach Pommern wollt' ich sagen, und (ich) werde ihr folgen, so bald und so lange man mir Urlaub giebt. (Hoffentlich sind die Dinge im Sommer nicht so kraus, daß man meine Vertretung durch Croy, der seine Verlobung hartnäckig bestreitet, unzulässig fände.) Ich werde irgend einen Brunnen trinken und dann vor allem Seebad nehmen, um die unerträgliche Verweichlichung meiner Haut wieder los zu werden. Mit H. als Attaché bin ich geschäftlich sehr zufrieden und väterlich bemüht, seine gesellschaftliche Erscheinung von jugendlichen Extravaganzen zu säubern. Haut doch die Polen, daß sie am Leben verzagen; ich habe alles Mitgefühl für ihre Lage, aber wir können, wenn wir bestehn wollen, nichts andres tun, als sie ausrotten; der Wolf kann auch nicht dafür, daß er von Gott geschaffen ist, wie er ist, und man schießt ihn doch dafür todt, wenn man kann. Von L. nichts zu hören, nichts zu sehn, und Feldjäger scheinen nicht mehr zu reisen, seit Monaten habe ich keine couriermäßigen Mitteilungen vom Ministerium, und was mit der Post kommt, ist langweilig. Leb wohl, mein geliebtes Herz, grüße Oscar... Die Newa trägt noch Fuhrwerk jeder Art, obschon wir seit sechs Wochen Tauwetter haben, so daß in der Stadt kein Schlitten mehr geht, und die Wagen in den 1 1/2 Fuß tiefen Wasserlöchern der Eislage, welche das Straßenpflaster deckt, täglich brechen; man fährt wie in gefrornem Sturzacker. Ihr sitzt wohl schon im Grünen?

Dein treuer Bruder

v. B.

Petersburg, 11. April 61

Mein liebes Herz,

der Ueberfluß an Trauerpapier veranlaßt mich, den schwarzen Rand zu Ehren der hochseligen Kaiserin noch bis zum 18. a. St. beizubehalten. Der Prinz von Baden, der überhaupt sehr liebenswürdig und gefällig ist, hat sich erboten, alles mögliche mitzunehmen, ich belästige ihn daher mit einem meiner vorrätigen Bärenschinken von meiner letzten Jagd, der einem ganz kleinen Einjährigen angehörte, vielleicht etwas salzig sein wird, aber hoffentlich so zart, wie Bären können. Es macht O. vielleicht als Curiosität Spaß, auf unserm Tisch ist dieses Wild seit 3 Monaten regelmäßiger Bestandteil des Frühstücks, von den Kindern besonders geliebt. Die Ohrringe sind zu meiner Freude gestern Abend grade à point angekommen, und danke ich Dir sehr für gute Besorgung. Auch die Schackische Kiste ist ihrer Zeit richtig abgeliefert und laut vor mir liegendem Schein des Postamts am 25. März a. St. nach Stawropol abgegangen, für Porto und Assecuranz ausgelegt 2 Rub. 3 Kop. Den Schein hebe ich auf ,.., Eure grünen Saaten erfüllen mich mit einigem Neide, hier schneit es augenblicklich so, daß ich die Häuser gegenüber kaum sehe, die allerdings etwa 600 Schritte entfernt sind. Auf der zwischenliegenden Newa fahren noch Schlitten, und der Thermometer zeigte gestern -5, heut +2. Der rote (Adler) mit Degen für P. ist hoffentlich Scherz? Hier am Hofe ist des Hohns über die bombenscheuen Diplomaten noch heut kein Ende, und Wolchonsky, der russische P., ist für Lebenszeit in Ungnade; seine Connexionen, besonders Gortschakow, haben mit Mühe hintertrieben, daß er, wie der Kaiser und besonders die Kaiserin wollte, cassirt wurde. Die nähern Umstände mögen der Art sein, daß die Herren von Gaeta entschuldigt sind, aber der Schein ist gegen sie, und man würde hier eher eine Schneiderschere als Schwerter an Wolchonskys Orden hängen … Ich muß plötzlich enden, Hof und Dienst. Leb wohl.

    Dein v. B.

Petersburg, 2. July 1861

Lieber Roon,

    Ihr Schreiben durch den Engländer kam gestern in Sturm und Regen hier an, und störte mich in dem Behagen, mit welchem ich an die ruhige Zeit dachte, die ich in Reinfeld mit Kissinger und demnächst in Stolpmünde zu verbringen beabsichtigte. In den Streit wohltuender Gefühle für junge Auerhühner einerseits und Wiedersehn von Frau und Kindern andrerseits tönt Ihr Kommando: „an die Pferde" mit schrillem Mißklang. Ich bin geistesträge, matt und kleinmütig geworden, seit mir das Fundament der Gesundheit abhanden gekommen ist. Doch zur Sache. In dem Huldigungsstreit verstehe ich nicht recht, wie er so wichtig hat werden können für beide Teile. Es ist mir rechtlich garnicht zweifelhaft, daß der König in keinen Widerstreit mit der Verfassung tritt, wenn er die Huldigung in herkömmlicher Form annimmt. Er hat das Recht, sich von jedem einzelnen seiner Untertanen und von jeder Corporation im Lande huldigen zu lassen, wann und wo es ihm gefällt, und wenn man meinem Könige ein Recht bestreitet, welches er ausüben will und kann, so fühle ich mich verpflichtet, es zu verfechten, wenn ich auch an sich nicht von der practischen Wichtigkeit seiner Ausübung durchdrungen bin. In diesem Sinne telegraphirte ich an Schliessen, daß ich den „Besitztitel", auf dessen Grund ein neues Ministerium sich etabliren soll, für richtig halte, und sehe die Weigerung der andern Partei und die Wichtigkeit, welche sie auf Verhütung des Huldigungsactes legt, als doctrinäre Verbissenheit an. Wenn ich hinzufügte, daß ich die sonstige Vermögenslage nicht kenne, so meine ich damit nicht die Personen und Fähigkeiten, mit denen wir das Geschäft übernehmen könnten, sondern das Programm, auf dessen Boden wir zu wirtschaften haben würden. Darin wird meines Erachtens die Schwierigkeit liegen. Meinem Eindruck nach lag der Hauptmangel unsrer bisherigen Politik darin, daß wir liberal in Preußen und konservativ im Auslande auftraten, die Rechte unsres Königs wohlfeil, die fremder Fürsten zu hoch hielten. Eine natürliche Folge des Dualismus zwischen der conftitutionellen Richtung der Minister und der legitimistischen, welche der persönliche Wille Sr. Majestät unsrer auswärtigen Politik gab. Ich würde mich nicht leicht zu der Erbschaft Schwerins entschließen, schon weil ich mein augenblickliches Gesundheitscapital dazu nicht ausreichend halte. Aber selbst wenn es der Fall wäre, würde ich auch im Innern das Bedürfniß einer andern Färbung unsrer auswärtigen Politik fühlen. Nur durch eine Schwenkung in unsrer „auswärtigen" Haltung kann, wie ich glaube, die Stellung der Krone im Innern von dem Andrang degagirt werden, dem sie auf die Dauer sonst tatsächlich nicht widerstehn wird, obschon ich an der Zulänglichkeit der Mittel dazu nicht zweifle, die Pression der Dämpfe im Innern muß ziemlich hochgespannt sein, sonst ist es garnicht verständlich, wie das öffentliche Leben bei uns von Lappalien wie Stieber, Schwark, Macdonald, Patzke, Twesten und dergleichen so aufgeregt werden konnte, und im Auslande wird man nicht begreifen, wie die Huldigungsfrage das Cabinet sprengen konnte. Man sollte glauben, daß eine lange und schwere Mißregirung das Volk gegen seine Obrigkeit so erbittert hätte, daß bei jedem Luftzug die Flamme aufschlägt. Politische Unreife hat viel Anteil an diesem Stolpern über Zwirnsfaden; aber seit 14 Jahren haben wir der Nation Geschmack an Politik beigebracht, ihr aber den Appetit nicht befriedigt, und sie sucht die Nahrung in den Gossen. Wir sind fast so eitel wie die Franzosen; können wir uns einreden, daß wir auswärts Ansehn haben, lassen wir uns im Hause viel gefallen; haben wir das Gefühl, daß jeder kleine Würzburger uns hänselt und geringschätzt, und daß wir es dulden aus Angst, weil wir hoffen, daß die Reichsarmee uns vor Frankreich schützen wird, so sehn wir innre Schäden an allen Ecken, und jeder Preßbengel, der den Mund gegen die Regirung aufreißt, hat Recht. Von den Fürstenhäusern von Neapel bis Hanover wird uns keins unsre Liebe danken, und wir üben an ihnen recht evangelische Friedensliebe auf Kosten der Sicherheit des eignen Thrones. Ich bin meinem Fürsten treu bis in die Vendée, aber gegen alle andern fühle ich in keinem Blutstropfen eine Spur von Verbindlichkeit, den Finger für sie aufzuheben. In dieser Denkungsweise fürchte ich von der unsers allergnädigsten Herrn so weit entfernt zu sein, daß er mich schwerlich zum Rate seiner Krone geeignet finden wird. Deshalb wird er mich, wenn überhaupt, lieber im Innern verwenden. Das bleibt sich aber meines Erachtens ganz gleich, denn ich verspreche mir von der Gesammtregirung keine gedeihlichen Resultate, wenn unsre auswärtige Haltung nicht kräftiger und unabhängiger von dynastischen Sympathien wird, an denen wir aus Mangel an Selbstvertrauen eine Anlehnung suchen, die sie nicht gewähren können und die wir nicht brauchen. Wegen der Wahlen ist es schade, daß der Bruch sich grade so gestaltet; die gut königliche Masse der Wähler wird den Streit über die Huldigung nicht verstehn und die Demokratie ihn entstellen. Es wäre besser ge-wesen, in der Militärfrage stramm zu halten gegen Kühne, mit der Kammer zu brechen, sie aufzulösen und dann der Nation zu zeigen, wie der König zu den Leuten steht. Wird der König zu solchen Mitteln im Winter greifen wollen, wenn's paßt? Ich glaube nicht an gute Wahlen für dießmal, obschon grade die Huldigungen dem Könige manches Mittel gewähren, darauf zu wirken. Aber rechtzeitige Auflösung nach handgreiflichen Ausschreitungen der Majorität sind ein sehr heilsames Mittel, vielleicht das richtigste, zu dem man gelangen kann, um gesunden Blutumlauf herzustellen.

Ich kann mich schriftlich über eine Situation, die ich nur ungenügend kenne, nicht erschöpfend aussprechen, mag auch manches nicht zu Papier bringen, was ich sagen möchte. Nachdem der Urlaub heut bewilligt, reise ich Samstag zu Wasser und hoffe, Dienstag früh in Lübeck zu sein, Abend in Berlin. Früher kann ich nicht, weil der Kaiser mich noch sehn will. Diese Zeilen nimmt der englische Courier wieder mit. Mündlich also Näheres. Bitte mich der Frau Gemalin herzlich zu empfehlen. In treuer Freundschaft der Ihrige

    v. Bismarck.

(Nachschrift am Rande): Mit Schleinitz nehme ich nach Ihrem Schreiben volles Einverständniß an, so daß ich nicht in die geschmacklose Lage komme, gegen meinen Chef zu conspiriren. Sagen und schreiben werde ich natürlich niemand etwas. – Wenn ich den Newaspiegel in der hellen Nacht vor mir sehe, über den Brief hinweg, so wird der Wunsch in mir lebhaft, daß ich nächstes Jahr noch hier sitze. Der Mensch gewöhnt sich an alles, auch an 60 Grad Breite; und Umziehn, Streiten, Aergern und die ganze Knechtschaft Tag und Nacht bilden eine Perspektive, bei der ich schon heut Heimweh nach Petersburg oder Reinfeld habe. In bessrer Gesellschaft, wie in der Ihrigen, kann ich niemals in den Schwindel hineingeraten; aber auf der Sabower Heide hinter den Rebhühnern war es für uns beide behaglicher. Ich werde mich nicht drücken, denn ich mag mir keiner Feigheit bewußt sein, aber wenn in 14 Tagen dieses Gewitter spurlos an mir vorübergegangen und ich ruhig bei Muttern wäre, so würde ich mir einen Entensteiß wünschen, um vor Befriedigung damit wackeln zu können.

                                    3. Juli

Ich schrieb dieses heut früh 2–3 Uhr aus Gesellschaft kommend und finde jetzt beim Aufstehn den Gesammt-Eindruck etwas confus, aber Sie kennen ja meine Ansichten ohnehin, und anders wird man so spät kaum.

Geht der König einigermaßen auf meine Meinung ein, dann greife ich das Werk mit Freuden an.

Eine Denkschrift Bismarcks über die Lösung der deutschen Frage[198]

So lange das Bündnis der drei östlichen Großmächte bestand, war die Aufgabe des Deutschen Bundes in der Hauptsache darauf beschränkt, das im Jahr 1815 gegen Frankreich und die Revolution errichtete Defensivsystem zu vervollständigen. Hinter dem Bunde stand die vereinigte Macht von Preußen, Oestreich und Rußland, und die Bundescontingente wurden für den Kriegsfall zwar als Zu-wachs in Betracht gezogen, aber die Mängel ihrer Organisation, die Möglichkeit des Abfalls der einzelnen bei unglücklicher Kriegführung fielen neben den massenhaften Streitkräften der drei großen Militärmächte der heiligen Allianz nicht entscheidend ins Gewicht.

In der Anlehnung des Bundes an die drei östlichen Mächte fand Deutschland Bürgschaften des Friedens und der Sicherheit, über welche manche drückende Folgen der Zerrissenheit seines Gebietes vergessen werden konnten. Nachdem diese Bürgschaften mit der Auflösung der heiligen Allianz geschwunden sind, machen sich der Bevölkerung in verstärktem Maße alle die Uebelstände fühlbar, welche aus der unnatürlichen Mannigfaltigkeit der Landesgränzen im Innern Deutschlands hervorgehn und verstärkt werden durch die in frühern Zeiten unbekannte Höhe, auf welche das Souveränetätsbewußtsein der Einzelstaaten sich heut zu Tage gesteigert hat. In den kleinern Staaten ist das demütigende Gefühl des Mangels an Würde und Sicherheit nach Außen und die Empfindung des Druckes vorherrschend, welchen die Beschränktheit der politischen Lebenskreise auf die Strebsameren und Befähigteren ihrer Angehörigen ausübt.

---

198 Übernommen aus Bismarck-Jahrbuch III 193 ff.

Das preußische Volk dagegen fühlt die Ungerechtigkeit, welche darin liegt, daß Preußen, nachdem Oestreichs innre Zustände die Bereitschaft des Kaiserlichen Bundes-Contingentes für die Stunde der Gefahr als sehr zweifelhaft erscheinen lassen, mit den Kräften von 18 Millionen unter höchster Anspannung aller Kräfte für die Verteidigung des Gebietes von mehr als 40 Millionen der Hauptsache nach einstehn soll, daß es dabei in seiner Gesammtheit kein stärkeres Recht am Bunde hat, als die kleinen Nachbarstaaten, die es schützt, durch die es aber im Frieden seine materielle Entwicklung beschränkt, seinen Verkehr eingeengt sieht, und von denen es im Kriege, sobald er unglücklich verliefe, verlassen werden würde. In der gesammten deutschen Bevölkerung nährt und steigert sich das Mißvergnügen durch das niederschlagende Gefühl, daß eine große und kräftige Nation durch die Mängel ihrer Gesammtverfassung verurteilt ist, nicht nur auf die ihr gebührende Geltung in Europa zu verzichten, sondern in steter Sorge vor dem Angriff von Nachbarn zu leben, denen sie unter Umständen mehr als gewachsen sein würde. Je mehr dieses Gefühl und die Erkentniß seiner Ursachen das allgemeine Bewußtsein durchdringen, um so schärfer und zuletzt gefährlicher kehrt sich seine Spitze gegen die Gesammtheit der deutschen Regirungen. Von den letztern wird erwartet, daß sie mit mehr practischem Erfolge als bisher dem Ziele einer engern Einigung Deutschlands zustreben, und diese Erwartung erscheint auch der conservativsten Auffassung nicht unberechtigt, soweit es sich darum handelt, die Wehrkraft Deutschlands einheitlicher und straffer zusammenzufassen und der allgemeinen Wohlfahrt diejenige freie Bewegung im Gebiete aller materiellen Interessen zu sichern, welche für Handel und Verkehr durch den Zollverein angebahnt ist. Mit der jetzigen Bundesverfassung ist es nicht möglich, den bestehenden Uebelständen abzuhelfen. Die Gränzen, innerhalb deren der Bundestag durch Majoritäten beschließen kann, sind sehr eng, und außerhalb derselben würde selbst eine besser intentionirte Majorität als die jetzige durch den Widerspruch Einzelner gelähmt werden. Dänemark oder Luxemburg sind berechtigt, jeden Fortschritt zu hemmen. In

Erkenntniß dieses Uebels wurde daher innerhalb der letzten zehn Jahre von der Coalition, in welche Oestreich mit den Mittelstaaten getreten war, vielfach versucht, in ihrem Interesse die Competenz der Majoritäts-Beschlüsse zu erweitern. Dieses Auskunftsmittel ist aber für Preußen in der jetzigen Bundesverfassung nicht annehmbar. Bei Erweiterung der Befugnisse der Majorität wäre das Veto gegen Majoritätsbeschlüsse, welches in den Händen eines zu selbständiger Politik nicht befähigten Kleinstaates oder im Besitz einer außerdeutschen Macht als Abnormität erscheint, für die Großmacht Preußen unentbehrlich. Preußen kann nicht in Deutschland die Rolle einer beherrschten Minorität übernehmen, wenn der Bundesbehörde wesentliche Attributionen der Militär- und Finanzgesetzgebung für Deutschland beigelegt würden. Dem Bundesstaate, welcher an Macht alle übrigen zusammengenommen aufwiegt, gebührt ein vorwiegender Einfluß auf die gemeinsamen Angelegenheiten, und seine Bevölkerung würde darauf nicht verzichten wollen.

Eine andre Verteilung der Stimmrechte am Bunde, eine stärkere Beteiligung der mächtigern Mitglieder bietet immerhin nur ein unzulängliches Correctiv der bestehenden Mängel. Bei gerechter Verteilung müßten beide Großmächte zusammen die geborne Majorität bilden, und nach der Bevölkerung und nach dem Machtverhältniß müßte Preußen allein mehr Stimmen haben als die Gesammtheit der übrigen rein deutschen Staaten (18 Millionen gegen 17 1/2). Abgesehn von dieser Schwierigkeit würde durch die mechanische Operation der Zahlung der vertragsmäßigen Stimmen eine lebensfähige und am Tage der Gefahr haltbare Einigung schwerlich erreicht werden. Um einem solchen Ziele näher zu treten, ist vielleicht eine nationale Vertretung des deutschen Volkes bei der Bundes-Centralbehörde das einzige Bindemittel, welches den divergirenden Tendenzen dynastischer Sonderpolitik ein ausreichendes Gegengewicht zu geben vermag. Nachdem eine Volksvertretung, zum Teil mit sehr weitgehenden Befugnissen, in jedem deutschen Staate besteht, kann eine analoge Einrichtung für die Gesammtheit unmöglich an und für sich als eine revolutionäre angesehn werden.

Die Form und die Competenz einer solchen Vertretung könnte nur durch eingehende Erwägung, durch Verständigung zwischen den Bundesstaaten festgestellt werden. Die weitesten Gränzen ihrer Wirksamkeit würden immer nur die Bestimmungen über die Wehrkraft des Bundes und die Zoll- und Handelsgesetzgebung mit dem Gebiete der verwandten materiellen Interessen umfassen, so daß die Regirungsgewalt im Innern jedem Staate unverkümmert bliebe. Für die Intelligenz und die conservative Haltung einer solchen Vertretung würde es einige Bürgschaft gewähren, wenn ihre Mitglieder nicht direct von der Bevölkerung, sondern von den einzelnen Landtagen erwählt würden. Eine solche deutsche Gesammtvertretung dürfte zugleich mit einiger Sicherheit dahin führen, daß der bedauerlichen Tendenz der meisten deutschen Landtage, sich vorwiegend kleinlichen Reibungen mit der eignen Regirung zu widmen, eine heilsame Ableitung auf breitere und gemeinnützigere Bahnen gegeben würde, und die subalternen Streitigkeiten der Ständesäle einer mehr staatsmännischen Behandlung deutscher Gesammtinteressen Platz machten. Das verfassungsmäßige Recht Preußens, einen dahin gerichteten Antrag in der Bundesversammlung zu stellen, ist ebenso unzweifelhaft als die Ablehnung desselben, zu welcher der Widerspruch jedes einzelnen Bundesstaates ausreichen würde.

Die ehrliche Beteiligung Oestreichs an derartigen Einrichtungen würde selbst dann noch kaum ausführbar werden, wenn zwischen den deutschen und den nicht deutschen Provinzen des Kaiserstaates das Verhältniß einer bloßen Personalunion herzustellen wäre. Auch von den übrigen Bundesstaaten ist die Zustimmung mit der verfassungsmäßigen Stimmen-Einhelligkeit jedenfalls nicht zu erwarten, und der Bundestag in seiner jetzigen Zusammensetzung wäre kaum geeignet, um mit parlamentarischen Körperschaften zu verhandeln. Die practische Verwirklichung einer deutschen Nationalvertretung hat demnach auf dem bundesverfassungsmäßigen Wege bisher wenig Wahrscheinlichkeit und könnte nur mit einer Umgestaltung der Centralbehörde Hand in Hand gehn. Minder hoffnungslos wäre vielleicht das Bestreben, auf dem Wege, auf welchem der Zollverein entstand, die Herstellung anderweiter nationaler Einrichtungen zu bewirken.

Ob und wie der Zollverein sich bei Ablauf der jetzigen Periode erneuern läßt, kann nur der Erfolg ausweisen. Wünschenswert ist aber gewiß, daß er nicht in seiner jetzigen Verfassung fortbestehe, vermöge welcher das Widerspruchsrecht der Einzelnen jede Entwicklung unsrer Handelsgesetzgebung abschneidet. Auch hier dürfte, neben Einführung des Beschlußrechtes wenigstens einer Zweidrittel-Majorität, die Lösung der weitern Schwierigkeiten am leichtesten dadurch gefunden werden, daß Ausschüsse von mehr oder weniger starker Mitgliederzahl aus den Ständeversammlungen der einzelnen Staaten zusammentreten und durch ihre Beratungen und Beschlüsse die Meinungsverschiedenheiten der Regirungen auszugleichen suchen. Ein solches „Zollparlament" kann unter Umständen und bei geschickter Leitung das Organ werden, auch auf andern Gebieten Vereinbarungen anzubahnen, welchen deutsche Staaten um so leichter beizutreten geneigt wären, wenn sie stets kündbar bleiben. Die ersten Anfänge der Zolleinigung mit Darmstadt sind kaum erheblicher gewesen, als es in ihrer Art die Militär Conventionen mit Coburg-Gotha und andern ähnlich disponirten kleinen Staaten sein würden. Die Einwirkung der bestehenden parlamentarischen Körperschaften stellt in jetziger Zeit schnellere Fortschritte für nationale Bestrebungen der Art in Aussicht als vor dreißig Jahren, und äußre Ereignisse können förderlichen Einfluß üben. Als letztes, vielleicht spät erreichbares Ziel würden dabei gemeinschaftliche Heeres-Einrichtungen vorschweben, denen die gemeinschaftlichen Einnahmen aus den Zöllen und den verwandten Abgaben als Budget und eine gemeinsame Gesetzgebung für Handel und Verkehr als Ergänzung dienten, alles auf vertragsmäßiger und kündbarer Basis, unter Mitwirkung einer aus den Landtagen combinirten Volksvertretung. Ehe Preußen mit derartigen Bestrebungen außerhalb des Bundestages offen hervorträte, würde es sich jedenfalls empfehlen, ähnliche Reformen in Frankfurt auf bundesverfassungsmäßigem Wege zu beantragen. Der erste Schritt dazu wäre die offne und amtliche Erklärung, daß die bestehende Bundes-Verfassung sich nicht bewährt hat und eingreifender Umgestaltung bedarf. Daß dem so sei, wird allgemein erkannt, aber keine Bundesregirung hat es bisher amtlich ausgesprochen.

Eine offizielle Erklärung Preußens, dahin gehend: daß wir die jetzige Bundes-Verfassung den Bedürfnissen der Bundesgenossen und der deutschen Nation nicht entsprechend und der Reform für bedürftig halten, daß wir entschlossen sind, am Bunde Vorschläge für eine solche Reform zu machen, durch welche die Mitwirkung einer nationalen Vertretung in Aussicht genommen wird, daß wir die freie Einwilligung unsrer Mitverbündeten in unsre Anträge durch Verhandlung erstreben, und wenn wir sie sofort nicht erlangen, von der Zeit erwarten wollen in der Hoffnung, daß richtigere Ansichten sich Bahn brechen werden, daß wir, bis dieses Ziel erreicht sein werde, in freiwilligen und kündbaren Vereinigungen neben dem Bunde Surrogate für die fehlenden Bundesinstitutionen herzustellen suchen werden – eine derartige Erklärung würde als erster Schritt zu bessern Einrichtungen tiefen Eindruck in Deutschland machen und besonders der Regirung Preußens ihre Aufgabe im Innern den Wahlen und den Kammern gegenüber wesentlich erleichtern. Die Fassung der Erklärung müßte auf die doppelte Wirkung berechnet sein, einmal, daß die deutschen Fürsten über die Tragweite unsrer Pläne beruhigt werden und erkennen, daß wir nicht auf Mediatisirung, sondern auf freie Verständigung zum Nutzen Aller ausgehn, und zweitens, daß im Volke der entmutigenden Besorgniß entgegengetreten wird, als fände Preußen den Gang der deutschen Entwicklung mit dem heutigen Bundestage abgeschlossen und strebe nicht ernstlich nach fortschreitender Reform desselben. Eine fertige Vorlage von Reformplänen, ein ausgearbeiteter Entwurf einer neuen Bundes-Verfassung erscheint erst dann Bedürfniß, wenn das Maß des Erreichbaren sich aus den Verhandlungen mit den andern Bundesregirungen erkennen läßt. Nur die Constatirung der Ansicht im Schoße der Bundesversammlung, daß die jetzigen Einrichtungen unzulänglich sind, daß wir nicht davor zurückschrecken, das Element einer National-Vertretung in die zukünftige Combination mit aufzunehmen, daß aber unsre Aenderungsvorschläge nicht über das Bedürfniß, das heißt nicht über das Gebiet der Militäreinrichtungen und der materiellen Interessen hinausgreifen werden, und daß wir, den Verträgen und dem Rechte treu bleibend, nur von der freien Entschließung unsrer Bundesgenossen die allmähliche Verwirklichung der Pläne erwarten, welche wir dem Interesse aller Beteiligten gleich förderlich und durch die gerechten Ansprüche des deutschen Volkes auf Sicherheit und Wohlfahrt für geboten erachten, [halte ich für erwünscht].[199]

Eine Anzeige in Betreff der Militär-Convention mit Sr. Hoheit dem Herzoge von Gotha würde einen zweckmäßigen Anknüpfungspunkt für eine principielle Erklärung im obigen Sinne darbieten. Die Kgl. Regirung wird dann in der Lage sein, ihren Bundesgenossen von Neuem und in überzeugender Weise darzutun, daß sie weder eigennützige Zwecke noch Umgestaltungen erstrebt, welche dem Recht und der Geschichte Deutschlands widersprechen, sondern daß sie in der Consolidirung der Wehrkraft des Bundes nur die Mittel sucht, den gesammten Rechtsbestand der deutschen Staaten gegen äußre Gefahren wirksamer zu schützen, und daß sie diesen nach der Natur der Dinge ihr vorzugsweise obliegenden Beruf mit gleicher Treue für die Rechte ihrer Bundesgenossen wie für die eignen erfüllen wird.

Frankfurt, 17. July 1861, früh 6

Lieber Roon,

wir sollen uns nicht sehn! Meine Absicht, Sie in Berlin zu erwarten, wurde dadurch gestört, daß Schleinitz mich ersuchte, möglichst schleunig nach Baden zu gehn. Nun lese ich, nachdem ich in Baden durch Geschäfte und Attentat[200] länger als ich dachte aufgehalten, daß Sie eben dahin unterwegs sind. Ihr Kriegsministerium, an welches ich gestern telegraphirte, antwortet nicht, obschon es gratis wäre. Ich fragte an,

---

199 Ergänzung des Herausgebers.
200 auf König Wilhelm, 14. Juli.

wo Sie wären, wann Sie reisten, und bezahlte Antwort. Wüßte ich, daß Sie auf dem nächsten Zuge wären, so erwartete ich Sie hier, deshalb telegraphirte ich, aber aufs Unsichre hier zu warten, ist mir die Zeit zu knapp, ich soll noch 7–8 Wochen trinken und baden, Leute besuchen nachher u. dergl., und dann können wir im Augenblick kaum mehr tun als Erlebnisse austauschen. Wäre ich sicher, daß mein Telegramm pünktlich befördert, so schlösse ich aus der Nicht-Antwort des Kriegsministeriums, daß Sie vielleicht unterwegs hierher, vielleicht aber auch über Coblenz gereist sind. Kurz, aufs Blaue hin kann ich nicht warten. Einstweilen trinke ich vier Wochen Kissinger in Reinfeld, dann Seebad.

Herzliche Grüße und frohe Schweiz.

Ihr v. B.

Berlin, 17. July 1861[201]

Lieber Roon,

es ist wirklich wahr, wir sollen nicht mit einander reden. Unter den Gründen, die mich bestimmten, nicht gestern Abend, sondern heut früh aus Frankfurt zu fahren, spielte der Wunsch, nicht auf der Bahn an Ihnen ungesehn vorüber zu sausen, die Hauptrolle; ich las in Zeitungen, daß Sie im Begriff seien, zu reisen, telegraphirte um Gewißheit, blieb ohne Antwort, bestach den Zugführer, bei der Kreuzung zu halten, bis ich mich überzeugen konnte, daß Sie nicht auf dem Berliner Zuge waren... und kam hier rechtzeitig an, um von dem alten Portier zu hören, daß Sie vor zwei Stunden abgereist waren. Hätte ich Sie irgendwo auf der Bahn angetroffen, so wäre ich einige Stationen mit Ihnen umgekehrt. So aber sind Sie entweder über Magdeburg gefahren, oder wir haben uns auf der Höhe von Trebbin gekreuzt. Es nutzt nichts, daß ich Ihnen das schrieb, aber ich habe das Bedürfniß, meinen Verdruß zu Papier zu bringen und außerdem Ihnen zu melden, daß ich nun vier Wochen in Reinfeld im

---

201   Das Original hat zur Vergleichung nicht vorgelegen.

blauen Ländchen bleibe, dann entweder nach Stolpmünde oder wenn es ein kalter Herbst wird, in irgend ein einsames Nordseebad gehe....

In treuer Freundschaft

Ihr   v. B.

Berlin, 18. July 61

Lieber Bruder,

sei mir nicht böse, wenn ich durch Freienwalde fahre, ohne anzuhalten; ginge ein Telegraph nach Naugard, so würde ich Dich benachrichtigen. Ich soll 4 Wochen Kissinger trinken und 4 Wochen See baden; alles beabsichtige ich in Reinfeld oder Stolpmünde zu erledigen; wenn ich mich nicht sofort davon mache, so wird mir Mitte September die Ostsee zu kalt und zu einsam. Sobald diese Operationen beendigt sind, komme ich mit Johanna zu Euch, um von dort nach Kröchlendorf und Carlsburg zu gehn, bevor ich mich wieder gen Norden begebe. Meinen herzlichen Glückwunsch zu Deinem Geburtstag, den ich gern und sicher in Külz feiern würde, wenn diese infame Kur nicht wäre, die mir nach allen Richtungen hin im höchsten Grade störend und langweilig ist. Vielleicht hast du einige Tage übrig, uns mit Malwine in Reinfeld oder Stolpmünde zu besuchen; das wäre sehr erfreulich. Mir geht es ziemlich wohl, etwas matt und heiß von den 500 Meilen, die ich seit Petersburg gemacht, und ich sehne mich nach Ruhe in Meinfeld, wenn nur der Kissinger nicht dabei wäre. In Baden habe ich dem verrückten Attentat beinah beigewohnt. Ich suchte, den König grade auf der Promenade und fand ihn eine Viertel Stunde nach dem Vorfall, etwas verdrießlich über das Aufsehn und die Störung, das Unterfutter aus dem Rockkragen hängend, sonst aber ganz heiter gestimmt, im Gegensatz zu der entsetzten Umgebung, bestehend aus der Königin, Großfürstin Helene und deren Damen. Meine Abreise wurde dadurch noch einige Tage verzögert, sodaß ich es nun sehr eilig habe. Lebe wohl, grüße die Deinen herzlich, ich muß um 12 fahren, vorher noch zu Schleinitz, und es ist gleich 11. Bernstorff kommt an Schleinitz Stelle, der seinerseits Hausminister wird. London soll vor der Hand offen bleiben, setzt aber viel Begehrlichkeiten in Bewegung. Die meinige nicht, ich bleibe lieber in P. und ziehe ungern um. Beinah wäre ich Minister des Innern geworden, aber die Sache hat doch sehr ihre Haken, besonders wegen der vielen schlimmen Landräte, in die man einen ganz neuen Zug bringen müßte. Einstweilen bleibt nun das ganze Ministerium am Platz außer Schleinitz, und ich richte mich für den Winter in Petersburg ein.

Dein treuer Bruder

v. B.

Reinfeld, 24. July 61

Lieber Bruder,

Du hast einen heißen Geburtstag, ich kann ihn aber doch nicht vorüberlassen, ohne meinen herzlichen Glückwunsch zu wiederholen, den Du in meinem eiligen Schreiben aus Berlin schon erhalten haben wirst, und den ich heut Mittag mit soviel Champagner bekräftigen werde, als sich mit dem Kissinger Wasser verträgt. Ich bin hier mit einem gewaltigen Katarrh und Husten angekommen, dem Ergebnisse aller Reise-Erkältungen von Petersburg über Baden und den Gollenberg hierher. Heut geht es aber schon wieder besser. In 14 bis 20 Tagen siedle ich, ohne Kinder, nach Stolpmünde über, wo ich etwa 3 Wochen baden soll; wird es aber zu kalt, so soll ich statt dessen nach Ostende oder Dieppe. Ich werde mich bemühn, es warm zu finden. Moritz[202] und Alexander Below sind auch in Stolpmünde erwartet. Sehr reizend wäre es, wenn Du, wo möglich mit Malwine, uns hier oder in St. auf einige Tage besuchen wolltest; Johanna und die Kinder würden natürlich auch nach Stolpmünde kommen, wenn Ihr uns dort aufsuchtet. Jedenfalls komme ich dann zu Dir, sobald ich meine Baderei, die hier noch durch Soolbäder complicirt wird, beendigt habe, also in etwa 6 Wochen. Wenn Du

---

202   v. Blankenburg.

dann mobil und mit der Erndte auseinander bist, so könnten wir zusammen nach Kröchlendorf und Carlsburg fahren! Ich werde wohl vor der Krönung nicht nach Petersburg zurückkehren, vielleicht versetzen sie mich auch noch nach Paris, wie mir Schleinitz sagte, ich habe indessen den Wunsch geäußert, ruhig an der Newa zu bleiben.

Das tägliche Trinken, Gehn und Baden ermüdet bei der Hitze sehr, und ich wünsche recht lebhaft, damit zu Ende zu sein. Hier in der Nachbarschaft mähn sie Roggen, in Reinfeld noch nicht, eine schlagrührende Arbeit bei der Hitze. . .

Herzliche Grüße an Malwine, und auf baldiges Wiedersehn, hier oder bei Dir.

Dein treuer Bruder

v. B.

An Herrn von Arnim.

Reinfeld, 16. August 1861

Mein geliebter Oscar,

so eben erhalte ich Nachricht von dem schrecklichen Unglück, welches Dich und Malwine betroffen hat. Mein erster Gedanke war, sogleich zu Euch zu kommen, aber ich überschätzte damit meine Kräfte. Die Kur hat mich angegriffen, und der Gedanke, sie plötzlich abzubrechen, fand so entschiednen Widerspruch, daß ich mich entschlossen habe, Johanna allein reisen zu lassen. Ein solcher Schlag geht über den Bereich menschlicher Tröstung hinaus, und doch ist es ein natürliches Verlangen, denen, die man liebt, im Schmerz nahe zu sein und mit ihnen gemeinschaftlich zu klagen. Es ist das einzige, was wir vermögen. Ein schwereres Leid konnte Dich nicht wohl treffen; ein so liebenswürdiges und freudig gedeihendes Kind auf diese Weise zu verlieren[203] und mit ihm alle Hoffnungen zu begraben, die die Freude Deiner alten Tage

---

203 Detlev v. Arnim fand seinen Tod bei der Entenjagd durch Entladung des Gewehrs.

werden sollten, darüber wird die Trauer nicht von Dir weichen, so lange Du auf dieser Erde lebst; das fühle ich Dir nach mit tiefem schmerzlichen Anteil. Wir sind in Gottes gewaltiger Hand rechtlos und hülflos, so weil Er selbst uns nicht helfen will, und können nichts tun, als uns in Demut unter Seine Schickung beugen. Er kann uns alles nehmen, was Er gab, uns völlig vereinsamen lassen, und unsre Trauer darüber würde um so bittrer sein, jemehr wir sie in Hader und Auflehnen gegen das allmächtige Walten ausarten lassen. Mische Deinen gerechten Schmerz nicht mit Bitterkeit und Murren, sondern vergegenwärtige Dir, daß Dir ein Sohn und eine Tochter bleibt, und daß Du mit ihnen, und selbst in dem Gefühl, ein geliebtes Kind 15 Jahre lang besessen zu haben, Dich als gesegnet betrachten mußt im Vergleich mit den vielen, welche Kinder niemals gehabt und Elternfreuden nicht gekannt haben. Ich will Dir nicht mit schwachen Trostgründen lästig werden, sondern Dir nur in diesen Zeilen sagen, wie ich als Freund und Bruder Dein Leid wie mein eignes fühle und bis ins Innerste davon ergriffen bin. Wie verschwinden alle kleinen Sorgen und Verdrießlichkeiten, welche unser Leben täglich geleiten, neben dem ehernen Auftreten wahren Unglücks, und ich empfinde wie ebensoviele Vorwürfe die Erinnerung an alle Klagen und begehrlichen Wünsche, über welche ich so oft vergessen habe, wie viel Segen Gott uns gibt, und wie viel Gefahr uns umringt, ohne zu treffen. Wir sollen uns an diese Welt nicht hängen und nicht in ihr heimisch werden; noch 20 oder 30 Jahre im glücklichsten Falle, und wir beide sind über die Sorgen dieses Lebens hinaus, und unsre Kinder sind an unserm jetzigen Standpunkt angelangt und gewahren mit Erstaunen, daß das eben so frisch begonnene Leben schon bergab geht. Es wäre das An- und Ausziehn nicht wert, wenn es damit vorbei wäre; erinnerst Du Dich noch dieser Worte eines Stolpmünder Reisegefährten? Der Gedanke, daß der Tod ein Uebergang zu einem andern Leben ist, wird Deinen Schmerz freilich wenig lindern, denn Du konntest glauben, daß Dein geliebter Sohn Dir die Zeit hindurch, die Du auf dieser Erde noch lebst, ein treuer und lieber Begleiter sein und Dein Andenken hier in Segen fortpflanzen werde. Der Kreis derer, die wir lieben, verengt sich und erhält keinen Zuwachs, bis wir Enkel haben. Man schließt in unsern Jahren keine neuen Verbindungen mehr, die uns die absterbenden ersetzen könnten. Laß uns darum um so enger in Liebe zusammen halten, bis auch uns der Tod von einander trennt, wie jetzt Deinen Sohn von uns. Wer weiß, wie bald! Willst Du nicht mit Malle nach Stolpmünde kommen, still mit uns einige Wochen oder Tage leben? Jedenfalls komme ich in 3 bis 4 Wochen zu Dir nach Kröchlendorf oder wo Du sonst bist. Meine geliebte Malle grüße ich von Herzen, möge Gott ihr, wie Dir, Kraft verleihn zum Tragen und geduldiger Ergebung!

Dein treuer Schwager

v. B.

Stolpmünde, 11. Sept. 61

Lieber Bruder,

Deinen Brief habe ich mit vielem Dank erhalten, kann Dir aber leider in Betreff unsrer Abreise von hier noch keine Auskunft geben. Bill, der sich in den ersten Tagen sehr wohl befand, wurde grade an dem Tage, als Arnims kamen, von einer heftigen Krankheit befallen, welche die Aerzte als Bauchfell-Entzündung ansehn, mir aber nicht sehr klar darüber zu sein scheinen. Der arme Junge hat erschrecklich ausgestanden, so daß man ihn straßenweit schreien hörte. Seit heut früh scheint sich eine Wendung zum Bessern eingestellt zu haben, doch ist er so matt, daß man noch nicht beurteilen kann, wann er transportfähig wird. 12 Tage liegt er nun, ohne sich zu rühren, und hat noch keine Lust sich aufzurichten. Arnims sind heut früh abgereist. Wir haben in dieser sorgenvollen Zeit nicht nach Wunsch mit ihnen verkehren können und sie wenig Trost von uns gehabt. Da wir die einzigen Badegäste sind, welche hier noch aushalten, nachdem das böse Wetter alle andern früher als sonst vertrieben hat, so haben Arnims auf unsre Bitten 4 Tage länger verweilt, werden aber nicht zu Euch kommen, da die Zeit für Hans, der wieder zur Schule muß, abgelaufen ist. Malwine kam recht leidend an, hat sich hier etwas erholt. Oscar ist so trüb gestimmt, daß er alle Menschen floh und erst zufrieden war, nachdem alle Andern außer uns diesen in Sturm und Regen tristen Ort verlassen hatten. Sobald unser kleiner Patient mit Gottes Hülfe so weit ist, daß wir fahren können, bringen wir ihn nach Reinfeld; ich hoffe, die Luftveränderung soll ihm wohl tun. Johanna wird sich nach diesen Erlebnissen schwerlich entschließen, ihn zu verlassen. Ich habe aber noch immer den Plan, zu Dir zu kommen, sobald ich aus der Sorge über Bill etwas heraus bin. Ich gehe dann zum König, um zu hören, ob ich vor der Krönung noch nach Petersburg muß und ob ich überhaupt dort bleibe. Bisher ist es noch ungewiß, wo wir unser Winterquartier haben werden. Grüße Malwine herzlich.

Dein treuer Bruder v. B.

An Herrn v. Below-Hohendorf.

Stolpmünde, 18. September 1861

In Betreff des conservativen Programms unterschreibe ich Ihre Ausstellungen vollständig. Die durchgehends negative Fassung der aufgestellten Sätze hätte von Hause aus vermieden werden sollen. Mit der bloßen matten Defensive kann eine politische Partei nicht bestehn; viel weniger erobern, Terrain und Anhänger. – Den Schmutz der deutschen Republik behauptet jede Partei zu verabscheuen, und die für jetzt practisch in Frage kommenden Gegner sind auch ehrlich bemüht, ihn nicht zu wollen, namentlich den Schmutz nicht. Eine so weit über das Bedürfniß des Momentes hinausgreifende Redeform sagt entweder garnichts oder verhüllt, was man nicht sagen will. Ich selbst bin zweifelhaft, ob der Verfasser des Programms nicht in der Tat auf dem reinen Würzburger Standpunkte steht. Wir haben unter unsern besten Freunden so viele Doctrinäre, welche von Preußen die ganz gleiche Verpflichtung zum Rechtsschutze in Betreff fremder Fürsten und Länder, wie in Betreff der eignen Untertanen verlangen. Dieses System der Solidarität

286

der conservativen Interessen aller Länder ist eine gefährliche Fiction, so lange nicht die vollste, ehrlichste Gegenseitigkeit in aller Herrn Ländern obwaltet. Isolirt von Preußen durchgeführt, wird es zur Donquixoterie, welche unsern König und seine Regirung nur abschwächt für die Durchführung der eigensten Aufgabe, den der Krone Preußen von Gott übertragnen Schutz Preußens gegen Unrecht, von außen oder von innen kommend, zu handhaben. Wir kommen dahin, den ganz unhistorischen, gott- und rechtlosen Souveränetätsschwindel der deutschen Fürsten, welche unser Bundesverhältniß als Piedestal benutzen, von dem herab sie Europäische Macht spielen, zum Schooßkind der conservativen Partei Preußens zu machen. Unsre Regirung ist ohnehin in Preußen liberal, im Auslande legitimistisch; wir schützen fremde Kronrechte mit mehr Beharrlichkeit als die eignen und begeistern uns für die von Napoleon geschaffnen, von Metternich sanctionirten kleinstaatlichen Souveränetäten bis zur Blindheit gegen alle Gefahren, mit denen Preußen und Deutschlands Unabhängigkeit für die Zukunft bedroht ist, so lange der Unsinn der jetzigen Bundesverfassung besteht, die nichts ist als ein Treib- und Conservirhaus gefährlicher und revolutionärer Particularbestrebungen. Ich hätte gewünscht, daß in dem Programm anstatt des vagen Ausfalles gegen die deutsche Republik offen ausgesprochen wäre, was wir in Deutschland geändert und hergestellt wünschen, sei es durch Anstrebung rechtlich zu stände zu bringender Aenderungen der Bundesverfassung, sei es auf dem Wege kündbarer Associationen nach Analogie des Zollvereins und des Koburger Militärvertrags. Wir haben die doppelte Aufgabe, Zeugniß abzulegen, daß das Bestehende der Bundesverfassung unser Ideal nicht ist, daß wir die notwendige Aenderung aber auf rechtmäßigem Wege offen anstreben und über das zur Sicherheit und zum Gedeihn aller erforderliche Maß nicht hinausgehn wollen. Wir brauchen eine straffere Konsolidation der deutschen Wehrkraft so nötig wie das liebe Brot; wir bedürfen einer neuen und bildsamen Einrichtung auf dem Gebiet des Zollwesens und einer Anzahl gemeinsamer Institutionen, um die materiellen Interessen gegen die Nachteile zu schützen,

die aus der unnatürlichen Konfiguration der deutschen innern Landesgränzen erwachsen. Daß wir diese Dinge ehrlich und ernst fördern wollen, darüber sollten wir jeden Zweifel heben. – Ich sehe außerdem nicht
ein, warum wir vor der Idee einer Volksvertretung, sei es im Bunde, sei
es in einem Zoll- und Vereinsparlament, so zimperlich zurückschrecken.
Eine Institution, die in jedem deutschen Staate legitime Geltung hat, die
wir Konservative selbst in Preußen nicht entbehren möchten, können
wir doch nicht als revolutionär bekämpfen! Auf dem nationalen Gebiete
würden bisher sehr mäßige Concessionen immer noch als wertvoll aner-
kannt werden. Man könnte eine recht conservative Nationalvertretung
schassen und doch selbst bei den Liberalen Dank dafür ernten.

Der Lärm des Einpackens stört mich im Schreiben. Für den Fall,
daß Sie noch Gelegenheit haben, mich bei unsern Freunden redend einzuführen, lege ich das Concept bei, welches ich Ihnen vorlas; aber mit
der Bitte, den Wortlaut vor der Oeffentlichkeit zu bewahren, da ich nicht
weiß, ob es dem Könige genehm ist, daß dieser auf seinen Befehl flüchtig
zu Papier gebrachte Inhalt einer Unterredung mit Sr. Majestät ruchbar
wird, nachdem weitere Besprechungen, wie ich höre, daran geknüpft sind
...

Koblenz, 26. Sept. 61

Meine geliebte Malle,

ich denke heut Nachmittag von hier über Köln nach Schönhausen zu
fahren, dort morgen früh anzukommen, 1 oder 2 Tage dort zu bleiben;
spätestens übermorgen Abend hoffe ich in Berlin zu sein, den 29. werde
ich dort zu tun haben und den 30. bereit sein, Euch in Kröchlendorf aufzusuchen. Schicke mir doch schnell 2 Zeilen nach Berlin, Hôtel royal,
damit ich Gewißheit habe, Euch anzutreffen. Der König geht heut nach
Baden. Beide Majestäten sprachen mir wiederholt ihre Teilnahme an
Eurem schweren Geschick aus, und die Königin sagte, sie hätte einen

„sehr schönen" Brief von Dir erhalten. Ich muß noch zu * und dann einpacken. Hoffentlich auf baldiges Wiedersehn.

Dein treuer Bruder

v. B.

An Herrn v. Below-Hohendorf.

Berlin, 2. October 1861

Ich bin in Koblenz und hier nach Kräften für deutsche Politik tätig gewesen, und für die augenblickliche Stimmung nicht ganz ohne Erfolg. Ich schrieb Ihnen etwa am 19. v. M. von Stolpmünde nach Ihrer hiesigen Wohnung und legte in den Brief das Concept des kleinen Aufsatzes, den ich in Baden dem Könige gegeben hatte. Ich soll diese Arbeit näher ausführen;[204] ist daher der Brief mit der Einlage schließlich, wie ich hoffe, in Ihre Hände gelangt, so bitte ich Sie, mir die Einlage nach Reinfeld schicken zu wollen, damit ich sie dort weiter verarbeite. Ich habe wahres Heimweh nach meiner Wohnung am Englischen Quai, mit dem beruhigenden Blick auf das Newa-Eis. Am 13. wird man wohl in Königsberg eintreffen müssen...

An die Schwägerin, Frau Malwine von Bismarck-Külz.

Petersburg, 8. Nov. 1861

Liebe Schwägerin,

Du warst mir etwas bös, als ich dich in Bützow verließ, und ich hatte auf der Fahrt nach Zimmerhausen einen Rückstand von schlechtem Gewissen, der jedoch mehr das Ergebniß meines eignen Wunsches war, länger in Külz bleiben zu können, als des Bewußtseins, daß ich unser Beisammensein mutwillig abgekürzt hätte. Blankenburg erklärte sich bereit, mich über Reinfeld nach Königsberg zu begleiten, wenn ich mit ihm nach Zimmerhausen ginge. Wärst Du jemals allein durch die

---

204   Dies geschah in der auf S. 216 ff. mitgeteilten Denkschrift. . .

Einöden gefahren, welche Pommern und Westpreußen trennen, so würdest Du den ganzen Wert dieses Anerbietens zu schätzen wissen. Ich hatte indessen, als wir uns trennten, die ehrliche Absicht, mit Moritz über Naugard nach Külz zurückzukommen, um von dort aus den Anschluß in Freienwalde zu gewinnen. Als wir uns aber die Sache am nüchternen Morgen überlegten, erschien sie uns doch zu gewaltsam und anstrengend. Wir fuhren die Chaussee entlang nach Cöslin, ich rechnete auf die Nachsicht meiner geliebten Schwägerin, schlief ruhig in Cöslin und war am andern Abend in Reinfeld, wo ich eine lange schriftliche Arbeit zu machen hatte. Johanna schrieb sie mir ab, und ihre Handschrift ziert jetzt die Acten des Ministeriums. Von der Krönung schreibe ich kein Wort. Das dreimalige Anziehn täglich, der Zugwind in allen Sälen und Corridors liegen mir noch in allen Gliedern. Am 18. auf dem Schloßhof im Freien hatte ich vorsichtiger Weise eine dicke Militäruniform an und eine Perücke auf, gegen die Bernhards nur den Namen einer Locke verdient, sonst wären mir die 2 Stunden barhäuptig im Freien schlecht bekommen. Ich machte mich von der Rückfahrt nach Berlin los, wartete in Hohendorf, bis Johanna mobil war, und traf in Königsberg mit ihr zusammen. Bill litt an Rheumatismus im Knie, so daß er getragen werden mußte, er wurde aber besser in dem Augenblick, wo wir die russische Gränze beschritten. Wir schliefen eine Nacht in Wilkomir, zwischen Niemen und Düna, auf Stroh, die dritte in der Eisenbahn, die erste im letzten Preußischen Ort und waren am 4ten Tage glücklich hier, wo mir nach dem langen Vagabunden-Leben ganz wohl und heimatlich zu Mute ist. Du kennst die Freude nicht, die man empfindet, wenn man 3 Monat lang nicht gewußt hat, wo man im Winter sein Haupt niederlegen würde, und endlich wieder im eignen Bett schläft und am eignen Tisch zu Mittag ißt. Ich bin so reisemüde, daß ich gern immer hier bliebe und mich herzlich freue, daß von meiner Versetzung vor der Hand nicht mehr die Rede ist. Johanna und die Kinder befinden sich Gott sei Dank wohl, nur Marie ist heut Abend von einem katarrhalischen Fieber befallen, welches sie hoffentlich bis morgen ausschwitzen wird, nachdem sie ruhig eingeschlafen ist. Ich schicke diesen Brief mit dem letzten Schiff, welches morgen abgeht, und Du wirst ihn wohl erst in 6 Tagen erhalten. Seit heut früh schneit es ununterbrochen, alles ist weiß, nur die Newa vor unsern Fenstern noch schwarz und ohne Eis, der Erdboden aber gefroren. Die Einlage bitte ich Dich an Bernhard zu geben und ihn herzlich zu grüßen, auch von Johanna, die bei Marie sitzt und mir wohl einige Mühe machen wird, bevor ich sie zu Bett persuadire. Gott sei mit Dir und den Deinigen. Von Herzen Dein treuer Schwager

v. Bismarck

Morgen wollte ich zur Jagd nach Waldai, etwa 30 Meilen Eisenbahn von hier, wo man einige 100 schneeweiße Hasen mit schwarzen Löffeln schießt, ich kann aber leider nicht fort, wegen einer Audienz beim Kaiser in Sarskoe-Selo.

An Frau v. Armin.[205]

Petersburg, 17./5. Jan. 62

Ich wollte gestern Abend auf die Jagd fahren, etwa 15 Meilen von hier auf der Straße nach *, wo meiner einige von mir bereits käuflich requirirte wilde Vierfüßler warten, ich hatte deshalb in hastiger Eile alles geschrieben, was der heutige Courier mitnehmen sollte. Die brüderliche Liebe aber war dabei zu kurz gekommen. Nun wurde es wieder so kalt, daß die nächtliche Schlittenfahrt für meine Nase bedenklich und die Jagd für die Treiber grausam gewesen wäre. Ich habe sie also aufgegeben und Zeit gewonnen, Dir einige liebende Worte zu sagen, besonders Dir für Deine vortrefflichen Besorgungen und Briefe zu danken. Das Kleid hat allseitig den größten Beifall, und auch in der kleinen Broche hat sich Dein guter Geschmack bewährt. Weihnachten ist mit Gottes Gnade still und zufrieden von uns begangen und Marie in erfreulichem Fortschritt. Es wäre daher undankbar, über die Kälte zu klagen, die mit einer auch

---

205 Das Original konnte nicht verglichen werden.

für Rußland ungewöhnlichen Beharrlichkeit den Stand von 18 bis 28° festhält, was für das kleine Gebirge im Südwesten von hier, wo ich meist jage, etwa 22 bis 32 ergiebt. Seit 14 Tagen keine Stunde unter 18. Sonst ist es selten länger als 30 Stunden hintereinander über 20. Die Häuser frieren so durch, daß keine Heizung mehr hilft. Heute 24 Gr. hier am Fenster, helle Sonne, blauer Himmel. Du schreibst in Deinem Letzten von indiscreten Reden, die * in Berlin geführt hat. Takt hat er nicht und wird er nie haben, für absichtlich feindlich gegen mich halte ich ihn nicht. Es passirt hier auch nichts, was nicht jeder wissen könnte. Wollte ich noch Carriere machen, so wäre es vielleicht grade gut, wenn recht viel Nachteiliges von mir gehört würde, dann käme ich wenigstens wieder nach Frankfurt, oder wenn ich 8 Jahre lang recht faul wäre und anspruchsvoll, das hilft. Für mich ist es damit zu spät, ich fahre deshalb fort, hausbacken meine Schuldigkeit zu tun. Ich bin seit meiner Krankheit geistig so matt geworden, daß mir die Spannkraft für bewegte Verhältnisse verloren gegangen ist. Vor drei Jahren hätte ich noch einen brauchbaren Minister abgegeben, jetzt komme ich mir in Gedanken daran vor wie ein kranker Kunstreiter. Einige Jahre muß ich noch im Dienst bleiben, wenn ich's erlebe. In 3 Jahren wird Kniephof pachtlos, in 4 Schönhausen; bis dahin weiß ich nicht recht, wo ich wohnen sollte, wenn ich den Abschied nähme. Das jetzige Revirement der Posten läßt mich kalt, ich habe eine abergläubische Furcht, einen Wunsch deshalb auszusprechen und ihn später erfahrungsmäßig zu bereuen. Ich würde ohne Kummer und ohne Freude nach Paris, London gehn, Hierbleiben, wie es Gott und Sr. Majestät gefällt, der Kohl wird weder für unsre Politik, noch für mich fetter, wenn das eine oder das andre geschieht. Johanna wünscht sich nach Paris, weil sie glaubt, daß den Kindern das Klima besser wäre. Krankheiten kommen überall, Unglücksfälle auch, mit Gottes Beistand übersteht man sie oder beugt sich in Ergebung Seinem Willen, die Localität tut dabei nichts. *[206] gönne ich jeden Posten, er hat das Zeug dazu. Ich wäre undankbar gegen Gott und Menschen, wenn ich behaupten

---

206   Bernstorff?

wollte, daß es mir hier schlecht ginge, und für Aenderung bestrebt wäre; vor dem Ministerium habe ich gradezu Furcht wie vor kaltem Bade. Ich gehe lieber auf jene vacanten Posten oder nach Frankfurt zurück, selbst nach Bern, wo ich recht gern lebte. Soll ich hier fort, so wäre es mir lieb, bald davon zu hören. Am 1./13. Februar muß ich mich erklären, ob ich mein Haus behalte, muß en cas que si Bauten und Reparaturen bedingen, auch wären teure Pferde und andre Sachen zu verkaufen, was hier Monate erfordert und Tausende verlieren oder behalten macht. Ein Umzug im Winter ist kaum möglich. – Ich lese nach einigen Störungen den Brief über und finde, daß er einen hypochondrischen Eindruck macht; mit Unrecht, ich fühle mich weder mißvergnügt noch lebenssatt und habe bei prüfendem Nachdenken keinen unbefriedigten Wunsch entdeckt, als den nach 10° Kälte weniger und etwa fünfzig Visiten schon gemacht zu haben, die auflasten. Bescheidne Wünsche. Ich höre, daß man mich im Winter zum Landtag zu erwarten meint. Es fällt mir nicht ein, ohne stricten Befehl des Königs nach Berlin zu kommen, es sei denn im Sommer auf Urlaub. Johanna und die Kinder gehn, wie ich denke, in etwa 4 Monaten nach Deutschland ab, ich folge, so Gott will, vier oder sechs Wochen später und kehre ebenso viel früher hierher zurück. Die Kinder haben der Kälte wegen seit fast drei Wochen das Haus nicht verlassen. Alle russischen Mütter haben dieses Regime, sobald es über zehn Grad ist, es muß also wohl durch Erfahrung geboten sein, wenn ich auch bis fünfzehn gehe, weiter nicht, und sie sehn für diesen Luftmangel wohl genug aus, trotz der Diätfehler, zu denen sie angeerbten Hang haben, und der Weihnachtsnäschereien. Marie ist ein verständiges Persönchen geworden, aber doch auch ganz Kind noch, was ich recht gern sehe. Neben mir liegt grade Varnhagens Tagebuch, ich begreife den Aufwand von sittlicher Entrüstung nicht, mit dem man diesen dürftigen Zeitspiegel von 36 bis 45 verdammt. Es stehn Gemeinheiten genug darin, aber grade so wurde geredet in der Zeit, und schlimmer, es ist aus dem Leben. V. ist eitel und boshaft, wer ist das nicht? es kommt nur darauf an, wie das Leben die Natur des einen oder des andern reift, mit

Wurmstichen, mit Sonne oder mit nassem Wetter, bitter, süß oder faul. Bei aller Zeit, die ich hatte, war doch so viel Quengelei aller Art, daß ich knapp bis zwei Uhr soweit geschrieben habe, und um drei muß der Feldjäger auf der Eisenbahn sein….

Petersburg, 23./11. Jan. 62

Lieber Bruder,

…Ich bin im Gedränge mit der Expedition eines Couriers, der morgen abgeht, und muß daher Johanna überlassen, ausführlicher über unser Ergehn zu schreiben, nur einen Stoßseufzer über das Vagabundentum in der diplomatischen Laufbahn kann ich nicht unterdrücken. Seit Juni bin ich stets unsicher, ob ich über 4 Wochen hier noch Gesandter sein werde oder nicht; jetzt ist es beinah wahrscheinlich, daß wir nicht bleiben, sondern nach London versetzt werden, gewiß noch nicht. Nachher kommt es wie aus der Pistole, und man soll schnell reisen. Ich muß Miete erneuern, bauen lassen, Wagen und Pferde kaufen und verkaufen und weiß nicht, was ich tun und lassen soll. Seit gestern haben wir endlich mildes Wetter, d. h. 8 bis 12°, 3 Wochen konnte man nicht vor die Türe, ohne die Nase zu schützen, bis 28°. Ich bin aber doch nicht unglücklich, wenn ich hier bleibe, ein kühler, aber ruhiger Posten.

Herzliche Grüße an Malwine.

Dein treuer Bruder

v. B.

Petersburg, 7. März 1862

Mein liebes Herz,

ich benutze einen englischen Courier, um Dir einen Gruß von wenig Zeilen zu senden; einen Stoßseufzer über alle Krankheit, mit der Gott uns heimsucht. Wir haben beinah keinen Tag in diesem Winter gehabt, wo alles im Hause gesund gewesen wäre. Gegenwärtig hat Johanna einen Husten, der sie ganz erschöpft, und darf nicht ausgehn; Bill liegt im Bett, fiebert, Schmerzen in Leib und Hals, was es wird, weiß der Arzt noch nicht. Unsre arme Gouvernante, Frl. Bart, hat kaum Hoffnung, Deutschland wiederzusehn; sie liegt seit Wochen, täglich schwächer und hülfloser, wahrscheinlich galoppirende Schwindsucht, meint der Doctor, wird das Ende sein. Ich selbst bin nur gesund auf der Jagd; sowie ich hier in die Bälle und Theater gerate, erkälte ich mich, schlafe und esse nicht. Sobald die Witterung milder wird und alles reisefähig ist, schicke ich Kind und Kegel nach Reinfeld. Die Gleichmütigkeit, mit der ich der Versetzungsfrage entgegensah, vermindert sich unter diesen Umständen; ich würde kaum den Mut haben, dem nächsten Winter hier zu trotzen. Mich allein Herreisen zu lassen, dazu werde ich Johanna schwer überreden. Versetzt man mich nicht, so komme ich vielleicht um längern Urlaub ein. Von Goltz habe ich neulich einen Brief gehabt, er glaubt für hier bestimmt zu sein, würde aber lieber nach Paris gehn; mir stellt er London in Aussicht, und ich habe mich mit dem Gedanken ziemlich vertraut gemacht. Prinzliche Briefe an Kaisers sprechen von Bernstorffs Rücktritt und meiner Nachfolge; ich glaube nicht, daß es die Absicht ist, würde aber ablehnen, wenn's wäre. Abgesehn von allen politischen Unzuträglichkeiten fühle ich mich nicht wohl genug für so viel Aufregung und Arbeit. Diese Rücksicht macht mich auch bedenklich, wenn man mir Paris anböte; London ist ruhiger. Wenn Klima und Kindergesundheit nicht wären, so bliebe ich zweifellos am liebsten hier. Bern ist auch eine fixe Idee von mir; langweilige Orte mit hübscher Gegend sind für alte entsprechend; nur fehlt dort alle Jagd, da ich das Klettern nach Gemsen nicht liebe. Hier ist jetzt Fastenstille nach der tollen Woche, die täglich Bälle brachte; politisch ist auch nichts los, einige Neigung, Italien anzuerkennen, weil der Papst in Polen nicht tun will, was er soll, und einige Verhaftungen im Innern wegen Constitutions-Petitionen der Adelsversammlungen, mehr wegen grober Stylistik als wegen des liberalen Inhalts. Die M. arbeitet in ultramontan-polnischen Umtrieben, Tun steht ihr bei, soviel er darf, der Engländer stellt ethnographische

Beobachtungen an, die man zu geflissentlich und spionirend findet, und O. spielt Heiratscandidat alter Fräuleins . . . Herzliche Grüße an O.

Dein treuer Bruder

v. B. (in Eile.)

Petersburg, 12. April 62

Lieber Roon,

ich weiß nicht, warum ich Ihnen nicht längst geschrieben habe; vielleicht, weil man hier die Dinge immer erst erfährt, wenn es nicht mehr lohnt, ein Wort darüber zu verlieren. Heut treibt mich der Heydt'sche Brief[207] trotz Couriereile einige Zeilen an Sie zu richten. Jener Brief macht den Eindruck und wird hier angesehn, als sei er für die Veröffentlichung geschrieben, ein Manifest in Rechnung auf die Zukunft. Sein Styl ist nicht der einer vertraulichen Erörterung zwischen zwei Ministern, die sich täglich sehn und einen Büchsenschuß von einander wohnen. So aufgefaßt, schließt man daraus, daß Heydt wiederum mit seiner anerkannten Sagazität einen Wechsel voraussehe und rechtzeitig in die Richtungslinie der Zukunft einschwenke. Damit bringt man die Stimmung Ihrer Majestät der Königin gegen die jetzigen Minister in Verbindung. In 14 Tagen hoffe ich bei Ihnen zu sein und diesem Leiden von Abschiedsaudienzen, Visiten, schlechten Verkäufen und packenden Hammerschlägen ein Ende zu machen. Ich weiß nur, daß ich nach Paris oder London gehe, nicht nach welchem von beiden.

Wie kam man eigentlich darauf, den 25prozentigen Zuschlag jetzt aus dem Fenster zu werfen? Denkt man damit die Opposition zu versöhnen? Auf die Wahlen wird das nur wie ein von der aufgelösten Kammer errungner Sieg, wie ein Schnaps für die erlahmende Fortschrittspartei wirken. Kann man diese bisher gut eingehende, also erträgliche Steuer missen, was ich bestreite, so hätte man in einem kritischen Kammer-

207   Heydts Brief an Roon, der durch eine vielleicht von v. Heydt selbst beabsichtige Indiscretion an die Oeffentlichkeit kam, riet zu Ersparnissen im Militäretat, gab also Wasser auf die Mühle der Opposition.

Moment die Conzession im Handeln und Dingen verwerten sollen, aber nicht jetzt sein Pulver in die Luft verschießen. Geben wir mit der Militärfrage jetzt nach, ohne Kampf, aus unbestimmter Wahl-Angst, so sinkt der Respect vor uns im In- und Auslande in beklagenswerter Dimension.

Ich will mich schriftlich nicht stärker ausdrücken. Die Zeit ist um, auf baldiges Wiedersehn; herzliche Grüße an die Frau Gemalin. Ihr treuer Freund

v. B.

IV. Abteilung
Aus der Zeit der Gesandtschaft in Paris. 1862

An Frau v. Bismarck.

Berlin, 17./5. 62

. . . . Unsre Zukunft ist noch ebenso unklar wie in Petersburg. Berlin steht mehr im Vordergrund; ich tue nichts dazu und nichts dagegen, trinke mir aber einen Rausch, wenn ich erst meine Beglaubigung nach Paris in der Tasche habe. Von London ist im Augenblick garnicht die Rede, es kann sich aber wieder ändern. Heut weihe ich erst Brandenburg ein, fahre dann nach *, bei * zu speisen. Aus den Ministerbesprechungen komme ich den ganzen Tag nicht los, und finde die Herrn nicht viel einiger untereinander, als ihre Vorgänger waren....

An Frau v. Bismarck.

Berlin, 23. Mai 62

Aus den Zeitungen hast Du schon ersehn, daß ich nach Paris ernannt bin; ich bin sehr froh darüber, aber der Schatten bleibt im Hintergrund. Ich war schon so gut wie eingefangen für das Ministerium; ich reise, so schnell ich los komme, morgen oder übermorgen nach Paris. Aber ich kann unsre „unbestimmten" Sachen noch nicht dahin dirigiren, denn ich muß gewärtigen, daß man mich in wenig Monaten oder Wochen wieder herbeiruft und hier behält. Ich komme vorher nicht zu Dir, weil ich erst in Paris Besitz ergreifen will, vielleicht entdecken sie einen andern Ministerpräsidenten, wenn ich ihnen erst aus den Augen bin. Ich gehe auch nicht nach Schönhausen, alles in Sorge, daß man mich noch wieder festhält. Gestern bin ich vier Stunden als Major umhergeritten, wobei ich meine Ernennung für Paris auf dem Sattel erhielt. Die Fuchsstute ist hier und meine Freude und Erholung im Tiergarten; ich nehme sie mit.

Die Bären sind gestern nach Frankfurt abgereist. Ich habe alle Hände voll zu tun, um meine Abreise zu ermöglichen....

Berlin, 25. Mai 1862

Lieber Bruder,

die letzten Wochen meines Petersburger Aufenthalts waren dergestalt von Geschäften, Audienzen und alle dem Aerger eingenommen, der mit der Auflösung eines Haushaltes verbunden ist, daß ich nicht einmal Zeit und geistige Ruhe fand, Dir zu schreiben und Dir meine innige Teilnahme an dem Verlust auszusprechen, den Du wieder erlitten hast.[208] Gott gebe Deiner armen Frau Trost und Kraft an Leib und Seele. Seit ich hier bin, ist der Wirrwarr für mich fast ärger als in Petersburg; ich komme nicht einmal dazu, auf einen Tag nach Schönhausen zu gehn, wo ich recht nötig zu tun habe. Meine Möbel aus Petersburg gehn meist dahin, weil sie unverkäuflich waren, und mit Pächter, Buhnenbauten und der alten Bellin habe ich manchen Verdruß . . .

Drei Tage werde ich wohl noch hier sein, Mittwoch hoffe ich zu reisen. Besuchen kann ich Euch leider nicht; eher wird es möglich (sein), von Paris im Laufe des Sommers zur Abholung Johannas nach Pommern und zu Dir zu kommen. Ich fürchte nur, daß mein Pariser Vergnügen garnicht so lange dauert, um mich dort häuslich einzurichten, und daß ich schließlich hier doch ein Ende nehme. Ich denke daran wie ans Sterben, ergebe mich, wenn's sein muß, aber lieber etwas später als früher. Schreibe mir, wenn Du gleich schreibst, nach hierher, wenn später als übermorgen, nach Paris, ambassade de Prusse, rue de Lille. –

Ich werde gestört und schließe mit den herzlichsten Wünschen für Malwinens Gesundheit. Arnims sind noch 14 Tage hier, Malle gesunder, als ich erwartete.

Dein treuer Bruder   v.B.

---

208   Am 15. April 1862 war Herrn v. Bismarck-Külz ein einjähriges Töchterchen Martha gestorben.

An Frau v. Bismarck.

Berlin, 25. Mai 62

Du schreibst recht selten, und hast ohne Zweifel mehr Zeit dazu als ich. Seit ich hier bin, habe ich kaum einmal gründlich ausgeschlafen. Gestern ging ich um 8 Uhr früh aus, kam 5 mal zum Umkleiden eilig nach Hause, fuhr um 8 noch nach Potsdam zu Prinz Friedrich Carl, und um 11 wieder her. Heut habe ich eben, um 4, die erste freie Minute und benutze sie zur Sammlung dieser feurigen Kohle auf Dein schwarzes Haupt. Ich denke morgen, spätestens Dienstag, nach Paris aufzubrechen; ob auf lange, das weiß Gott; vielleicht nur auf Monate oder Wochen! Sie sind hier alle verschworen für mein Hierbleiben, und ich will recht dankbar sein, wenn ich im Garten an der Seine erst einen Ruhepunkt gewonnen und einen Portier habe, der für einige Tage Niemand zu mir läßt. Ich weiß noch nicht, ob ich unsre Sachen überhaupt nach Paris schicken kann, denn es ist möglich, daß ich schon wieder herberufen werde, ehe sie ankommen. Es ist mehr ein Fluchtversuch, den ich mache, als ein neuer Wohnsitz, an den ich ziehe. Ich habe sehr fest auftreten müssen, um nur einstweilen hier aus dem Gast-Hofswarteleben loszukommen. Ich bin zu allem bereit, was Gott schickt, und klage nur, daß ich von Euch getrennt bin, ohne den Termin des Wiedersehns berechnen zu können. Habe ich Aussicht, bis zum Winter in Paris zu bleiben, so denke ich, daß Du mir bald folgst, und wir richten uns ein, sei es auch auf kurze Zeit. Im Laufe des Juni wird es sich hier entscheiden müssen, ob ich wieder herkomme, vor Ende der Sommer-Landtagssitzung, oder länger und lange genug, um Euch überzusiedeln, in Paris bleibe. Was ich kann, tue ich, daß Du nach P. kommst, wenn es auch für kurze Zeit und ohne Einrichtung wäre, damit Du es gesehn hast. Gestern war großes Militärdiner, wo ich als Major figurirte, vorher Parade. Die Fuchsstute ist meine tägliche Freude im Tiergarten, aber für Militär nicht ruhig genug....

An Frau v. Bismarck.

Paris, 31. Mai 62

Nur wenige Zeilen im Drang der Geschäfte, um Dir zu sagen, daß es mir wohl geht, aber recht einsam mit dem Blick ins Grüne, bei trübem Regenwetter, Hummeln summen und Spatzen zirpen. Morgen große Audienz. Aergerlich ist, daß ich Leinwand kaufen muß, Hand-, Tisch- und Betttücher. Lasse die „unbestimmten" Sachen noch nicht von Petersburg abschicken, die nach Schönhausen und Reinfeld aber auf Stettin dirigiren, beide an Bernhards Spediteur D. Witte Nachfolger, dem ich Bescheid schreibe. Die für Reinfeld gehn zu Schiff von Stettin nach Stolpmünde. Mein Bleiben hier ist noch nicht gesichert, ehe das Ministerium nicht für Hohenlohe einen andern Präsidenten hat, und ehe London nicht neu besetzt ist. Leb wohl, grüße herzlich und schreibe....

An Frau v. Bismarck.

Paris, 1. Juni 62

. . . Heut wurde ich vom Kaiser empfangen und gab meine Briefe ab, er empfing mich freundlich, sieht wohl aus, ist etwas stärker geworden, aber keineswegs dick und gealtert, wie man zu karitiren pflegt. Die Kaiserin ist noch immer eine der schönsten Frauen, die ich kenne, trotz Petersburg; sie hat sich eher embellirt seit 5 Jahren. Das Ganze war amtlich und feierlich, Abholung im Hofwagen mit Ceremonienmeister, und nächstens werde ich wohl eine Privataudienz haben. Ich sehne mich nach Geschäften, denn ich weiß nicht, was ich anfangen soll. Heut habe ich allein dinirt, die jungen Herrn waren aus; den ganzen Abend Regen und allein zu Hause. Zu wem sollte ich gehn? Mitten im großen Paris bin ich einsamer wie Du in Reinfeld und sitze hier wie eine Ratte im wüsten Hause. Mein einziges Vergnügen war, den Koch wegzuschicken, wegen Rechnungsexceß. Du kennst meine Nachsicht in diesem Punkt, aber * war ein Kind dagegen. Ich esse einstweilen im Cafe. Wie lange es dauert, weiß Gott. In 8 bis 10 Tagen erhalte ich wahrschein lich eine telegraphische Citation nach Berlin, und dann „ist Spiel und Tanz vorbei".[209] Wenn meine Gegner wüßten, welche Wohltat sie mir persönlich durch ihren Sieg erweisen würden, und wie aufrichtig ich ihn ihnen wünsche! * thäte dann vielleicht aus Bosheit das Seinige, um mich nach Berlin zu bringen. Du kannst nicht mehr Abneigung gegen die Wilhelmstraße haben, als ich selbst, und wenn ich nicht überzeugt bin, daß es sein muß, so gehe ich nicht. Den König unter Krankheitsvorwänden im Stich zu lassen, halte ich für Feigheit und Untreue. Soll es nicht sein, so wird Gott die Suchenden schon noch einen * auftreiben lassen, der sich zum Topfdeckel hergiebt; soll es sein, dann voran! wie unsre Kutscher sagten, wenn sie die Leine nahmen. Im nächsten Sommer wohnen wir dann vermutlich in Schönhausen, Hurero! Ich gehe nun in mein großes Himmelbett, so lang wie breit, als einziges lebendes Wesen im ganzen Stockwerk, ich glaube, auch im Parterre wohnt niemand....

An Kriegsminister A. v. Roon.

Patis, 2. Juni 1862.

Geehrter Freund,

ich bin glücklich angekommen, wohne hier wie eine Ratte in der leeren Scheune und bin von kühlem Regenwetter eingesperrt. Gestern hatte ich feierliche Audienz mit Auffahrt im Kaiserlichen Wagen, Ceremonie, aufmarschirten Würdenträgern. Sonst kurz und erbaulich, ohne Politik, die auf un de ces jours und Privataudienz verschoben wurde. Die Kaiserin sieht sehr gut aus, wie immer. Gestern Abend kam der Feldjäger, brachte mir aber nichts aus Berlin, als einige lederne Dinger von Depeschen über Dänemark. Ich hatte mich auf einen Brief von Ihnen gespitzt. Aus einem Schreiben, welches Bernstorff an Reuß gerichtet hat, ersehe ich, daß der Schreiber auf meinen dauernden Aufenthalt hier und den seinigen in Berlin mit Bestimmtheit rechnet, und daß der König irrt, wenn er annimmt, daß jener je eher je lieber nach London zurück

---

209   Aus Millers' Klagelied eines Bauern.

verlange. Ich begreife ihn nicht, warum er nicht ganz ehrlich sagt, ich wünsche zu bleiben oder ich wünsche zu gehn, keines von Beiden ist ja eine Schande. Beide Posten gleichzeitig zu behalten, ist schon weniger vorwurfsfrei. Sobald ich etwas zu berichten, d. h. den Kaiser unter 4 Augen gesprochen habe, werde ich dem Könige eigenhändig schreiben. Ich schmeichle mir noch immer mit der Hoffnung, daß ich Sr. Majestät weniger unentbehrlich erscheinen werde, wenn ich Ihm eine Zeit lang aus den Augen bin, und daß sich noch ein bisher verkannter Staatsmann findet, der mir den Rang abläuft, damit ich hier noch etwas reifer werde. Ich warte in Ruhe ab, ob und was über mich verfügt wird. Geschieht in einigen Wochen nichts, so werde ich um Urlaub bitten, um meine Frau zu holen, muß dann aber doch Sicherheit haben, wie lange ich hier bleibe. Auf achttägige Kündigung kann ich mich hier dauernd nicht einrichten.

Der Gedanke, mir ein Ministerium ohne Portefeuille zu geben, wird hoffentlich Allerhöchsten Ortes nicht Raum gewinnen; bei der letzten Audienz war davon nicht die Rede, die Stellung ist nicht practisch: nichts zu sagen und alles zu tragen haben, in alles unberufen hineinstänkern, und von jedem abgebissen, wo man wirklich mitreden will. Mir geht Portefeuille über Präsidium, letztres ist doch nur eine Reservestellung; auch würde ich nicht gern einen Collegen haben, der halb in London wohnt. Will er nicht ganz dahin ziehn, so gönne ich ihm von Herzen, zu bleiben, wo er ist, und halte es nicht für freundschaftlich, ihn zu drängen.

Herzliche Grüße an die Ihrigen. Ihr treuer Freund und bereitwilliger, aber nicht mutwilliger Kampfgenosse, wenn's sein muß, im Winter noch lieber, als bei die Hitze.

v. B

304

Lieber Roon,

ich habe Ihren Brief durch Stein[210] richtig erhalten, offenbar unerbrochen, denn ich konnte ihn ohne teilweise Zerstörung nicht öffnen. Sie können versichert sein, daß ich durchaus keine Gegenzüge und Manövers mache; wenn ich nicht aus allen Anzeichen ersähe, daß Bernstorff garnicht daran denkt, auszuscheiden, so würde ich mit Gewißheit erwarten, daß ich in wenig Tagen Paris verließe, um über London nach Berlin zu gehn, und würde keinen Finger rühren, um dem entgegenzuarbeiten. Ich rühre auch so keinen, aber ich kann doch auch nicht den König mahnen, mir Bernstorffs Stelle zu geben, und wenn ich ohne Portefeuille einträte, so hätten wir, Schleinitz eingerechnet, drei auswärtige Minister, von denen jeder Verantwortung gegenüber der eine sich stündlich ins Hausministerium, der andre nach London zurückzuziehn bereit ist. Mit Ihnen weiß ich mich einig, mit Jagow glaube ich es werden zu können, die Fachministerien würden mir nicht Anstoß geben; über auswärtige Dinge aber habe ich ziemlich bestimmte Ansichten, Bernstorff vielleicht auch, aber ich kenne sie nicht und vermag mich in seine Methode und seine Formen nicht einzuleben, ich habe auch kein Vertrauen zu seinem richtigen Augenmaß für die politischen Dinge, er also vermutlich zu dem meinigen auch nicht. So sehr lange kann die Ungewißheit übrigens nicht mehr dauern, ich warte bis nach dem 11., ob der König bei der Auffassung vom 26. v. Mts. bleibt oder sich anderweit versorgt. Geschieht bis dahin nichts, so schreibe ich Sr. Majestät in der Voraussetzung, daß mein hiesiges Verhältniß definitiv wird und ich meine häuslichen Einrichtungen danach treffe, mindestens bis zum Winter oder länger hier zu bleiben. Meine Sachen und Wagen sind noch in Petersburg, ich muß sie irgendwo unterbringen; außerdem habe ich die Gewohnheiten eines achtbaren Familienvaters, zu denen gehört, daß man irgendwo einen festen Wohnsitz hat, und der fehlt mir eigentlich seit July v. J., wo mir Schleinitz zuerst sagte, daß ich versetzt würde. Sie tun mir Unrecht,

---

210 Preuß. Militärbevollmächtigter in Paris.

wenn Sie glauben, daß ich mich sträube, ich habe im Gegentheil lebhafte Anwandlungen von dem Unternehmungsgeist jenes Tieres, welches auf dem Eise tanzen geht, wenn es ihm zu wohl wird.

Ich bin den Adreßdebatten einigermaßen gefolgt und habe den Eindruck, daß sich die Regirung in der Commission, vielleicht auch im Plenum mehr hergegeben hat, als nützlich war. Was liegt eigentlich an einer schlechten Adresse? Die Leute glauben mit der angenommnen einen Sieg erfochten zu haben. In einer Adresse führt eine Kammer Manöver mit markirtem Feinde und Platzpatronen auf. Nehmen die Leute das Scheingefecht für ernsten Sieg, und zerstreuen sich plündernd und marodirend auf Königlichem Rechtsboden, so kommt wohl die Zeit, daß der markirte Feind seine Batterien demaskirt und scharf schießt. Ich vermisse etwas Gemütlichkeit in unsrer Auffassung; Ihr Brief atmet ehrlichen Kriegerzorn, geschärft von des Kampfes Staub und Hitze. Sie haben, ohne Schmeichelei, vorzüglich geantwortet, aber es ist eigentlich schade darum, die Leute verstehn kein Deutsch. Unsern freundlichen Nachbar hier habe ich ruhig und behäbig gefunden, sehr wohlwollend für uns, sehr geneigt, die Schwierigkeiten der „deutschen Frage" zu besprechen; er kann seine Sympathien keiner der bestehenden Dynastien versagen, aber er hofft, daß Preußen die große, ihm gestellte Aufgabe mit Erfolg lösen werde, die deutsche nämlich, dann werde die Regirung auch im Innern Vertrauen gewinnen. Lauter schöne Worte. Um zu erklären, daß ich mich bisher nicht recht wohnlich einrichte, sage ich den Fragern, daß ich in kurzem für einige Monat Urlaub zu nehmen gedenke, um dann mit meiner Frau wiederzukommen.

10. Juni

Die Antwort Sr. Majestät auf die Adresse macht in ihrer zurückhaltenden Gemessenheit einen sehr würdigen Eindruck, und kühl, keine Gereiztheit. Anspielungen auf Schleinitz' Eintritt für Hohenlohe finden sich in mehren Blättern. Ich gönne es ihm von Herzen, und Hausminister bleibt er dabei doch. Ich schicke diesen Brief morgen mit dem Feldjäger, der dann in Aachen bleibt, bis er wieder etwas aus Berlin herzubringen bekommt. Meine Empfehlungen an Ihre Damen. Den Meinigen geht es gut.

In alter Treue Ihr

v. B.

Paris, 16. Juni 1862

Mein liebes Schwesterherz,

heut wirst Du, wenn alles nach dem Programm gegangen ist, in Landeck eingetroffen sein, wo ich Dir frohe und gesunde Tage wünsche. Ich hoffe, mich bei Vollendung Deines 35. Jahres noch mit einem Glückwunsch en règle einzufinden, wenn ich auch nicht genau weiß, in wie kurzer Zeit die Post zwischen hier und Landeck fährt. Mein Barometerstand ist noch immer auf veränderlich, wie seit Jahr und Tag, und wird auch wohl noch lange so bleiben, mag ich hier oder in Berlin wohnen. Ruhe ist im Grabe, hoffe ich wenigstens. Seit meiner Abreise habe ich über die ministerielle Frage kein Wort aus Berlin von irgend jemand. Hohenlohes Urlaub ist abgelaufen und er tritt nicht wieder ein, das wußte ich vorher; die Frage ist nur, ob Bernstorff gehn will. Ich glaube nicht, wenigstens nicht vor Erledigung des franz. Handelsvertrags (Legion d'honneur). Geht er nach London zurück, so wird er aus Gehaltsrücksichten, die zu weitläuftig zu erklären sind, die letzten Tage irgend eines Monats abwarten. Ende Juni warte ich in Ruhe ab; weiß ich dann noch nicht, was aus mir wird, so werde ich eindringlich um Gewißheit bitten, damit ich mich hier einrichten kann. Habe ich Aussicht, bis zum Januar hier zu bleiben, so denke ich Johanna im September zu holen, obschon ein Etablissement auf 4 Monat in eigner Häuslichkeit immer sehr provisorisch ist und unbehaglich. Man schlägt bei Aus- und Einpacken ein kleines Vermögen an Glas und Porzellan entzwei. Für jetzt fehlt mir außer Frau und Kind hier vorzugsweise die Fuchsstute. Ich habe einige Mietgäule versucht, lieber aber reite ich nie wieder. Das Haus liegt sehr schön, ist aber dunkel, feucht und kalt. Die Sonnenseite mit Treppen und nonvaleurs verbraucht, alles liegt nach Norden, riecht dumpfig und kloakig. Kein einziges Möbel auf, kein Winkel, in dem man gern sitzen möchte; 3/4 vom Hause ist als „gute Stube" verschlossen, überzogen, und ohne große Umwälzung der Einrichtung für den täglichen Gebrauch nicht vorhanden. Die Zofen wohnen 3, die Kinder 2 Treppen hoch; der Hauptstock (1 Treppe) enthält nur das Schlafzimmer, mit einem großen Bett, sonst einen altmodischen Salon (Styl von 1818) neben dem andern, viel Treppen und Vorzimmer. Die eigentliche Existenz ist zu ebener Erde, Nordseite, am Garten, in dem ich mich wärme, sobald die Sonne scheint, höchstens 3 Mal wöchentlich auf einige Stunden. Am Rande siehst Du es; 1 Toilettenzimmer, Schwammgeruch, unbewohnbar, feucht; 2 Arbeitszimmer, dunkel, stinkt stets; 3 Empfangszimmer; 4 Durchblick von Flur mach Garten mit Bücherspinden; 5 Eßzimmer; 6 schlafe ich; 7 Office; 8 Garten, wo diese Zeilen stehn quai d'Orsay; und Seine; 9 und 10 Kanzlei; 11 Hausflur; 12 Treppenhaus. Dazu in der ganzen Beletage nur 1 Schlafzimmer und sonst nichts, und das ganze häusliche Treiben 2 Treppen hoch; enge, finstre, steile Treppen, die ich nicht gradeaus Passiren kann wegen meiner Schulternbreite und ohne Crinoline. Die Haupttreppe geht nur in den ersten Stock, dafür aber 3 leiterartige an beiden Hausenden nach oben. So haben Hatzfeldt und Pourtales die ganze Zeit existirt, sind aber auch dabei gestorben, in der Blüte ihrer Jahre, und bleibe ich in dem Hause, so sterbe ich auch früher, als ich wünsche. Dabei würde man den Platz mit dem durchweg baufälligen Hause für 2 Millionen verkaufen können. Ich mag nicht umsonst darin wohnen, schon des Geruchs wegen.

Bitte schreibe doch an Johanna die Adresse, wo Du mir vor 2 Jahren so sehr guten Baumkuchen zum Geburtstag machen ließest. Ich habe der Großfürstin Marie einen versprochen und es ganz vergessen, in Berlin zu besorgen. Oder schreibe mir lieber die Adresse, ich bestelle den Kuchen brieflich von hier aus und lege ein Schreiben für Goltz bei, mit dem der Conditor die Sache durch Stettiner Schiff dann expedirt. Ich bin etwas in Sorge, wenn wir hier bleiben, daß es Johanna wenig gefallen wird. Der Franzose hat einen Fond von Formalismus in sich, an den wir uns schwer gewöhnen. Die Furcht, irgend eine Blöße zu geben, das Bedürfniß, stets außen und innen sonntäglich angetan zu erscheinen, Ia manie de poser, macht den Umgang ungemütlich. Man wird niemals näher bekannt, und wenn man es sucht, so glauben die Leute, man will sie anpumpen oder heiraten oder den ehelichen Frieden stören. Es steckt unglaublich viel Chinesentum, viel Pariser Provincialismus in den Leuten; der Russe, Deutsche, Engländer hat in seinen civilisirten Spitzen einen vornehmen universellen Zuschnitt, weil er die „Form" zu lüften und abzuwerfen versteht. Aus demselben Grunde hat er aber auch in seinen untern und mittlern Schichten viel mehr Rohheit und Geschmacklosigkeit auf erstes Anfühlen wenigstens. Sie sagen hier: grattez le Russe et le barbare paraîtra, wenn man aber vom Franzosen die Rinde durchzukratzen versucht, so bekommt man garnichts raus. In einigen Tagen soll ich nach Fontainebleau: die Kaiserin ist etwas stärker geworden, dadurch hübscher wie je, und immer sehr liebenswürdig und lustig. Nachher gehe ich auf einige Tage nach London. Eine Anzahl angenehmer Russinnen, die ich hier hatte, ist meist verschwunden; heut auch die Benkendorf und die schöne Obolenski; nun weiß ich bald nicht mehr, wo ich müßige Stunden verschwatzen soll. Die Caulaincourt und Valençay könnten mir Ersatz geben, stecken aber so tief in eigner Gesellschaft. Wer hat eigentlich die Disposition über meine Fuchsstute, falls ich sie herkommen lassen wollte? Gott sei mit Dir, mein Engel.

Dein treuer Bruder

v. B.

Paris, 25. Juni 1862

Lieber Bruder,

– – – Ich sitze hier in einem schönen Hause, auf etwas veralteten Möbeln, alles im Geschmack des ersten Kaiserreichs, zu dessen Zeit das Hotel des Prinzen Eugen Beauharnais mit vieler Pracht eingerichtet wurde. In den großen Räumen ist es ziemlich einsam, die Stadt überhaupt schon still, ich wenig bekannt und für die jugendlichen Vergnügungen eines Reisenden nicht mehr empfänglich, dabei wenig zu tun, schlechtes Wetter, regnicht und kalt; meine sämmtlichen jungen Herrn, Reuß, Hatzfeldt, Nostitz sind heut aus, und ich esse mit mir allein. Das alles ist nicht sehr unterhaltend, und ich beneide meinen russischen Diener, der sich mit unverdorbnem Behagen täglich neuer Bewunderung der Sehenswürdigkeiten hingiebt. Morgen feire ich den Geburtstag des Sultan auf einem dîner in Uniform beim türkischen Collegen; übermorgen bin ich nach Fontainebleau zum Kaiser eingeladen, und Sonnabend denke ich auf einige Tage nach London zu fahren – Ausstellung. Man ist in 9 Stunden da. Meine nächste Zukunft ist noch grade so unsicher wie vor 4 Wochen und wie seit 12 Monaten. Dieß und die Trennung von Frau und Kind und ein Uebermaß von Aprikosen, die ich eben gegessen, stimmen mich etwas niedergeschlagen, und ich leide an Heimweh nach einer sichern Stelle, wo ich bis an mein Ende ruhig bleiben könnte. Gott gebe, daß es Dir und den Deinen wohl geht; von Johanna habe ich bis zum 21. gute Nachricht, nur ist Marie etwas unwohl. Herzliche Grüße an die liebe Malwine.

Dein v. B.

Paris, Sonntag[211]

Lieber Roon,

ich erfahre eben, daß Frau v. Lasarew in 1/2 Stunde abreist, und beeile mich, ihr diese Zeilen mitzugeben. Ich hatte vor 8 Tagen in einem Privatbrief an Bernstorff den Wunsch durchschimmern lassen, bald etwas mehr Klarheit darüber zu erlangen, ob ich mich hier 8 Tage, 8 Wochen oder 8 Monat einrichten könne. Er antwortet mir unter dem 20. c., daß er meinen Brief dem Könige vorgelesen, Se. Majestät aber geantwortet

---

211   29. Juni, wie aus Roons Vermerk: eingegangen 2. Juli 62 zu entnehmen ist.

habe, daß Sie (S. M.) in diesem Augenblick noch keinen Entschluß fassen können. Bernstorff hat darauf zugeredet, mich zu berufen, und von andern „Combinationen, mit denen sich die Presse beschäftige, und an deren Realisirung die Beteiligten selbst zu glauben ansingen," abgeraten.

Ich sehe danach voraus, daß mein Bleiben hier sich verlängert, und bin sehr zufrieden damit, da ich mir sagen kann, daß ich mich keines Dienstes und keiner Arbeit geweigert habe. Ich denke in dieser Woche auf einige Tage nach London zu gehn, dann vielleicht in Vichy Brunnen zu trinken, in Trouville See zu baden. Nach Preußen komme ich nur, wenn ich gerufen werde, so lange die Ministerkrisis nicht vollständig beseitigt ist. Herzliche Grüße an die Ihrigen. Sehn Sie Hans Kleist, so sagen Sie, bitte, daß ich zwei Fr(iedrichs)d'or für Stahl's Büste zeichne.

In treuer Freundschaft Ihr

v. B.

(Légation de Prusse

en France.)

Paris, 5. July 62

Lieber Roon,

eben komme ich von London zurück. Die Leute sind dort über China und die Türkei sehr viel besser unterrichtet, wie über Preußen. Loftus muß noch mehr Unsinn an seinen Minister schreiben, als ich dachte. Ich finde eben eine Gelegenheit morgen früh nach Berlin und darum schreibe ich diese Zeilen. Vor zehn Tagen telegraphirte man mir, ich solle den Feldjäger schicken, damit er Depeschen abhole, ich schickte ihn und finde mit Erstaunen, daß er noch nicht zurück ist. Hätte ich das gewußt, so wäre ich noch in London geblieben. Ich werde nun in diesen Tagen um einen Sommerurlaub bitten, nach einem französischen Seebade, wo ich dann aber erst Ende July eintreffe, vorher möchte ich nach dem Süden von Frankreich und auf Einen Tag nach Neapel, wo ich noch nie gewesen bin. Hier ist garnichts los. Der Kaiser geht morgen in verschiedne Departments, den 11. nach Vichy; ihm dahin zu folgen, scheint mir etwas zudringlich. Der Minister[212] geht auch fort, und was soll ich dann noch hier? Die Ministerialräte unterstehn sich hier kein Wort über Politik zu reden, und wenn ich länger hier noch wohne, so muß ich mich definitiv einrichten, mit Frau, Pferden und Dienern; ich weiß schon nicht, was und worauf ich zu Mittag essen soll, da meine Sachen noch in Petersburg sind. Habe ich die erst hier, so ziehe ich in den nächsten 12 Monaten sicher nicht nochmals um, es sei denn nach Schönhausen. Diese Ungewißheit, dieses „nicht wohnen", kann ich auf die Länge nicht aushalten, dazu bin ich nicht Fähnrich genug.

Jetzt bin ich zu schläfrig und gehe herzlich grüßend zu Bett.

Treu der Ihrige

v. B.

An Frau v. Bismarck.

Paris, 14. Juli 1862

Aus Deinem Brief vom 9. d. M. habe ich mit Freuden ersehn, daß Ihr gesund seid, und hoffentlich lese ich es morgen früh noch einmal. Heut traf endlich der Courier ein, um dessenwillen ich vorgestern vor 8 Tagen eiligst London verließ. Ich wäre dort gern einige Tage länger geblieben, man sah so viel schöne Gesichter und Pferde. Das Gesandschaftshaus aber ist mein Schrecken; schön eingerichtet, jedoch im Parterre außer der Treppe nur 3 Räume, wovon einer Kanzlei, einer Eßsaal und zwischen beiden, zugleich als Sammelzimmer fürs Diner, und ohne eine Ecke, um einen Schlafrock abzulegen, das Arbeitskabinet Sr. Excellenz. Will man von dort aus Waschbecken und dergl., so muß man die hohe, große Haustreppe steigen, durch das mit einem Bett versehene eheliche Schlafzimmer in ein kleines Hundeloch von Wohnzimmer gehn. Oben

---

212 Drouyn de L'Huys.

ist ein großer Salon, 1 kleiner Tanzsaal, daneben gedachtes Schlafzimmer nebst Hundeloch; das ist der ganze Wohnraum. Dann 2 Treppen hoch 2 Zimmer für den Secretär und 5 kleine Dinger für Kinder, Lehrer, Gouvernante u. s. w. 3 Treppen unterm Dach die Dienerschaft, im Keller die Küche. Ich wurde ganz elend bei dem Gedanken, da eingezwängt zu sein. Auf mein Urlaubsgesuch habe ich heut von Bernstorff die Antwort erhalten, der König könne sich noch nicht entschließen, ob er mir Urlaub gäbe, weil dadurch die Frage, ob ich das Präsidium übernähme, noch 6 Wochen in der Schwebe gehalten würde, und ich möchte schreiben, ob ich es für nützlich hielte, in der jetzigen Kammersession noch einzutreten und wann? und ob ich nicht vor Antritt meines Urlaubs nach Berlin kommen wollte. Letztres werde ich nach Möglichkeit ablehnen, vorschlagen, mich bis zum Winter ruhig hier zu lassen, und dann einstweilen, übermorgen oder Donnerstag, nach Trouville gehn, westlich von Havre an der See, und dort den Winter abwarten. Ich kann von da in 5 Stunden immer hier sein. Seit gestern haben wir schönes Wetter, bis dahin war es elend kalt und Regen ohne Ende. Ich benutzte es gestern, um in St. Germain zu essen, schöner Wald 2 Werst lang, Terrasse über der Seine, mit reizender Aussicht über Wälder, Berge, Städte und Dörfer, alles meist in Grün bis Paris. Eben bin ich in der mildesten Mondnacht durch bois de Boulogne gefahren, Tausende von Wagen, Corso-File, Wasserflächen mit bunten Lichtern, dann Concert im Freien, es geht nun schlafen. Unsre Wagen sind in Stettin angelangt; ich lasse sie dort oder in Külz unterbringen. Meine Collegen sind alle fort, und der einzige Bekannte in der großen Stadt, mit dem ich verkehre, ist der alte *, was ihm und mir vor 20 Jahren nicht träumte. Meine Bedienung ist Limberg als Russe, ein Italiener Fazzi, der mit Stolberg in Marocco war als Lakai, 3 Franzosen (Kanzleidiener, Kutscher, Koch) und ein Kurhesse mit einer belgischen Frau als Portier....

Paris, 15. July 62

Lieber Roon,

ich habe mir neulich viele Fragen darüber vorgelegt, warum Sie telegraphisch sich erkundigten, ob ich Ihren Brief vom 26. erhalten hätte. Ich habe nicht darauf geantwortet, weil ich etwas Neues über den
Hauptgegenstand nicht geben, sondern nur empfangen konnte. Seitdem
ist mir ein Courier zugegangen, der mir seit 14 Tagen telegraphisch angemeldet war und in dessen Erwartung ich 8 Tage zu früh von England
zurückkam. Er brachte einen Brief von Bernstorff, in Antwort auf ein
Urlaubsgesuch von mir. Ich bin jetzt hier überflüssig, weil kein Kaiser,
kein Minister, kein Gesandter mehr hier ist. Ich bin nicht sehr gesund,
und diese provisorische Existenz mit Spannung auf „ob und wie" ohne
eigentliche Geschäfte beruhigt die Nerven nicht. Ich ging meiner Ansicht nach auf 10 bis 14 Tage her und bin nun 7 Wochen hier, ohne je
zu wissen, ob ich in 24 Stunden noch hier wohne. Ich will mich dem
Könige nicht aufdrängen, indem ich in Berlin vor Anker liege, und gehe
nicht nach Hause, weil ich fürchte, auf der Durchreise durch Berlin im
Gasthof auf unbestimmte Zeit angenagelt zu werden. Aus Bernstorff's
Brief ersehe ich, daß es dem Könige vor der Hand nicht gefällt, mir das
Auswärtige zu übertragen, und daß Seine Majestät Sich noch nicht über
die Frage schlüssig gemacht hat, ob ich an Hohenlohe's Stelle treten soll,
diese Frage aber auch nicht durch Erteilung eines Urlaubs auf 6 Wochen
negativ präjudiciren will. Der König ist, wie mir Bernstorff schreibt,
zweifelhaft, ob ich während der gegenwärtigen Session nützlich sein
könne, und ob nicht meine Berufung, wenn sie überhaupt erfolgt, zum
Winter aufzuschieben sei. – Unter diesen Umständen wiederhole ich
heut mein Gesuch um 6 Wochen Urlaub, was ich mir wie folgt motivire:
Einmal bin ich wirklich einer körperlichen Stärkung durch Berg- und
Seeluft bedürftig; wenn ich in die Galeere eintreten soll, so muß ich
etwas Gesundheitsvorrat sammeln, und Paris ist mir bis jetzt schlecht
bekommen mit dem Hunde-Bummel-Leben als garçon. Zweitens muß
der König Zeit haben, sich ruhig aus eigner Bewegung zu entschlie-

314

ßen, sonst macht Se. Majestät für die Folgen die verantwortlich, die ihn drängen. Drittens will Bernstorff jetzt nicht abgehn, der König hat ihn wiederholt aufgefordert zu bleiben und erklärt, daß er mit mir wegen des Auswärtigen garnicht gesprochen habe; die Stellung als Minister ohne Portefeuille finde ich aber nicht haltbar. Viertens kann mein Eintritt, der jetzt zwecklos und beiläufig erscheinen würde, in einem spätern Moment als eindrucksvolles Manöver verwertet werden.

Ich denke mir, daß das Ministerium allen Streichungen im Militäretat ruhig und deutlich opponirt, aber keine Krisis über dieselben herbeiführt, sondern die Kammer das Budget vollständig, durchberaten läßt. Das wird, wie ich annehme, im September geschehn sein. Dann geht das Budget, von dem ich voraussetze, daß es für die Regirung nicht annehmbar ist, an das Herrnhaus, falls man sicher ist, daß die verstümmelte Budgetvorlage dort abgelehnt wird. Dann, oder andernfalls schon vor der Beratung im Herrnhause, könnte man es mit einer Königlichen Botschaft, welche mit sachlicher Motivirung die Zustimmung der Krone zu einem derartigen Budgetgesetz verweigert, an die Abgeordneten zurückgeben, mit der Aufforderung zu neuer Beratung. Eine 30tägige Vertagung des Landtages würde vielleicht in diesem Punkte oder schon früher einzuschalten sein. Je länger sich die Sache hinzieht, desto mehr sinkt die Kammer in der öffentlichen Achtung, da sie den Fehler begangen hat und noch weiter begehn wird, sich in alberne Kleinigkeiten zu verbeißen, und da sie keinen Redner hat, der nicht die Langeweile des Publikums vermehrte. Kann man sie dahin bringen, daß sie sich in solche Lappalie wie die Continuität des Herrnhauses verbeißt und darüber Krieg anfängt und die Erledigung der eigentlichen Geschäfte verschleppt, so ist es ein großes Glück. Sie wird müde werden, hoffen, daß der Regirung der Atem ausgeht, und die Kreisrichter müssen mit den Kosten ihrer Stellvertretung geängstigt werden. Wenn sie mürbe wird, fühlt, daß sie das Land langweilt, dringend auf Concessionen Seitens der Regirung hofft, um aus der schiefen Stellung erlöst zu werden, dann ist m. E. der Moment gekommen, ihr durch meine Ernennung zu zeigen, daß man weit entfernt ist, den Kampf aufzugeben, sondern ihn mit frischen Kräften aufnimmt. Das Zeigen eines neuen Bataillons in der ministeriellen Schlachtordnung macht dann vielleicht einen Eindruck, der jetzt nicht erreicht würde; besonders wenn vorher etwas mit Redensarten von Octroyiren und Staatsstreicheln gerasselt wird, so hilft mir meine alte Reputation von leichtfertiger Gewalttätigkeit, und man denkt, „nun geht's los". Dann sind alle Centralen und Halben zum Unterhandeln geneigt.

Das Alles beruht mehr auf instinctivem Gefühl, als daß ich beweisen könnte, es sei so; und ich gehe nicht so weit, zu irgend etwas, das mir der König befiehlt, deshalb auf eigne Faust „Nein" zu sagen. Wenn ich aber um meine Ansicht gefragt werde, so bin ich dafür, noch einige Monat hinter dem Busch gehalten zu werden.

Vielleicht ist dieß alles Rechnung ohne den Wirt, vielleicht entschließt sich Se. Majestät niemals dazu, mich zu ernennen, denn ich sehe nicht ein, warum es überhaupt geschehn sollte, nachdem es seit 6 Wochen nicht geschehn ist. Daß ich aber hier den heißen Staub von Paris schlucken, in café's und Theatern gähnen oder mich in Berlin wieder als politischer Dilettant in's Hôtel Royal einlagern soll, dazu fehlt aller Grund, die Zeit ist besser im Bade zu verwenden.

Ich bin doch erstaunt von der politischen Unfähigkeit unsrer Kammern, und wir sind doch ein sehr gebildetes Land; ohne Zweifel zu sehr, die andern sind bestimmt auch nicht klüger als die Blüte unsrer Klassenwahlen, aber sie haben nicht dieses kindliche Selbstvertrauen, mit dem die unsrige ihre Unfähigkeit[213] in voller Nacktheit als mustergiltig an die Oeffentlichkeit bringt. Wie sind wir Deutschen doch in den Ruf schüchterner Bescheidenheit gekommen? Es ist keiner unter uns, der nicht vom Kriegführen bis zum Hundeflöhen alles besser verstände, als sämmtliche gelernte Fachmänner, während es doch in andern Ländern viele giebt, die einräumen, von manchen Dingen weniger zu verstehn als andre und deshalb sich bescheiden und schweigen.

---

213 Im Original ist ein etwas stärkerer Ausdruck gewählt.

Den 16. Ich muß heut schleunig schließen, nachdem meine Zeit von andern Geschäften fortgenommen ist. Mit herzlichen Empfehlungen an die Ihrigen bin ich in alter Treue Ihr

v. B.

[Paris], 19. July 62]

Lieber Bruder,

im Begriff, auf einige Wochen zu verreisen, schicke ich schon heut meinen herzlichen Glückwunsch zu Deinem Geburtstag. Möge Gottes Segen ferner mit Dir sein und Dich in Gnaden mit den Deinen vor allen weitern Prüfungen bewahren. Mir ist die kurze Zeit vor der Abreise durch einen unerwartet überhäuften Geschäftstag verkümmert worden, und ich kann Dich nur in wenig herzlichen Zeilen begrüßen. Schreibe mir Bayonne poste restante; ich werde dort etwa in 8 Tagen sein und dann auf einige Wochen nach Bagnères de Luchon in den Pyrenäen gehn, vielleicht in Biarrits baden. Ob ich nach der Rückkehr nach Berlin gehe und ob ich ins Ministerium trete, ist noch immer ungewiß; meine Sachen liegen noch in Petersburg. Leb wohl.

Dein treuer Bruder

v. B.

An Frau v. Bismarck.

Bordeaux, 27. July 62

Du kannst mir das Zeugniß eines fleißigen Korrespondenten nicht versagen, heut früh schrieb ich Deinem Geburtstagskinde aus Chenonceaux und heut Abend Dir aus der Stadt des roten Weines. Diese Zeilen werden aber einen Tag später eingehn, als jene, die Post geht erst morgen Nachmittag. Ich bin erst vorgestern Mittag aus Paris gefahren, es ist mir aber, als wäre es eine Woche. Sehr schöne Schlösser habe ich gesehn, Chambord, wovon die aus einem Buch gerissne Anlage eine unvollkommne Idee gibt, entspricht in seiner Verödung dem Geschick seines Besitzers. In den weiten Hallen und prächtigen Sälen, wo Könige mit Maitressen und Jagden ihren Hof hielten, bilden die Kinderspielsachen des Herzogs von Bordeaux das einzige Mobiliar. Die Führerin hielt mich für einen französischen Legitimisten und zerdrückte eine Träne, als sie mir die kleine Kanone ihres Herrn zeigte. Ich bezalte den Tropfen tarifmäßig mit 1 Fr. extra, obschon ich keinen Beruf habe, den Carlismus zu subventioniren. Die Schloßhöfe lagen so still in der Sonne, wie verlassne Kirchhöfe; von den Türmen hat man eine weite Rundsicht, aber nach allen Seiten schweigender Wald und Haidekraut bis an den äußersten Horizont, keine Stadt, kein Dorf, kein Bauernhaus, weder am Schloß, noch im Umkreis. Aus beiliegenden Proben von Haidekraut wirst Du nicht mehr erkennen, wie purpurn diese von mir geliebte Pflanze dort blüht, die einzige Blume in den Königlichen Gärten, und Schwalben, fast das einzige lebende Wesen im Schloß. Für Sperlinge ist es zu einsam. Prächtig liegt das alte Schloß von Amboise, man sieht von oben die Loire 6 Meilen weit auf und ab. Von dort hierher geht man allmählich in den Süden über. Das Getreide verschwindet und macht dem Mais Platz, dazwischen rankiger Wein und Kastanienwälder, Schlösser und Schlößchen mit vielen Türmen, Schornsteinen und Erkern, alle weiß mit hohen, spitzen Schieferdächern. Es war glühend heiß, und ich sehr froh, ein halbes Coupé allein zu haben. Am Abend herrliches Wetterleuchten im ganzen Osten und jetzt eine angenehme Kühle, die ich bei uns noch schwül finden würde. Die Sonne ging schon um 7 Uhr 35 unter, in Petersburg wird man jetzt, um 11, noch ohne Licht sehn können. Bisher ist kein Brief für mich hier, vielleicht finde ich einen in Bayonne. 2 Tage werde ich hier wohl bleiben, um zu sehn, wo unsre Weine wachsen....

An Frau v. Bismarck.

Bordeaux, Mittwoch, 29. Juli 62

Dein Brief vom 23. ist mir gestern glücklich hier zugekommen, und danke ich Gott für Euer Wohlsein. Gestern habe ich den ganzen Tag mit unserm Consul und einem General eine reizende Tour durchs Medoc gemacht, – Lasitte, Mouton, Pichon, Laroze, Latour, Margaux, St. Julien, Branne, Armeillac und andre Weine in der Ursprache von der Kelter getrunken. Wir haben im Schatten 30, in der Sonne 55° am Thermometer, aber mit gutem Wein im Leibe spürt man das gar nicht. Im Augenblick fahre ich nach Bayonne und schreibe Dir von da mit mehr Ruhe, als jetzt in der Eisenbahnhaft....

Bayonne, 29. Juli 62

Ich benutze die Zeit, bis meine Sachen vom Bahnhof kommen, um mein kurzes Schreiben von heut früh aus Bordeaux etwas zu vervollständigen. Das Land, welches ich soeben durchfahren habe, versetzt mich auf den ersten Anblick lebhaft in's Gouvernement Pskow oder Petersburg. Von Bordeaux bis hier ununterbrochen Fichtenwald, Haidekraut und Moor, bald Pommern, wie etwa im Strandwald hinter den Dünen, bald Rußland. Wenn ich aber mit der Lorgnette hinsah, schwand die Illusion; statt der Kiefer ist es die langhaarige Seepinie, und die anscheinende Mischung von Wachholder, Heidelbeeren und dergl., welche den Boden deckt, löst sich in allerhand fremdartige Pflanzen mit myrthen- und cypressenartigen Blättern auf. Die Pracht, in der das Haidekraut hier seine violettpurpurnen Blüten entwickelt, ist überraschend; dazwischen eine sehr gelbe Ginsterart, mit breiten Blättern, das Ganze ein bunter Teppich. Der Fluß Adour, an dem Bayonne liegt, begrenzt dieses Bmoll der Haide, welches mir in seiner weichern Idealisirung einer nördlichen Landschaft das Heimweh schärfte. Von St. Vincent sieht man zuerst über Haide und Kiefern hinweg die blauen Umrisse der Pyrenäen, eine Art riesigen Taunus, aber doch kühner und zackiger in den Umrissen. Die

Post ist bis 4 Uhr, während der heißen Zeit, geschlossen, ich kann erst in 1 Stunde Deinen Brief bekommen und würde doppelt ungeduldig sein, wenn ich nicht gestern Deinen Brief vom 23. schon gehabt hätte und der hiesige älter ist. Ich denke, gegen Abend zu Wagen nach Biarrits zu fahren, dort morgen zu baden und dann meinen Weg zur Gränze fortzusetzen. In Fuenterabia erwarte ich Nachricht, ob G. in S. Sebastian ist; dann besuche ich ihn; ist er aber schon nach Madrid zurück, so begnüge ich mich, die Bidassoa überschritten zu haben, fahre hier wieder her und sodann längs der Berge nach Pau; von dort wende ich mich rechts ins Gebirge, zuerst nach Eaux Bonnes und Eaux Chaudes, von da nach Cauterets, St. Sauveur, Luz, Barèges, Bagnères de Luchon. Ich kann nicht sagen, daß ich mich langweile, eine Menge neuer Eindrücke sprechen mich an, aber ich komme mir doch wie ein Verbannter vor, und bin mit meinen Gedanken mehr an der Kamenz[214] als am Adour. Deutsche Zeitungen habe ich seit 6 Tagen nicht gesehn und vermisse sie auch nicht....

An Frau v. Bismarck.

San Sebastian, 1. Aug. 62

Der Weg von Vayonne hierher ist herrlich, links die Pyrenäen, etwas wie Dent du Midi und Moleson[215], was hier aber Pic und Port heißt, im wechselnden Alpenpanorama, rechts das Meer, Ufer wie bei Genua. Der Uebergang nach Spanien ist überraschend, in Behobie, dem letzten französischen Ort, konnte man glauben, ebensogut an der Loire zu sein, in Fuenterrabia eine steile Gasse, 12 Fuß breit, jedes Fenster mit Balkon und Vorhang, jeder Balkon mit schwarzen Augen und Mantillen, Schönheit und Schmutz, auf dem Markte Trommeln und Pfeifen und einige hundert Weiber, alt und jung, die unter sich tanzten, während die Männer rauchend und drapirt zusahn. Die Gegend ist bis hierher außer-

---

214   Fluß in Pommern.
215   Bei Bulle im Kanton Freiburg (Schweiz).

ordentlich schön, grüne Täler und waldige Hänge, darüber phantastische Linien von Festungswerken, Reihe hinter Reihe; Buchten der See mit ganz schmalen Einfahrten, die, wie Salzburger Seen in Bergkesseln, tief ins Land schneiden. Aus meinem Fenster sehe ich auf eine solche, durch eine Felseninsel gegen die See abgeschlossen, von Bergen mit Wald und Häusern steil eingerahmt, links unten Stadt und Hafen. Um 10 badete ich, und nach dem Frühstück gingen oder schlichen wir durch die Hitze auf den Berg der Citadelle und saßen lange auf einer Bank, einige hundert Fuß unter uns die See, neben uns die schwere Festungsbatterie mit einer singenden Schildwache. Dieser Berg oder Fels wäre eine Insel, wenn ihn nicht eine niedrige Landzunge mit dem Festlande verbände. Die Landzunge scheidet zwei Meeresbuchten von einander, und so hat man von der Citadelle nach Norden den weiten Blick in die See, östlich und westlich auf die beiden Buchten, wie zwei Schweizerseen, südlich auf die Landzunge mit der Stadt darauf, und dahinter, landwärts, himmelhohe Gebirge. Ich wollte Dir ein Bild davon malen können, und wenn wir 15 Jahre jünger wären, so führen wir beide her. Morgen oder übermorgen gehe ich nach Bayonne zurück, bleibe aber einige Tage noch in Biarrits, wo es nicht so schön am Strande ist, wie hier, aber doch hübscher, als ich dachte, und civilisirter zu leben. Von Berlin und Paris höre ich zu meiner Beruhigung kein Wort. Ich bin sehr sonnenrot und hätte am liebsten eine Stunde heut in der See gelegen; das Wasser trägt mich wie ein Stück Holz, es ist grade noch kühl genug, um angenehm zu sein. Man ist fast trocken, wenn man in die Anziehhütte kommt, dann setze ich mir den Hut auf und gehe im Pcignoir spazieren; 50 Schritt davon baden die Damen, ländlich, sittlich. – Douanen und Paßscheererei ohne Ende und unglaubliche Chausseegelder, sonst bliebe ich noch länger hier, anstatt in Biarrits zu baden, wo man ein Costüm dazu anlegen muß. ...

Lieber Bruder,

Du bist ohne Zweifel als Landwirt und -rat fleißiger wie als Corre-spondent, aber viel gehört dazu nicht. Ich werde Dir aber beweisen, daß wir Diplomaten tugendhaftere Leute sind, indem ich Dich von meinem Wohlergehn benachrichtige. Da ich mich in Paris, wo die amtliche Welt abgereift ist, einstweilen überflüssig fühle und fürchte, wenn ich durch Berlin reise, im Kammerschwindel festgehalten zu werden, so habe ich meinen Urlaub in westlicher Richtung benutzt und bade hier See in einer Gegend von seltner Schönheit. Aus dem Fenster sehe ich links, etwa wie das Siebengebirge längs der See gestellt – auch der Drachenfels fehlt nicht – rechts ähnlich den Ehrenbreitstein, mit der Festung darauf; zwischen beiden dringt das Meer etwa 500 Schritt breit ein und bildet im Lande eine 1000 Schritt breite, 1/4 Meile lange Bucht von prachtvol-ler Berglandschaft umschlossen. Ich werde aber doch nur noch einige Tage hier bleiben; es fehlen dem Lande viele Bequemlichkeiten, und mit dem nächsten Schiff fahre ich nach Bayonne über, d. h. Fischerboot, denn andre gehn nicht. Einige Tage werde ich noch in Biarrits baden und dann in die Pyrenäen gehn. Wann ich nach Pommern komme, kann ich noch gar nicht absehn, und meine Sachen liegen in Petersburg ... Meine Wagen kosten in Stettin monatlich 15 Tlr. Miete. Kannst Du sie bei Dir so unterbringen, daß sie nicht leiden, so könnte man das sparen; werden sie aber dabei beschädigt, so kostet das Lackiren leicht mehr. Für den August stehn sie nun doch schon. Ich bin einige Tage in der Touraine gewesen und habe Franzosen auf dem Lande besucht, dann habe ich mir von Bordeaux aus das Medoc besehn und mich durch alle guten Lagen und Jahrgänge durchgekostet; ein heißer Tag oder vielmehr 2, draußen 30° im Schatten und innerlich am Schluß noch mehr, es bekam mir aber vortrefflich. Heut war es auch gewaltige Hitze, jetzt am Abend geht reizende Kühlung zum Fenster ein, das Meer brüllt zwischen den Felsen, der Mond scheint darüber, und die Schildwachen schreien alle 5 Minuten rund um die Stadt alertaa. Schreibe mir nach Bagères, France,

Hautes Pyrénées, poste restante. Herzliche Grüße an Deine Frau und Kinder. Gute Nacht.

Dein treuer Bruder

v. B.

An Frau v. Bismarck.

Biarrits, 4. Aug. 62

Ich fürchte, daß ich in unsrer Correspondenz etwas Verwirrung angerichtet habe, weil ich Dich verleitet, zu früh nach Orten zu schreiben, wo ich noch nicht bin. Es wird besser sein, daß Du Deine Briefe nach Paris adressirst, ganz als ob ich dort wäre, die Gesandschaft schickt sie mir dann nach, und dorthin kann ich schneller Nachricht geben, wenn ich meinen Reiseplan andre. Gestern Abend bin ich aus S. Sebastian wieder nach Bayonne gelangt, wo ich die Nacht schlief, und sitze hier in einem Eckzimmer des Hôtel de l'Europe, mit reizender Aussicht auf die blaue See, die ihren weißen Schaum zwischen wunderlichen Klippen hindurch gegen den Leuchtturm treibt. Ich habe ein schlechtes Gewissen, daß ich so vieles Schöne ohne Dich sehe. Wenn man Dich durch die Luft herführen könnte, so wollte ich gleich noch einmal mit Dir nach S. Sebastian. Denke Dir das Siebengebirge mit dem Drachenfels ans Meer gestellt; daneben den Ehrenbreitstein; und zwischen beiden dringt ein Meeresarm etwas breiter als der Rhein ins Land und bildet hinter den Bergen eine runde Bucht. In dieser badet man in durchsichtig klarem Wasser, so schwer und so salzig, daß man von selber oben auf schwimmt und durch das breite Felsentor ins Meer sieht, oder landeinwärts, wo die Bergketten immer höher und immer blauer sich überragen. Die Frauen der mittlern und untern Stände sind auffallend hübsch, mitunter schön; die Männer mürrisch und unhöflich, und die Bequemlichkeiten des Lebens, an die wir gewöhnt sind, fehlen. Die Hitze ist hier nicht schlimmer, als dort, und ich mache mir nichts daraus, befinde mich im Gegentheil sehr wohl, Gott sei Dank. Vorgestern war ein Sturm, wie ich nie etwas

Aehnliches gesehn habe. Bei einer Treppe von 4 Stufen auf dem Hafen-
damm mußte ich 3 Mal Anlauf nehmen, ehe es mir gelang, heraufzu-
kommen; Steinstücke und halbe Bäume flogen in der Luft. Ich bestellte
dabei leider meinen Platz auf einem Segelschiff nach Bayonne wieder
ab, weil ich nicht denken konnte, daß nach 4 Stunden alles still und heiter sein würde. So kam ich um eine reizende Seefahrt längs der Küste,
blieb einen Tag mehr in S. Sebastian und fuhr gestern in der Diligence
ziemlich unbehaglich eingepackt zwischen niedlichen 5 Spanierinnen,
mit denen ich kein Wort sprechen konnte. So viel Italiänisch verstanden
sie aber doch, daß ich ihnen meine Zufriedenheit mit ihrer Außenseite
klar machen konnte. Ich sah mir heut einen Reiseplan an, wie ich von
hier, d. h. von Toulouse, per Eisenbahn über Marseille nach Nizza gelange, dann zu Schiff nach Genua, von dort über Venedig, Triest, Wien,
Breslau, Posen, Stargard nach Cöslin, wenn nur Berlin erst Passirbar ist.
Jetzt kann ich nicht gut daran vorbeifahren. . . .

An Frau v. Arnim.

Biarrits, 20. Aug. 62

Mein liebes Herz,

ich bin in Biarrits hängen geblieben an der Schwelle der Pyrenäen,
die ich vielleicht noch betrete. Das Seebad bekam mir zunächst so ausgezeichnet, daß ich die Abreise von einem Tage zum andern verschob,
obschon ich mich etwas einsam fühlte. Seit die Orlows gekommen sind,
lebe ich mit ihnen, als ob wir allein auf dem Lande wären.... Wir baden
des Morgens, gehn dann auf die Klippen, frühstücken in einer entlegn-
nen Schlucht hinter dem Leuchtturm, wo ich augenblicklich neben einer
gelb- und blauen Robe auf dem Rasen sitze, zwischen zwei haidebrau-
nen Felsen, auf grüne Wellen und weißen Schaum blickend, diese Zeilen schreibe; große weiße Möven mit schwarzen Flügeln schweben und
kreischen in der Höhe, und die allgegenwärtige Tamarinde beschattet
uns ausreichend gegen die glühende Sonne eines „schönen Wetters", h.

h. 25° im Schatten, nur hier nicht, wo die Seebrise kühlt. Einige Birnen, Pfirsiche und Hunde liegen neben uns, Orlow (Du kennst ihn doch mit der schwarzen Binde auf dem Auge, der Gesandte in Brüssel) sitzt rauchend und lesend, seine Frau schreibt wie ich. Sie würde auch Dir sehr gefallen ... sehr originell, gescheut und lustig...., aber civilisirt durch französisch-deutsche Erziehung; ihre Eltern (Trubetzboi) wohnen seit 20 Jahren in Fontainebleau. Um 3 nehmen wir das 2. Bad, essen um 5, gehn dann wieder spazieren und lagern im Seewind bis zur Schlafenszeit auf dem Haidekraut. Ein behagliches Stillleben, bei dem ich Berlin und Paris (aber nicht Reinfeld) vergesse und von dem ich mich mit sehr lieben Erinnerungen trennen werde. Wann? Die Frage lege ich mir täglich vor und verschiebe die Beantwortung auf morgen, indem ich mit Recht mich darauf berufe, daß ich seit 6 Jahren nicht so gesund gewesen bin, wie jetzt hier. Ich klettre und gehe den ganzen Tag wie eine Ziege, liege im feuchten Gras ohne Furcht vor Rheuma und werde täglich 1 Jahr jünger, also wenn ich noch lange bleibe, studentisch oder kindisch. Außer meiner Nachbarin kenne ich hier nur eine alte Gräfin B.... und ihre Enkelin, ein hübsches tanzlustiges Fräulein, mit der ich einige Mal walzen mußte, ehe Orlows kamen. Das Gros der übrigen Gesellschaft sind Spanier von guter Familie und schlechter Erziehung; sie sprechen keine europäische Sprache, und ich weiß nichts mit ihnen aufzustellen.... Wenn Du mir schreiben willst, so adressire nach Paris, als ob ich dort wäre, von da behält man mich im Auge. Ich trete meinen Rückzug von hier jedenfalls über Pau, Baréges, Toulouse, Marseille an, nur heut noch nicht. Von Bernstorff hatte ich vor einigen Tagen einen veralteten Brief vom 5. Er wünscht, daß der Stellenwechsel, „wenn er sich überhaupt auf das Fachministerium erstrecken soll", jedenfalls vor Ende Sept. stattfinde. Ich gehe nicht vor Ende meines Urlaubs, der etwa den 14. abläuft, nach Berlin und Pommern. Vorher habe ich Angst, in Berlin im sonnigen Gasthof vor Anker gelegt zu werden. Dann muß sich mein Geschick entscheiden, mir ist es einerlei, wie. Leb wohl, liebes Herz, die Sonne kommt aufs Papier, und dafür, daß ich auf meinem rechten Bein schreibe, ist der Brief recht leserlich; Mendelssohns Briefe liegen freilich noch darunter. Herzliche Grüße an Oscar.

Dein treuster Bruder

v. B.

An Frau v. Bismarck.

Luchon, 9. Sept. 62

Vorgestern sind wir von hier auf den Col de Benasque gestiegen, zuerst 2 Stunden durch prächtige Buchenwälder, voll Epheu, Felsen und Wasserfällen, dann ein Hospiz, dann 2 Stunden steiles Steigen zu Pferde im Schnee mit Fernfichten, stillen, tiefen Seen zwischen Schnee und Klippen, und 7500 Fuß hoch öffnet sich eine schmale Pforte im scharfen Kamme der Pyrenäen, durch die man Spanien betritt. Das Land der Kastanien und Palmen zeigt sich hier als Felsenkessel, ringsum eingefaßt von der Maladetta, die vor uns lag, Pic de Sauvegarde und Pic de Picade, rechts flossen die Gewässer zum Ebro, links zur Garonne, und bis zum Horizont starrte ein Gletscher und Schneegipfel hinter dem andern, weit nach Catalonien und Aragon hinein. Dort frühstückten wir, etwas schräg an die Felsen gedrückt, rote Rebhühner ohne Salz und ohne Wasser, und ritten dann auf schwindelnden Stegen, aber in herrlichem Wetter wieder abwärts. Gestern hatten wir eine ähnliche Expedition nach Superbagnères und an die Pforten der Hölle, le gouffre d'enfer, in dessen Tiefen sich ein prachtvoller Wasserfall zwischen Buchen, Eichen, Kastanien und Eschen stürzt. An Wasserfällen sind die Pyrenäen den Alpen entschieden überlegen, sonst sind letztre doch imposanter. Heut sahn wir den See von Oo, Felsenkessel wie der Obersee bei Berchtesgaden, aber belebt durch einen gewaltigen Wasserfall, der in ihn stürzt. Wir befuhren ihn, sangen französische Chansonetten mit Mendelssohn abwechselnd, d. h. ich hörte zu; ritten dann heim in starkem Regen und sind nun wieder trocken und hungrig. Unter 6 bis 8 Stunden zu Pferde geht es keinen Tag, Morgen hat der Scherz ein Ende, und „Ach wie so bald verhallt" u. s. w. war heut an der Tagesordnung. Morgen Abend sind wir in Toulouse, wo ich Briefe von Dir über Paris zu finden hoffe. Der letzte, den ich habe, war Deiner vom 29., den mir R.[216] schickte. Es ist meine Schuld, weil ich bestellt hatte, nur bis zum 4. von Paris aus auf hier zu schicken, dann nach Toulouse; ich dachte schon den 6. aus Luchon und in T. zu sein. Von Berlin weiß ich garnichts, habe seit 14 Tagen keine Zeitung gelesen, und mein Urlaub ist um. Ich erwarte in Toulouse einen Brief von Roon und daß man mich nach Berlin citirt, ohne bestimmte Entscheidung. . .

An Frau v. Bismarck.

Toulouse, 12. Sept. 62

Durch fehlerhafte Einrichtung von meiner Seite und Postpedanterie war ich etwas mit Deinen Briefen auseinander gekommen, und bin sehr erfreut und dankbar, hier deren 4 von Deiner lieben Hand mit guten Nachrichten zu finden. Ich hatte auch einen von Bernstorff mit Klarheit über die Zukunft erwartet, erhielt aber nur den von Roon.[217] Ich hatte keine Ahnung von des Königs Reise nach Doberan und Carlsruhe, ich habe in glücklichem Vergessen der Welt Berge und Wälder durchstreift, und bin etwas bedrückt, mich seit 6 Wochen zum ersten Mal wieder in einer großen Stadt zu finden. Ich gehe einstweilen heut mit Orlows bis Montpellier und muß mich noch besinnen, ob ich von dort zunächst nach Paris zurückgehe, um mich mit Sachen zu versehn, oder ob ich Orlows bis Genf begleite und von dort direct nach Berlin fahre. Mein Urlaub ist um; Roon schreibt, daß der König den 9. in Carlsruhe ist, nach Deinem Brief erst den 13. Es würde das Beste sein, wenn ich von hier den Urlaub auf weitere Wochen nach Pommern erbitte, und in Paris die Antwort, sowie die Rückkehr des Königs nach Berlin erwarte, ehe ich reise; denn Gewißheit ist jetzt nötig, oder ich nehme Knall und Fall

---

216   Prinz Reuß (?).
217   S. Bismarck-Jahrbuch III 237 f.

meinen Abschied. Ich bin in dieser Minute noch nicht im Stande, mich zu entschließen, ich will erst etwas spazieren gehn, dabei wird mir wohl einfallen, wie ich es machen muß.

Ich wundre mich, daß meine Briefe Dir nicht regelmäßig zugegangen sind. Der längste Zwischenraum, den ich je vergehn ließ, waren 4 Tage zwischen meinem letzten Brief aus Luchon und dem vorletzten aus Bayonne, weil wir täglich von Morgen bis Abend ritten, aßen oder schliefen, und Papier nicht immer bei der Hand (war). Gestern war ein Regentag, zur Eisenbahn geeignet, die uns von Montrejeau hierher führte, noch neu und schlecht; flaches Land mit Wein und Wiesen. Ich schreibe jetzt an Bernstorff und Roon, wenn es sein kann, will ich in Paris bleiben. –

Toulouse, 12. Sept. 62
(Hôtel Bonne maison et de Londres,
Hte. Vidal Fils Ainé B bis de Luchon).

Lieber Roon,

meine Kreuz- und Querzüge in den Pyrenäen haben gemacht, daß ich Ihren Brief vom 31.[218] erst heut vorfinde. Ich hatte auf einen von Bernstorff gehofft, der mir vor 4 Wochen schrieb, daß sich im September die Frage wegen des Personal-Wechsels jedenfalls entscheiden müsse. Ihre Zeilen lassen mich leider vermuten, daß die Ungewißheit um Weihnachten noch dieselbe sein wird wie jetzt. Meine Sachen liegen noch in Petersburg und werden dort einfrieren, meine Wagen sind in Stettin, meine Pferde bei Berlin auf dem Lande, meine Familie auf dem Lande, ich selbst auf der Landstraße. Ich gehe jetzt nach Paris zurück, obschon ich dort weniger wie je zu tun habe, mein Urlaub ist aber um. Mein Plan ist nun, Bernstorff vorzuschlagen, daß ich nach Berlin komme, um das Weitere mündlich zu besprechen. Ich habe das Bedürfniß, einige Tage in Reinfeld zu sein, nachdem ich die Meinigen seit dem 8. Mai nicht ge-

---

218   Bismarck-Jahrbuch III 237 f.

sehn habe. Bei der Gelegenheit muß ich ins Klare kommen. Ich wünsche nichts lieber, als in Paris zu bleiben, nur muß ich wissen, daß ich Umzug und Einrichtung nicht auf einige Wochen oder Monate bewirke, dazu ist mein Hausstand zu groß. Ich habe mich niemals geweigert, das Präsidium ohne Portefeuille anzunehmen, sobald es der König befiehlt; ich habe nur gesagt, daß ich die Einrichtung für eine unzweckmäßige halte. Ich bin noch heut bereit, ohne Portefeuille einzutreten, aber ich sehe garkeine ernstliche Absicht dazu. Wenn mir Se. Majestät sagen wollte: am 1. November oder 1. Januar oder 1. April, so wüßte ich, woran ich wäre, und bin wahrlich kein Schwierigkeitsmacher, ich verlange nur ein 1/100 der Rücksicht, die Bernstorff so reichlich gewährt wird. In dieser Ungewißheit verliere ich alle Lust an den Geschäften, und ich bin Ihnen von Herzen dankbar für jeden Freundschaftsdienst, den Sie mir leisten, um ihr ein Ende zu machen. Gelingt dieß nicht bald, so muß ich die Dinge nehmen, wie sie liegen, und mir sagen, ich bin des Königs Gesandter in Paris, lasse zum 1. October Kind und Kegel dort hinkommen und richte mich ein. Ist das geschehn, so kann S. Maj. mich des Dienstes entlassen, aber nicht mehr zwingen, nun sofort wieder umzuziehn; lieber gehe ich nach Hause aufs Land, dann weiß ich, wo ich wohne. Ich habe in meiner Einsamkeit die alte Gesundheit mit Gottes Hülfe wiedergewonnen und befinde mich wie seit 10 Jahren nicht; von unsrer politischen Welt aber habe ich kein Wort gehört; daß der König in Doberan war, sehe ich heut aus einem Briefe meiner Frau, sonst könnte ich das D. in dem Ihrigen nicht deuten. Ebenso, daß der König zum 13. nach Carlsruh geht. Ich würde Se. Majestät dort nicht mehr treffen, wenn ich mich hinbegeben wollte, auch weiß ich aus Erfahrung, daß solche ungerufne Erscheinungen nicht willkommen sind; der Herr schließt daraus auf ehrgeizig drängende Absichten bei mir, die mir weiß Gott fernliegen. Ich bin so zufrieden, Sr. Majestät Gesandter in Paris zu sein, daß ich nichts erbitten möchte, als die Gewißheit, es wenigstens bis 1875 zu bleiben. Schaffen Sie mir diese oder jede andre Gewißheit, und ich male Engelsflügel an Ihre Photographie! –

Was verstehn Sie unter „Ende dieser Session?" Läßt sich das so bestimmt voraussehn, wird sie nicht in die Wintersession ohne Pause vor-
übergehn? und kann man die Kammern schließen ohne Resultat über
das Budget? Ich will die Frage nicht grade verneinen, es kommt auf den
Feldzugsplan an.

Ich reise eben nach Montpellier ab, von dort über Lyon nach Paris.
Bitte, schreiben Sie mir dahin und grüßen Sie herzlich die Ihrigen.

In treuer Freundschaft

Ihr v. B.

V. Abteilung
Briefe aus der Konfliktszeit. 1862–1865

An Frau v. Bismarck.

Berlin, 7. October 1862

Am Kammertisch, mit einem Redner, der mir Sottisen sagt, auf der Tribüne vor mir, zwischen einer abgegebnen und einer abzugebenden Erklärung, gebe ich Dir Nachricht von meinem Wohlbefinden. Arbeit ist viel, etwas müde, nicht genug Schlaf, aller Anfang ist schwer; mit Gottes Hülfe wird es besser werden, es ist ja auch so recht gut, nur das Leben auf dem Präsentirteller ist etwas unbehaglich. Ich sehe, daß ich verkehrt angefangen habe[219] hoffentlich nicht als böses Omen! Wenn Roon und die Fuchsstute nicht wären, so würde ich mir etwas vereinsamt vorkommen, obwohl ich nie allein bin....

An Freiherrn v. Beust.

Berlin, 10. October 1862

Hochwohlgeborner Freiherr,

die Erinnerung an unsre vertraulichen Unterhaltungen in Paris hatte gleich bei der Uebernahme meiner jetzigen Stellung in mir das Bedürfniß geweckt, die persönlichen Beziehungen zu Eurer Excellenz durch Anknüpfung eines von amtlichen Formen nicht beengten schriftlichen Verkehrs lebendig zu erhalten. Der Drang ungewohnter Geschäfte hat mich bisher an der Ausführung des Vorhabens gehindert; die amtlichen Stellungen, welche wir in zwei Nachbarländern einnehmen, die Erfolge, mit welchen Sie dem Ihrigen eine erweiterte Bedeutung für die Gesammtverhältnisse Deutschlands geschaffen haben, bringen es mit sich, daß ich gleichzeitig eine dienstliche Pflicht erfülle, wenn ich dem eignen

---

219 Der Brief ist auf der innern Seite des Bogens angefangen.

Verlangen nach directen und vertrauensvolle Beziehungen zu Eurer Excellenz Folge gebe. Ich würde die Zusicherung, daß Ihre Wünsche in dieser Richtung den meinigen entgegenkommen, mit dem lebhaftesten Danke empfangen.

Ich brauche Ihrer Kenntniß der Dinge und der Menschen gegenüber nicht zu versichern, daß ich allen abenteuerlichen Plänen fernstehe, welche mir von politischen Kindern und Gegnern in der Presse zugeschrieben werden. Die unwahren, entstellten und des Zusammenhanges entkleideten Veröffentlichungen angeblicher Aeußerungen von mir, durch welche man meine Urteilskraft zu verdächtigen gesucht hat, werden von Ihnen mit vollem Verständniß des wahren Sachverhalts gewürdigt worden sein. Ich fühle nicht den Beruf, Preußen in die Bahnen sardinischer Politik zu drängen, und wenn ihn Jemand in meiner Lage fühlte, so würden ihm alle Unterlagen fehlen, um die Theorie zur Praxis zu machen.

Im Hinblick auf die Pariser Bestrebungen glaube ich mich in Betreff der für deutsche Reformbestrebungen erreichbaren Ziele in keinem principiellen Gegensatz mit Eurer Excellenz zu befinden; nur so lange, als die tatsächlich bestehenden deutschen Particularinteressen sich nicht zu allseitig anerkannten Gesammtinteressen in der Art verschmelzen, daß ihre Solidarität auf jede Gefahr hin verbürgt erscheint, nehme ich für die auswärtigen Beziehungen Preußens dieselbe Freiheit der Bewegung in Anspruch, deren das Wiener Cabinet sich notorisch bedient. In Benützung derselben habe ich keine vorgefaßte Meinung nach irgend einer Richtung hin, wohl aber das Bedürfniß, dem Vorurteile entgegenzuwirken, als ob Preußen auswärtigen Angriffen mehr ausgesetzt und deshalb fremden oder landsmannschaftlichen Beistandes bedürftiger sei, als irgend ein andrer Staat.

In Betreff unsrer innern Angelegenheiten ist es meine nächste Absicht, gegen das wachsende Gewicht des Hauses der Abgeordneten und des parlamentarischen Beamtentums die Schwerkraft der Krone zu wahren und zu stärken. Ich halte diese Aufgabe für lösbar, ohne mit positiven Bestimmungen der Verfassung zu brechen, und werde dabei bemüht sein, constitutionelle Empfindlichkeiten, soweit es möglich, zu schonen und die unbestrittne Heerstraße des Verfassungslebens, sobald es geht, wieder zu gewinnen, immer aber eingedenk sein, daß unser Verfassungseid die „Treue dem König" voranstellt. In der Gewißheit Ihres Einverständnisses mit dieser Auffassung würde ich jede Mitteilung über die Eindrücke, welche Ihnen die Vorgänge bei uns machen, und jeden guten Rat, den Ihre Erfahrung in ähnlichen Erlebnissen Ihnen eingiebt, mit verbindlichstem Dank entgegennehmen.

In Sachen des Handelsvertrags sind die Münchner Ergebnisse günstiger, als ich erwartet hatte; ich freue mich dessen als Anhänger des Zollvereins um so mehr, als es für mich unzweifelhaft ist, daß wir keine andre Politik einschlagen können, als die des Festhaltens an dem Vertrage.

Gegen Ende der Woche denke ich nach Paris zu reisen, um meine Abberufung zu übergeben und meinen Umzug zu bewirken; bisher lebe ich für mich im Gasthause. Der König reist vielleicht gleichzeitig zur Ausstellung nach London.

Ich bitte Sie, die Versicherung zu genehmigen, mit der ich bin
Eurer Excellenz
aufrichtig ergebner
v. Bismarck.

An Frau v. Arnim.

Berlin, 10. Nov. 1862

So gute Blutwurst aß ich nie und so gute Leber nur selten; mögen Deine Schlachttaten an Dir gesegnet werden; ich frühstücke seit 3 Tagen dran. Koch Rimpe ist angelangt, und ich esse einsam im Hause, wenn nicht an Sr. M. Tafel. In Paris ging es mir gut, in Letzlingen schoß ich 1 Hirsch, 1 Sau, 4 Schaufler, 5 Spießer, 4 St. Damwild und pudelte doch gehörig, wenn auch nicht so viel wie meine Nachbarn. Die Arbeitslast wächst hier aber täglich. Heut von 8 bis 11 Diplomatie, von 11 bis 2

1/2 verschiedne streitsüchtige Ministerconferenzen, dann bis 4 Vortrag beim König, von 1/4 bis 3/4 5 Galopp im Regen bis Hippodrom, um 5 zur Tafel, von 7 bis jetzt 10 Uhr Arbeit aller Art, aber gesund und guten Schlaf, starken Durst!...

An?[220]

(Auszug.)   Berlin, 22. December 1862

Es ist gewiß, daß die ganze dänische Angelegenheit nur durch den Krieg in einer für uns erwünschten Weise gelöst werden kann. Der Anlaß zu diesem Kriege läßt sich in jedem Augenblick finden, welchen man für einen günstigen zur Kriegführung hält. Alsdann aber kommt es viel mehr auf die Stellung der außerdeutschen Groß-mächte zur Sache als auf die Intriguen der Würzburger Regirungen und deren Einfluß auf die Stimmung in Deutschland an. Den Nachteil, das Londoner Protocoll unterzeichnet zu haben, teilen wir mit Oestreich und können uns von dieser Unterschrift ohne kriegerischen Bruch nicht lossagen. Kommt es aber zum Kriege so hängt von dessen Ergebniß auch die künftige Gestaltung der dänischen Territorialverhältnisse ab... Es läßt sich nicht vorhersehn, welche Entwicklung den deutschen Bundesverhältnissen in der Zukunft beschieden ist. So lange sie aber annähernd dieselben bleiben wie bisher, kann ich es nicht für ein preußisches Interesse halten, einen Krieg zu führen, um im günstigsten Falle in Schleswig-Holstein einen neuen Großherzog einzusetzen, der aus Furcht vor preußischen Annexionsgelüsten am Bunde gegen uns stimmt und dessen Regirung ein bereitwilliges Object östreichischer Umtriebe sein würde, ungeachtet aller Dankbarkeit, die er Preußen für seine Erhebung schulden möchte. . . .

---

220   Entlehnt aus Sybel, Die Begründung des deutschen Reichs III 118 f.

Berlin, 17. April 1863[221]

My dear Motley – Du hast mir eine große Freude gemacht durch Deinen Brief vom 9., und ich werde Dir sehr dankbar sein, wenn Du Wort hältst to write oftener and longer. I hate politics, aber wie Du sehr richtig sagst, like the grocer hating figs,[222] ich bin nichtsdestoweniger genötigt, meine Gedanken unablässig mit jenen figs zu befassen. Auch in diesem Augenblicke, während ich Dir schreibe, habe ich die Ohren davon voll. Ich bin genötigt, ungewöhnlich abgeschmackte Reden aus dem Munde ungewöhnlich kindischer und aufgeregter Politiker anzu-hören, und habe dadurch einen Augenblick unfreiwilliger Muße, die ich nicht besser benutzen kann, als indem ich Dir von meinem Wohlbefin-den Nachricht gebe. Ich habe niemals geglaubt, daß ich in meinen reifen Jahren genötigt werden würde, ein so unwürdiges Gewerbe wie das ei-nes parlamentarischen Ministers zu betreiben. Als Gesandter hatte ich, obschon Beamter, doch das Gefühl, ein gentleman zu sein. Als Minister ist man Helot. Ich bin heruntergekommen und weiß doch selber nicht, wie.[223]

April 18.

- So weit schrieb ich gestern, dann schloß die Sitzung; 5 Stunden Kammer bis 3 Uhr, dann 1 Stunde reiten, 1 Stunde Vortrag bei Seiner Majestät, 3 Stunden auf einem langweiligen Diner, old important Whigs, dann 2 Stunden Arbeit, schließlich ein Souper bei einem Kollegen, der es mir übel genommen hätte, wenn ich seinen Fisch verschmäht hätte.

Heut früh kaum gefrühstückt, da saß mir Karolyi[224] schon gegenüber; ihn lösten ohne Unterbrechung Dänemark, England, Portugal, Rußland, Frankreich ab, dessen Botschafter ich darauf aufmerksam machen muß-te, daß es für mich Zeit sei, in das Haus der Phrasen zu gehn. In die-

---

221 Briefwechsel von J. L. Motley, Deutsch von Eltze Bd. II 143 ff.
222 öfter und länger zu schreiben. Ich hasse die Politik, wie der Krämer die Feigen.
223 Goethe, Schäfers Klagelied.
224 Oestreichischer Gesandter.

sem sitze ich nun wieder, höre die Leute Unsinn reden und beendige meinen Brief; die Leute sind Alle darüber einig, unsre Verträge with Belgien gut zu heißen, und doch sprechen 20 Redner, schelten einander mit der größten Heftigkeit, als ob jeder den Andern umbringen wollte; sie sind über die Motive nicht einig, aus denen sie übereinstimmen, darum der Zank; echt deutsch, leider, Streit um des Kaisers Bart, querelle d'Allemand; Etwas davon habt Ihr Anglo-Saxon Yankees auch. Wißt Ihr eigentlich, aber genau, warum Ihr so wütend Krieg miteinander führt? Alle wissen es gewiß nicht; aber man schlägt sich con amore todt, das Geschäft bringt's halt so mit sich.[225] Eure Gefechte sind blutig, unsre geschwätzig; die Schwätzer können Preußen wirklich nicht regiren, ich muß den Widerstand leisten, sie haben zu wenig Witz und zu viel Behagen, dumm und dreist. Dumm in seiner Allgemeinheit ist nicht der richtige Ausdruck; die Leute sind, einzeln betrachtet, zum Teile recht gescheut, meist unterrichtet, regelrechte deutsche Universitätsbildung, aber von der Politik, über die Kirchturm-Interessen hinaus, wissen sie so wenig, wie wir als Studenten davon wußten, ja noch weniger, in auswärtiger Politik sind sie auch einzeln genommen Kinder; in allen übrigen Fragen aber werden sie kindisch, sobald sie in corpore zusammentreten, massenweis dumm, einzeln verständig.

When over-reading my letter, just before I go to meet in my bed „tired nature's sweet restorer", I find that under the noisy distractions of parliamentary bullying I have written down a suite of dull commonplaces, and I was about to burn it, but considering the difficulty in this dreary sort of life of finding out an undisturbed moment, and a more sensible Disposition of mind, I think, like Pontius Pilate, "Quod scripsi, scipsi". These drops of my own ink will show you at least, that my thoughts, when left alone, readily turn to you. I never pass by old Logier's House, in the Friedrichsstrasse, whitout looking up at the windows that used to be ornamented by a pair of red slippers sustained on the wall by the feet of a gentleman sitting in the Yankee way, his head below and out of

---

225   Refrain aus einem Couplet in Kalisch's Posse Berlin bei Nacht.

sight. I then gratify my memory with remembrance of "good old colony times, when we were roguish chaps". (Poor) Flesh[226] is travelling with his daughter, I do not know where in this moment. My wife also is much obliged for your kind remembrance, and also the children. The little one wretched his foot in tumbling down a staircase, and my daughter in bed with a sore throat, but no harm in that. They are well after all.[227] Gott sei Dank. Nun leb herzlich wohl. Ich kann so spät am Abend eine so unorthographische Sprache wie englisch nicht länger schreiben. Aber bitte versuche Du es bald wieder. Deine Hand sieht aus wie Krähenfüße, ist aber sehr leserlich; meine auch?

    Dein treuer alter Freund,

    v. Bismarck.

---

226   Graf Hermann Keyserlingk.

227   Übersetzung: Indem ich meinen Brief überlese, grade bevor ich in mein Bett gehe, „des müden Leibes süßen Erquicker", finde ich, daß ich unter den lärmenden Störungen parlamentarischer Aufschneiderei eine Reihe von langweiligen Gemeinplätzen niedergeschrieben habe, und ich war nahe daran, ihn zu verbrennen; aber in Anbetracht der Schwierigkeit, in dieser traurigen Lebensweise einen ungestörten Augenblick und eine gemütlichere Stimmung ausfindig zu machen, denke ich wie Pontius Pilatus: „Quod scripsi, scipsi". Diese Tropfen meiner eignen Tinte werden Dir wenigstens zeigen, daß meine Gedanken, wenn allein gelassen, gern zu Dir zurückkehren. Ich gehe niemals an „alt Logier's" Hause in der Friedrichstraße vorüber, ohne zu den Fenstern emporzusehn, die geschmückt zu sein pflegten mit einem Paar roter Pantoffeln, die die Füße eines gentleman an die Fensterbrüstung stemmten, der in Yankee-Art saß, Kopf nach unten und außer Sicht. Ich erfreue dann mein Gedächtniß mit der Erinnerung an „die guten alten Zeiten, da wir lustige Burschen waren". Der arme Flesch ist mit seiner Tochter auf Reisen. Ich weiß nicht, wo er sich gegenwärtig aufhält. Meine Frau dankt sehr für Deine freundlichen Grüße, ebenso die Kinder. Der Kleine hat sich den Fuß verstaucht, als er eine Treppe hinabfiel, und meine Tochter liegt mit Halsschmerzen zu Bett, doch ist keine Sorge dabei. Es geht trotz allem gut.

Lieber Roon,

dem Könige geht es sehr gut, die Kur greift ihn wie es scheint, garnicht an. Ich arbeite und laufe über die Berge, sobald ich meine Vor-
träge, die Se. Majestät regelmäßig nach dem Essen annimmt, um nicht
einzuschlafen, beendet habe. Ich ginge gern an irgend eine See, aber der
König ist Anspielungen auf meine Abreise unzugänglich, und ich mag
ihn nicht beunruhigen. Er wünscht, daß ich bei dem von Tage zu Tage zu
erwartenden Besuch des Kaisers von Oestreich hier sei, und der fürchtet,
durch Berührung mit mir die Westmächte und seine eignen Liberalen zu
verletzen. Er hat sich vor 10 Tagen angemeldet, der König antwortete,
daß ihm jeder Tag recht sei, und dabei ist es geblieben.[229] Die Orani-
enstraßen-Crawalle[230] nimmt unser Herr leicht, sie machen ihm keinen
Eindruck. Ich fürchte mich nur, wenn die Geschichte weiter spielt, vor
zu früher Verwendung von Truppen. Wir müssen dahin gelangen, daß
bei dem Erscheinen des Militärs jeder sofort auf Kugeln gefaßt ist, wie
in England. Es ist besser, der Unfug dauert etwas länger, als daß die
Soldaten ohne scharfen Waffengebrauch Steinen und Insulten ausgesetzt
werden.

Ich höre, daß Schöler in Magdeburg eine große Anzahl Gebäude
demoliren will, die seit Jahren stehn. Wenn sie nicht rayonmäßig gebaut sind, so finde ich, daß die Schuld davon noch mehr die frühern
Commandanten, also den Staat trifft, als die Erbauer oder gar jetzigen
bona-fide-Besitzer. Die Commandantur hat den Consens zu versagen
und sich zu überzeugen, ob consensmäßig gebaut wird; aber bauen und
Jahre lang stehn lassen und dann den Abbruch verlangen, geht meines
Erachtens nicht ohne Entschädigung an. Es wäre eine unbillige Strenge,

---

228 Übernommen aus Bismarck-Jahrbuch III 258 f.
229 Die Begegnung mit dem Kaiser fand erst am 2. August in Gastein statt.
230 Die gerichtliche Exmission eines Schankwirtes gab Veranlassung zu Pöbel-
zusammenrottungen, die sich seit dem 29. Juni mehrere Tage lang wiederholten
und die Polizei zu Verhaftungen, in der Nacht zum 4. Juli auch zum Gebrauch der
Waffen zwangen.

die uns mit Recht weitres odium zuziehen würde. Ist die Sache schon unwiderruflich und schon in Angriff genommen? Ich höre, daß Sie einige Tage in Berlin bleiben, und käme gern während dessen hin; aber der König besorgt, daß der Kaiser inzwischen kommen könnte. Die Dinge in Wien scheinen ganz den Weg der neuen Aera zu gehn; der Kaiser mag nichts von den Geschäften hören, nur von Popularität, Rechberg ist ohne Einfluß, Schmerling und die, Advocaten und Redacteure des Reichstags machen den Wind für die Segel des Staatsschiffs. Was treibt Eulenburg, arbeitet er? Herzliche Grüße an die Ihrigen.

In treuer Freundschaft

Ihr

v. Bismarck.

Die Desertionen im 14. Rgt. haben den König lebhaft afficirt; ich mag nicht hineinreden, aber ich würde die 7. Brigade doch nicht verlegen, wenn auch noch 20 desertirten. Die Crawalle in Berlin wären ein passender Anlaß, das Hinkeldeysche Regime der Ausweisungen aus Berlin zu erneuern und auf Literaten besonders anzuwenden; wollen Sie das Eulenburg nicht suppeditiren? Kann man nicht ermitteln, wer in Stettin (30. Juni bis 2 July) mit dem Kronprinzen verkehrt hat? es sind in der Zeit Zeitungsartikel und Briefe von ihm ausgegangen – vgl. Brockhaussche Zeitung, eine Correspondenz, datirt „Berlin, 2. July", die genau meinen Briefwechsel mit dem Kronprinzen enthält[231] – die auf erneute Winterliche Einwirkung[232] schließen lassen. Ist Duncker vielleicht dort gewesen? Ich vermute eher auf parlamentarische Schwindler. Hat die Kronprinzeß wirklich Schultze-Delitsch bei sich gesehn in Berlin?[233]

---

231 Als Anhang im Bismarck-Jahrbuch III 260 ff. mitgeteilt
232 Winter war nach seiner Entfernung aus dem Amte eines Polizeipräsidenten von Berlin Bürgermeister in Danzig geworden.
233 Die Nachricht erwies sich als erfunden. – Roons Antwort s. Bismarck-Jahrbuch IV 61 ff.

An Frau v. Bismarck.

Carlsbad, 7. July 63

* hat meine wärmste Teilnahme; Kinder verlieren ist schlimmer, als selbst sterben, es ist so gegen den Lauf der Dinge. Aber wie lange dauert's, so folgt man ihnen. Ich habe heut einen recht sonnigen Gang gemacht, von 12 bis 2, das Schweizertal, hinter dem Militärspital aufwärts, und bei Donitz an der Eger oberhalb Carlsbad, und den Bergen, dann beim König, dem es bei 3 Becher Sprudel, Gottlob, vortrefflich geht. Ich wohne jetzt im „Schild", vis à vis vom Hirschensprung, und aus den Rückenstern sehe ich Ottos Höhe, 3 Kreuzberg u. s. w. Es ist ganz schön und geht mir gut, aber etwas Heimweh habe ich mitunter, mit Euch in Reinfeld zu sein und die ganze Ministerwelt hinter mir zu lassen. ...

Ministerpräsident von Bismarck.
Nach einer Lithographie von Engelbach aus dem Jahre 1863.

An Frau v. Bismarck.

Carlsbad, 13. July 63

... Ich denke, mich morgen Abend nach Schwarzenberg und von da in die staubige Wilhelmstraße zu begeben, zwei Tage dort zu bleiben und entweder in Regensburg oder in Salzburg wieder zum Könige zu stoßen und mit ihm nach Gastein zu gehn. Wie lange ich dort bleibe, wollen wir sehn. Ich werde mich noch oft nach den stillen Wäldern hier zurücksehnen, Aberg, Esterhazyweg, Hammer, Kehrwiederweg, Aich, und ich wußte immer glücklich alle Bekannte abzustreifen oder mich bei Begegnungen ins Dickicht zu drücken. Heut habe ich fast den ganzen Tag gearbeitet. ...

An Frau v. Bismarck.

Berlin, 17. July 63

. . . Seit vorgestern Abend vegetire ich in unsern öden Räumen, erstickt unter der Lawine von Papieren und Besuchen, die auf mich einstürzten, sobald meine Ankunft bekannt wurde. Jetzt will ich eine halbe Stunde in den Garten und Dir nur noch dies Lebenszeichen geben. Gestern hatte ich ein russisches Zolldiner, heut ein französisches. Morgen fahre ich über Dresden-Prag-Pilsen nach Regensburg zum König zurück und bleibe mit ihm in Gastein. . . .

An Frau v. Bismarck.

Nürnberg, 19. July 63

Ich weiß nicht, ob ich dieses dicke Papier von hier absende, aber ich habe eben einen unausgefüllten Augenblick, den ich benutze, um Dir zu sagen, daß es mir wohl geht. Ich bin gestern von Berlin nach Dresden gefahren, habe B(eust) und R. besucht, die Dich sehr grüßen lassen (Gräfin R. ebenfalls), habe dann in Leipzig nur 3 Stunden, aber sehr gut geschlafen und bin seit 5 Uhr hierher gefahren, wo ich auf einen Zug warten muß, der mich gegen 11 am Abend nach Regensburg zum Könige bringen soll. * hat allerhand Leute hierher bestellt, mit denen ich nichts zu tun haben mag und dazu den besten Gasthof gewählt; in Folge dessen nahm ich einen andern, der mir bisher keinen günstigen Eindruck macht; bessres Papier als dieses besitzt er nicht. Dazu hat Engel kein reines Hemd im Nachtsack und die Sachen auf dem Bahnhof, so daß ich im Eisenbahnstaub und Unbehagen hier sitze, auf ein vermutlich schlechtes Diner wartend.

Das Reisen bekommt mir vortrefflich; sehr lästig ist es aber, auf jeder Station wie ein Japanese angestaunt zu werden; mit dem Incognito und seinen Annehmlichkeiten ist es vorbei, bis ich dermaleinst gleich andern vor mir verschollen sein werde und irgend ein andrer den Vorzug hat, Gegenstand allgemeinen Uebelwollens zu sein. Ich wäre recht gern über Wien nach Salzburg gefahren, wo der König morgen ist; ich hätte unsre Hochzeitsreise nochmals durchgelebt, aber politische Bedenken hielten mich ab, die Leute hätten mir Gott weiß welche Pläne angedichtet, wenn ich dort mit *[234] zugleich angekommen wäre. Ich werde R(echberg) wohl gelegentlich in Gastein oder Salzburg sehn.

Ich muß schließen, obschon meine Suppe noch nicht da ist; aber ich kann auf diesem Papier, dazu mit Stahlfeder, nicht weiter, sonst bekomme ich Krampf in den Fingern. ...

An Frau v. Bismarck.

Salzburg, 21. July 63, 6 Uhr früh.

Aus diesem reizenden Städtchen muß ich Dir wenigstens das Datum schreiben, im Augenblick der Abfahrt. Roons sämmtlich unten, mich zum Abschiednehmen erwartend. Gestern Königsee, Edelweiß, Bartholomäus[235] ...

---

234 Sr. Majestät (?).
235 Die Bartholomäuskapelle am Königsee.

An Frau v. Bismarck.

Gastein, 24. July 63

... Ich wollte Dir Edelweiß mitschicken, es ist aber abhanden gekommen, Salzachofen kam mir vor 10 Jahren noch imposanter vor; das
Wetter war zu schön; der Weg hierher, den Du nicht sahst, ist schön,
aber nicht überwältigend. Hier wohne ich dem Könige gegenüber am
Wasserfall, gegen den der Golling ein Kind, nur in den Pyrenäen sah
ich zwei schönere, keine größern. Ich habe zwei Bäder genommen, sehr
angenehm, aber müde danach, und unlustig zum Arbeiten. Ich werde
von morgen an erst Mittags baden und vorher schreiben. Luft reizend,
Gegend mehr imposant als freundlich. Dem Könige geht es gut....

Gastein, 24. July 63

Lieber Bruder,

im Gedränge zwischen Bade-Manipulationen und Feldjäger-Expedi-
tionen sende ich Dir am heutigen Tage meinen herzlichen Glückwunsch.
Ich habe hier und in Carlsbad fast mehr als sonst zu arbeiten, da ich auch
die Einsendungen der übrigen Minister vortrage. Einige Stunden stei-
ge ich aber pflichtmäßig in den Bergen umher und befinde mich wohl;
jedoch nach 2 Bädern hier sehr müde; ich weiß nicht, ob ich sie werde
fortsetzen können, da man geistige Arbeiten meiden soll, dieses mir aber
nicht möglich ist, falls der König seine Kur in Ruhe vollenden soll. . .

Ich hoffe im Laufe des August noch einige freie Zeit zu haben und in
derselben nach Pommern zu kommen. Herzliche Grüße an die Deinen,
Malwine insbesondre.

Dein treuer Bruder   v.B.

An Frau v. Bismarck.

Gastein, 28. July 63

Wie dieser Tag vor 16 Jahren Sonnenschein in mein wüstes Jung-
gesellenleben brachte, so hat er heut auch dieses Tal damit erfreut, und
ich habe es auf einem reizenden Morgenspaziergang zum ersten Mal
in seiner ganzen Schönheit gesehn. Moritz[236] würde sagen, daß es eine
riesige Schüssel mit Grünkohl ist, schmal und tief, die Ränder mit weißen Falleiern rundum besetzt. Steile Wände, einige tausend Fuß hoch,
mit Tannen- und Wiesengrün und eingestreuten Sennhütten bis an die
Schneegränze bedeckt, und das Ganze von einem Kranze weißer Spitzen und Bänder umzogen, die der Schnee während der 5 Regentage
reichlich bepudert hat und deren untre Gränze die Sonne nun allmählich
höher rückt. Dutzende von silbernen Fäden durchziehn das Grün von
oben, Wasserbäche, die sich herabstürzen in eiliger Hast, als kämen sie
zu spät zu dem großen Fall, den sie mit der Ache zusammen dicht vor
meinem Hause bilden. Die Ache ist ein Strom mit etwas mehr Wasser,
als die Stolpe bei Strellin und vollführt einen rasenden Walzer durch
ganz Gastein, indem sie einige hundert Fuß in verschleimen Absätzen
zwischen Felsen herabspringt.

Bei diesem Wetter läßt sich leben hier, nur möchte ich garnichts zu
tun haben, immer an den Höhen umherschlendern, mich auf sonnige
Bänke setzen, rauchen und die zackigen Schneespitzen durch das Glas
ansehn. Gesellschaft ist wenig hier, ich lebe nur mit der Umgebung des
Königs in Verkehr, mit der mich Mittag und Tee täglich zusammenführ-
ren; die übrige Zeit reicht zum Arbeiten, Schlafen, Baden, Gehn kaum
hin. Den alten * habe ich gestern Abend besucht; zugleich mit dem Kaiser, der am 2. erwartet wird, kommt Rechberg und wird mir vorklagen,
daß das Lügen der Fluch dieser Welt sei.

Ich höre eben, daß der König (dem es sehr wohl geht, nur hat er sich
am Hacken durchgegangen und muß leider still sitzen) den Feldjäger
bis morgen zurückhält, und mit der Post kommt dieser Brief wohl nicht

236   v. Blankenburg.

345

früher, da er durch das Oeffnen einen Tag verlieren würde. Ich lasse ihn also liegen. Der gute Prinz Friedrich ist gestern von seinen Leiden erlöst; es ging dem Könige sehr nah. . . .

An Frau v. Bismarck.

Gastein, 2. August 63

Bills Tag ist mit gutem Wetter von mir gefeiert, dem Könige gemeldet, der sich nach dem Alter und dem Fleiße seines Pathen erkundigte. Heut kommt der Kaiser, alles flaggt und bekränzt sich, die Sonne scheint, und ich bin noch nicht aus dem Zimmer gewesen, schreibe seit 3 Stunden, darum nur herzliche Grüße. Wenn ich nicht über Berlin schreibe, so falle ich der hiesigen Post in die Hände; ich schreibe zwar keine Geheimnisse, aber es ist doch unbehaglich. Die Stute ist wieder in Berlin. Ich bade täglich, es ist nett, aber ermüdend. . . .

An Frau v. Bismarck.

Gastein, 12. August 63

Mir geht es wohl, aber Courierangst in allen Richtungen. Ich habe vorgestern 7000 Fuß hoch 2 Gemsen geschossen, ganz gebraten, trotz der Höhe. Am 15. fahren wir von hier nach Salzburg, 16. Stuttgart, 17. Baden. Ich kann wegen der Frankfurter Windbeuteleien[237] nicht vom König fort.

An Frau v. Bismarck.

Gastein, 14. August 63

. . . Damit Du ersiehst, ob es wirklich schneller geht, schick ich Dir diesen Brief mit Post, während gleichzeitig der Courier abgeht. Ich

---

237 Des Frankfurter Fürstentags.

schreibe seit 4 Stunden und bin so im Zuge, daß die Feder nicht zu halten ist, heiße Sonne seit 8 Tagen, Abends Gewitter, der König wohl, aber doch angegriffen vom Baden; er badet täglich und arbeitet wie in Berlin, läßt sich nichts sagen. Gott gebe, daß es ihm bekommt! Ich habe heut mein letztes Bad, 20 oder 21 im ganzen, in 26 Tagen. Mir ist sehr wohl, aber Arbeit über Kopf! Ich bin so beansprucht, daß ich wenig Leute sehn kann. Morgen Abend schlafen wir in Salzburg, den 16. wahrscheinlich in München, 17. Stuttgart, Constanz oder Baden, noch ungewiß. Schreib nach Baden, wo ich wohl einige Tage bleibe. Von *238 ein Brief aus Spa, vielleicht besuche ich sie dort, aber wer weiß ce qu'on devient in 8 Tagen, vielleicht schon alles wieder anders. ...

An den preußischen Bundestagsgesandten Herrn v. Sydow.[239]

(Gastein, August 1863)

.... Ich betrachte das östreichische Reformproject als eine Schaumwelle, mit welcher Schmerling mehr noch ein Manöver der innern östreichischen Politik als einen Schachzug antipreußischer Diplomatie beabsichtigt. Er arrangirt dem Kaiser eine glänzende Geburtstagsfeier mit weißgekleideten Fürsten und fingirt ihm Erfolge der constitutionellen Aera Oestreichs. Von dem Dampf der Phrasen entkleidet, ist des Pudels Kern ein so dürftiger, daß man dem Volke lieber nicht practisch vordemonstriren sollte, wie nicht einmal das zu Stande kommt. . . Einen Einfluß auf die Verhandlungen zu erhalten, empfiehlt sich jetzt noch nicht; wir müssen die Weisheit der Reformen sich erst ungestört offenbaren lassen...

v. B.

---

238 Orlows (?).
239 Aus Sybel, Begründung II 528.

An Frau v. Bismarck.

Baden, 28. Aug. 63

... Ich habe eine rechte Sehnsucht, einmal einen faulen Tag in Eurer Mitte zu verleben; hier werde ich auch bei dem reizendsten Wetter die Tinte nicht von den Fingern los. Gestern bin ich bei wundervollem Mondschein bis Mitternacht in den Feldern spazieren gegangen, kann aber doch die Geschäfte nicht aus dem Kopf los werden. Die Gesellschaft hat auch nichts Ausruhendes an sich. Die * ist reizend anzusehn, spricht mir aber zu viel Politik, * natürlich auch immer auf Berichtfuß; die *, die mir sonst sehr angenehm ist, hat Leute um sich, die mein Behagen mit ihr stören, und neue Bekanntschaften sind sehr angreifend. Bequem ist mir eigentlich (nur) unser A(beken). Mit ihm und E., der auf 2 Tage hier ist, dinirte ich gestern auf meinem Zimmer. Der König ist wohl, aber von Intriguen umlagert; heut speise ich bei Ihrer Majestät der Königin. Schleinitz ist hier, Hohenzollern wird erwartet, Goltz nach Paris abgereist. Ich denke, der König wird spätestens Sonntag von hier aufbrechen; einige Tage später muß ich in Berlin sein; vielleicht gewinne ich dazwischen Zeit zu einem Abstecher nach Spa, wo ich O(rlows) treffe, vielleicht muß ich auch mit zur Königin von England, die der König auf der Rückreise in Rosenau bei Coburg besuchen will. Jedenfalls hoffe ich mir im September einige Tage frei zu machen für Pommern. Ich wollte, irgend eine Intrigue setzte ein andres Ministerium durch, daß ich mit Ehren diesem ununterbrochnen Tintenstrom den Rücken drehn und still auf dem Lande leben könnte; die Ruhelosigkeit der Existenz ist unerträglich, seit 10 Wochen im Wirtshause Schreiberdienste und in Berlin wieder; es ist kein Leben für einen rechtschaffnen Landedelmann, und ich sehe einen Wohltäter in jedem, der mich zu stürzen sucht. Dabei brummen und kitzeln und stechen die Fliegen hier im Zimmer, daß ich dringend Aenderung meiner Lage wünsche, die mir allerdings in wenig Minuten mit dem Berliner Zuge ein Feldjäger mit 50 inhaltslosen Depeschen bringen wird. ...

An Frau v. Bismarck.

Berlin, 4. Sept. 63

Endlich finde ich einen Augenblick Zeit, Dir zu schreiben. Ich hatte gehofft, auf einige Tage mich in Kröchlendorf wenigstens zu erholen, aber es ist wieder ganz die alte Tretmühle, gestern Nachts bis 1 Uhr Arbeit, und dann goß ich Tinte statt Sand darüber, daß sie mir auf die Knie stoß. Heut um 9 Uhr schon die Minister hier, um 1 zum zweiten Mal und mit ihnen der König. Das Ergebniß aller Beratung ist die Auflösung der Kammer gewesen, zu der ich kein Herz hatte. Aber es ging nicht anders; Gott weiß, wozu es gut ist. Nun geht der Wahlschwindel los. Gesund bin ich dabei noch mit Gottes Hülfe; aber es gehört ein demütiges Vertrauen auf Gott dazu, um an der Zukunft unsres Landes nicht zu verzweifeln. Möge er vor allem dem Könige Gesundheit schenken.

Sehr nett ist es hier im öden Hause nicht; aber ich komme nicht zum Bewußtsein davon vor Arbeit. Heut sind die Pferde wieder angekommen, recht erholt. Die Sorge wegen der Fuchsstute war ein Schwindel. . . .

An Frau v. Bismarck.

Buckow, 21. Sept. 63

Ich wollte Dir heut, am letzten Sommertage, einen recht bequemen und verständigen Brief schreiben und legte mich mit diesem Gedanken vor 3 Stunden auf das Sopha, schlief aber ein und erwachte erst eben, wo ich nur noch 1/4 Stunde bis zur Tafel habe, die um 6 ist. Ich war um 7 ausgerückt, bis 1/2 2 ununterbrochen geritten als „Herr Oberstwachtmeister“, um unsre braven Soldaten Pulver verbrennen und Attacken reiten zu sehn. Ich schloß mich erst Fritz an, der 3 Regimenter Cavallerie commandirte, ging dann zur Garde du Corps über, jagte wie unsinnig über Stock und Block und habe lange keinen so behaglichen Tag verlebt. Hier wohne ich neben dem König und 2 Adjutanten in einem netten alten Hause bei Graf Flemming; hübsche Gegend mit Hügeln, Seen und

Wäldern, und vor allem nichts zu tun, nachdem ich meine Geschäfte mit
* beendet habe. Morgen früh muß ich leider wieder in die Tretmühle,
und jetzt zum Essen, nachdem ich mich ganz dumm geschlafen habe,
und dabei das Genick verbogen an dem steilen Sopha. Wir haben 80 Personen zu Tisch, allerhand fremde Offiziere, Engländer, Russen und den
ganzen Bund im Haus. Ich habe gar kein Civil mit, bin auf 48 Stunden
also ganz Major. ...

An Frau v. Bismarck.

Berlin, 29. Sept. 63

Ich war am Sonnabend so weit fertig, daß ich nur noch Vortrag beim
Könige hatte und Sonntag Mittag bei Euch zu sein hoffte. Aus dem Vortrag ergab sich aber für mich eine vierstündige, selbstzuschreibende Arbeit und die Notwendigkeit, den König vor seinem Abgange nach Baden
wiederzusehn. Es blieb grade Zeit für einen Tag in Kröchlendorf, da bin
ich denn am Sonnabend Abend, nachdem ich mich krumm und lahm geschrieben, hingefahren, um Mitternacht angekommen, gestern morgen
nach Passow gefahren, um 5 beim König gewesen, und (habe) ihn um
3/4 8 zur Eisenbahn geleitet. Nun fahre ich heut mit Moritz und Roon
bis Freienwalde, habe mit Bernhard wegen Kniephof zu tun und hoffe
von dort übermorgen zu Euch zu fahren, falls mir soviel Zeit bleibt, daß
es lohnt. Ich soll dem König nach Baden folgen, das „Wann" ergiebt
sich erst aus unsrer Correspondenz und den Geschäften. Bleibt mir soviel Zeit, daß ich 2 oder 3 Tage in Reinfeld bleiben kann, so komme ich:
wo nicht, so wird das Schirrmeistern mehr wie das Ausruhn, und ich
sehe Dich dann hier in Berlin wieder. Am 17. komme ich dann voraussichtlich mit dem Könige aus Köln zurück.

M. sitzt mir gegenüber und arbeitet an meinem Tische eine gemeinschaftliche Sache....

350

An Frau v. Bismarck.

Berlin, 27. Oct. 1863

Es ist bitterkalt, aber mir geht es wohl. Heizt Ihr auch in Reinfeld?
ich hoffe; hier geschieht es seit 8 Tagen. Gestern nach dem Essen saß
ich mit K(eudell) im blauen Salon allein, und er spielte, als ich Deinen
Sonntagsbrief erhielt. In der Tat, schöne Festtagsstimmung, in der Du
geschrieben hast. Trau auf Gott, mein Herz, und auf das Sprichwort, daß
die bellenden Hunde nicht beißen. Ich habe den König nicht nach Stralsund begleitet, weil es eine angreifende Partie ist und mich im Arbeiten
2 Tage zurückbringt. Heut Abend ist S. M. wieder hier; die Bedrohungen
seines Lebens sind viel besorglicher, als die gegen mich gerichteten,
aber auch dies steht ja nur in Gottes Hand. Laß Dir die letzten schönen Tage nicht durch Sorgen verkümmern, und wenn Du aufbrichst, so
schick ein weibliches Wesen voraus, um hier einzurichten nach Deinen
Wünschen.

Ich muß an die Arbeit. Lebe wohl. Heut um 9 nur 3 Grad und heiße
Sonne. Dies[240] bekomme ich heut morgen zwei Mal von verschiednen
Richtungen. ...

An Frau v. Bismarck.

Babelsberg, 1. Nov. 63

Ich benutze einen Augenblick, wo ich hier den König erwarte, der in
Sanssouci speist, um Dir zwei Worte zu schreiben, wie sonst wohl aus
Zarskoe oder Peterhof. Nur um zu sagen, daß ich wohl bin und mich
herzlich freue, Dich nun bald wieder in den leeren Berliner Räumen
schalten zu sehn. Am 9. kommt der Landtag mit seiner Quälerei, doch
denk' ich, am Tage der Eröffnung noch mit Sr. Maj. nach Letzlingen
zu fahren und 2 Tage im Walde zu leben. Während der Zeit wirst Du
hoffentlich mit dem Hämmern und Schleppen fertig, welches Deinen

---

240   Eine Abschrift des 91. Psalm.

geliebten Einzug notwendig begleitet, und bei der Rückkehr finde ich dann alles auf dem rechten Fleck.

Ich habe in diesen Tagen einsam und arbeitsam für mich gelebt; meist allein gegessen und außer dem Reiten das Haus nicht verlassen, still und verdrießlich, gelegentlich ein Ministerrat. Diese Woche wird deren wohl mehre haben, in Aussicht auf die lieben Kammern, und nachdem der König 8 Tage in Stralsund und Blankenburg gewesen und viel aufgespeichert ist. – Eben höre ich seinen Wagen rollen und schließe mit herzlichsten Grüßen. . . .

An Kriegsminister A. v. Roon.

Berlin, 12. Januar 1864[241]

Ich habe plötzlich Angst, daß das Eis zu früh schmilzt, und daß die Oestreicher, wenn ihre Truppen wirklich, wie sie behaupten, jeden Tag aufbrechen können und ihnen vielleicht mehr EisenbahnMaterial zu Gebote steht als uns, früher als wir an der Eider eintreffen könnten. Das würde dann Sr. Majestät unangenehm sein. Ist es nicht am Besten, die 5 tägigen Eisenbahnvorbereitungen zur Abfahrt von Minden[242] sofort zu treffen, damit am 17. oder 18. sicher gefahren werden kann? Sollte die ganze Operation, quod deus avertat, ins Stocken geraten, so hätten wir die Kosten vergeblich aufgewendet, und die Division stünde an der Elbe statt an der Weser; das wäre so schlimm nicht, wie im andern, doch wahrscheinlicheren Falle die Verspätung. Oder sind vielleicht die Anordnungen schon getroffen? Dann habe ich nichts gesagt und revocire diese Tinte. Nach den Aeußerungen des Königs gegen Sie zweifle ich nicht, daß die Sache ihren Gang geht. Nach Hanover (wegen Harburg) habe ich nicht geschrieben, da Sie schließlich der Sicherheit des Elbüberganges wegen Wittenberge vorzogen.

Ihr v. B.

---

241 Original: 1863.
242 Zum Transport der 13. Division.

352

An Kriegsminister A. v. Roon.[243]

(Berlin, 21. 1. 1864)

Herzlichen Dank für Ihren gestrigen Brief. Ich bin weit entfernt von übereilten oder selbstischen Entschlüssen, aber ich habe das Vorgefühl, daß die Partie der Krone gegen die Revolution verloren ist, weil das Herz des Königs im andern Lager und sein Vertrauen mehr seinen Gegnern als seinen Dienern zugewandt ist. Wie Gott will. Nach 16 bis 30 Jahren ist es für uns gleichgültig, für unsre Kinder nicht. Der König hat befohlen, daß ich vor der Sitzung zu ihm komme, um zu bereden, was gesagt werden soll. Ich werde nicht viel sagen; einmal habe ich die Nacht kein Auge zugetan und bin elend, und dann weiß ich eigentlich nicht, was man den Leuten, die ja jedenfalls die Anleihe[244] verwerfen, sagen soll, nachdem so gut wie klar ist, daß Se. Majestät doch auf die Gefahr hin, mit Europa zu brechen und ein schlimmeres Olmütz zu erleben, sich schließlich der Democratie und den Würzburgern fügen will, um Augustenburg einzusetzen und einen neuen Mittelstaat zu schaffen. Was soll man da noch reden und schimpfen? Ohne Gottes Wunder ist das Spiel verloren, und auf uns wird die Schuld von Mit- und Nachwelt geworfen. Wie Gott will. Er wird wissen, wie lange Preußen bestehn soll. Aber leid ist mirs sehr, wenn es aufhört, das weiß Gott!

Ihr

v. B.

Berlin, 26. Jan. 1864[245]

Lieber Roon,

wollen Sie den anliegenden Bericht[246] zeichnen und an Se. Majestät gelangen lassen, so gebe ich meinen Segen dazu, der allerdings wirksam

---

243 Übernommen aus Bismarck-Jahrbuch III 262 f.
244 Zur Führung des dänischen Krieges.
245 Übernommen aus Bismarck-Jahrbuch III 263.
246 Instruction für Feldmarschall Wrangel.

wird sein müssen, wenn der alte „Abjott Deitschlands"[247] uns nicht bedenkliche Sprünge machen soll. Seinen beiliegenden Brief an den König bitte ich Sie mir wiederzuschicken. Auf Wiedersehn morgen.

    v. B.

Ohne Bedenken über den kriegerischen Teil der Instruction bin ich nicht, aber ich mag den allerhöchsten Zorn nicht wieder anfachen, und bei dem Geist, der aus dem Briefe weht, besorge ich, daß das Abwägen der Worte den alten Herrn doch nicht binden wird.

An Fürst Pückler.

Berlin, 28. Januar 1864

Ew. Durchlaucht

    sind ungerecht, ich kann sagen in meinem Nerven- und Geschäftszustande grausam gegen mich. Seit mehr als 30 Jahren (Sie wohnten am Dönhofsplatz, jetzt Grabows Hotel) buhle ich um Ihre Gunst. Sie werden das vergessen haben, ich war damals sehr jung; ich glaubte aber, meine Bemühungen seien schließlich mit Erfolg gekrönt, und nicht wegen der Stellung, die Sie in der europäischen Hierarchie einnehmen, nicht wegen der Anerkennung, die Andre Ihnen zollen, sondern aus Motiven, die innerhalb der menschlichen Haut beschlossen sind, wegen der stolzen Unabhängigkeit Ihres Characters, welche der Liebenswürdigkeit Ihres Geistes dennoch keinen Eintrag tut, ist mir diese Errungenschaft in hohem Grade teuer. Sie können mir dieselbe nicht wegen Zufälligkeiten entziehn wollen, in einer Lage, wo ich nicht mein eigner Herr, sondern der Zeiten ohnmächtiger Spielball bin. Wie können Sie annehmen, daß irgend Jemand, am allerwenigsten einer Ihrer ehrlichen und uninteressirten Verehrer Ihre Hand nicht herzlich ergreifen würde, wenn er sieht, daß sie ihm entgegengestreckt wird. Die Einladungsliste zu dem vorgestrigen Diner habe ich nicht mit Augen gesehn; je ein Mitglied beider

---

247   Der alte Wrangel.

Häuser und ein Rat haben sie entworfen, und ich hätte nichts davon gehabt, Sie unter 30 Personen an einem hastig servirten Tische zu sehn. Sobald ich den Moment disponibel machen kann, komme ich zu Ihnen, um Ihnen so offen, wie ich gegen Freund und Feind zu sein strebe, zu sagen, daß nichts zwischen uns steht als die menschliche Unvollkommenheit, die auch mich, trotz des bestimmtesten Gegenwillens von der Stellung des wohlerzognen Edelmannes in den Triebsand des Aktenlebens versinken läßt. Ich bitte inständig um Ihre Vergebung und zweifle nicht, daß ich sie erhalte, sobald wir uns gesehn haben.

In aufrichtiger Verehrung.

v. B.

An Kriegsminister A. v. Roon.

Berlin, 1. Februar 1864

Mit herzlichem Dank remittire ich die Anlage. Einigkeit mit Wien über Fassung der Antwort an England noch nicht hergestellt. Morgen vielleicht Conseil, nach unsrer Besprechung.

Wrangel muß meines Erachtens schleunig angewiesen werden, die zwischen Holstein und Schleswig streitigen Teile, welche die Sachsen nicht besetzt hatten, für uns festzuhalten, insbesondre Kronwerk und Bahnhof bei Rendsburg. Von Frankfurt aus ist der Bund schon darüber her, und Sydow . . sehr dafür, das den Bundestruppen einzuräumen, was sie einzunehmen nicht wagten und wollten, weil sie fürchteten, dann auf Widerstand zu stoßen und unsre Reserven heranziehn zu müssen. Die Oertlichkeiten sind für uns auch militärisch wichtig, und wir wissen nicht, ob wir mit den Sachsen auf dem Fuße bleiben, daß wir unsre Verbindungen in ihren Händen lassen können. Geht es nicht, daß wir im Besitz der andern Holstein'schen Bahnhöfe, und namentlich in dem von Kiel bleiben?

Ist es denn wahr, daß Wrangel seine Truppen „Armee von Schleswig-Holstein" amtlich titulirt? Das wäre politisch ganz unzulässig und eine nutzlose Herausforderung der fremden Mächte.

Ihr v. B.[248]

An Kriegsminister A. v. Roon.[249]

3. Febr. [1864]

Mir scheint, daß die Instruction in Betreff der Demonstrationen bekannt gegeben werden muß, damit die Befehlshaber wissen, wie sie zu verfahren haben. Könnten Sie nicht Falckenstein darüber schreiben?

Der König hat mir in der Nacht geschrieben, will die ganze Sache wieder umwerfen, nachdem sie in Wien angenommen und von dort schon nach London mitgeteilt ist. Darum conseil. Wollen Sie mit mir hinfahren?

Ihr

v. B.

248... Die in Roons Denkwürdigkeiten II 159 mitgeteilte Nachschrift findet sich nicht auf dem Original des Briefes vom 1. Februar, das ich verglichen habe. – Ich teile sie deshalb nur in der Anmerkung mit. Soeben geht mir ein Telegramm zu, daß ein Graf Baudissin in Gettorf (Schleswig), nachdem unsre Truppen Eckernförde genommen, den Herzog Friedrich in Gemeinschaft mit andern Mitgliedern der Ritterschaft als Souverän proclamirt habe. Der Feldmarschall darf dies zwar, seiner Instruction gemäß, nicht dulden. Aber es empfiehlt sich vielleicht, ihn telegraphisch (chiffrirt) wiederholt zu ersuchen, daß er mit aller Entschiedenheit gegen diese Demonstration einschreitet und ihre Wiederholung bei Strafe verbietet. Ihr v. B.

249... Übernommen aus Bismarck-Jahrbuch III 265

An Kriegsminister A. v. Roon.[250]

Montag [8. Febr. 1864]

Wenn unsre Truppen von der 10. Infanterie-Brigade im Norden nicht mehr nötig sein sollten, ist es dann nicht gut, gleich auf dem Hinmarsch nach Schleswig angemessne Abteilungen von ihnen in Altona, Neumünster, Kiel „verlängerten Ruhetag" halten zu lassen und Reclamation des Bundes dagegen abzuwarten? Ich denke, daß an genannten Orten keine Bundesgarnison steht. In Rendsburg wird die Sache schon brennender, weil die Sachsen freiwillig nicht räumen werden.

Ihr

v. Bismarck.

An Kriegsminister A. v. Roon.

Berlin, 15. [Febr. 1864]

Unter den anliegenden Umständen billigt der König meinen Antrag, daß Wrangel Befehl erhalte, die Gränze von Jütland nicht zu überschreiten, ehe das Einverständniß mit Oestreich herbeigeführt ist. Um es herbeizuführen, schreibe ich nach Wien. Der König erwartet Ihren Vortrag wegen telegraphisch an Wrangel zu gebenden, aber streng zu secretirenden Befehls.

Ihr

v. B.

An Kriegsminister A. d. Roon.

5. März 64

Noch nicht fertig, noch nicht loslassen! kein Feldjäger heut. Der schriftliche Text[251] ist unterwegs, kommt voraussichtlich heut Abend

---

250... Übernommen aus Bismarck-Jahrbuch III 265. – Ueber die Datirung s. Bismarck-Jahrbuch IV 71, Anm. 1.
251... der Punktation von Berlin, s. Kohl, Bismarck-Regesten I 224.

oder morgen früh hier an, wird von Karoly und mir vollzogen, und dann kann das alte Kind[252] morgen, wenn alles gut geht, telegraphisch ermächtigt werden, mit neuen Stiefeln ins Wasser zu patschen.

Ihr v. B.

An Kriegsminister A. v. Roon.[253]

Donnerstag, [17. 3. 1864]

Ist nicht 2 Compagnien in Fehmarn sehr viel zu wenig? Ole Bull wird Succurs von Alsen holen, den Fehmarn-Sund dänisch occupiren, und unsre beiden Compagnien sind in der Mausefalle, wenn unsre Artillerie nicht besagten Sund beherrscht. Wir haben ja Truppen in Holstein übrig, warum sollten wir die Insel nicht stärker besetzen? Verzeihn Sie mir diese Majorsbetrachtungen.

Ihr v. B.

[Berlin] 1. Mai [1864] 1 Uhr früh

Lieber Bruder,

mit meinem Kommen ist es sehr unsicher, ich finde kaum eine halbe Stunde im Tage zum Gehn oder Reiten . . . Johanna war 3 Wochen sehr wohl, gestern leider wieder elende Zufälle, aber doch Gott sei Dank nicht so schlimm wie im Herbst. Sie soll zunächst nach Homburg, dann hoffentlich mit mir nach Gastein. Politisch bin ich zufrieden, in stiller Kammerverachtung. Die Beziehungen zu Oestreich fangen an faul zu werden und Bruch nicht unmöglich. Herzliche Grüße an Malwine, auch von Johanna, die hoffentlich jetzt schläft, ich habe sie seit dem Frühstück nicht gesehn.

Dein treuer Bruder

v. Bismarck.

252... Wrangel.
253... Bismarck-Jahrbuch III 266.

An Graf Arnim-Boytzenburg.

Berlin, den 16. Mai 1864

Ich begreife Ihre Bedenken gegen die Adresse, die aber dennoch, meiner Ansicht nach, gegenwärtig mit nützlichem Drucke in die diplomatische Lage eingreift. Ich kann mich darin allerdings täuschen; denn je länger ich in der Politik arbeite, desto geringer wird mein Glaube an menschliches Rechnen, und wenn Sie ein innres Widerstreben fühlen, so rede ich um so weniger zu, als ich gerne mit gutem Gewissen möchte behaupten können, daß es keine von der Regirung gemachte Stimmung ist, die sich darin wiederspiegelt. Die augenblickliche Lage ist aber so geartet, daß es mir zweckdienlich scheint, gegen das Dänentum auf der Conferenz alle Hunde loszulassen, welche bellen wollen (verzeihn Sie diesen Jägervergleich); das gesammte Geläut der Meute wirkt dahin zusammen, daß die Unterwerfung der Herzogtümer unter Dänemark den Ausändern unmöglich erscheint und daß letztre genötigt werden, Programme in Betracht zu ziehn, welche die preußische Regirung ihnen nicht bringen kann. Ich rechne in der letztern Beziehung zu diesen Ausländern auch die Holsteiner selbst, nebst dem Augustenburger und allen up ewig Ungedeelten bis zur Königsau. Die Herzogtümer haben sich bisher an die Rolle des Geburtstagskindes in der deutschen Familie und an den Gedanken gewöhnt, daß wir uns auf dem Altare ihrer Particularinteressen willig zu opfern und für jeden einzelnen Deutschen im Norden von Schleswig die Existenz Preußens einzusetzen haben. Diesem Schwindel namentlich wird die Adresse entgegenwirken; einen so starken Effect, daß er uns Verlegenheit bereitet, befürchte ich nicht. Würde bei uns die Nation so stark von preußischem Ehrgeiz erfaßt, daß die Regirung nicht mehr belebend, sondern mäßigend sich dazu zu stellen hätte, so würde ich diesen Zustand durchaus nicht beklagen.

Sie sehn daraus, wie ich nach Menschenwitz die Sache auffasse; im übrigen steigert sich bei mir das Gefühl des Dankes für Gottes bisherigen Beistand zu dem Vertrauen, daß der Herr auch unsre Irrtümer zu unserm Besten zu wenden weiß; das erfahre ich täglich zu heilsamer Demütigung.

Zur Beleuchtung der Situation bemerke ich noch schließlich, daß mir die preußische Annexion nicht der oberste und notwendigste Zweck ist, wohl aber das angenehmste Resultat.

Mit herzlichen Grüßen an die verehrten Hausgenossen,

der Ihrige v. Bismarck.

Berlin, May 23rd, 1864[254]

Jack my Dear, – Where the devil are you, and what do you do, that you never write a line to me? I am working from morn to night like a nigger, and you have nothing to do at all – you might as well tip me a line as well as looking on your feet tilted against the wall of God knows what a dreary colour. I cannot entertain a regular correspondence; it happens to me, that during five days I do not find a quarter of an hour for a walk; but you, lazy old chap, what keeps you from thinking of your old friends? When just going to bed in this moment my eye met whith yours on your portrait, and I curtailed the sweet restorer, sleep, in order to remind you of Auld Lang Syne. Why do you never come to Berlin? It is not a quarter of an American's holiday journey from Vienna, and my wife and me should be so happy to see you once more in this sullen life. When can you come, and when will you? I swear, that I will make out the time to look with you on old Logier's quarter and drink a bottle with you at Gerolt's, where they once would not allow you to put your slender legs upon a chair. Let politics be hanged and come to see me. I promise, that the Union Jack shall wave over our house, and conversation and the best old hock shall pour damnation upon the rebels. Do not forget old friends, neither their wives, as mine wishes nearly as ardently as myself to see you, or at least to see as quickly as possible a word of your handwriting.

254... Motleys Briefwechsel. D. A. II 182.

Sei gut und komm oder schreibe!
Dein
v. Bismarck.

Haunted by the old song „In good old Colony Times".

Übersetzung.

Mein lieber Jack,

Wo zum Teufel steckst Du und was machst Du, daß Du mir nie eine Zeile schreibst? Ich arbeite von früh bis Abend wie ein Nigger und Du hast garnichts zu tun. – Du könntest mir ebenso gut eine Zeile schreiben, wie daß Du Deine Füße betrachtest, die Du gegen die Fensterbrüstung von Gott weiß was für trauriger Farbe stemmst. Ich kann eine regelmäßige Correspondenz nicht unterhalten; es kommt bei mir vor, daß ich in 5 Tagen keine Viertelstunde zu einem Spaziergang finden kann; aber Dich alten faulen Schlingel, was hält Dich ab, an Deine alten Freunde zu denken? Als ich eben zu Bett gehn wollte, begegnete im selben Augenblick mein Auge den Deinigen auf Deinem Portrait, und ich verkürzte den „süßen Erquicker Schla", um Dich an alte vergangne Zeiten zu erinnern. Warum kommst Du nie nach Berlin? Es ist nicht ein Viertel einer Amerikanischen Ferienreise von Wien hierher, und meine Frau und ich würden so glücklich sein, Dich in diesem trübseligen Leben einmal wiederzusehn.

Wann kannst und wann willst Du kommen? Ich schwöre, daß ich die Zeit finden werde, mit Dir „alt Logiers" Quartier zu besuchen und mit Dir eine Flasche bei Gerolts zu trinken, wo man Dir einmal nicht erlauben wollte, Deine schlanken Beine auf einen Stuhl zu legen. Häng die Politik an den Nagel und komm zu mir. Ich verspreche Dir, daß die Unionsflagge über unserm Hause wehen soll, und unser Gespräch und der beste alte Hochheimer soll Verdammniß strömen über die Rebellen. Vergiß alte Freunde nicht, auch nicht ihre Frauen, denn die meinige wünscht fast ebenso heiß, wie ich selbst, Dich zu sehn oder wenigstens so bald als möglich ein Wort von Deiner Hand.

Sei gut und komme oder schreibe.

Dein Bismarck.

Heimgesucht von dem alten Lied: „In good old Colony Times".

An Graf Theodor von Bismarck-Bohlen.[255]

Berlin, 23. Mai 1864

Lieber Theodor,

der König geht mit dem Gedanken um, dem Feldmarschall Wrangel bei seinem bevorstehenden Ausscheiden aus dem Dienste eine Dotation zu gewähren und zu diesem Behufe, in Ausführung eines schon vom hochseligen König angeregten Gedankens, Wrangelsburg anzukaufen, falls diese Besitzung zu annehmbaren Bedingungen zu haben ist.

Seine Majestät hat mich heut schriftlich beauftragt, zunächst bei Dir, als nahem Nachbarn und Sachkundigen, Erkundigungen darüber einzuziehn, ob Wrangelsburg gegenwärtig käuflich ist, für welchen Preis und wie sich letzrer zum landesüblichen Werte der Besitzung verhält.

Du hast also wohl die Freundlichkeit, mir in dieser Beziehung mitzuteilen, was Dir zugänglich ist. Da durch das Verlautbaren der eigentlichen Absicht das Geschäft, wenn es überhaupt zu machen ist, erheblich verteuert werden würde, so empfiehlt es sich vielleicht, wenn Du anscheinend im eignen oder im Interesse eines andern möglichen Käufers die nötigen Ermittlungen anstellst.

Verzeih, daß ich Dich im allerhöchsten Dienst mit diesen Dingen behellige, es läßt sich nicht anders machen.

Uns geht es mit Gottes Hülfe wohl, nur fühle ich mich von der ununterbrochnen Anstrengung allgemein körperlich matt und sehne mich

---

255... Veröffentlicht im Neuen Wiener Tageblatt 30. 9. 1894 Nr. 268.

nach einer ausruhenden Pause, ohne daß ich die Möglichkeit voraussehe, den dazu nötigen Stillstand in die Tretmühle zu bringen.

Meine Frau grüßt herzlich.

Dein treuer Vetter

v. Bismarck.

An Frau v. Bismarck.

Carlsbad, Dienstag [21. Juni] 64

. . . Gott sei Dank, daß Ihr wohl seid, ich auch, aber zeitlos, mehr als je. In Zwickau auf dem Perron traf ich mit Rechberg zusammen; wir fuhren in einem Coupé und Wagen bis hier, also 6 Stunden Politik gesprochen und hier erst! Gestern Abend bei der Großfürstin Tee, König Otto, Erzherzog Carl F., viel Diplomaten und viel Arbeit mit R(echberg) ....

Carlsbad, 27. [28.] Juni 64

Mein geliebtes Schwesterherz,

schon gestern wollte ich Dir schreiben, kam aber nicht über das Datum hinaus, und hoffentlich bringt der Feldjäger morgen diese Zeilen noch zeitig genug nach Berlin, um Dir meine brüderlichen Segenswünsche an Deinem Geburtstage noch zu Händen gelangen zu lassen. Gott wolle Dich und die Deinigen, klein und groß, auch im nächsten Jahre in seine gnädige Obhut nehmen. Ich habe hier womöglich noch mehr zu tun als in Berlin, und der Regen erleichtert mir den Verzicht auf das Bummeln in den Bergen; über meine Grobheit im Besuchen natürlich allgemeine Klage. Politisch geht es gut, so gut, daß mir bange wird, „pourvu que cela dure."

England bleibt nach heutigen Nachrichten friedlich, wir kennen aber erst die Aeußerungen der Regirung, nicht das Verhalten des Parlaments. Mit Oestreich, Frankreich, Rußland stehn wir zu voller Zufriedenheit.

Die Dänen sollen Absichten auf Rügen haben. Zum Schutze der schönen Fürstin[256] geht heut Befehl an 7 Bataillone und 4 Batterien von der Garde, sofort nach Stralsund abzufahren.

Irgendwo in Pommern werden sie wohl zu landen versuchen und werden Truppen nach der Küste von Cammin bis Leba stellen müssen.

Jetzt muß ich zu Helene Paulowna, grüße die Deinigen herzlich und die Meinigen, die nach Johannas Brief noch bei Dir sind.

Dein geplagter treuer Bruder

v. B.

Carlsbad, 8. July [1864]

Lieber Roon,

ich weiß nicht, durch wen die Mitteilung hierher gelangt ist, Wrangel beabsichtige den König hier zu besuchen. Lauer deprecirt dagegen. Er sagt, die Kur verlaufe, ungeachtet Se. Majestät nicht unter 3 bis 4 Glas Sect bei drei Becher Sprudel trinkt, so unerwartet gut, daß er sich vor jeder Aenderung in der täglichen Lebensgewohnheit und Umgebung des Königs fürchte. Der Feldmarschall werde ihn geniren und aus dem Behagen bringen, ernst und eindringlich reden und dergleichen mehr. Ich kann dem alten Herrn nicht schreiben, er solle fortbleiben, nur melden, was Lauer sagt, und Ihnen überlassen, ob Sie es utilisiren können. Sehr in Eile, trotz dem Bummler-Leben, aber stets in Treue

Ihr v. B.

An Frau v. Bismarck.

Carlsbad, 20. July 64

. . . Soeben ist der König nach Marienbad abgereist, Spaliere von schönen Damen mit riesenhaften Bouquets, die seinen Wagen überfüllten, * mit dem größten, Hoch, Hurrah, Rührung! Nun ist für mich

---

256... von Putbus.

einige Leere, alle Bekannte mit fort. Morgen früh nach Wien, die Nacht schlafen wir in Prag, vielleicht haben wir in 8 Tagen Frieden mit den Dänen, vielleicht im Winter noch Krieg! Ich werde meinen Aufenthalt in Wien so kurz wie möglich machen, um nicht zu viel Bäder zu verlieren in Gastein. Danach werde ich wohl noch einmal mit Sr. Majestät nach Wien gehn, dann nach Baden, dann kommt der Kaiser von Rußland nach Berlin, Anfangs September. Vor dem keine Aussicht auf Ruhe; ob dann? . .

An Frau v. Bismarck.

Wien, 22. July 64

... Ich bin mit * und * und noch zwei Leuten, die mich durch ihre kalligraphischen Leistungen unterstützen, gestern früh aus Carlsbad gefahren, zu Wagen bis Prag, von dort heut den Dir bekannten Eisenstrang hierher, leider diesmal nicht, um nach Linz zu schiffen, sondern um mich und andre zu quälen. Ich wohne bei Werther, habe einstweilen niemand als R(echberg) gesehn; zwei Stunden im Volksgarten eingeregnet und Musik gehört, von den Leuten betrachtet wie ein neues Nilpferd für den zoologischen Garten, wofür ich Trost in sehr gutem Bier suchte. Wie lange ich hier bleibe, sehe ich noch nicht vorher; morgen viel Besuche zu machen, bei R(echberg) auf dem Lande essen, dann womöglich Frieden mit Dänemark schließen und schleunigst nach Gastein in die Berge fliehn. Ich wollte, das alles wäre erst vorüber. Die zwei Reisetage haben mich geistig etwas geruht, aber leiblich bin ich sehr müde und sage Dir gute Nacht....

Wien, 22. July 1864

Lieber Bruder,

bei dem augenblicklichen Mangel einer Feder schreibe ich Dir mit Blei. meinen herzlichen Glückwunsch zu übermorgen, den Du wohl erst am Tage darauf erhalten wirst. Ich wollte es gern von Prag aus tun, kam aber so spät ins Quartier und mußte schon um 6 wieder auf die Eisenbahn, daß nichts daraus wurde. Nach heißer, staubiger Fahrt hier angelangt, versank ich sofort in Geschäfte und sehe in den nächsten Tagen wenig ruhige Minuten vorher. Eben bringt man mir eine Feder, und mit ihr wünsche ich Dir nochmals Gottes reichen Segen an Seele und Leib, an Kind und Weib, in Haus und Feld und sehr viel Geld, um den unwillkürlichen Reim vollständig zu machen. Diese Geburtstage sind Meilensteine, deren überraschend schnelles Wiedererscheinen in unsern Jahren mehr einen nachdenklichen als einen freudigen Eindruck macht; und doch wollen wir dankbar sein, daß Gott uns den Weg soweit wiederum glücklich zurücklegen ließ. Ich bin gestern aus Carlsbad gefahren, werde hier einige Tage mit Rechberg und mit den Dänen, die wir übermorgen erwarten, zu tun haben, dann zum König nach Gastein und mit Sr. Majestät voraussichtlich in einigen Wochen nochmals hierherfahren. In Carlsbad sah ich H… aus Schlesien, sehr dick geworden, und R… aus Naugard. Beide machten mir … einiges Heimweh nach ruhigern Tagen, wo ich Herr meiner Zeit war und, wie ich mir jetzt oft einbilde, glücklicher, obschon ich mich genau erinnere, daß das alte Wort post equitem atra cura[257] auch auf Kalebs Sattel seine Wahrheit behielt…

Herzliche Grüße an Malwine. Ich bin so schläfrig, daß ich kaum das Tintenfaß noch finde.

Dein treuer Bruder

v. B.

Lieber Roon,[258]

im Begriff, zur Konferenz zu gehn, zwei Zeilen. Der Hanoveraner schlug mir eben vor, durch Räumung Rendsburgs und Einrückung von

---

257... Horaz Oden III 1, 48.
258....Der Brief ist im Original undatirt; seine ungefähre Datirung ergiebt der Inhalt und Roons Vermerk: Pr. 25. 7. 64

Hanöverischen Truppen ihnen militärische Satisfaction zu geben, dann wollten sie nachher aus Holstein ganz abziehn.[259]

Ich sagte, das ginge nicht, der König glaubte Seinerseits Satisfaction durch Untersuchung und Bestrafung der Schuldigen, die unsre Posten angegriffen, zu fordern zu haben. Ich kann in der Sache ohne Auftrag Sr. Majestät nicht verhandeln und müßte erst selbst beim König sein, ehe ich mich damit befaßte. Eiligst

Ihr v. B.

Schiffe in Waffenruhe nach dem Kampfplatz halte ich nicht für ehrlichen Krieg. Rechberg sehr betroffen über den Gedanken.

An Frau v. Bismarck.

Wien, 27. Juli 64

Einen Brief von Dir habe ich hier erhalten und sehne mich nach dem zweiten. Ich führe ein arbeitsames Leben, täglich 4 Stunden hinter dem Reiter sitzt die schwarze Sorge, mit zähen Dänen, und noch nicht zum Schluß. Bis Sonntag muß es entschieden sein, ob Krieg oder Frieden. Gestern aß ich bei M(otley)[260], sehr angenehme Frau, nette Töchter. Wir tranken viel, waren sehr lustig, was ihm bei dem Kummer, den Du kennst, nicht oft passirt. Er ist grau geworden und hat sich die Haare kurz geschnitten. Heut aß ich nach der Conferenz beim Kaiser in Schönbrunn, promenirte mit Rechberg und W(erther) und dachte an unsre Mondscheinexpedition. Eben war ich eine Stunde im Volksgarten, leider nicht incognito, wie damals vor 17 Jahren, angestiert von aller Welt; diese Existenz auf der Schaubühne ist recht unbehaglich, wenn man in Ruhe „ein Bier" trinken will. Sonnabend hoffe ich nach Gastein zu fahren, es mag Friede sein oder nicht. Hier ist es mir zu heiß, besonders bei Nacht....

259... Am 17. Juli war es zwischen den Bundestruppen in Rendsburg zu Händeln gekommen, in Folge deren die Preußen am 21. Juli die Festung besetzt hatten.
260... Vgl. Motleys Brief an seine Mutter vom 28. Juli 1864 D. A. II 192.

An Frau v. Bismarck.

Gastein, 6. Aug. 64

Es wird immer schlimmer mit dem Arbeiten, und hier, wo ich des Morgens nach dem Bade nichts tue, weiß ich garnicht, wo ich die Zeit hernehmen soll. Seit meiner Ankunft am 2., in einem Gewitter mit Hagel wie Flintenkugeln, bin ich bei herrlichem Wetter eben zum ersten Mal dazu gekommen, eine Stunde regelrecht zu gehn. Zurückgekommen wollte ich die halbe Stunde benutzen, Dir zu schreiben, gleich ist A(beken) mit Concepten und Telegrammen da, und ich muß nun zum König. Dabei geht es mir noch Gottes Wunder wohl, 4 Bäder habe ich, über 11 werde ich kaum kommen, da der König am 15. reist. Ich wohne wenigstens seit gestern sehr nett, da ein kühles, großes Eckzimmer mit reizender Fernsicht vacant wurde, bis da war ich in einem sonnenblendigen Bratofen, bei Tage wenigstens; die Nächte sind angenehm frisch. Der König geht von hier vermutlich nach Wien, in kleinen Tagereisen über Ischl, von dort nach Baden. Ob ich letztres mitmache, ist mir noch nicht klar; ich hoffe immer, einige Tage für mein stilles Pommern los zu machen; aber was sind alle Pläne, es kommt immer etwas dazwischen. Ein Gewehr habe ich auch nicht mit und alle Tage Gemsjagd, bisher allerdings auch keine Zeit. Heut sind 17 geschossen, und ich war nicht dabei; es ist ein Leben wie Leporello, keine Ruhe bei Tag und Nacht, nichts, was mir Vergnügen macht....

An Frau v. Bismarck.

7. August [1864]

. . . Eben hatte ich das ganze Zimmer voll Damen, die vor Regen flüchteten, der heut die Sonne ablöst; Fr. aus R. mit zwei Schwägerinnen; Frau von P. Norwegerin. Ich habe lange keine weibliche Stimme gehört, seit Karlsbad nicht. Leb wohl....

An Frau v. Bismarck.

Schönbrunn, 20. Aug. 64

... Es ist zu wunderlich, daß ich grade in den Zimmern zu ebner Erde wohne, die auf den heimlichen reservirten Garten stoßen, in den wir vor ziemlich genau 17 Jahren beim Mondschein hier eindrangen. Wenn ich über die rechte Schulter blicke, so gehe ich durch eine Glastür grade den dunkeln Buchenheckengang entlang, in welchem wir mit dem heimlichen Behagen am Verbotnen bis an die Glasfenster wanderten, hinter denen ich jetzt wohne. Es war damals eine Wohnung der Kaiserin, und jetzt wiederhole ich im Mondschein unsre damalige Wanderung mit mehr Bequemlichkeit. Ich fuhr vorvorgestern aus Gastein, schlief in Radstedt, von dort vorgestern bei nebligem Wetter nach Aussee, reizend gelegen, schöner See, halb Traun-, halb Königsee, mit Sonnenuntergang nach dem Hallstädter See, von dort zu Nachen in der Nacht nach Hallstadt, wo wir schliefen, behaglicher sonniger Morgen, Wasserfahrt, zu Mittag in Ischl beim König, mit Sr. Maj. über den Traunsee nach Gmunden, wo wir schliefen und ich viel an L. H. und B. und alles damalige zurückdachte. Heut Morgen per Dampf hierher, um 6 angelangt, 2 Stunden mit R(echberg), nachdem ich mich überzeugt, daß * eine der schönsten Frauen ist, von der alle Bilder nur falsche Ideen geben. Drei Tage bleiben wir hier, was dann wird, ob Baden oder Pommern, übersehe ich noch nicht. Jetzt bin ich herzlich schläfrig, wünsche Dir und allen Unsrigen gute Nacht....

An Frau v. Bismarck.

Schönbrunn, Donnerstag. [25. 8. 1864]

... Der König ist heut früh nach Salzburg, ich folge ihm morgen, habe heut 53 Hühner, 15 Hasen und 1 Karnickel geschossen und gestern 8 Hirsche und 2 Moufflons. Heut bin ich ganz lahm in Hand und Backe vom Schießen. Morgen Abend wird es sich entscheiden, ob ich mit nach

Baden gehe, jetzt aber gehe ich zu Bett. Gute Nacht alle, ich bin sehr müde....

An Frau v. Bismarck.

Baden, 1. Sept. 1864

Der König ist heut von Mainau gekommen, wohl und munter, im Regen mit der Königin zum Pferderennen gefahren, A(beken)'s geschäftige Hand schüttet stets einen neuen Segen von Concepten über mich aus, sobald ich die alten durchgearbeitet. Ich weiß nicht, von wo ich Dir zuletzt schrieb; ich bin von Wien bis hier nicht zur Besinnung gekommen, habe in Salzburg eine Nacht geschlafen, die zweite in München, viel und lang mit Pfordten verhandelt, der mager geworden ist. Dann schlief ich in Augsburg, fuhr von dort über Stuttgart hierher in der Hoffnung, 2 Tage in träger Ruhe zu verbringen, konnte aber doch nur gestern früh zwei Stunden im Walde dämmern; Feldjäger, Tintenfaß, Audienzen und Besuche umschwirren mich ohne Unterlaß, auch * ist hier; auf der Promenade mag ich mich garnicht zeigen, kein Mensch läßt mich in Ruhe....

An Frau v. Bismarck.

Frankfurt, 11. Sept. 64

Von hier habe ich Dir recht lange nicht geschrieben, und von der Zeil noch nie. Wir sind im russischen Hof abgestiegen, der König ist zu Kaiser Alexander nach Lugenheim gefahren, von dort aus besucht er Kaiserin Eugenie in Schwalbach, und ich habe mir einen Tag frei gemacht, den ich mit K. in Heidelberg zubringe. Ich begleite sie bis Heidelberg, bin um 2 oder 3 wieder hier, zeitig genug, um mich dem Bunde zu widmen. Morgen früh nach Berlin, von wo ich nach den notdürftigsten Zänkereien gen Pommern aufbrechen werde....

Lieber Roon,

ich habe meine Frau leidender gefunden, als ich nach allem, was ich in Berlin wußte, vermuten konnte; dabei ist nur klar, daß ihr Nervensystem angegriffen ist, im Uebrigen sind die Aerzte nicht in der Lage, der Krankheit einen bestimmten Namen zu geben. Herz-klopfen, Ohnmachten, kein Schlaf, kein Appetit, Beklemmungen, Hypochondrie, ein ganzes Arsenal von Elend, und dabei eine solche Verzagtheit, wie ich sie bei ihrem tapfern Gemüt unmöglich gehalten hätte. Ich kann mich unter diesen Umständen um so schwerer zur Abreise entschließen, als ganz ersichtlich ist, daß meine Anwesenheit beruhigend und gradezu bessernd auf ihren Zustand wirkt und die Aussicht auf Trennung umgekehrt. Meine Erklärung, einstweilen 2 Tage länger (bis Dienstag) bleiben zu wollen, war nützlicher als alle Latwergen.

Wollen Sie wohl die Güte haben, dieß Sr. Majestät dem Könige vorzustellen und Ihn um die Erlaubniß zu bitten, daß ich, ungeachtet der Ankunft des Kaisers, noch einige Tage hier bleibe. Ist es nach Sr. Majestät Wunsch nicht angänglich, so bitte ich um Telegramm (Reinfeld, Staffette von Stolp) und werde 24 Stunden nach Empfang in Berlin sein. Schneller ist es nicht möglich, ich muß entweder 14 Meilen nach Dirschau oder 20 nach Makel oder 15 nach Cöslin ohne Eisenbahn fahren, und im letztern Falle stoße ich auf eine Fahrzeit von 3 Meilen per Stunde. Schneller wird es dem Hinterpommern nicht gegönnt.

Bitte, benachrichtigen Sie mich telegraphisch (per Post von Stolp) von Eingang dieses und von Sr. Majestät Aufnahme des Inhalts. Auch würde ich sehr dankbar für eine Mitteilung des letztern an Keudell für das Auswärtige sein. Empfehlen Sie mich den Ihrigen und bitten Sie Gott mit mir, daß es hier bald besser wird. Ist es nötig, daß ich komme, gleich komme, so lassen Sie es mich ohne Weichlichkeit wissen. Geht es aber ohne, so wäre es eine große Wohltat.

v. Bismarck.

261... Übernommen aus Bismarck-Jahrbuch III 267 f.

Für die Zollverhandlungen mit Oestreich ist es ganz günstig, wenn man im Ministerium sich eine Zeit lang auf meine Abwesenheit berufen kann.

Reinfeld, 22. September 1864[262]

Lieber Roon,

in der Schmiesing-Kerssenbrockschen Sache teile ich vollständig die in den mir eben zugehenden Papieren von Ihnen vertretnen Ansichten und glaube, daß der König Sich auf die plumpe Tactlosigkeit der Herrn nicht einlassen kann, vielmehr würde ich Sr. Majestät raten, die Unterzeichner bei allen Vorkommnissen persönlich kühl zu behandeln, auch für kein Mitglied ihrer Familien die Erlaubniß zum Eintritt in fremde Dienste zu geben, solange sie bei uns der Militärpflicht nicht vollständig genügt haben. Der Kürze wegen habe ich, auf Ihre Nachsicht rechnend, die Aenderungen, die ich vorschlage, mit Blei auf Ihrem Entwürfe angegeben. Mir scheint es richtiger, daß die Antwort rein ressortmäßig vom Kriegsminister, nicht vom Staatsministerium gegeben wird.

Mit meiner Frau geht es unter Gottes Beistand täglich etwas besser, aber langsam. Gefahr ist, wenn Rückfälle ausbleiben, nach ärztlicher Meinung nicht mehr vorhanden, und ich würde jetzt abreisen, wenn ich nicht selbst unwohl wäre. Mein alter nervös-rheumatischer Schmerz sitzt mir unter dem linken Schulterblatt quer durch den Leib, und ich wage ihn nicht hart zu behandeln, weil ich vor 5 Jahren so schlimme Erfolge damit gemacht habe. Es scheint, daß in der Ruhe zum Vorschein kommt, was die Anspannung so lange zurückdrängte. Mich zieht es sonst nach Berlin; es sitzt dort nahe an unserm politischen Herzen ein geheimrätlicher Rheumatismus im Handels- und Finanzministerium, für den uns bisher das richtige Senfpflaster fehlt. Die Herrn sind sich darüber ganz klar, daß sie der jetzigen Regirung Verlegenheiten bereiten, wenn sie un-

---

262...Übernommen aus Bismarck-Jahrbuch III 268 ff. – Roons Brief s. in Bismarck-Jahrbuch IV 77 f.

sre Beziehungen zu Oestreich und Bayern durch unnötige Schroffheiten erschweren, von denen wir nicht den mindesten realen Vorteil haben, höchstens den augenblicklichen Kitzel triumphirender Zeitungs-Artikel, die practisch keinen Pfifferling wert sind, und die wir auf dem Felde der wirklichen Politik teuer zu bezahlen haben werden. Ich kann von hier aus gegen diesen politischen Fehler nicht mit Erfolg ankämpfen, weil ich die Gefühlsseite des Königs gegen mich habe, die durch die systematische Einwirkung Ihrer Majestät und der dienstbaren Geister auf diesem Punkte so wund gerieben ist, daß jeder auf Bestellung geschriebne Zeitungsartikel hinreicht, unsern Herrn schmerzlich zu berühren und Ihm den Eindruck einer Niederlage zu machen. Ich würde, wenn ich in Berlin gewesen wäre, mich für Bewilligung des 14tägigen Aufschubs, den Oestreich wünschte, eingesetzt haben, von hier aus kann ich das nicht, wenn der König nicht von Hause aus mit mir einverstanden ist.

Ich muß der Post wegen schließen, nach deren unzweckmäßiger Combination der Brief um 12 hier aufgegeben sein muß, um 30 Stunden später nach Berlin zu gelangen, wahrend 14 Meilen Chaussee und 70 Meilen Eisenbahn doch stets in weniger als 20 Stunden gefahren werden. .

Herzliche Grüße an Ihre Damen und Moritz.

Der Ihrige

v. B.

Berlin, 29. Sept. 1864[263]

Lieber Roon,

ich schreibe diese Zeilen, um Ihnen M. Eads, von dem ich heut sprach, vorzustellen. Er will Pläne über Anwendung eiserner Drehtürme auf Landbefestigung vorlegen; er hat die Modelle in seinem Gasthof Hôt. d'Angleterre stehn, und sie sind schwer zu transportiren. Seine Bitte

---

263... Übernommen aus Bismarck-Jahrbuch III 270.

ist, daß Sie dieselben sehn und prüfen, und wenn wir sein System für uns anwendbar finden, ihn nach anständigem Ermessen der Preußischen Regirung belohnen durch Patentirung oder Geld. Gerolt empfiehlt ihn lebhaft; er hat in Amerika ein Etablissement für Bau von Panzerschiffen, seit 25 Jahren, abweichendes System von Ericson und Cobs, jetzt stillstehend, weil die amerikanische Regirung in nicht mehr annehmbarem Papier zahlt, und weil seine Krankheit, die ihn nach Europa führt, ihn an Tätigkeit hindert. Er macht mir einen soliden Eindruck, spricht aber nur englisch; Sie haben wohl einen Offizier, der diesem Uebelstand abhilft, bei der Hand. Er will Sonntag, spätestens Montag abreisen.

Ihr v. Bismarck.

Ich komme morgen mit Vergnügen.

An Frau v. Bismarck.

Bordeaux, 6. Oct. 64

Verzeih diesen Wisch, aber ich habe kein Papier bei der Hand und will Dir doch melden, daß ich bis hier glücklich gelangt bin. Es scheint mir fast wie ein Traum, daß ich wieder hier bin. Gestern früh fuhr ich aus Baden, schlief sehr gut in Paris, brach heut gegen 11 auf und bin jetzt, um 11 Abends, hier, denke morgen um 5 nach Bayonne zu fahren, um 2 in Biarrits zu sein. In Paris war es noch kalt, in Baden gestern früh Reif, diesseit der Loire wurde es besser, hier ist es entschieden warm, so warm wie noch keine Nacht in diesem Jahre. Ich bin eigentlich jetzt schon sehr wohl, und wäre ganz munter, wenn ich gewiß wäre, daß es mit Dir gut geht. In Paris bekam ich stark Lust, dort wieder zu wohnen, er[264] hat sich das Haus sehr nett eingerichtet, und es ist doch ein Sträflingsleben, was ich in Berlin führe, wenn ich an die unabhängige Zeit im Auslande denke. Wenn es mir bekommt, so denke ich etwa 15 Bäder zu nehmen, so daß ich den 21. oder 22. die Rückreise antrete; so Gott will, bist Du dann auch oder schon etwas früher in Berlin. Engel in sein-

---

264... Goltz.

er Sorgfalt hat mich eingeschlossen, keine Klingel, und der Brief verliert
1 Tag, weil er nicht zur Nacht auf die Post kommt. Es ist so warm, daß
ich die Fenster auf habe....

Biarrits, 7. October 1864[265]

Lieber Roon,

allen Ihren Zweifeln zum Trotz sitze ich hier im Angesicht des
Meeres und höre sein Brausen durch das offne Fenster in der wärmsten
Sommernacht, die ich in diesem Jahre erlebt habe; mein erstes Bedürfniß bei der Ankunft waren Sommerkleider, von denen mir nicht träumte,
als ich vorgestern früh fröstelnd durch das bereifte Baden fuhr. Ich habe
mein erstes Bad genommen und befinde mich so wohl, daß (ich) auf
dieser Welt kein Verlangen weiter habe als Nachricht, und zwar gute,
von meiner Frau; die letzten am Dienstag in Baden erhaltnen waren
vollständig erwünschte, aber bei 300 Meilen Entfernung werde ich doch
die Sorge nicht los, daß es inzwischen anders sein könnte... 9. Oct. Ich
habe erst heut Gelegenheit, diese Zeilen abzusenden ... Ich weiß nicht,
ob es bei uns noch so kalt ist, wie vor 8 Tagen; ich habe mir hier Som-
merhosen kaufen müssen, sitze um die gewöhnliche Stunde vou halb 8
hier am offnen Fenster, und das Meer sieht im Sonnenlicht so blendend
wie im Juli aus. Gestern Abend saßen wir um 10 Uhr noch an der See,
und nach dem Bade wird auf einer Klippe im Freien gefrühstückt. Ich
glaube nicht, daß ich hier jemals wieder fortgehe, wenn ich meine Frau
nur erst hier hätte.

Herzliche Grüße an die Ihrigen und die Herrn Kollegen.

Ihr v. B.

265... Vollständig veröffentlicht im Bismarck-Jahrbuch III 270 ff.

An Frau v. Bismarck.

Biarrits, 9. Oct. 64

. . . Wenn ich bedenke, wie emsig wir in Baden und selbst in Paris geheizt haben, und wie mir hier die Sonne den Paletot und die Tuchhosen abcomplimentirte, wie wir gestern bis nach 10 im Mondschein an der See saßen, heut im Freien frühstücken und ich Dir am offnen Fenster schreibe, den Blick auf die blaue sonnige See und auf badende Leute, die ziemlich unbekleidet am Strande wandeln mit den bloßen Füßen im Wasser, so muß ich doch sagen, daß im Klima eine wunderbare Gnade Gottes gegen den Südländer liegt. Ich lasse es jetzt noch bei einem Bade, werde aber bald auf 2 übergehn, wenn auch nicht à la * auf mehr. Mir fehlt zum Behagen nur Nachricht von Dir. Wenn wir freie Leute wären, so würde ich Dir vorschlagen, mit Kind und Kegel herzukommen und den ganzen Winter hier zu bleiben, wie es viele Engländer der Wohlfeilheit wegen tun, die im Winter hier herrscht....

Biarrits, 12. Oct. 64

Meine geliebte Malle,

ich bin so glücklich unbeschäftigt, daß ich einige Zeilen in der Richtung meiner Gedanken entsenden kann. Es geht mir wohl, besonders seit ich gestern und heut endlich Nachricht von Johanna's fortschreitender Besserung erhalten habe. Ich kam am 7. Vormittags hier an, hatte in Paris noch geheizt, von Bordeaux ab angenehme Temperatur, und hier Hitze, so daß die Sommerkleidung Bedürfniß wurde. Seit gestern ist es Nordwind und kühler, aber immer noch wärmer, als ich es den Sommer über erlebt habe. Ein sehr leichter Sommerpaletot wurde mir bei abendlicher Strandpromenade zu heiß. Bisher habe ich 7 Bäder genommen und fahre jetzt mit täglich zweien fort. Ich schreibe Dir bei offnem Fenster mit flackernden Lichtern und das mondbeglänzte Meer vor mir, dessen Rauschen von dem Schellengeklingel der Wagen auf der Bayonner Straße begleitet ist; der Leuchtturm grade vor mir wechselt mit rotem und weißem Licht, über mir spielt K.[266] Beethoven, und ich sehe mit einigem Appetit nach der Uhr, ob die Essenszeit, 7, noch nicht voll ist. In so behaglichen Zuständen habe ich mich klimatisch und geschäftlich lange nicht befunden, und doch hat die üble Gewohnheit des Arbeitens schon so tiefe Wurzeln bei mir geschlagen, daß ich einige Gewissensunruhe über mein Nichtstun fühle, fast Heimweh nach der Wilhelmstraße, wenigstens wenn die Meinen dort wären. „Monsieur, le dîner est servi" meldet man eben.

Den 13.

Ich konnte gestern nicht weiter schreiben; nach dem Essen machten wir, d. h. beide Orlows, eine französische Cousine und der englische Gatte einer russischen, einen Mondscheinspaziergang am südlichen Strande, von dem wir um 11 sehr müde zurückkehrten. Ich schlief bis 9, badete um 10 bei 14 Gr. im Wasser, aber wärmer, als ich die Ostsee jemals im August gefunden, und jetzt fahren wir zusammen nach Fuenterrabia, jenseit der Grenze, essen auf dem Rückwege in St. Jean du Luz. Das Wetter ist himmlisch heut, das Meer still und blau, zum Gehn fast zu warm in der Sonne. Der König läßt mir telegraphiren, daß er am 15. früh in Potsdam sein werde. Wenn S. Maj. damit sagen will, daß er mich dort zu finden erwartet, so muß er mir mit einem stärkeren Zaunpfahl dazu winken, sonst gehe ich vor dem 20. bis 23. hier nicht fort und bleibe 1 bis 2 Tage in Paris. Herzliche Grüße an Oscar und Marie.

Dein treuer Bruder

v. B.

Biarrits, 16. October 1864

Lieber Roon,

ich benutze einen Courier, um einige Zeilen ohne postalische Einmischung zu schicken. Sie kennen wahrscheinlich die Frage, die zwischen

266... Kathi Orlow.

uns und Wien schwebt, sonst wird Tile sie Ihnen vortragen. Es handelt sich um die an sich gleichgültige Frage, ob in 6 oder wieviel Jahren mit Oestreich verhandelt werden soll oder nicht, über Zolleinigung näm- lich, die an sich unmöglich ist, da Frankreich auf jede Begünstigung, die wir Oestreich gewähren, ein Recht hat. Nun erklärt Rechberg, und wahrscheinlich sagt er die Wahrheit, daß sein Verbleiben im Amte von dieser für uns unschädlichen Zusage abhänge. Delbrück und Pommer- Esche, und mit ihnen Itzenplitz und Bodelschwingh sagen nun, es sei gleichgültig, ob Rechberg und die Oestreichisch-Preußische Allianz mit ihm fallen oder nicht, und wollen Wien abschläglich bescheiden. Ge- schieht dieß, so sieht man dort so viel wenigstens klar, daß bei uns auf die Allianz so gut wie kein Wert mehr gelegt wird, und man nimmt seine Maßregeln danach. Zunächst in der dänischen Sache, wo man sich, mit Schmerling an der Spitze, auf die Beust-Pfordten'sche Seite wirft. Aber in allen andern Richtungen ist der Bruch mit Oestreich ein unzeitiger, und ich sage mich von aller Verantwortung für die Rückwirkung dieses Fehlers auf unsre auswärtige Politik los.

Es ist klar, daß Delbrück, bei aller technischen Nützlichkeit doch nebst andern Geheimräthen einer politischen Farbe angehört, die es gern sieht, wenn das jetzige Ministerium Schwierigkeiten findet, und wo keine sind, sucht man welche zu schaffen.

Wollen Bodelschwingh und Itzenplitz Delbrück's Politik gegen mich durchführen, so mögen sie auch Delbrück zu ihrem Collegen für das Auswärtige machen und mir nicht zumuten, daß ich den Fehler ausbade, der damit gemacht wird, wenn man Oestreich jetzt, vor dem Friedens- schluß, so behandelt, daß Rechberg und der Kaiser überzeugt sein müs- sen, wir hätten uns schon anderweit engagirt und der Bruch sei nur noch eine Zeitfrage.

378

Sonst geht es mir gut, die Bäder tun mir wohl, obschon seit vier Tagen kalter Ostwind weht; das Wasser hat doch noch 14 Grad. Ueber 8 Tage hoffe ich den Heimweg anzutreten, 1 bis 2 Tage in Paris zu bleiben. Herzliche Grüße.

Ihr

v. B.

An Frau v. Bismarck.

Izazu, 17. Oct. 64

Ich habe zwar heut früh mit dem Courier einen Brief an Dich geschickt, aber pour la rareté du fait muß ich Dir von diesem wunderlichen Ort schreiben. Wir haben hier gefrühstückt, 3 Meilen östlich von Biarrits, im Gebirge, sitzen im reizenden Sommerwetter[267] am Rande eines rauschenden Stromes, dessen Namen man nicht erfährt, weil niemand französisch spricht, alles baskisch; hohe enge Felsen vor und hinter uns, mit allerhand Haidekraut, Farren und Kastanienbäumen. Man nennt das Tal Le Pas de Roland, Westende der Pyrenäen. Wir nahmen vor der Abfahrt unser Bad, Wasser kalt, Luft wie im Juli, Courier abgefertigt, reizende Fahrt durch Berge, Wälder und Wiesen. Nachdem wir gegessen, getrunken und uns müde geklettert haben, sitzen wir unsrer 5, lesen einander vor und schreiben, ich auf dem Deckel der Kiste, in der die von uns gegessnen Trauben und Feigen waren. Um 5 fahren wir mit Sonnenuntergang und Mondschein nach Biarrits, essen um 8. Es ist ein zu behagliches Leben, um dauern zu können; den 20.: vorgestern Abend nach Pau. Es war lästig und schwül dort, abends Gewittersturm und Regen, wir in der Eisenbahn, von Bayonne bis hierher im Wagen, die See prächtig. Nachdem sie einige Tage bei Landwind still wie ein Ententeich gewesen, sieht sie heut wie ein brodelnder Kessel aus, dabei ist der Wind lau und feucht, Sonne wechselt mit Regen, sehr atlantisches Wetter.

267... So ist wohl zu lesen statt Sonnenwetter der früheren Ausgabe.

Ich nehme heut das 14. Bad; schwerlich bringe ich es über 15, denn es scheint, daß ich diesen warmen Strand verlassen muß. Noch kämpfe ich zwischen Pflicht und Neigung, aber ich fürchte, die erste siegt. Erst werde ich mein Bad nehmen und dann mich entscheiden, ob es das vorletzte sein soll. Jedenfalls haben mir die 14 Tage hier sehr gut getan, und ich wollte nur, daß ich Dich ohne Reisebeschwerden hierher oder nach Pau versetzen könnte....

An Frau v. Bismarck.

Paris, 25. Oct. 64

Bevor ich nach einem ermüdenden Tage zu Bett gehe, will ich Dir meine glückliche Ankunft hier melden. Gestern Mittag habe ich das geliebte Biarrits verlassen, man heuete die Wiesen, als ich in heißer Sonne abfuhr; die Freundschaft geleitete mich bis Bayonne; früh um 6 kam ich hier an, viel Politik, Audienz in St. Cloud, Visiten-Diner bei Drouyn de Lhuys, und jetzt geh' ich müde zu Bett. ...

[Berlin], Mittwoch [23. November 1864][268] abends

Lieber Roon,

ich lese mit Beunruhigung von unsern Truppenmärschen durch Lübeck und Mecklenburg, während die Oestreicher zum Teil noch Kolding umschweben. Es wäre sehr bedenklich, irgend einen Moment eintreten zu lassen, in welchem unsre Streitkräfte nicht den vereinigten Bundesgenossen (Oestreicher, Sachsen und Hanoveraner) zweifellos überlegen wären. Bei der Schwäche unsrer Kadres kommen wir doch nicht etwa dahin? Bitte, beruhigen Sie mich. In Flensburg soll kein Mann von uns sein. In acht Tagen kann es auf Kraftentwicklung ankommen, und ich möchte lieber, daß wir uns lange und zahlreich in Holstein umhertrieben, den Executions-Sergeanten aus seinen Quartieren aufstören

---

268... Zusatz Roons.

und sie für uns verlangen. Können wir dieß nicht morgen besprechen?
Ich komme auf die Parade um 11.

Ihr

v. B.

An Ernst Dohm.[269]

Berlin, 8. Dezember 1864

Euer Wohlgeboren benachrichtige ich, daß Se. Majestät der König soeben den Nachlaß der noch nicht abgelaufnen fünf Wochen vollzogen hat; das Amtliche erfolgt auf amtlichem Wege. Abgesehn von der gestrigen Feier[270], ist das hübsche Bild in der letzten Nummer[271] auf die Entschließung nicht ohne Einfluß geblieben. Darf ich eine persönliche Bitte an diese Mitteilung knüpfen, so ist es die, die arme Carolina nun ruhn zu lassen.

Mit vorzüglicher Hochachtung Euer Wohlgeboren ergebenster

v. B.

Berlin, 2. Juni 65

Lieber Bruder,

. . . Ich schreibe Dir während der Kammersitzung, unter einer Rede von Virchow, und muß während dessen seine Impertinenzen mit halbem Ohre anhören. Mit Johanna geht es, Gott sei Dank, besser; sie soll einige Wochen in Homburg bei Frankfurt zubringen, während ich mit dem Könige nach Carlsbad gehe; letztres geschieht am 18., falls die Kammer bis dahin geschlossen ist. Später in Gastein finde ich mich vielleicht mit

---

269... Im Facsimile mitgeteilt im Bismarck-Album des Kladderadatsch Deil. IV. Dohm war wegen Verhöhnung der Fürstin Karoline von Reuß zu 5 Wochen Gefängniß verurteilt worden.
270... Siegeseinzug in Berlin.
271... Dohm gefangen unter einer großen (Caro-) Krinoline.

Johanna zusammen. Ich selbst ginge gern ins Seebad, weiß aber nicht, ob ich Zeit dazu finden werde.

Grüße Malwine herzlich. Philipp geht es gut, er war eben bei uns.

Dein treuer Bruder

v. Bismarck.

Carlsbad, 12. July 1865

Mein liebes Schwesterherz,

Ich schäme mich, daß ich Dir zu Deinem Geburtstage nicht geschrieben habe; aber es ist soviel Müssen in meinem Leben, daß ich selten zum Wollen komme. Das Tretrad geht Tag für Tag seinen Weg, und ich komme mir vor wie der müde Gaul darauf, der es unter sich fortschiebt, ohne von der Stelle zu gelangen. Einen um den andern Tag kommt ein Feldjäger, einen um den andern geht einer, dazwischen zusätzliche von Wien, München, Rom; die Papierlast mehrt sich, die Minister sind versprengt, und ich muß von diesem Centrum aus an jeden einzeln schreiben, um ihren passiven Widerstand zu brechen. Das Manöver hoffe ich Euch abzuwenden; soviel ich weiß, ist die directe Eingabe noch garnicht an den König gelangt; ich habe ihm die Sache aber gleich vorgetragen, und er hat Untersuchung der Futterzustände von Mensch und Pferd versprochen. Ich werde morgen im Militärcabinet nachfragen, wie weit die Schreiberei gediehn ist. Eben erhalte ich Oscars Brief mit der *schen Quittung. Uebers Jahr kann sie wieder einkommen, gewöhnlich wiederholen sich dergleichen einmal gegebne Bewilligungen, bis bessre Versorgung eintritt.

Abends spät, den 13.

Den ganzen Tag über habe ich geschrieben, dictirt, gelesen, den Berg herunter und wieder erstiegen wegen Vortrag beim König. Nun schließt der Couriersack und ich den Brief. Ueber den Tisch sehe ich aufs Erzgebirge die Tepl entlang, ins Abendrot, recht schön, aber ich fühle mich ledern und alt. Die Anlage aus Reinfeld über Homburg wird Dir und Marie Spaß machen. Mir schreiben die Schlingel garnicht. Der König geht am 19. von hier, in 5 Tagen nach Gastein, wo der Kaiser hinkommen will. Unterwegs werde ich irgendwo in Baiern Pfordten sehn. Keine Ruh bei Tag und Nacht. Mit dem Frieden sieht es faul aus: in Gastein muß es sich entscheiden. Herzliche Grüße an Oscar und Marie. Wenn ein Regentag ohne Courier kommt, werde ich ihr schreiben. Ihr verlaßt wohl Kröchlendorf nicht.

Dein treuer Bruder

v. B.

An Moritz von Blankenburg[272]

Carlsbad, 18. July 1865

... Ich habe in der Hitze übermächtig zu tun, und die Sachen gehn faul, vom Standpunkt des friedliebenden Diplomaten gesehn. Die Firma Halbhuber-Augustenburg treibt es in den Herzogtümern so, daß wir werden nächstens einseitig Gewalt anwenden müssen, um die Basis des Wiener Friedens und die Anwendung der geltenden Landesgesetze herzustellen. Das wird in Wien böses Blut machen, und dann hängt sich Gewicht an Gewicht bis zum vollen Bruch. Es ist nicht, was ich wünsche, aber Oestreich läßt uns nur die Wahl, in Holstein zum Kinderspott zu werden. Dann schon lieber Krieg, der bei einer solchen östreichischen Politik doch nur eine Zeitfrage bleibt.

Herzliche Grüße an Therese und Deinen Vater.

Dein

v. B.

272... Übernommen aus Kohl, Bismarck-Regesten I 261.

An M. v. Blankenburg.[273]

Gastein, 26. July 1865

... Die Politik wird krauser, die Unverschämtheit der Augustenburger wächst, und wir können doch nicht zum Kinderspott werden. Wir verlangen nichts als Basis des Wiener Friedens und Handhabung der bestehenden Gesetze in den Herzogtümern. Beides wird durch Halbhuber-Augustenburg mit Füßen getreten, und Zedlitz' Unbeholfenheit läßt sich überflügeln. Die Post schließt. Herzlichen Gruß.

Dein

v. B.

An den Bruder.

Gastein, 29. July 65

Ich habe zwar am 24., wo wir von Salzburg hierher fuhren, in St. Johann Deine Gesundheit in schlechtem Champagner getrunken, aber seit der Abreise von Carlsbad keine freie Minute zum Schreiben gehabt. In Regensburg und Salzburg bin ich nicht vom Arbeitstisch losgekommen, und die 5 Tage hier, wo mich zwei östreichische Diplomaten Tag und Nacht bearbeiten und täglich mindestens Ein Feldjäger abgeht, muß ich wegen Zeitmangel das Baden aufgeben und heut eine Stunde dadurch gewinnen, daß ich dem Könige den Tee absage. Diese benutze ich unter Andern, um Dir nachträglich meinen herzlichen Glückwunsch zu schicken. Wir rücken beide auf die 60 los, gebe Gott, daß wir noch einst mit dem Vater die ersten 70 als die besten rühmen. Von mir glaube ich es nicht; ich kann an dem Bergsteigen hier recht messen, wie jedes Jahr meine Kräfte abnehmen. Was mir im vorigen noch leicht war, unternehme ich jetzt garnicht mehr, und die Gemsen lasse ich ganz in Ruhe. Man wird eben verbraucht, dieß Leben würde Niemand ohne Schaden aushalten. Von Johanna und den Kindern habe ich Gott sei Dank gute Nachricht. Wer weiß, wo und wann ich sie wiedersehe. Wenn Friede

273... Übernommen aus Kohl, Bismarck-Regesten I 261.

bleibt, so gehe ich mit dem Könige von Baden zum Manöver nach Sachsen und bin im October in Biarrits. Johanna hat auch Lust dahin, aber wie Gott will. Zunächst werden wir wohl bis 14. oder 15. August hier sein, wo ich mich sehr langweilen würde, wenn die Arbeit nicht wäre. Ich liebe diese engen Täler und das Bergsteigen nicht, der viele Regen und Nebel und der ewige Wasserfall unter meinem Fenster sind mir herzlich über, und die Geschäfte stocken, wenn niemand an seinem Platze ist,

der vielmehr, sie verdoppeln sich. Malwine und Deine Kinder grüße ich von Herzen.

Dein treuer Bruder v. B.

An M. v. Blankenburg.[274]

Gastein, 1. Aug. 1865

. . . Politisch dauert die Schwebe zwischen Krieg und Frieden fort, Neigung für letztern tritt aber in Wien doch mehr in den Vordergrund. Auf der Rückreise des Königs wahrscheinlich Begegnung mit dem Kaiser in Salzburg. Bis dahin muß ich laviren; denn von hier aus können wir nicht grob werden.

v. B.

An Frau v. Bismarck.

Gastein, 4. Aug. 65

Ich fange an die Tage zu zählen, die ich in dieser Nebelkammer abzusitzen habe. Wie die Sonne aussieht, davon haben wir nur noch dunkle Erinnerungen aus einer bessern Vergangenheit. Seit heut ist es wenigstens kalt, bis dahin schwüle feuchte Wärme, Abwechslung nur in der Form des Regens, und immer Ungewißheit, ob man von Regen oder Schweiß naß wird, wenn man die Promenadentreppenauf- oder ab-

274... Übernommen aus Kohl, Bismarck-Regesten I 261 f.

wärts im Schmutze patscht. Wie Leute ohne Geschäfte es hier aushalten, verstehe ich nicht. Mir bleibt mit Baden, Arbeiten, Diner, Vortrag und Tee bei Sr. Majestät kaum Zeit, mir die Scheußlichkeiten der Situation klar zu machen. Seit 3 Tagen ist ein komisches Theater hier, aber man schämt sich fast, drin zu sein, und die meisten scheuen den Weg durch den Regen. Ich befinde mich bei dem allen sehr wohl, besonders seitdem wir Kaltenhäuser Bier hier haben. * und * tief niedergeschlagen, weil sie nicht wissen, was sie trinken sollen. Der Wirt gibt ihnen schlechtes Bier, damit sie den schlechtem Wein trinken sollen. Sonst läßt sich nichts Merkwürdiges aus dieser Dampfwaschküche melden, wenn ich nicht in Politik verfallen will. . . .

An Frau v. Bismarck.

Gastein, 14. Aug. 65

Ich habe einige Tage lang nicht Muße gefunden, um Dir Nachricht zu geben. Graf Blome ist wieder hier, und wir arbeiten eifrig an Erhaltung des Friedens und Verklebung der Risse im Bau. Vorgestern habe ich einen Tag der Jagd gewidmet; ich denke, daß ich Dir schrieb, wie erfolglos die erste war, diesmal habe ich wenigstens ein Kälbchen geschossen, mehr aber auch nicht gesehn während der 3 Stunden, wo ich mich regungslos den Experimenten der verschiedensten Insecten preisgab und die geräuschvolle Tätigkeit des unter mir fließenden Wassersturzes mich die tiefe Begründung des Gefühls erkennen ließ, welches irgend jemandem vor mir den Wunsch entriß: Bächlein, laß dein Rauschen sein! Auch in meinem Zimmer hat dieser Wunsch Tag und Nacht seine Berechtigung; man atmet auf, wenn man einen Ort erreicht, wo man den brutalen Lärm des Wasserfalls nicht hört. Schließlich war es aber ein recht hübscher Schuß, quer über die Schlucht, todt unter Feuer und stürzte kopfüber in den Bach einige Kirchturmlängen unter mir. Mit der Gesundheit geht es gut, und ich fühle mich viel kräftiger. Wir reisen am 19., also Sonnabend, nach Salzburg; dort wird wohl der Kaiser seinen

Besuch machen, und 1 bis 2 Tage, nebst Ischl, hingehn. Dann geht der König nach Hohenschwangau, ich nach München, und in Baden stoße ich wieder zu Sr. Majestät. Was dann weiter wird, hängt von der Politik ab. Bist Du noch in Homburg so lange, so hoffe ich von Baden her doch einen Abstecher zu Dir zu machen, um mich des Behagens der Häuslichkeit erfreuen zu können. . . .

An Frau v. Bismarck.

Baden, 1. Sept. 65

Ich kam vorgestern früh hier her, 1 schlief bis 1/2 1, dann viel Arbeit, Diner beim Könige, langer Vortrag. Abends Quartett bei Graf Flemming mit Joachim, der seine Geige wirklich wunderbar gut streichelt. Gestern auf der Rennbahn viele Bekannte, die mir nicht mehr geläufig waren.

Der September fängt mit Regen an, zwei Drittel des Jahres sind fort, nachdem man sich eben gewöhnt hat, 65 zu schreiben. Viel Fürstlichkeiten hier; um 4 will * mich sehn, sie soll jetzt sehr schön sein. Der König will um 5 von hier reisen, noch unbestimmt, welchen Weg, Coburg oder Coblenz, wegen der Königin Victoria, der er begegnen will. Ich hoffe jedenfalls über Frankfurt zu kommen, am 5. oder 6., ob und wie lange ich in Homburg sein kann, wird sich erst aufklären, länger als 1 Tag keinesfalls, da ich mit dem Könige in Berlin sein muß. . . .

An Frau v. Bismarck.

Baden, Sonntag [3. September 1865]

Damit Du siehst, was für einen Mann Du hast, schicke ich Dir die Anlage. Wir fahren morgen früh 6 Uhr nach Coburg! zur Königin von England; ich muß mit, und leider geht mir Spa damit in die Brüche, aber 's geht nicht anders! ...

An Heinrich v. Treitschke.[275]

Berlin, 15. Dezember 1865

Eurer Hochwohlgeboren

gefälliges Schreiben vom 10. c. habe ich zu erhalten die Ehre gehabt und erwidere ergebenst, daß ich kein Bedenken trage, die Benutzung der Acten des diesseitigen Ministeriums in dem von Ihnen gewünschten Umfange zu gestatten. Die einzige Beschränkung, die ich nach den mich selbst bindenden Vorschriften daran knüpfen muß, besteht in dem Verlangen der Einsicht der von Ihnen zu machenden Excerpte. Ew. Hochwohlgeboren wollen aus demselben aber nicht die Besorgniß entnehmen, daß Ihnen die Frucht Ihrer Arbeiten auf diesem Wege nachträglich verkümmert werden würde. Denn, wenn Sie auch die Wäsche unsrer damaligen Politik nicht so rein finden werden, wie ich wünschen möchte, so glaube ich doch auch nicht, daß Sie den Ausspruch „Preußen habe am wenigsten Ursache, die Vergangenheit seiner Bundespolitik in Dunkel zu hüllen", zurückzunehmen Sich werden gedrungen fühlen.

Jedenfalls habe ich keinen Glauben an die Bedeutung von Depeschengeheimnissen, welche älter sind als die Beteiligung der gegenwärtig die Politik leitenden Personen an den Staatsgeschäften, und bin überzeugt, daß auch die schwachen Seiten unsrer Vergangenheit unter Ihrer parteilosen Feder nicht schwächer erscheinen werden, als der mittlere Durchschnitt deutscher und amtlicher Menschlichkeit. Sehr wahr ist Ihre Andeutung, daß erst der genaue Einblick in die Geschäfte das Maß der Friction erkennen läßt, welches bei uns überwunden werden will, bevor ein Neberschuß der Kraft frei wird und zu practischer Verwertung gelangt.

In der Hoffnung, daß ich im März die Ehre haben werde, hier Ihre persönliche Bekanntschaft zu machen, bin ich mit ausgezeichneter Hochachtung

Eurer Hochwohlgeboren ergebenster

Bismarck.

275... Entlehnt aus Schiemann, H. v. Treitschkes Lehr- und Wanderjahre S. 240.

An Gutsbesitzer Andrae in Roman (Pommern).

Berlin, 26. December 1865

Lieber Andrae, wenn auch meine Zeit knapp bemessen ist, so vermag ich doch nicht, mir die Beantwortung einer Interpellation zu versagen, die mir in Berufung auf Christi Namen aus ehrlichem Herzen gestellt wird.[276] Es ist mir herzlich leid, wenn ich gläubigen Christen Aergerniß gebe, aber gewiß bin ich, daß das in meinem Beruf nicht ausbleiben kann; ich will nicht davon reden, daß es in den Lagern, welche mir mit Notwendigkeit gegenüberstehn, ohne Zweifel zahlreiche Christen giebt, die mir auf dem Wege des Heils weit voraus sind, und mit denen ich doch vermöge dessen, was beiderseits irdisch ist, im Kampf zu leben habe; ich will mich nur darauf berufen, daß Sie selbst sagen: „Verborgen bleibt vom Tun und Lassen in weiten Kreisen nichts." Wo ist der Mann, der in solcher Lage nicht Aergerniß geben sollte, gerechtes oder ungerechtes? Ich gebe Ihnen mehr zu, denn Ihre Aeußerung vom Verborgenbleiben ist nicht richtig. Wollte Gott, daß ich außer dem, was der Welt bekannt wird, nicht andre Sünden auf meiner Seele hätte, für die ich nur im Vertrauen auf Christi Blut Vergebung hoffe! Als Staatsmann bin ich nicht einmal hinreichend rücksichtslos, meinem Gefühl nach eher feig, und das, weil es nicht leicht ist, in den Fragen, die an mich treten, immer die Klarheit zu gewinnen, auf deren Boden das Gottvertrauen wächst. Wer mich einen gewissenlosen Politiker schilt, tut mir Unrecht; er soll sein Gewissen auf diesem Kampfplatz erst selbst einmal versuchen. Was die Virchow'sche Sache[277] anbelangt, so bin ich über die Jahre hinaus, wo man in dergleichen von Fleisch und Blut Rat annimmt; wenn ich mein Leben an eine Sache setze, so tue ich es in demjenigen Glauben, den ich mir in langem und schwerem Kampfe, aber in ehrlichem und demütigem Gebet vor Gott gestärkt habe, und den mir Menschenwort, auch das eines Freundes im Herrn und eines Dieners seiner Kirche nicht um-

---

276... S. den Brief Andraes an Bismarck vom 24. 12. 1865 im Bismarck-Jahrbuch III 213 ff.
277... Die Forderung Virchows zum Zweikampf, 3. Juni 1865.

stößt. Was Kirchenbesuch anbelangt, so ist es unrichtig, daß ich niemals ein Gotteshaus besuche. Ich bin seit fast 7 Monaten entweder abwesend oder krank; wer also hat die Beobachtung gemacht? Ich gebe es bereitwillig zu, daß es öfter geschehn könnte, aber es ist nicht so sehr aus Zeitmangel, als Rücksicht auf meine Gesundheit, daß es unterbleibt, namentlich im Winter, und denen, die sich in dieser Beziehung zum Richter an mir berufen fühlen, will ich gern genauer Auskunft darüber geben; Sie selbst werden es mir ohne medicinische Details glauben. Neber die Luccaphotographie würden auch Sie vermutlich weniger streng urteilen, wenn Sie wüßten, welchen Zufälligkeiten sie ihre Entstehung verdankt hat. Außerdem ist die jetzige Frau von Rahden, wenn auch Sängerin, doch eine Dame, der man ebensowenig, wie mir selbst, jemals unerlaubte Beziehungen nachgesagt hat. Dessenungeachtet würde ich, wenn ich in dem ruhigen Augenblick das Aergerniß erwogen hätte, welches viele und treue Freunde an diesem Scherz genommen haben, aus dem Bereich des auf uns gerichteten Glases zurückgetreten sein. Sie sehn aus der Umständlichkeit, mit der ich Ihnen Auskunft gebe, daß ich Ihr Schreiben als ein wohlgemeintes auffasse und mich in keiner Weise des Urteils derer, die mit mir denselben Glauben bekennen, zu überheben strebe. Von Ihrer Freundschaft aber und von Ihrer eignen christlichen Erkenntniß erwarte ich, daß Sie den Urteilenden Vorsicht und Milde bei künftigen Gelegenheiten empfehlen; wir bedürfen deren alle. Wenn ich unter der Vollzahl der Sünder, die des Ruhmes an Gott mangeln, hoffe, daß seine Gnade auch mir in den Gefahren und Zweifeln meines Berufs den Stab demütigen Glaubens nicht nehmen werde, an dem ich meinen Weg zu finden suche, so soll mich dieses Vertrauen weder harthörig gegen tadelnde Freundesworte noch zornig gegen liebloses und hoffärtiges Urteil machen.

In Eile Ihr

v. Bismarck.[278]

278... Die Antwort Andraes vom 30. 3.1866 s. Bismarck-Jahrbuch III 218 ff.

An Herzog Ernst von Sachsen-Coburg-Gotha.[279]

Berlin, 9. Juni 1866

Mit gehorsamstem Dank für Eurer Hoheit gnädiges Schreiben vom 6. cr.[280] beehre ich mich, in der Anlage den Entwurf eines Zusatz-Programms zur bisherigen Bundes-Acte ehrerbietigst vorzulegen. Die darin enthaltnen Vorschläge sind nach keiner Seite hin erschöpfend, sondern das Resultat der Rücksicht auf die verschiednen Einflüsse, mit denen compromittirt werden mußte: intra muros et extra.[281] Können wir sie aber zur Wirklichkeit bringen, so ist damit immer ein gutes Stück der Aufgabe, das historische Gränznetz, welches Deutschland durchzieht, unschädlich zu machen, erreicht, und es ist unbillig, zu verlangen, daß Eine Generation oder sogar Ein Mann, sei es auch mein allergnädigster Herr, an Einem Tage gut machen soll, was Generationen unsrer Vorfahren Jahrhunderte hindurch verpfuscht haben. Erreichen wir jetzt, was in der Anlage steht, oder Bessres, so mögen unsre Kinder und Enkel den Block handlicher ausdrechseln und Poliren.

Ich habe die Skizze zunächst Baron Pfordten mitgeteilt; er scheint mit allem Wesentlichen einverstandsn, nur nicht mit Art. 1, weil er meint, daß Baierns Interessen Oestreichs Verbleib auch im engern Bunde fordern. Ich habe ihm mit der Frage geantwortet, ob und wie er

279... Entlehnt aus Ernst II., Aus meinem Leben III 527 f.

280... Der Zeitpunkt dürfte gekommen sein zum Vorschreiten mit einem Manifeste an das deutsche Volk. Von allen Seiten erwartet man etwas dergleichen. Da, wie ich vermute, nur noch kurze Zeit vor dem Ausbruche der Feindseligkeit ist, so würde jene Ansprache an die deutsche Nation wohl eine Notwendigkeit werden, wenn man in Berlin noch Wert darauf legt, daß die Bevölkerungen des südwestlichen Deutschlands gewonnen würden.

Das Mißtrauen und die Ungewißheit des Augenblicks tut am meisten Schaden. Mit Ausnahme der ultramontanen Kreise ist wohl Niemand österreichisch gesinnt.

Der Krieg wird eine andere Aufnahme beim Publikum finden, wenn dieses genau weiß, wofür er geführt wird. Jenes Manifest dürfte ganz allgemein gehalten sein in patriotisch erwärmender Sprache. Ew. Excellenz werden genau ermessen können, in wie weit ich recht gesehen habe.

Callenberg, 6. Juni 1866.   Ernst.

281... innerhalb und außerhalb der Mauern, Citat aus Horaz, Episteln 12,16.

glaubt, daß die übrigen Artikel oder irgend etwas ihnen Aehnliches auf einen Bund anwendbar sind, welcher Oestreich zum Mitgliede hat. Ich weiß nicht, ob und was er mir darauf entgegnen wird, sehe aber immer in ihm einen der ehrlichsten und vorurteilsfreiesten Förderer deutscher Interessen. Wir können Oestreich den bisherigen Bund gewähren, aber ein bessres Verhältniß mit Oestreich gemeinsam auszubilden, halte ich für schwieriger als die Zirkelquadratur, denn die Aufgabe ist nicht einmal annähernd zu lösen.

Daß der vorliegende Entwurf den Beifall der öffentlichen Meinung haben werde, glaube ich nicht, denn für den deutschen Landsmann genügt im Allgemeinen die Tatsache, daß Jemand eine Meinung ausspreche, um sich der entgegengesetzten mit Leidenschaft hinzugeben; ich begnüge mich mit dem Worte: qui trop embrasse, mal étreint und mit dem andern, daß Rom nicht an einem Tage gebaut wurde, wenn es auch schon in den ersten Anfängen durch Raub der Sabinerinnen erhebliches Odium auf sich lud. Ich glaube, daß auch dem germanischen Rom der Zukunft, falls Gott ihm überhaupt eine bescheert, einige Gewalttat an den Sabinern nicht erspart bleiben wird, und ich möchte sie auf ein Minimum reduciren, der Zeit das Weitre überlassend.

Oestreich hat in Holstein einstweilen den Handschuh nicht aufgenommen, aber vielleicht ist die morgen oder übermorgen stattfindende Bundestagssitzung, in welcher die Execution gegen Preußen beantragt werden wird, der erste Ton des glas funébre[282] für den bisherigen Bund, und wir werden rufen: le Roi est mort, vive le Roi! Hoffentlich bleibt dann noch soviel Frist, daß Eurer Hoheit Contingent nicht die Leichenwache bei dem todten Könige in Rastatt zu verrichten genötigt wird, sondern frische Lorbeern im Bunde mit dem lebenden suchen darf.

Wenn Eure Hoheit die Gnade haben wollten, mir direct oder indirect Höchstdero Meinung über Aenderungen oder Vervollständigungen des Reformprogramms zugehn zu lassen, so würde ich es mit ehrerbietigem

---

282 ... Todtengeläut.

Dank erkennen. Die bevorstehenden östreichischen Anträge am Bunde und die Behandlung derselben können zur Klärung der Situation und zur Zeitigung weitrer Wünsche des deutschen Volkes erheblich beitragen und uns eine größre Klarheit, von aller deutschen Gemütlichkeit erlöst, über die zu erstrebenden und erreichbaren Ziele gewähren. In der festen Ueberzeugung, daß die Sache Deutschlands und seine Zukunft an Eurer Hoheit unter allen Wechselfällen, welche sie zu durchlaufen haben wird, eine tatkräftige und einsichtige Stütze finden wird, bin ich mit tiefer Ehrerbietung.

v. Bismarck.

An Heinrich v. Treitschke.[283]

Berlin, 11. Juni 1866

Eurer Hochwohlgeboren

sage ich meinen verbindlichsten Dank für Ihr gefälliges Schreiben vom 7. d. M. und die Offenheit, mit welcher Sie meiner Aufforderung entgegnet haben. Ich will dieselbe mit gleicher Offenheit erwidern.

Die formellen und äußern Bedenken halte ich mit Ihnen nur für Nebensache. Wenn Ihre Stellung in Baden durch Ihre Tätigkeit für Preußens deutsche Interessen unmöglich oder gefährdet würde, so würden wir uns glücklich schätzen, Ihnen in Preußen einen Ersatz zu bieten. Aber ich ehre Ihr grundsätzliches Bedenken; und ich fühle vollkommen, wie es Ihnen, wenn Sie in Preußen in bestimmter Beziehung zur Regirung wären, schwerer als im Auslande sein würde, die innre und äußre Politik zu trennen und Ihre Tätigkeit für die letzte mit dem Gegensatz gegen die erste zu vereinen.

Ich sehe zwar auch diesen Gegensatz als nicht unversöhnlich an, ich weiß aber noch nicht, wie weit es meinen ernsten Bemühungen gelingen wird, eine Versöhnung herbeizuführen. Möglich, daß ich auch dafür einmal auf Ihre versöhnende und ausgleichende Mitwirkung hoffen kann!

283... Entlehnt aus Schiemann a. a. O. 247 f.

Bis dahin lassen Sie uns zusammen wirken auf dem Felde, auf dem wir es mit gutem Gewissen können: der deutschen Politik Preußens.

Ich bin bereit, Sie auch nach Heidelberg hin in möglichster Vollständigkeit mit allem dazu erforderlichen Material zu versehn. Ich beginne damit, indem ich Ihnen anliegend die Grundzüge der Bundesreform übersende, wie ich sie, allerdings immer nur als ein einfaches Skelett, zur Grundlage unsrer Beratungen mit dem Parlament habe ausarbeiten und gestern den deutschen Regirungen mitteilen lassen.

Wir denken dieselben auch nächstens in die Oeffentlichkeit zu bringen, und da dies voraussichtlich mit dem Beginn der kriegerischen Action zusammenfallen wird, beabsichtigt S. Maj. der König ein Manifest an die deutsche Nation zu erlassen, um sich über die Natur dieses Kampfes und über die Ziele Seiner eignen nationalen Politik auszusprechen. Möchten Sie, geehrter Herr Professor, einen Entwurf zu einem solchen Manifest ausarbeiten und mir, freilich in wenigen Tagen, zusenden? Sie kennen und fühlen selbst die tiefern Strömungen des deutschen Geistes, an welche man sich in so ernsten Augenblicken wenden muß, um den rechten Anklang zu finden, und werden die warme Sprache reden, die diesen Anklang hervorruft. Nachher würde es dann erwünscht sein, in möglichst rascher Folge in Flugblättern und Zeitungsartikeln dies Manifest zu erläutern und die Nachwirkung zu sichern.

Ich hoffe, Sie werden Freudigkeit finden, um meinem Wunsche zu entsprechen, und sehe mit Verlangen Ihrer Antwort entgegen, indem ich schließlich noch die Versicherung meiner Hochachtung und meines Vertrauens erneuere.

v. Bismarck.

VI. Abteilung
Briefe aus den Jahren 1866-1872

An Frau v. Bismarck.

Sichrow, 1. July 66

Wir sind heut von Reichenberg aufgebrochen, eben hier eingetroffen, noch ungewiß, ob wir hier oder in Turnau bleiben. Die ganze Reise war eine gefährliche. Die Oestreicher konnten gestern, wenn sie Cavallerie von Leitmeritz geschickt hätten, den König und uns alle aufheben. Leider ist Carl, der Kutscher, eben sehr schwer gestürzt mit der Fuchsstute, die ihm durchgegangen ist. Er galt erst für todt. Er liegt im Lazaret hier bei Sichrow, im nächsten Dorf. Kurt soll für ihn kommen. Wir begegnen überall Gefangnen, es sollen schon über 15,000 sein nach den hier vorliegenden Angaben. Jitschin ist gestern von uns mit dem Bajonnet genommen, Frankfurter Division, General Tümpling an Hüfte schwer verwundet, nicht tödtlich. Hitze furchtbar. Zufuhr von Proviant schwer; unsre Truppen leiden von Mattigkeit und Hunger. Im Lande bis hier nicht viel Spuren des Krieges, außer zertretnen Kornfeldern. Die Leute fürchten sich nicht vor den Soldaten, stehn mit Frau und Kind im Sonntagsstaat vor den Türen und wundern sich. In Trautenau haben die Einwohner 20 wehrlose Hautboisten von uns ermordet, die nach dem Durchmarsch ihrer Regimenter dort hinter der Front geblieben. Die Täter in Glogau vor Kriegsgericht. Bei Münchengrätz hat ein Brauereibesitzer 26 unsrer Soldaten in den Spirituskeller gelockt, betrunken gemacht, angezündet. Die Brennerei gehörte einem Kloster. Außer dergleichen erfahren wir hier weniger als in Berlin; dies Schloß, beiher sehr stattlich, gehört Fürst Rohan, den ich in Gastein jährlich sah. . . .

An Frau v. Bismarck.

Jitschin, nicht Gitschin, 2. July 66

Eben von Sichrow her angekommen; auf dem Schlachtfelde hierher lag es noch voll von Leichen, Pferden, Waffen. Unsre Siege sind viel größer, als wir glaubten; es scheint, daß wir jetzt schon über 15,000 Gefangne haben, und an Todten und Verwundeten wird der östreichische Verlust noch höher, gegen 20,000 Mann, angegeben. Zwei ihrer Corps sind ganz zersprengt, einige Regimenter bis zum letzten Mann vernichtet. Ich habe bisher mehr östreichische Gefangne als preußische Soldaten zu sehn bekommen. Schicke mir durch den Courier immer Cigarren, zu tausend Stück jedesmal, wenn es geht, Preis 20 Tlr., für die Lazarethe. Alle Verwundeten sprechen mich darum an. Dann laß durch Vereine, oder aus eignen Mitteln, auf einige Dutzend Kreuzzeitungsexemplare für die Lazarethe abonniren, z. B. für das in Reichenberg, die andern Ortsnamen suche vom Kriegsministerium zu erfahren. Was macht Clermont-Tonnerre? kommt er nicht? Mir fehlt bisher Postnachricht. Schicke mir doch einen Revolver von grobem Kaliber, Sattelpistol. Mit Carl, Kutscher, geht es besser, er wird wohl keinen bleibenden Schaden haben, aber noch einige Zeit dienstunfähig sein. Carl B. ist sehr zu loben, dies tätige Princip unsrer reisenden Häuslichkeit. Grüße herzlich. Schicke mir einen Roman zum Lesen, aber nur einen auf einmal.

Gott behüte Dich!

So eben Deinen Brief mit der Homburger Einlage erhalten, tausend Dank. Ich kann Dir die Abreisestille so nachfühlen. Hier in dem Treiben kommt man nicht zum Gefühl der Lage, höchstens nachts im Bett. . . .

An Frau v. Bismarck.

Hohenmauth, Montag 9. July 66

Weißt Du noch, mein Herz, wie wir vor 19 Jahren auf der Bahn von Prag nach Wien hier durchfuhren? Kein Spiegel zeigte die Zukunft, auch nicht, als ich 1852 mit dem guten Lynar diese Eisenbahn passirte. Uns geht es gut; wenn wir nicht übertrieben in unsern Ansprüchen sind und nicht glauben, die Welt erobert zu haben, so werden wir auch einen Frieden erlangen, der der Mühe wert ist. Aber wir sind ebenso schnell berauscht wie verzagt, und ich habe die undankbare Aufgabe, Wasser in den brausenden Wein zu gießen und geltend zu machen, daß wir nicht allein in Europa leben, sondern mit noch drei Nachbarn. Die Oestreicher stehn in Mähren, und wir sind schon so kühn, daß für morgen unser Hauptquartier da angesagt wird, wo sie heute noch stehn. Gefangne passiren noch immer ein, und Kanonen seit dem 3. bis heut 180. Holen sie ihre Südarmee hervor, so werden wir sie mit Gottes gnädigem Beistande auch schlagen; das Vertrauen ist allgemein. Unsre Leute sind zum Küssen, jeder so todesmutig, ruhig, folgsam, gesittet, mit leerem Magen, nassen Kleidern, nassem Lager, wenig Schlaf, abfallenden Stiefelsohlen, freundlich gegen alle, kein Plündern und Sengen, bezahlen, was sie können, und essen verschimmeltes Brod. Es muß doch ein tiefer Fond von Gottesfurcht im gemeinen Mann bei uns sitzen, sonst könnte das alles nicht sein. Nachrichten über Bekannte sind schwer zu haben, man liegt meilenweit auseinander, keiner weiß, wo der andre, und niemand zu schicken, Menschen wohl, aber keine Pferde. Seit 4 Tagen lasse ich nach Philipp[284] suchen, der durch einen Lanzenstich am Kopfe leicht verwundet ist, wie G. mir schrieb, aber ich kann nicht entdecken, wo er liegt, und jetzt sind wir schon 8 Meilen weiter. Der König exponirte sich am 3. allerdings sehr, und es war sehr gut, daß ich mit war, denn alle Mahnungen Andrer fruchteten nicht, und Niemand hätte gewagt, so zu reden, wie ich es mir beim letzten Male, welches half, erlaubte, nachdem ein Knäuel von 10 Kürassieren und 15 Pferden vom 6. Kürassier-Regiment neben uns sich blutend wälzte, und die Granaten den Herrn in unangenehmster Nähe um schwirrten. Die schlimmste sprang zum Glücke nicht. Es ist mir aber doch lieber so, als wenn er die Vorsicht übertriebe. Er war enthusiasmirt über seine Truppen und mit Recht,

---

284... Bismarcks Neffe.

so daß er das Sausen und Einschlagen neben sich garnicht zu merken schien, ruhig und behaglich wie am Kreuzberg, und fand immer wieder Bataillone, denen er danken und guten Abend sagen mußte, bis wir denn richtig wieder ins Feuer hineingeraten waren. Er hat aber so viel darüber hören müssen, daß er es künftig lassen wird, und Du kannst beruhigt sein: ich glaube auch kaum noch an eine wirkliche Schlacht.

Wenn Ihr von jemand keine Nachricht habt, so könnt Ihr unbedingt annehmen, daß er lebt und gesund ist, denn alle Verwundungen von Bekannten erfährt man in längstens 24 Stunden.

Mit Herwarth und Steinmetz sind wir noch garnicht in Berührung gekommen, ich habe also auch Sch. nicht gesehn, weiß aber, daß beide gesund sind. G. führt ruhig seine Schwadron mit dem Arm in der Binde. Leb wohl, ich muß in Dienst.

Dein treuester

v. B.

An Frau v. Bismarck.

Zwittau in Mähren, 11. July 66

Mir fehlt ein Tintenfaß, da alle besetzt, sonst geht es mir gut, nachdem ich auf Feldbett und Luftmatratze gut geschlafen und durch Brief von Dir um 8 geweckt. Ich war um 11 zu Bett gegangen. Bei Königsgrätz ritt ich den großen Fuchs, 13 Stunden im Sattel ohne Futter. Er hielt sehr gut aus, schrak weder vor Schüssen noch vor Leichen, fraß Aehren und Pflaumenblätter mit Vorliebe in den schwierigsten Momenten und ging flott bis ans Ende, wo ich müder schien als das Pferd. Mein erstes Lager für die Nacht war aber auf dem Straßenpflaster von Horic, ohne Stroh, mit Hülfe eines Wagenkissens. Es lag alles voll Verwundeter; der Großherzog von Mecklenburg entdeckte mich und teilte sein Zimmer dann mit mir, R(oon) und 2 Adjutanten, was mir des Regens wegen sehr erwünscht kam. Was König und Granaten anbelangt, schrieb ich Dir schon. Die Generäle hatten alle den Aberglauben, sie als Soldaten dürften dem Könige von Gefahr nicht reden, und schickten mich, der ich auch Major bin, jedesmal an ihn ab. Bei dem Revolver deckte der aufsteigende Hahn die Visirlinie, und die Kimme oben im Hahn visirte nicht in grader Linie mit Visir und Korn. Laß das T. sagen. Leb wohl, mein Herz, ich muß zu S.

Dein treuester

v. B.

(Brünn, 16. July 1866

Isidor Vinc. Flesch u. Co)

An Frau v. Bismarck.[285]

Mein geliebtes Herz,

nach dreitägiger Ruhe bin ich wieder ins Berliner Leben verfallen, bis 2 Uhr auf, bis 10 geschlafen; ich hoffte, mich dieser ungesunden Einteilung etwas entwöhnt zu haben. Herzlichen Dank für Deinen Brief ohne Datum; was steht in meinem, der Dich so gefreut hat? ich weiß es nicht mehr. Gestern fuhr ich mit Roon spazieren nach einem einsamen Vergnügungsorte, Wald, Felsen, Vögel, Sonnenuntergang, alles tiefer Frieden und Muße.

Heut ist die Hitze sehr drückend. Der Kronprinz hat gestern ein kleines Gefecht gehabt, was ihm aber doch sechzehn Kanonen einbrachte. Die Oestreicher scheinen sich nach Ungarn zu ziehn. Ich glaube aber, daß es nun bald, wenn nicht zum Frieden, doch zum Waffenstillstand kommt.

Den 18. Ich habe etwas Rheuma gehabt; aber es ist wieder vorüber; es war ein Nervenbankrott; ich hätte am Sonntag Abend 9 Uhr zu Bett gehn müssen, um von den 50 Stunden Schlaf, die ich in 14 Tagen zu wenig gehabt, nachzuholen. Ich tat es auch, war aber im Einschlafen, als Lefebvre von Wien zurückkam. Verhandlung bis 3 Uhr und früh wieder.

285... Entlehnt aus Schmidt, Schönhausen S. 178 f.

Das fuhr mir ins linke Bein. Gummistrumpf half, jetzt ists besser. Wir gehn heut nach Nikolsburg, Schloß der Gräfin Mensdorff, geb. Dietrichstein.

Warum werden eigentlich unsre Kammern nicht berufen? Frage Eulenburg danach und sage ihm, daß es dringlich sei, das Parlamentscorps in den Krieg eingreifen zu lassen, bevor die Friedensbedingungen ernstlich discutirt werden.

Ich komme zu den Kammern, wenn ich hier aus den Verhandlungen fortkann; kann ich nicht, so muß ohne mich eröffnet werden. Leb wohl, mein Herz. Ich bin ganz munter wieder und werde es mit Gottes Hülfe bleiben. Grüße die Kinder und die Damen herzlich.

Dein treuster v. B.

Graf Bismarck im Jahre 1866.
Nach einer Photographie von H. Schnaebeli, Berlin.

An Frau v. Bismarck.

Prag, 3. August 1866

Ich habe mich vom Bahnhof vorweg gestohlen, warte nun hier allein und ohne Sachen, bis der König kommt und nach ihm das Meinige. Den Augenblick gezwungner Untätigkeit benutze ich, um Dich von hier zu grüßen und Dir zu sagen, daß ich wohl bin, morgen Abend in Berlin zu sein hoffe. Dem Könige geht es vortrefflich. Die Menschenmassen von der Bahn her waren so gedrängt, daß ich fürchte, es geht nicht ohne Ueberfahren und dgl. ab.

Abends.

Der König kam schneller, als ich dachte, und seitdem Geschäfte aller Art, dann Diner. So eben komme ich von einer Spazierfahrt mit Sr. M. über Hradschin, Belvedere, alle Schönheiten der Prager Landschaft gesehn. In wenig Tagen sind es 19 Jahre, daß wir dies alles zusammen besichtigten. Wie viel Wunderliches mußte geschehn, um mich heut in dieser Art Wieder an dieselbe Stelle zu führen, ohne B. Hei cerstwa! hatte ich zur Freude meines Kutschers noch behalten. Morgen denken wir in Berlin zu sein. Großer Zwist über die Thronrede. Die Leutchen haben alle nicht genug zu tun, sehn nichts als ihre eigne Nase und üben ihre Schwimmkunst auf der stürmischen Welle der Phrase. Mit den Feinden wird man fertig, aber die Freunde! Sie tragen fast alle Scheuklappen und sehn nur einen Fleck von der Welt.

v. B.

An Fritz Reuter.

Berlin, 17. Sept. 1866

Ew. Hochwohlgeboren

sage ich herzlichen Dank für die freundliche Sendung, mit welcher Sie Ihre inhaltsvolle Zuschrift vom 4. d. M. begleiteten[286]. Als alte Freunde habe ich die Schaar Ihrer Kinder begrüßt und sie alle willkommen geheißen, die in frischen, mir heimatlich vertrauten Klängen von unsres Volkes Herzschlag Kunde geben. Noch ist, was die Jugend erhoffte, nicht Wirklichkeit geworden; mit der Gegenwart aber versöhnt es, wenn der auserwählte Volksdichter in ihr die Zukunft gesichert vorschaut, der er Freiheit und Leben zu opfern stets bereit war.

v. Bismarck.

An Fürst Gortschakow.[287]

Putbus, 11. November 1866

Hochverehrter Freund,

ich benutze eine Abwesenheit meiner Frau, die mich wie Argus hütet, um mit der ersten Feder, welche ich seit 6 Wochen in meine des Schreibens entwöhnte Hand nehme, Ihnen den wärmsten Dank für Ihr

---

286   Es treibt mich, Ew. Excellenz, als dem Manne, der die Träume meiner Jugend und die Hoffnungen des gereiften Alters zur faßbaren und im Sonnenschein glänzenden Wahrheit verwirklicht hat, ich meine die Einheit Deutschlands, meinen tiefgefühlten Dank zu sagen. Nicht Autoren-Eitelkeit, sondern nur der lebhafte Wunsch, für so viel schöne Realität, die Ew. Excellenz dem Vaterlande geschenkt haben, auch etwas Reales zu bieten, veranlaßt mich, diesem Danke den Inhalt des beifolgenden Packets beizufügen. Möchte Ew. Excellenz diesen meinen etwas zudringlichen Kindern ein bescheidenes Plätzchen in Ihrer Bibliothek gönnen, und möchten die dummen Jungen im Stande sein, mit ihren tollen Sprüngen Sie auf Augenblicke die schweren Sorgen und harten Mühen Ihres Lebens vergessen zu lassen. Gott segne Sie für Ihr Tun! Sie haben sich mehr Herzen gewonnen als Sie ahnen, so z. B. auch das

Ihres ergebensten Fritz Reuter, Dr.

287... Übernommen aus Bismarck-Jahrbuch III 223 f.

teilnehmendes Schreiben vom 3./15. (October) zu sagen. Ich war recht ernstlich krank, hoffe aber nun mit Gottes gnädiger Hülfe mich für längere Zeit mit meiner Gesundheit abgefunden zu haben. Die Aerzte wollen mich zwar noch länger sequestriren, ich fühle mich aber kräftig genug, um gegen Ende des Monats nach Berlin zu gehn und spätestens mit dem neuen Jahre wieder in volle Tätigkeit zu treten. Man hat mir bisher nur Briefe angenehmen Inhalts zu lesen gestattet; meine Frau übte die Censur und hat den Ihrigen natürlich in die wohltuende Kategorie gezählt; ich würde durch ihre Hand längst geantwortet haben, hätte ich nicht darauf gehalten, es eigenhändig zu tun. Länger kann ich es nicht aufschieben, Ihnen zu sagen, wie sehr mich neben Ihrer persönlichen Teilnahme der politische Teil Ihres Briefes gefreut hat. An der Zuverlässigkeit der Freundschaft, welche nun seit länger als 100 Jahren unsre beiden Länder und ihre Herrscher verbindet, habe ich seit dem Beginn meiner politischen Laufbahn niemals gezweifelt.

Mein Glaube an diese Freundschaft, mein Bestreben, sie zu fördern, wird seit meinem Aufenthalte in Petersburg von den Gefühlen persönlicher Dankbarkeit und Anhänglichkeit getragen, und ich freue mich daher nicht nur politisch, sondern von Herzen über die Bürgschaft, welche ein Manneswort wie das Ihrige meinem Glauben und meinen Wünschen gewährt.

Meine Frau, dankbar für Ihr Andenken, empfiehlt sich Ihnen und bittet mit mir, bei Gelegenheit der Vermählung[288] den Kaiserlichen Majestäten unsre ehrfurchtsvollen Glückwünsche zu Füßen zu legen.

v. Bismarck.

288... des Großfürsten Thronfolgers Alexander (III.) mit Marie Sophie Friederike Dagmar (Maria Feodorowna) am 9. Nov. (28. Oct.) 1866.

Varzin, 30. Juni 1867

Lieber Bruder,

... Ich habe meine Ermittlungen hier zu Fuß und zu Pferde fortgesetzt und noch manche gute Hölzer dabei entdeckt. Wo der Wald leicht zugänglich ist, hat man nach Bedarf herausgehauen, in steilen Schluchten und Bergen hat man den Bestand nicht gekannt, und der Besitzer ist nie im Walde gewesen. Gestohlen ist ziemlich viel worden, aber im Verhältniß zu den vorhandnen Mißbräuchen doch noch mäßig, es konnte viel schlimmer sein. Mich interessirt die Erforschung dieser unentdeckten Länder so, daß ich den Gedanken, Johanna abzuholen, wohl aufgeben werde. Ich habe auch so viel hier zu tun, daß ich die 3 oder 4 Reisetage nicht missen kann. Gestern habe ich den Weg da fortgesetzt, wo wir in den Bergen an der Chaussee umkehrten, ich entdeckte da noch eine Provinz, die mich einen stellenweis gemsenartigen Ritt von 3 Stunden kostete, aber auch sehr befriedigende Bestände neben kindischer Verwüstung zeigte. Heut war ich zur Kirche, ein kluger, etwas liberaler Pastor, aber doch in geistlichen Gränzen und Formen. Jetzt gehe ich zu Bett, grüße Malwine herzlich.

Dein treuer Bruder
v. B.

Varzin, 24. July 1867

Lieber Bruder,

Obschon die Sonne nach starkem Regen ins Freie lockt, so will ich ihr doch so lange widerstehn, bis ich Dir am heutigen Tag meinen herzlichen Glückwunsch dargebracht habe, wenigstens auf dem Papier, nachdem ich gestern durch Verspätung auswärts die Post versäumt habe. Möge Gott Dir Freude und Zufriedenheit als Angebinde bescheeren. Wir rucken beide der 60 nahe, und die bessern 50, um mit dem Vater zu reden, sind verflossen wie ein Traum. – Das Löpersche Pferd werde ich doch behalten müssen, da es das einzige ist, welches Marie reiten kann, obschon dieß, bei einem gewissen Hang zum Durchgehn, den das alte Tier an den Tag legt, nicht ohne Bedenken und Sorge ist....

Herzliche Grüße an Malwine und Deine Kinder.

Dein treuer Bruder   v.B.

An Kriegsminister A. v. Roon.

Berlin, 30. October 1867

Ich habe es gestern und heut nicht durchgesetzt, zu Ihnen zu kommen, und bin jetzt so erkältet, daß ich den Versuch auszugehn, beim Ankleiden aufgab.

Es wird mir sehr schwer, auf Ihren Brief zu antworten, weil ich ein herzloser Egoist in diesem Sprudel geworden bin, dicke Steinkruste politischer Erwägung angesetzt, die meine von Jugendheimweh getragne Freundschaft für Sie erst mit einem pommerschen Fußtritt sprengen muß, damit ich Ihnen ganz ehrlich beistimmen kann mit dem votum auf 6 Monat Urlaub. Ich fürchte nicht, daß das Kriegs-Ministerium in der Zeit Schaden leidet; dazu haben Sie zu gute Schule herangezogen, aber im Collegium der Gespielen bleibe ich „unter Larven die einzige fühlende Brust", und dem Könige gegenüber ist der Beistand Ihrer politischen Autorität garnicht zu ersetzen, da niemand so viel Salz mit dem Herrn gegessen hat, wie Sie.

Aber es wäre schlechter, als ich geworden bin, wenn ich auf Ihre treue Hingebung für den „Dienst" speculirte, und es wäre unklug, da ich hoffe, daß der Frühling, wenn wir beide leben, uns wieder neben einander in Front sieht. Ich möchte Sie nur um Aenderung eines Passus in Ihrem Schreiben an den König bitten, ich habe ihn angemerkt. Ich halte diesen Personenwechsel im Ministerium nicht ratsam und fürchte, daß er meine Stellung sehr viel mühsamer und schwerer machen würde; aber von allen solchen Wechseln kann ich nicht dasselbe sagen, da kommt mehr das Beharrungsvermögen Sr. Majestät in Betracht.

Ihrem Vertreter möchte ich bitten vor allem den objectiven Standpunkt des Staatsmannes zu empfehlen, der nicht in wildem Ressort-Patriotismus fragt, „was kann ich noch kriegen", sondern als Gesammtpreuße: „was muß ich haben, und was kann ich vertagen". Ich bin in der Beziehung etwas ängstlich vor Podbielski und fürchte, daß er innerlich alles Andre als feindliches Ausland ansieht.

Wie dem auch sei, Gott helfe Ihnen zu alter Rüstigkeit und gebe Ihnen allen reichen Segen in Leib und Seele, den ich Ihnen allezeit von ganzem Herzen wünsche.

Treu der Ihrige

v. B.

Varzin, 23. July 1868

Lieber Bruder,

mit meinem herzlichen Glückwunsche sprecht ich in erster Linie die Zuversicht aus, daß der schwere Verlust, der Dich und uns in der lieben Hedwig[289] betroffen hat, die letzte Heimsuchung der Art sein werde, die Gott über Dich verhängt, und daß er Dich vollen Trost durch die Kinder erleben lasse, die Dir bleiben. Von ihnen war mir nächst Philipp Deine Hedwig die Nächste durch Bekanntschaft, und meine Kinder, namentlich aber Johanna, liebten sie mit besonderer Herzlichkeit.

Ich enthalte mich noch auf Monate lang aller Geschäfte und verlerne fast die seit Wochen nicht geübte Kunst des Schreibens. Meine Kräfte nehmen dabei sichtlich zu, obwohl der regelmäßige Schlaf noch immer fehlt; ich bringe es selten über 2 Stunden ohne längeres Wachen dazwischen. Johanna geht umher, darf aber noch nicht fahren. Marie ist für den Augenblick auch leidend und wird es noch mehr durch Mangel an Bewegung; so lange sie reiten konnte, war sie wohl, sie hat eine hartnäckige Heiserkeit. Herbert und Bill genießen ihre Ferien und erinnern mich an die unsrigen in Kniephof durch die Niedergeschlagenheit, mit der

---

289 ... geb. 26. Oct. 1850, gest. 24. Juni 1868.

sie der Gedanke an den Ersten erfüllt, wo die Herrlichkeit zu Ende ist. Bei unsern Gesundheitszuständen haben wir von Nah und Fern keinen Besuch, und ich lebe, so lange es hell ist und ich nicht schlafe, zu Fuß und zu Pferde im Freien. Ich denke das bis zum September zu treiben und dann vielleicht in ein Seebad zu gehn. Könntest Du in der Zeit nicht einmal herkommen? vielleicht begleitet Dich Malwine, wenn die Sorge um den Kleinen es erlaubt, vielleicht kommt auch Moritz Blankenburg mit. Johanna trägt mir ihre herzlichen Glückwünsche und Grüße auf, denen ich die meinigen für Malwine beifüge.

Dein treuer Bruder

v. B.

Varzin, 24. October 1868

Lieber Roon,

in der Sorge, welche mir ein tête-à-tête mit dem Gold-Onkel[290] einflößt, schicke ich Ihnen anliegend meine Antwort auf einen Brief von ihm, dessen Inhalt aus der Anlage erkennbar ist.[291] Ich bin überzeugt, mit Ihnen einverstanden zu sein, stelle vertrauliche Mitteilung an Seine Majestät anheim. Finden Sie nötig, den Collegen gegenüber die Anlage zu benutzen, so bitte ich das in der Form zu tun, daß Sie die Piece an Wagener geben, der sie zu behandeln hat, als hätte ich ihm zu den Acten des Staats-Ministeriums das Concept meines Schreibens an den Finanzcollegen eingesandt. Aus der Stimmung des letztern entnehme ich dieselben parlamentarisch-geheimrätlichen Einflüsse, die mir aus Eck und Michaelis schon entgegengetreten sind und denen ich in der s. pet. rem. beigefügten Fassung geantwortet habe. Ich sehe nicht ein, warum wir uns aus Kammerfieber sofort an die Wand stellen sollen, an die gedrängt zu werden noch immer Zeit bleibt. Ich bin noch nicht in Ordnung, jeder Menschenverkehr raubt mir den Schlaf; ich werde auch nicht zur

290... v. d. Heydt.
291... S. den nächsten Brief.

408

Hochzeit[292] nach Kröchlendorf können; obschon ich voraussehe, daß meine Schwester 6 Monat mit mir mucken wird. Schreiben Sie mir nicht? Herzliche Grüße an die Ihrigen.

v. B.

An Minister v. d. Heydt.

Varzin, 24. Oct. 1868

Verehrtester Herr College,

von dem Gedanken, das Deficit aus dem Activ-Vermögen des Staates zu decken, kann ich nur dringend abraten. Einmal scheint es mir überhaupt keine gute Wirtschaft, vom Capital zu zehren, dann aber würde durch eine solche Maßregel die Sachlage bemäntelt und die fehlerhafte Politik derer, welche uns hindern, die Zoll- und Bundes-Einnahmen zu erhöhn, nicht in das richtige Licht gesetzt. Daß die Opposition auf Verminderung des Staatsvermögens und auf Verhinderung der Bewilligung dauernder Einnahmen des Staates bedacht ist, wundert mich bei dem Mangel an politischem Instinct, der dieselbe auszeichnet, keineswegs; diesen Herrn liegt der Gedanke, daß sie selbst einmal für den Staat verantwortlich sein könnten, noch zu fern. Wer aber die Politik als Staatsmann und als Patriot handhaben will, darf m. E. sich auf dergleichen ohne dringende Not nicht einlassen. Das richtige Auskunftsmittel für uns ist Tabak, Petroleum, Gas, Zucker, Branntwein u. s. f., auf dem Wege dazu verlieren wir ein volles Budget-Jahr, vielleicht zwei, wenn wir uns jetzt herbeilassen, mit dem Staatsvermögen als Palliativ vor den Riß zu treten.

Ich kann nur für Festhaltung der Zuschläge zu den directen Steuern stimmen, ohne an der Unpopularität dieser Maßregel im mindesten zu zweifeln. Grade diese Unpopularität aber wird es erleichtern, anstatt dieser Zuschläge demnächst vernünftigere Steuern zur Annahme zu bringen. Werden uns die Zuschläge versagt, so müssen wir den Mut haben,

---

292... der Nichte Marie v. Arnim mit Herrn Ludolf v. Kotze.

die Ausgaben um 5 Millionen zu reduciren; natürlich kann diese Reduction nicht die Armee, die einzige sichre Bürgschaft des Friedens und der Unabhängigkeit treffen, also auf Verminderung der Bundes-Ausgaben in der jetzigen politischen Spannung nicht eingegangen werden.

Wenn wir den Notstand der Finanzen zwar nicht vertuschen, aber durch eine mehr östreichische als preußische Maßregel momentan überbrücken, so sehe ich darin kein Mittel, für das nächste Etats-Jahr andre Einnahmen flüssig zu machen. Dieses Mittel sehe ich vielmehr nur im strengsten Festhalten an dem altpreußischen Grundsatze, daß die laufenden Ausgaben durch laufende Einnahmen gedeckt werden müssen und daß die laufenden Ausgaben auf die Höhe der vorhandnen Deckung beschränkt bleiben müssen, so lange nicht Gefahr des Vaterlandes eine Abweichung von dem Satze rechtfertigt. In dem mir gütigst übersandten Satze aus der Thronrede vermisse ich die Hindeutung darauf, daß das jetzige Deficit von uns teilweis vorausgesehn und deshalb ein Ersatz der ausfallenden Einnahmen in Gestalt der Zoll-Vorlagen rechtzeitig beantragt worden war, diese Vorlagen aber im Zollparlament keine Annahme gefunden haben.

    v. Bismarck.

                      Varzin, 26. October 1868

Lieber Roon,

    anliegend schicke ich Ihnen das neulich fehlende Actenstück s. pet. rem. Aus Briefe von Heydt ersehe ich, daß Wagener wieder einmal, Wehrmanns wegen, den Abschied gefordert hat. Bei meiner Abreise war er über diesen Punct, obschon durch Senfft gehetzt, beruhigt, und ich kann in demselben nichts ändern, da der König Wagener an Costenobles Stelle nicht will. Ich weiß nicht, ob Heydt inzwischen die Sache etwa nicht mit der für einen so reizbaren Character wie W. nötigen Schonung behandelt hat, und stelle anheim, die Einführung Wehrmann's etwa bis zu meiner Rückkehr zu vertagen, wenn der König nicht drängt. Letztres geschah bereits von Baden aus. Mir ist Wagener geschäftlich nicht eine solche Hülfe, wie er seiner Begabung nach sein könnte. Unerfahrenheit im Bureaudienste, Eigensinn, Drohungen von Abgang, Nebengeschäfte und vor allem die Erschütterung meines Vertrauens durch Senfft's Drohungen nomine Wagener für den Fall, daß letztrer abginge, treten störend dazwischen. Letztre streifen an Gemeinheit... Dennoch ist W. der einzige Redner der conservativen Partei, hart und unbequem, aber doch nötig; und geht er, so schweigt er mindestens, wenn ich ihn auch nicht für so perfide halte, daß er dienstliche Kunde mißbrauchen würde, wie S. das andeutete. Aus parlamentarischen Rücksichten bitte ich Sie, im Staatsministerium diese Frage vor Ueberstürzung zu behüten, nötigenfalls auch auf Se. Majestät in der Richtung zu wirken. Man muß W. nicht bloß als Ministerialrat, sondern auch als Abgeordneten und als einen Mann von Verdiensten um die conservative und Königliche Sache abwägen. Ich weiß nicht, wer ihn in der Kammer ersetzen sollte, und man ist ihm seit 48 Dank schuldig. Lediglich zu dessen Betätigung habe ich ihn bei Sr. Majestät mit Mühe durchgebracht Wehrmann ist im Bureau nützlicher, aber ein alter Gegner der Krone, zu dem ich mich, wie zu manchem andern, nur in einem vielleicht übertriebnen Vertrauen zu meiner festen Zügelfaust verstanden habe.

Ich möchte gern bis December hier bleiben, trotz des Hundewetters; vielleicht komme ich dann schlaffähig nach Berlin, und mit 3 vollständig geheilten Rippen, während mir jetzt die oberste noch immer nächtlich weh tut. Herzliche Grüße an Ihre Frau Gemalin.

Ihr v. B.[293]

Varzin, 27. 10. 1868

Lieber Roon,

ich bitte nochmals dringend, strecken wir nicht das Gewehr vor der Schlacht. Ich habe Sr. Majestät und Heydt in dem Sinne von neuem ge-

293...Roons Antwort s. Bismarck-Jahrbuch IV 83 f.

schrieben. Werden die Zuschläge abgelehnt, so sieht das Land doch, wie die Sache liegt, und wir können jede Stunde noch auf die Eselsbrücke des Capital-Verbrauchs treten, die vor der Zeit für die Opposition zu bauen die liberalen Geheimräte im Kanzleramt und Finanzministerium uns zumuten. Wir können dann die Ausgaben, wenn nicht um 5 Millionen, doch in allem „Nützlichen" so weit, und wie Heydt meint, um 2 1/4 Million reduciren und den Rest aus dem Kapital-Vermögen anbieten. Dadurch wird immer eine Situation geschaffen, aus der herauszukommen 100 Landesinteressen drängen; die brauchen wir, damit die preußischen Zollabgeordneten für neue Zoll-Einnahmen stimmen. Ich halte die Capitulations-Politik von Hause aus für einen so groben politischen Fehler, daß ich mich nicht entschließen kann, ihn offnen Auges mitzumachen, und habe dem Gold-Onkel erklärt, ich käme vor Ostern nicht, wenn er sich nicht aus dem geheimrätlichen Joche losreißt. Von Herzen
    Ihr
    v. B.

(Sehr posteilig.)

An Kriegsminister A. v. Roon.[294]

Varzin, 15. November 1868
Verehrtester Freund,

    Zeitungsnachrichten über die Petersburger Conferenz wegen der Sprenggeschosse erwecken in mir die Besorgniß, daß unsre dortigen Vertreter über das, was bei uns von solchen Geschossen vorhanden und nicht vorhanden, sich zu Erklärungen herbeilassen.

    Bis jetzt war die Annahme, daß wir geheimnißvolle Sprenggeschosse besäßen, welche, aus Handwaffen befördert, furchtbare Wirkungen hervorbringen könnten. Das Fortbestehn dieser Vorstellung halte ich für

---

294.. Übernommen aus Bismarck-Jahrbuch III 276 f.

den Frieden nützlich und deshalb den Interessen der Menschlichkeit förderlicher als den principiellen Verzicht auf diese Waffe und das dadurch bekundete Einverständniß, daß wir nichts derart besitzen. Dieser Verzicht wäre auch außerdem meines Wissens für uns in der Tat ein Nachteil, weil keine andre Armee so gute Schützen wie die unsrige besitzt und wir in der Anzahl der Leute, welche auf gewisse Entfernungen einen Protzkasten durch eine Büchsenkugel sprengen können, jeder andern Armee überlegen sind und überlegen bleiben werden.

Ich wäre Ihnen sehr dankbar, wenn Sie mir Ihre Ansicht über die Sachlage mitteilen wollten.

Der Ihrige

v. Bismarck.

An Kriegsminister A. v. Roon.[295]

Berlin, 22. Febr. 1869

Verehrtester Freund,

ich bin unwohl und kann nicht ausgehn, auch dem Bundesrate nicht präsidiren. Sind Sie einverstanden, daß ich, ungeachtet Ihres Eintritts, wie bisher Friesen substituire, und wollen Sie in dem Falle hingehn oder fortbleiben?

Gern spräche ich Sie heut; ich bin mit meinen Kräften wieder fertig; ich kann die Kämpfe gegen den König gemütlich nicht aushalten.

Ihr v. B.

---

295 Übernommen aus Bismarck-Jahrbuch III 277. Roons Antwort ebd. I V   87.

An Herrn v. Diest-Daber.

Varzin, 12. July 1869[296]

Eurer Hochwohlgeboren

gefälliges Schreiben vom 8.[297] habe ich mit verbindlichem Danke erhalten, und bitte Sie zunächst überzeugt zu sein, daß mir jede schriftliche oder mündliche Beziehung mit Ihnen stets erfreulich sein wird. Ich glaube nicht einmal ehrlichen politischen Gegnern sachliche Meinungsverschiedenheiten in persönlichem Verkehr nachzutragen, und zu den Gegnern habe ich Sie niemals gezählt.

Ich halte jede Anregung und jeden Beitrag zur Förderung unsrer innern Reorganisation für ein gutes Werk, wenn ich auch ungewiß bin, ob es Gott jemals gefallen wird, auch nur ein Dutzend deutscher Köpfe so weit unter einen Hut zu zwingen, daß wenigstens ein legaler Entwurf zu Tage tritt. Im Wege freiwilliger Erwägung habe ich meines Wissens nach nicht erlebt, daß unsrer Landsleute sich über eine politische Frage geeinigt hätten. Dennoch wird es mir von großem Interesse sein, Ihre Ansichten zu kennen, und sehe ich der beabsichtigten Zusendung gern entgegen, vorausgesetzt, daß Sie keine eingehende Discussion der Fragen von mir erwarten; dazu bin ich bisher leider nicht im Stande. Was B.[298] für Gesundheit nimmt, ist gerade mein Leiden; er hält Aufregung für Frische. Letztre hoffe ich wiederzufinden, wenn ich erst wieder gelernt habe bei Nacht zu schlafen.

Mit ausgezeichneter Hochachtung bin ich

Euer Hochwohlgeboren ergebenster

v. Bismarck.

---

296 Übernommen aus v. Diest-Daber, Geldmacht und Socialismus. Berlin. 1875. S. 89f.

297 Es enthielt die Anfrage, ob der Schreiber dem Fürsten eine von ihm verfaßte Denkschrift über die Frage der inneren Organisation vorlegen dürfe.

298 Ein Nachbar, v. B. (Blankenburg?), hatte dem Briefschreiber mitgeteilt, daß er sich vor einigen Tagen an dem frischen Aussehn des Fürsten B. auf dem Bahnhof zu Wangerin erfreut hätte.

Varzin, 23. July 1869

Lieber Bruder,

wie seit Jahren am heutigen, so bringe ich Dir auch in diesem meinen herzlichsten Glückwunsch und hoffe es im nächsten mit Gottes Hülfe wieder zu tun. Mögen sich unsre Wünsche an Dir und allen den Deinigen durch Gottes Segen ferner betätigen. Ich habe den würtembergischen Minister Varnbüler hier, trabe ihn täglich 4 Stunden zu Pferde und 3 zu Fuß in der Hitze ab und hoffe, der schwäbischen Rinde einige deutsche Keime einzuokuliren. Mir geht es gut, nur schlafe ich keine Nacht von 2–5 und wache eigentlich erst auf, wenn ich 2 Meilen geritten bin. Herzliche Grüße an Malwine.

Dein treuer Bruder

v. B.

Varzin, 7. August 1869[299]

Lieber Motley,

daß Du mir schriebst, war einer der besten Einfälle, die Du seit langer Zeit gehabt hast, und gewiß wirst Du viele gute haben. Deine Beschuldigung aber, daß ich Dir nicht geantwortet haben sollte, klingt mir ganz unglaublich; Du sagst es, also muß es wahr sein, aber das Bewußtsein meiner Tugend ist so stark in mir, daß ich lieber die Regelmäßigkeit des meiner Leitung anvertrauten norddeutschen Postdienstes anzweifle, als an meine persönliche Nachlässigkeit glaube. Keine Post taugt heut zu Tage etwas, die Welt wird überhaupt immer schlechter, „Doubt that the stars are fire"[300] u. s. w., aber zweifle nicht an meiner Tugend. Seit drei Wochen lag das Papier fertig, um Dir nach London zu schreiben und Dich zu fragen, ob Du nicht eine Woche oder zwei für mich übrig hättest; zur Genugtuung für Deine heimliche Flucht über See solltest Du uns die Freude machen, alle Tinte, Hausermieten und Engländer auf

---

299 Motleys Briefwechsel II 337 f.
300 Zweifle an der Sterne Licht, Shakespeare, Hamlet II, 2 (Polonius).

einige Zeit aus Deinem Sinne zu verbannen, und Dein Wigwam in die pommerschen Wälder verlegen. Die Sache ist heut so leicht für einen oceanischen Reisenden, wie es früher war von Berlin nach Göttingen zu fahren. Du giebst Deiner Frau Gemalin den Arm, besteigst mit ihr ein Cab, bist in 20 Minuten auf dem Bahnhofe, in 30 Stunden in Berlin und von dort in einem halben Tage hier; um 9 Uhr aus Berlin fahrend, bist Du zu Mittag bei uns. Es wäre reizend; meine Frau, Tochter, ich und die Söhne, die ich in 2 Tagen erwarte, würden sich kindisch freuen, und wir wollen dann einmal wieder ganz so lustig sein, wie in alter Zeit. Ich selbst kann augenblicklich nicht reisen, ohne alle Gründe umzustoßen, aus denen ich Urlaub habe. Sonst sucht' ich Dich auf, um Dich hier in die Backwoods abzuholen; aber bitte komm, wirf alle Sorgen und Bedenken hinter den Ofen, die findest Du da unversehrt wieder bei Deiner Rückkehr, und richte Dich ein auf kurze oder lange Zeit, je länger je lieber, aber mache uns die Freude und komm her. Ich bin so in den Gedanken schon eingelebt, daß ich krank werde, wenn Du nein sagst, und das würde die übelsten Einflüsse auf die ganze Politik haben. Empfehle mich Deiner Frau Gemalin zu Gnaden.

Dein treuer Freund

v. B.

Varzin, 27. August 1869[301]

Lieber Roon,

Ihren Brief vom 23. erhielt ich gestern und erbrach ihn mit der freudigen Erwartung, welche der lang entbehrte Anblick Ihrer Hand mir in dieser Einsamkeit nach andern weniger sympathischen Schriftzügen erweckte. Leider sah ich bald, daß es sich um eine geschäftliche Frage handelte, von der ich bereits Kenntniß erhalten hatte, ohne ihre Dimensionen so hoch zu veranschlagen, wie sie sich in Ihrer Auffassung darstellen. Ich hätte nicht geglaubt, daß über diese Frage, die staatsrech-

---

301 Übernommen aus Bismarck-Jahrbuch III 283 ff.

tliche nämlich, eine Meinungsverschiedenheit zwischen uns eintreten könnte oder vielmehr vorhanden wäre, noch weniger, daß Sie aus derselben eine Cabinetsfrage machen würden. Die principielle Streitfrage ist in erster Linie eine staatsrechtliche, in zweiter eine juristische. Sie in der zweiten zu beurteilen, bin ich nicht hinreichend geschult, und vermag noch nicht auf den Standpunkt zu verzichten, von welchem aus ich die Immunität aller Bundesbeamten gegenüber der Preußischen Communalsteuer behaupten möchte, gewissermaßen die Exterritorialität gegenüber den Landesregirungen. Staatsrechtlich aber vermag ich die Bestimmungen der Bundesverfassung in Art. 53 nur dahin auszulegen, daß die Norddeutsche Marine eine des Bundes ist. Wir haben dieses Resultat bei Herstellung der Verfassung sorgfältig und bewußter Weise erstrebt und darin nicht eine Verminderung der Stellung des Königs gesehn, zu der ich gewiß nicht die Hand geboten hätte, sondern eine Mediatisirung der übrigen Bundesstaaten zu Gunsten Sr. Majestät bezüglich der Marine, wie sie analog in Betreff des Post- und Telegraphenwesens und mancher andern juristischen Gebiete stattgefunden hat. Die Form, in welcher der König die Herrschaft in Deutschland übt, hat mir niemals eine besondre Wichtigkeit gehabt; an die Tatsache, daß er sie übt, habe ich alle Kraft des Strebens gesetzt, die mir Gott gegeben, und daß unser Herr der Gebieter über die deutschen Seekräfte in vollstem Maße ist, steht außer Zweifel. Sollen wir denen, die nicht den Namen Preußen führen, die Unterordnung, ohne welche die Einheit unmöglich ist, durch äußerliche Formen erschweren? Gewiß nicht; in verbis simus faciles, und in der Sache bleibt es dasselbe, mögen Sie die Marine Preußisch, Deutsch oder Norddeutsch nennen, es ist unsres Königs Marine. Mecklenburg, Oldenburg, die Hansestädte waren 1866 unsre Bundesgenossen, denen wir, nach dem rechtzeitigen Entschlüsse, den sie zu unsern Gunsten, gegen Hanover und viele Chancen, gefaßt hatten, Gewalt nicht antun konnten. Sie haben ihrer See-Hoheit und vielen andern Rechten zu Gunsten des jedesmaligen Königs von Preußen bereitwillig entsagt, aber nicht zu Gunsten Preußens, sondern des Bundes-Oberhauptes. Denken wir uns in die Lage der Leute. Ihre Unterordnung hätte sich erzwingen lassen; aber die freiwillige ist doch ein großer Gewinn, und an der Freiwilligkeit hat der Name einen wesentlichen Anteil. Keiner von ihnen und Keiner von uns bestreitet, ein Deutscher, und für jetzt, ein Norddeutscher zu sein; aber das particularistische und dynastische Gefühl widerstrebt der Einbeziehung unter die Benennung als Preußen. Hätten wir 1866 sofort das „Deutsch" oder auch nur „Norddeutsch" dem „Preußisch" substituiren können, wir wären jetzt schon um 20 Jahre weiter. Wie schwer solche Namen wiegen, das zeigt Ihr eignes Beispiel, und Sie werden doch zugeben, daß wir beide und unser allergnädigster Herr geborne Norddeutsche sind, während vor etwa 170 Jahren unsre Vorfahren sich im höhern Interesse ruhig gefallen ließen, den glorreichen Namen der Brandenburger gegen den damals ziemlich verschollnen der Preußen zu vertauschen, ohne Preußen zu sein. Ich hoffe zu Gott, daß die Zeit kommen wird, wo unsre Söhne es sich zur Ehre rechnen werden, den Söhnen des Königs in einer Königlich deutschen Flotte und im Königlich Deutschen Heere zu dienen. Dazu aber müssen wir uns Freunde mit dem ungerechten Mammon der Redensart machen und nicht als Preußen (?), wie an jeder andern Spitze, auch an der des Particularismus stehn. Sie sehn aus Vorstehendem, daß ich in dem ministeriellen Streite, und zwar mit nationaler Schwärmerei principiell, nicht auf Ihrer Seite stehe, obschon oder weil ich mit Begeisterung Preuße und Vasall des Königs, ja des Markgrafen von Brandenburg bin und bei entstehender practischer Spaltung bis zum letzten Atemzuge bleiben werde. Aber so lange die Gewässer in demselben Bette, und zwar in dem von uns gegrabenen und beherrschten Bette fließen, ist es meines Erachtens nicht unsre Aufgabe, die Scheidelinie zwischen dem gelben Gewässer des Main und dem klaren unsres Rheins durch eine Betonnung mit preußischer Flagge zu kennzeichnen. Vor allem aber scheint mir die Frage nicht von der Bedeutung, daß Sie vor Gott und Ihrem Vaterlande durch dieselbe berechtigt würden, dem Könige in seinem 73. Jahre den Stuhl vor die Thür zu setzen und auf Ihre Kollegen, mich eingeschlossen, durch Ihr Ausscheiden einen Schatten zu werfen, der in der Armee und in der conservativen Partei die treuen Herzen beirren und zu der Frage berechtigen würde, ob an einer Sache, der der älteste Zeuge für dieselbe den Rücken dreht, nicht aus Müdigkeit, sondern in principieller Verurteilung, ob an dieser Sache die Königlichen und die conservativen Interessen noch den berechtigten Anteil haben. Sie kennen die Leichtigkeit, mit der das Urteil der Massen durch das Beispiel einer Persönlichkeit wie die Ihrige bestochen wird, Sie wissen, wie begierig unter den Besten des Landes der Hang zur Kritik, die Mißgunst, die Beschränktheit jeden Vorwand ergreift, um den lange in der Tasche getragnen Stein auf die Regirung zu werfen, auf eine Regirung, deren Pfade ungebahnt und schwer zu kennen sind, wie die Hannibals über die Alpen. Sie sagen, und ich weiß es, daß Ihre persönliche Freundschaft für mich die alte ist, und als ich im September 62 ohne Bedenken in Ihre Hand einschlug, da habe ich wohl an Kniephof und Sabow gedacht, aber nicht an die Möglichkeit, daß wir nach 7 glorreichen Campagne-Jahren über die actenmäßige Bezeichnung der Marine in principielle Meinungsverschiedenheiten geraten könnten. Was uns damals verband: das Streben, dem Könige in schwieriger Zeit zu dienen, gilt noch heute. Lesen Sie die Loosung vom 14. August[302] mit weltlicher Interpretation, wie sie sich mir aufdrängte; den Abschied erhalten Sie doch nicht, Sie haben einen Kampf mit dem Könige, aus dem er als Sieger hervorgeht und Sie als Minister.

Einen practischen Erfolg könnte der Schritt höchstens dann haben, wenn wir seine Spitze nach einer andern Seite zu wenden vermöchten. Wollen Sie da hinaus, dann müssen Sie den Topf acht Tage lang am Feuer erhalten und zum 5. mit dem Könige nach Stettin kommen. Ich würde in dem Falle sicher auch kommen und bitte telegraphische Nachricht.[303] Dann würde ich aber an Ihrer Stelle kein formales Abschiedsgesuch an den König richten, weil Seine Majestät das immer als Fahnenflucht übel nehmen, sondern dem Könige nur die Streitfrage zur Instruction aller-

---

302 Luc. 16, 9: Machet Euch Freude mit dem ungerechten Mammon.
303 S. dieselbe Bismarck-Jahrbuch IV 87.

höchster Entscheidung vorlegen, und eventuell für die Marinebeamten eine ihren Gemeindelasten äquivalente Zulage verlangen, um sie mit dem Landheere gleichzustellen. Vielleicht läßt sich auf diesem Wege die Immunität factisch erreichen. Doch ist es nur ein augenblicklicher, sachlich ungeprüfter Einfall. Aber, wie immer die Sache sich entwickelt, keine Entschließung ab irato, und seien Sie gewiß, daß ich sie, wenn auch als College andrer Meinung, doch als Freund mit Ihnen aus der Welt schaffe, wenn wir uns darüber besprechen können. – Noch keine Nachricht aus Gentin? Mit herzlichen Empfehlungen an Ihre Frau Gemalin der Ihrige

v. B.

An Kriegsminister von Roon.

Varzin, 29. August 1869

Verehrter Freund,

Wehrmann wird Ihnen schon Mitteilung gemacht haben, von der Postbombe, die bei mir einschlug[304], am Tage, nachdem ich mein bewegliches Schreiben an Sie abgelassen, ohne zu ahnen, wie schnell ich in eine der Ihrigen analoge Lage geraten würde. Ein Concept zu einem amtlichen in Berlin zu mundirenden Schreiben an Sie wird Ihnen Wehrmann zeigen. Ich habe es eben dictirt, bin todtmatt und gallenkrank und nehme daher Bezug auf das Elaborat, unfähig, es hier zu wiederholen. Ich weiß nicht, ob Mühler (Cabinet) einen andern Postcandidaten in petto hat oder ob er nur jene frivole Motivirung der allerhöchsten Entscheidung fabricirt hat, um irgend welcher weiblichen Einbläserei... den Mantel umzuhängen. Aber ich kann weder mit der Postcamarilla noch mit Harems-Intriguen bestehn, und niemand kann verlangen, daß ich Gesundheit, Leben und selbst den Ruf der Ehrlichkeit oder des gesunden Urteils opfere, um einer Laune zu dienen. Ich habe seit 36 Stunden nicht geschlafen, die ganze Nacht Galle gespien, und mein Kopf ist

---

304 S. Bismarck-Jahrbuch III 286 f.

wie ein Glühofen trotz Umschläge. Es ist aber auch, um den Verstand zu verlieren. Verzeihn Sie meine Aufregung, nachdem Ihr Name unter der Sache steht, aber ich kann ja nicht annehmen, daß Sie bei der Form der Unterschrift sich die Sache angeeignet oder auch nur geprüft haben. Ich selbst überlasse dergleichen dem makellosen Philipsborn, aber nicht dem Cabinets-Mühler oder ... Da mag der Kukuk noch ralliirter Hanoveraner sein, wenn die Leute en bloc für minorenn erklärt werden, oder Bundes- resp. Post-Kanzler, wenn man mit solchen Abfertigungen zur Ruhe verwiesen wird. Wenn der Karren, auf dem wir fahren, zerschlagen werden soll, so will ich mich wenigstens vom Verdachte der Mitschuld frei halten. Es ist Sonntag, sonst fürchte ich, daß ich mich an Leib und Seele schädigen würde, um meinem Ingrimm Luft zu machen. Wir sind vielleicht beide zu zornig, um die Galeere weiter rudern zu können, man muß Herz und Gewissen aus bergisch-märkischem Actien-Pergament haben, um das zu ertragen. Gute Nacht, wollte Gott, ich könnte schlafen.

Ihr

v. B.

An Herrn v. Diest-Daber.[305]

Varzin, 31. August 1869

Euer Hochwohlgeboren

hatte ich gehofft, die Anlage Ihres gefälligen Schreibens vom 8. bei meiner beabsichtigten Anwesenheit in Stettin oder in Ihrer Gegend persönlich zurückreichen zu können und daran einige mündliche Bemerkungen zu knüpfen, welchen ich teils aus Mangel an Arbeitskraft, teils aus collegialischen Rücksichten einen schriftlichen Ausdruck nicht zu geben vermag. Abgesehn davon daß Schreiben mich angreift, würde jede schriftliche Auslassung von mir, soweit sie von der Vorlage, welche dem Landtage gemacht werden wird, abweichen sollte, eine Art

---

305 Entlehnt aus v. Diest-Daber, Geldmacht und Socialismus S. 90 ff.

von Gegenprogramm innerhalb des Ministeriums bilden. Zur Aufstellung eines solchen bin ich nicht berechtigt. Ich habe vor zwei Monaten einstweilen auf die Mitwirkung an den Arbeiten des Königlichen Ministeriums verzichtet und höre äußerlich, daß seitdem ein Entwurf einer Kreisordnung fertig geworden sei, dessen Inhalt kenne ich aber nicht. Sie werden mir Recht geben, daß ich unter solchen Umständen, so lange ich dem Königlichen Ministerium noch angehöre, mir Schweigen auferlegen muß.

Ich habe Ihre Arbeit mit Vergnügen gelesen und freue mich, sie gedruckt wiederzusehn. Sie legt ein beredtes Zeugniß davon ab, daß die Anwendung des Vorwurfes der „Indolenz" auf Sie selbst nicht gerechtfertigt ist. Ich bin mit den wesentlichen Grundzügen aus langjähriger Ueberzeugung einverstanden. Wollen wir aber einen practischen Erfolg erzielen, so glaube ich, müssen wir beherzigen, daß das Beste des Guten Feind ist, und dürfen wir nicht in den gebräuchlichen, meist nur die Negation der Reform bergenden Fehler verfallen, daß wir den partiellen Umbau verschmähn, weil der generelle ohnehin nötig und deshalb bevorstehend ist. Halten wir uns zunächst an die zu erwartende Vorlage über die Kreisordnung und deren Gebiet. Gelingt es, diesen wichtigen Flügel des Gebäudes wohnlich zu restauriren, so folgt das corps de logis und der Rest.

Ich weiß nicht, wie weit die Vorlage des Ministers des Innern greifen wird, aber hüten wir uns vor allem vor dem Irrtum, als könnten wir beim Kreise nicht anfangen, wenn nicht Provinz, Gemeinde und Staat gleichzeitig umgearbeitet würden. Damit schieben wir die Sache auf die lange Bank. Ein zweites Erforderniß, um zum Ziele zu gelangen, ist die Fernhaltung der Partei-Tactik aus der Frage. Die Besprechungen des Winters haben gezeigt, daß auf diesem Boden weder die Opposition so unpractisch ist, wie die Conservativen, noch letzte so reactionär sind, wie die Liberalen glaubten. Die Leute vom Lande und die Practischen unter den Studirten waren eigentlich von Hoverbeck bis Blankenburg-Kleist viel weniger weit von einander, als sie vorher gedacht hatten. Deshalb möchte ich raten, daß Sie bis zum Zusammentritt des Landtages Besprechungen verschiedner Partei-Führer unter einander zu vermitteln suchen, bevor die Animosität der Plenar-Beratungen Conflicte und Spaltungen hervorruft, welche meist mehr persönlich als sachlich sind.

Ich bin leider in den letzten Tagen nicht so wohl wie vor Wochen; der Witterungswechsel hat mich erkältet, und ich fürchte, daß ich nicht nach Stettin werde kommen können. Deshalb schreibe ich diese Zeilen, in Ungehorsam gegen ärztliche Anordnung und in der Tat nicht ohne Nachteil für die nächste Nacht. Aber ich kann Sie nicht länger ohne Antwort lassen.

In aufrichtiger Hochachtung bin ich
Eurer Hochwohlgeboren ergebenster
v. Bismarck.

Bei den horizontalen Bleistrichen im Manuscript würde m. E. ein größrer Absatz im Druck sich empfehlen.

Varzin, 19. September 1869[306]

Lieber Motley,

ich höre aus Paris, daß man uns Bancroft nehmen will, weil er angeblich Amerika nicht mit Würde vertrete. Die Behauptung wird in Berlin niemand teilen; Bancroft steht dort bei der ganzen intelligenten Bevölkerung, insbesondre bei der wissenschaftlichen Welt, in der höchsten Achtung, ist am Hof und in den Kreisen der Regirung geehrt und hat das volle Vertrauen. Man weiß, daß er unser Freund ist, er hat das niemals verschwiegen und sich deshalb die Feindschaft aller in- und ausländischen Gegner des jetzigen Zustandes Deutschlands zugezogen. Man hat für das Geld des frühern Königs von Hanover, des Kurfürsten von Hessen und für Rechnung fremder Regirungen gegen ihn intriguirt in der Presse und voraussichtlich auch in Amerika.

306 Motleys Briefwechsel D. A. II 338 f.

Aber ich glaube kaum, daß irgend ein Freund Amerikas und Deutschlands, irgend Einer von allen Denen, welche die brüderlichen Beziehungen zweier freien Kulturvölker mit Vergnügen sehn, an diesen Intriguen beteiligt sein kann. Bancroft ist eine der populärsten Erscheinungen in Berlin, und wenn Du noch das alte Wohlwollen für die Stadt hast, die Du aus dem Fenster des Logierschen Hauses kennst, so tue was Du kannst, damit wir ihn behalten. Nach den kulturgeschichtlichen Auffassungen, die Du in der Lektüre, die Du mir vor einigen Monaten übersandtest, bekundet hast, gehen Deine politischen Bestrebungen mit denen, die Bancroft bei uns vertritt, vollständig parallel, und man würde bei uns glauben, daß die Staatenregirung sich von diesen Auffassungen lossagte durch die Rückberufung eines Ministers, der als ihr Vertreter gilt und mit Recht gilt. Er vertritt practisch denselben großen Entwicklungsprozeß, in welchem Moses, die christliche Offenbarung, die Reformation als Etappen erscheinen, und dem gegenüber die cäsarische Gewalt der alten und der modernen Zeit, die klerikale und die dynastische Ausbeutung der Völker, jeden Hemmschuh anlegt, auch den, einen ehrlichen und idealen Gesandten wie Bancroft zu verläumden.

Verhindre, wenn Du kannst, daß man ihn opfert, er ist besser als die meisten Europäer, die sein, Dein und mein Gewerbe betreiben, wenn auch die glatten Lügner des Gewerbes ebenso über ihn reden mögen, wie früher meine intimen Feinde mich den Diplomaten in Holzschuhen nannten. Mir geht es sonst hier gut, ich schlafe allmälig besser, aber noch zu spät am Tage, um arbeitsfähig zu sein, täglich von vier bis elf, früher nicht. Daß Du uns nicht besuchen kannst, tut mir über Alles leid; meine Frau hatte sicher darauf gerechnet. Im Winter aber, in Berlin, rechne auch ich darauf; für…unshausbackne Deutsche bist Du nun schon zu vornehm geworden; behaglicher würdest Du bei uns leben, als dort am Ocean vis-à-vis von zu Haus.

Meine herzlichsten Empfehlungen an Deine Frau Gemalin, und dieselben von meinen Damen.

Dein v. Bismarck.

Lieber Roon,

herzlichen Dank für Ihren Brief vom 21.[308] und ich freue mich des Mißverständnisses, das ihn mir eingebracht hat. In Sachen der Marine und ihrer Beamten hatte ich keine Antwort weiter von Ihnen erwartet, und gewundert hätte ich mich, eingedenk eigner Abneigung gegen die unreinliche Handarbeit in Tinte, überhaupt nicht, wenn Sie nicht schrieben. So ist es mir allerdings lieber. Die Sache kam so: Itzenplitz, der selbst den Fuchs nicht beißen will, wollte wiederholt verlangen, daß ich, brieflich, den Goldonkel[309] morde; ich verwies ihn und die andern Collegen auf Selbsthülfe und erwähnte dabei, daß Sie mir auf eine Andeutung in dieser Richtung nicht geantwortet hätten. An die Marine dachte ich nicht mehr, nachdem ich annahm, daß Sie Ihren Rücktrittsgedanken nicht verfolgten. Mein Verbleiben mache ich nicht grade vom Ausscheiden des vergoldeten Onkels abhängig, wenn ich mich auch freuen würde, ihn freiwillig, befriedigt und mit „Suum cuique"[310] scheiden zu sehn, da seine Unsicherheit und Unklarheit, sein Mangel an Festigkeit, Wahrheit und staatsmännischem Beruf es sehr erschweren, mit ihm zu arbeiten. Für seine Person habe ich eher ein gewohnheitsmäßiges Wohlwollen; aber als Cabinetsfrage sehe ich das Festhalten an dem Princip an, daß wir nicht wieder vom Kapital zehren, um das Budget zu equilibriren, sondern daß wir zu letztrem Zwecke Steuern fordern oder Ausgaben streichen. Werden uns die Steuern abgelehnt, so haben wir das Unsrige getan und können nicht mehr ausgeben, als wir haben. Auf diesem Punkte fand ich Se. Majestät in Pansin[311] schon weicher gestimmt, als mit der Politik verträglich ist. Ich würde an Heydts Stelle 25 % zu den Klassen- und Mahlsteuern, 50 % zur Einkommensteuer auf 1 Jahr fordern; aber jede Quälerei der Ziffern und Hülfsquellen, um das

---

307 Übernommen aus Bismarck-Jahrbuch III 291 ff.
308 S. Bismarck-Jahrbuch IV 88 ff.
309 v. der Heydt.
310 Dem Schwarzen Adlerorden.
311 9.–11. September.

Deficit kleiner erscheinen zu lassen, als es tatsächlich und dauernd ist, halte ich für den größten politischen Fehler, den ich nicht mitmachen will.

Die 3monatliche Steuer-Kürzung ist nichts als eine Wiederholung der vorjährigen Palliative und zwar auf gemeinsame Kosten des Staates und der Rüben- und Kartoffelbauer.

Ich spräche so gern mit Ihnen mündlich, denn viel mehr schreiben, als ich auch hier dienstlich täglich muß, kann ich nicht. Ich hoffe wenigstens auf Moritz[312] dieser Tage, um mich auszuschütten. Was Sie über Gewissensbisse wegen Hemmung der „neuen Aera" sagen, darüber könnte ich allein 3 Tage mit Ihnen reden, schreibend kann ich den Block nicht bewältigen; als Grundthema nur der Satz, daß die Art, wie, und die Gränze, bis zu der regirt werden kann, durch die Persönlichkeit des Souveräns bedingt ist. Das weiß ich, werden Sie sagen, ohne Besprechung; aber zu dem Thema habe ich 20 Bogen Variation(en), nicht blos die Nuance zwischen Vater und Sohn! Auch unser Herr ist heut anders besaitet als 1862; er hat den Kelch der Popularität getrunken und will ihn nicht zerschlagen. Ich bin noch zu reizbar, um zu kommen, ich würde Unfug anrichten, und bin nicht arbeitsfähig genug, um ihn wieder gut zu machen.

Herzlich freuen wir uns über die guten Berichte von Gentin, und möchten bald ähnliches von der Schwester hören. Tausend Grüße von den Meinigen und von mir.

In alter Treue

Ihr v. B.

Varzin, 10. Okt. 1869[313]

Feeling very proud, that your ladies wish to see me photographed, I hasten to send you two melancholic civilians and a fat melancholy

312   v. Blankenburg.
313   Motleys Briefwechsel, D. A. ll 340 f.

gentleman, who seems not a bit concerned in all the plague that Ministers and parliamentary life are subject to. I must be fully satisfied by the honour of their admission to the ladies' albums; but if you were good enough to send me a return of male and female portraits, such an act of benevolence would increase and fortify my domestic authority. I am very much obliged for your prompt proceedings in the Bancroft question. They write me from Berlin, that in his own opinion his position at home is a safe one; bit it is a fact, that French influence is at work against him, and that at Paris the believe to have been successful in upsetting him.[314] Ich verliere so sehr die Gewohnheit englisch zu sprechen, da Loftus in Berlin der einzige Mensch ist, der mir Gelegenheit dazu giebt, und schreiben könnte ich es nie ohne Wörterbuch, da ich es aus dem Schall und aus der Uebung erlernt hatte. Entschuldige obigen Versuch, den ich als Schulexercitium für mich ansehe. Ich weiß nicht, ob ich bald nach Berlin gehe, vor dem 1. Dezember schwerlich. Ich möchte gern abwarten, ob mir der Landtag nicht den Gefallen tut, einige meiner Collegen zu erschlagen; wenn ich unter ihnen bin, so kommt die Schonung, die man mir gewährt, den Andern auch zu gut. Unsre Verhältnisse sind so sonderbar, daß ich zu wunderlichen Mitteln greifen muß, um Anbindungen zu lösen, die gewaltsam zu zerreißen mir manche Rücksichten verbieten. Jedenfalls hoffe ich, sobald ich wieder in der Stadt bin, Näheres über Deinen Urlaub zu hören und Gewißheit über die Zeit Deines Besuches zu bekommen; dann wollen wir uns einander

---

314 Übersetzung: Mein lieber Motley, Sehr stolz darauf, daß Deine Damen mich photographirt zu sehn wünschen, eile ich, Dir zwei melancholische Civilisten und einen dicken melancholischen gentleman zu schicken, der scheinbar mit allen den Plagen, denen Minister und parlamentarisches Leben unterworfen sind, nicht ein Bischen zu schaffen hat. Ich müßte völlig befriedigt sein mit der Ehre ihrer Zulassung zu den Albums der Damen, aber wenn Du so gut sein wolltest, mir eine Gegengabe von männlichen und weiblichen Portraits zu senden, so würde ein solcher Act von Güte meine häusliche Autorität steigern und befestigen. Ich bin Dir sehr verbunden für Dein promptes Vorgehen in der Bancroft Frage. Man schrieb mir von Berlin, daß nach seiner eignen Ansicht seine Stellung ihm zu Hause sicher sei; aber Tatsache ist es, daß französischer Einfluß gegen ihn im Werke ist, und daß man in Paris glaubt, mit Erfolg an seinem Sturze gearbeitet zu haben.

einmal wieder in Logier's Haus an eine Schachpartie setzen und darüber streiten, ob Byron und Goethe in Vergleich zu stellen sind. Wir waren damals, glaube ich, bessre Menschen in bessern Zeiten, d. h. jünger.

Empfehle mich Deinen Damen.

Dein von Bismarck.

An Herrn v. Arnim.

Varzin, 12. Oct. 69

Lieber Oscar,

auf Deinen Brief hatte ich das dringende Bedürfniß zu antworten, daß ich jedenfalls zum 30. komme, aber er traf mich in einer sehr viel schlechtern Gesundheitslage als die der letzten Monate war. Ich hatte vor etwa 10 Tagen einen Anfall von krampfartigen Magenschmerzen mit Gallenerbrechen, wie ich ihn seit Putbus nicht erlebte. Die Ursache ist schwer zu ermitteln, Aerger oder Erkältung oder allgemeine Abnutzung der Maschine, ich weiß es nicht. Die strengste Diät und Enthaltung von allem, was angenehm zu trinken ist, scheint die Schmerzen zu beseitigen, die mich eine Anzahl von Nächten häusig arg plagten, regelmäßig um 2 Uhr einsetzend. Aber ich komme dabei sehr von Kräften. Auf anhaltendes ärztliches Drängen habe ich mich nun doch entschlossen, Carlsbader Wasser zu trinken, wovon ich directe Nervenstärkung d. h. Arbeitsfähigkeit meinerseits auch nicht erwarte. In dieser Situation ist es nun schwer, mit Bestimmtheit zu sagen, was ich um den 30. her können werde. Was ich will und wünsche, ist jedenfalls, mit Euch zusammen das Schönhauser Andenken an 44 zu feiern und kann ich mich trotz aller hinderlichen Aspekten heut nicht entschließen zu erklären, daß ich nicht kommen kann. Man hofft so gern Besserung von der nächsten Woche und findet sich so schwer in den Gedanken, daß diese Zustände nicht vorübergehende sein sollten. Laß mich einstweilen noch hoffen, daß ich, wenn auch als tantalisirter Gast, mit dabei sein kann. Die nächsten 14 Tage werden die Entscheidung, wenn es nicht sein soll, noch zeitig genug bringen, ich mag der Hoffnung heut nicht entsagen. Eisendechers sind bei uns, sehr angenehm und behaglich für meine Damen, ich sehe sie fast nur bei Tische, da ich den ganzen Tag, mehr fahrend, als reitend und gehend, im Freien zubringe. Die Luft tut mir wohl, nur darf ich mich nicht erhitzen und nicht übermüden, sonst folgt die Strafe in Leiden verschiedner Art. Verzeih diesen Klagebrief, aber alte kranke Leute sind natürlich von ihrem Befinden präoccupirt. Herzlichste Grüße an Malle, die phänomenale Großmutter und Jubilarin, welche vor 92 Jahren ihre eigne Großmutter verlor. Johanna und Marie grüßen.

Dein treuer Schwager

v. B.

Varzin, 28. Oct. 1869

Mein geliebtes Schwesterherz,

Ich bin leider verurteilt, einsam das Haus zu hüten; Johanna wird Dir sagen, wie es im Punkte der Gesundheit steht. Ich bin mit Gottes Hülfe in der Erholung, aber doch noch in solcher Verfassung, daß die gestern vollendete Crise Heydt-Camphausen ohne mich abgespielt werden mußte; sie ging brieflich glatter ab, als ich gehofft hatte. Ich hätte Dich so gern als Großmutter und Silberbraut im Staate gesehn und Dir das Zeugniß gegeben, daß Du die vorzeitigen Ehren des Alters trägst, wie unsre Rosen den heutigen Octoberschnee, sie sehn nur um so frischer unter ihm aus. Ich hätte so gern mit Dir Oscars Brautfahrt in Kniephof und Naugard, Antonie und Schönhausen und alle todten Hochzeitgäste mit Dir beredet und ganz abgetragne Betrachtungen über traumhafte Flüchtigkeit des Lebens mit Dir neu aufgebügelt. Man verzichtet so spät auf die Illusion, daß das Leben nun bald anfangen soll, und hält sich so lange bei der Vorbereitung auf, daß es solcher Meilensteine von 25 Jahren bedarf, um sich durch den Rückblick klar zu machen, wie lang die zurückgelegte Strecke ist, und wie viele gute und schlechte Stationen man passirt hat. Ist es ein Beweis unsrer Ungenügsamkeit oder der

Dankbarkeit unsres Erinnerungsvermögens oder ist es nur mein Fehler, daß mir die gegenwärtige Station immer unbehaglicher erscheint als alle früheren, und daß man nicht aufhört, rastlos vorwärts zu treiben in Hoffnung auf eine bessere? Ich wünsche Dir von Herzen, daß Du wenigstens übermorgen Dein Fest mit der befriedigten Stimmung feierst, in der man dem Zeit-Postillon zurufen möchte: Schwager fahr sachte! Ich finde mich recht undankbar gegen Gott, daß ich zu dieser Stimmung des Behagens niemals gelange und doch nach meiner eignen Einsicht so viel Grund dazu hätte, wenn ich an Frau und Kinder denke und vor allem an meine Schwester, und an so manches andre in Staat und Haus Erstrebte, und wenn es erreicht war, nicht Gewürdigte. Ich hoffe, daß ich besser werde, wenn ich nicht mehr Minister bin, darauf muß ich alle vertrösten, die an mir zu tragen haben. Grüße O. und Deine Kinder herzlich.

Dein treuer Bruder

v. B.

Varzin, 20. November 1869

Lieber Roon,

ich wollte noch einige Zeilen wegen Delbrücks künftiger Stellung schreiben, um Ihnen mein desfallsiges Anliegen zu empfehlen, welches Wehrmann dem Staatsministerium vortragen soll. Aber ich befinde mich in einem Zustande, den die Aerzte als Carlsbader Krisis bezeichnen und der mich vollständig erschöpft. Ich komme von dem Orte der Erleichterung gar nicht mehr los seit 2 Tagen, und ich werde zur leeren Flasche, wenn das morgen so beibleibt. Sitzen und Schreiben ist mehr, als ich ohne Uebermüdung heut leisten kann, und der Königliche Herr, durch badische Familien-Correspondenz gestachelt, schreibt mir eigenhändige Briefe, deren Beantwortung einen politisch-historischen Doctor-Cursus manu propria von mir verlangt. Diese badische Unruhe tölpelt in jede politische Berechnung störend hinein. In dem Moment, wo Fleury in Petersburg die Sturmglocke über Nordschleswig läutet, sollte man doch die Tonart abwarten, die sie giebt. Lassen Sie sich doch die Reuh'schen Berichte von Tile zeigen . . .

Ich muß zu Bett, und vorher noch, où vous savez; ich bitte nur, lassen Sie mir Delbrücks Auditoriat im Staatsministerium und seinen Ministertitel im Bundesrate mit Wohlwollen passiren, es gehört beides zu meinem Handwerkszeuge, wenn ich bequemer arbeiten soll.

Wie sind Sie mit Camphausen zufrieden? Ich schließe meine Kur mit heut, soll noch 3 Wochen still sitzen und Diät halten (in der Gänsezeit!) und hoffe dann Weihnachten mit Ihnen zu feiern. In alter Freundschaft Ihr

v. B.

Haben Sie Nachricht von Wagener? Er soll krank sein.[315]

Varzin, 28. November 1869[316]

Lieber Roon,

ich kann nicht viel schreiben, aber die Celler Discussion[317] veranlaßt mich nochmals auf den Gedanken zurückzukommen, über den wir vor einigen Wochen, ohne Verabredung, gleicher Meinung waren. Die politischen Interessen, um die es sich handelt, sind zu ernst, um sie der Frage zu opfern, wer in dem Streitpunkte juristisch Recht hat und wer nicht. Ich bin mit dem, was Sie gesagt haben, nachdem geschehn, was geschehn, ganz einverstanden und wollte, Sie hätten allein gesprochen.

---

315 Roons Antwort s. in Bismarck-Jahrbuch IV 91 f.

316 Übernommen aus Bismarck-Jahrbuch III 293 f.

317 Am 14. October 1869 wurde ein von Privatpersonen in Celle aufgestelltes Denkmal zu Ehren der bei Langensalza gefallenen hannöverschen Soldaten auf Befehl des Generals von Schwarzkoppen, weil es auf einem dem Militärfiscus gehörigen Grundstück errichtet worden war, von einer dazu commandirten Truppen abteilung niedergerissen, obgleich das zuständige Amtsgericht der Militärbehörde aufgegeben hatte, die Angelegenheit in statu que zu lassen unter Androhung einer Strafe von 100 Talern. Am 26. October interpellirte der Abg. Miquel die Regierung wegen des Vorkommnisses. Roons Antwort s. in Roon als Redner III 150 ff.

Eulenburgs Auffassung ist m. E. nicht haltbar, wenigstens nicht in tesi wenn man auch practisch gelegentlich danach handeln mag. Schwarzkoppen hat mit mehr Zorn als Gewandheit operirt, wie der Bär, der die Fliege mit dem Stein zermalmte; die elende Polizei hat ihn im Stiche gelassen; sie durfte nach allen Regeln guten Geschmacks ohne Scrupel interveniren, für Andre war eine so kitzliche Sache, wie Denkmäler für Todte, namentlich für gebliebene Soldaten und in der Lage wie die unsre dem hanöverschen militärischen Gefühl gegenüber, m. E. mit mehr Vorsicht zu behandeln, weil wir die Macht der Lüge kennen und ihr nicht unnötige Kristallisationspunkte liefern sollen. War Schwarzkoppen einmal durch die Schwäche oder Untreue der Polizei verleitet, das schwere Geschütz des „Commandirenden Generals" auf diesen Fuchsbau abzuprotzen, so mußte er sich auch gefallen lassen, daß selbst der Commandirende General des Königs vor dem Gerichte des Königs Halt machte und wenigstens Anstandshalber der richterlichen Autorität die honneurs eines verspäteten telegraphischen Inhibitoriums erwies.

Wir haben so viel ernste Schwierigkeiten auf dem Halse und blasen uns eine solche Laus zum Scorpion auf.

Sie konnten meines Erachtens nach der Stimmung des Königs nicht anders reden als geschehn, aber daß Seine Majestät die Sache auf die in der Anlage entwickelte Weise beilegt, halte ich für ein Gebot der politischen Klugheit, und wenn wir von der nichts mehr wissen wollten, so dürfen wir den Abgeordneten auch nicht mehr vorwerfen, daß jeder von ihnen mit seinem Rechtsboden durch die Wand will, ohne zu ermitteln, was dabei aus dem Staate wird.

Die Carlsbader Mattigkeit verliert sich langsam, aber seit gestern reite ich doch wieder und habe mehr Zutrauen. Meine Frau schalt neulich, daß Sie kein Wort von den Ihrigen geschrieben, und meinte, Sie pflegten doch sonst nicht so ein herzloser Geschäftsmann zu sein;

deshalb füge ich hinzu, daß es meinen Damen gut geht, meinem Schwiegervater etwas matt, Herbert einen Hieb über den Kopf hat und noch liegt, von Bill nichts bekannt. Herzlich der Ihrige

v. B.

Die Anlage bitte ich Sie, Sr. Majestät vorzutragen, und von dem Brief, soviel Ihnen courfähig scheint.[318]

An Frau v. Arnim.[319]

[Berlin,] Montag [6. Dec. 1869]

Gute Nachricht[320] bis gestern Abend 9 Uhr. Wenn Du mich haben willst, so komme ich um 5 Uhr zum Essen. Ich werde mich bei Roon, mit dem ich jetzt nach Gütergotz fahre, mit unsrer gestern übersehenen vorgestrigen Abrede entschuldigen.

Dein

v. B.

An M. von Blankenburg.[321]

Varzin, 19. Mai 1870

Lieber Moritz,

herzlichen Dank für Deinen Brief. Viel Politik vermag ich noch nicht zu leisten, meine Beine sind besser als mein Kopf. – In politischen Verbrechen bin ich für ausgiebige Tödtung, bei militärischem Einschreiten

---

318 Roons Antwort s. in Bismarck-Jahrbuch IV 92 ff.

319 Facsimile in Koppen, Der deutsche Reichskanzler Fürst O. v. B. und die Stätten seines Wirkens S. 145. 146. Ueber die richtige Datirung dieses in meinen Bismarck-Regesten fälschlich zum 12. Juli 1870 eingereihten Billets s. meinen Aufsatz: „Moderne Geschichtsfälschung" in den „Hamburger Nachrichten" 12. 1. 1893 Nr. 10 M.-A.

320 über das Befinden des Grafen Herbert Bismarck.

321 Übernommen aus Kohl, Bismarck-Regesten I 393.

und Standrecht ohne Rückfrage an den Monarchen, aber gegen postume gerichtliche Hinrichtungen und Prozesse, von wegen der Eitelkeit und des falschen Märtyrertums in dieser modernen Welt. Ich bin alt genug und habe Geschichte und Menschen studirt, um mir ein Urteil zu bilden über das, was ich für practisch zu halten habe. Der König kennt diese meine Ansicht, und ich wünsche, daß er sie gut hieße. Er hat aber soviel persönliches Interesse zur Sache, daß ich mich nicht entschließen kann, eine Pression auf ihn zu üben; er weiß auch das, und ich werde mich seinem Willen in dieser Frage unterordnen, aber bestrebt sein, ihn zu überreden, soviel ich es kann, ohne ihn zu verstimmen. Gelingt es mir nicht, so werde ich seine Meinung auch öffentlich vertreten. Ein Compromiß, welches den wirklich ausgeführten Versuch mit dem Tode bedroht, wäre mir ganz genehm und würde proprio motu mein Bestreben sein, wenn es nicht unvermeidlich wäre, alle die kleinen Fürsten in gleicher Weise wie die wirklichen Monarchen zu behandeln. Ich halte die ganze Frage nicht sehr practisch, d. h. die Hochverratsfrage; man trifft die eigentliche materia peccans damit nicht, nur **Irrenhauskandidaten**, wie Sand[322], Tschech[323], Sefeloge[324], die dann auf dem Schaffot zwei Jahr später aus Narren zu Märtyrern wurden. Erinnerst Du Dich, andre Hochverräter erlebt zu haben, als die beiden letztgenannten und etwa die Burschenschafter? Ich im Augenblick nicht, und doch steht da der Feind nicht. Es ist ein theoretischer Streit.

Dein v. B.

---

322 Mörder Kotzebues

323 Tschech, vormals Bürgermeister des Städtchens Storkow, machte am 20. Juli 1844 einen Mordversuch auf Friedrich Wilhelm IV. und wurde am 14. Dezember 1844 in Spandau enthauptet.

324 Sefeloge schoß am 22. Mai 1850 auf Friedrich Wilhelm IV. und verletzte ihn am Arm; er erwies sich als wahnsinnig.

Berlin, 7. 6. 70

Lieber Roon,

ich entfliehe morgen früh den Schlingen, die sich mit jedem Tage meines Bleibens stets von Neuem um meine heimwärts strebenden Füße legen. Ich hoffe, daß wir uns Anfangs August hier so wohl wiedersehn, wie wir es uns gegenseitig wünschen. Ich habe formell 6 Wochen Urlaub. Wegen Geßner habe ich Bericht und Patent gezeichnet, werde bestimmen, daß beides erst Montag an S. Maj. abgeht, damit Sie vielleicht auch Ihrerseits eine empfehlende Zeile an S. Maj. vorher richten. Ich habe zwar keine Zweifel, aber besser ist besser. Mit herzlichen Grüßen in Reisehast Ihr v. B.

Berlin, 23. 7. 1870

Lieber Bruder,

seit Du 3 Jahr wurdest, ist Dein Geburtstag nicht unter ähnlichen Umständen, nicht in so ernster Zeit gefeiert worden. Ich kann Dir dießmal nichts Beßres wünschen, als den Wunsch Aller, möge Gott Dir verleihn, daß Du Dich mit den Deinigen wohlbehalten des Sieges über die große Räuberbande freuen kannst, die vermutlich grade morgen über unsre Westgrenzen hereinbrechen wird.

Ich bin seit einigen Tagen wohler wie seit lange, es ist das Kraut „muß", was mich aufrecht hält. Wenn die Spannung vorüber, wird der Zusammenbruch der Kräfte wohl folgen, wie 66. Johanna macht mir Sorge; nervöse Kopfschmerzen seit Wochen ohne Unterlaß. Die stete Sorge um meine Gesundheit, die Nachtwachen und die Angst bei Herbert haben ihre Kräfte schwer mitgenommen. Herzliche Grüße an Malwine.

Dein treuer Bruder.

v. Bismarck.

An Frau v. Bismarck.[325]

Vendresse, 3. Sept. [1870]

Mein liebes Herz,

vorgestern vor Tagesgrauen verließ ich mein hiesiges Quartier, kehre heut zurück und habe in der Zwischenzeit die große Schlacht von Sedan am 1. erlebt, in der wir gegen 30 000 Gefangne machten und den Rest der französischen Armee, der wir seit Bar-le-Duc nachjagten, in die Festung warfen, wo sie sich mit dem Kaiser kriegsgefangen ergeben mußte. Gestern früh 5 Uhr, nachdem ich bis 1 Uhr früh mit Moltcke und den französ. Generälen über die abzuschließende Capitulation verhandelt hatte, weckte mich der General Reille, den ich kenne, um mir zu sagen, daß Napoleon mich zu sprechen wünschte. Ich ritt ungewaschen und ungefrühstückt gegen Sédan, fand den Kaiser im offnen Wagen mit 3 Adjudanten und 3 zu Pferde daneben auf der Landstraße vor Sédan haltend. Ich saß ab, grüßte ihn ebenso höflich wie in den Tuilerien und fragte nach seinen Befehlen. Er wünschte den König zu sehn; ich sagte ihm der Wahrheit gemäß, daß S. M. 3 Meilen davon, an dem Orte, wo ich jetzt schreibe, sein Quartier habe. Auf N.s Frage, wohin er sich begeben solle, bot ich ihm, da ich Gegend unkundig, mein Quartier in Donchery an, einem kleinen Ort an der Maß dicht bei Sédan; er nahm es an und fuhr, von seinen 6 Franzosen, von mir, und von Carl, der mir inzwischen nachgeritten war, geleitet, durch den einsamen Morgen nach unsrer Seite zu. Vor dem Ort wurde es ihm leid, wegen der möglichen Menschenmenge, und er fragte mich, ob er in einem einsamen Arbeiterhause am Wege absteigen könne; ich ließ es besehn durch Carl, der meldete, es sei ärmlich und unrein; „N'importe," meinte N., und ich stieg mit ihm eine gebrechliche enge Stiege hinauf. In einer Kammer von 10 Fuß Gevierte, mit einem fichtnen Tische und zwei Binsenstühlen, saßen wir eine Stunde, die Andern waren unten. Ein gewaltiger Contrast mit unserm letzten Beisammensein, 67 in den Tuilerien. Unsre Unterhaltung war

---

325 Im Facsimile wiedergegeben im „Figaro" vom 6. August 1872. Hier genau nach dem Facsimile.

schwierig, wenn ich nicht Dinge berühren wollte, die den von Gottes gewaltiger Hand Niedergeworfnen schmerzlich berühren mußten. Ich hatte durch Carl Offiziere aus der Stadt holen und Moltcke bitten lassen zu kommen. Wir schickten dann einen der erstern auf Recognoscirung und entdeckten 1/2 Meile davon in Fresnois ein kleines Schloß mit Park. Dorthin geleitete ich ihn mit einer inzwischen herangeholten Escorte vom Leib-Kür.-Regt., und dort schlossen wir mit dem französ. Obergeneral Wimpfen die Kapitulation, vermöge deren 40- bis 60,000 Franzosen, genauer weiß ich es noch nicht, mit allem, was sie haben, unsre Gefangnen wurden. Der vor- und gestrige Tag kosten Frankreich 100,000 Mann und einen Kaiser. Heut früh ging letztrer mit allen seinen Hofleuten, Pferden und Wagen nach Wilhelmshöh bei Kassel ab. Es ist ein weltgeschichtliches Ereigniß, ein Sieg, für den wir Gott dem Herrn in Demut danken wollen, und der den Krieg entscheidet, wenn wir auch letztern gegen das kaiserlose Frankreich noch fortführen müssen.

Ich muß schließen. Mit herzlicher Freude ersah ich heut aus Deinen und Maries Briefen Herberts Eintreffen bei Euch. Bill sprach ich gestern, wie schon telegraphirt, und umarmte ihn angesichts Sr. M. vom Pferde herunter, während er stramm im Gliede stand. Er ist sehr gesund und vergnügt. Hans und Fritz Karl sah ich, beide Bülow bei 2. G. Dr. wohl und munter.

Leb wohl, mein Herz. Grüße die Kinder.

Dein v. B.

Versailles, 15. November 1870

Lieber Roon,

Ihre Unterschrift zu sehn macht mir große Freude als Bestätigung der guten Nachrichten über Ihre Besserung. Mir geht es nicht ganz nach Wunsch, gallige Magenleiden. In der badischen Sache würde ich für rasche Unterzeichnung politisch sehr dankbar sein, wenn dabei auch einige kleine Fünfen grade sein müßten. Es ist wegen der Rückwirkung auf die beiden andern[326], damit die sehn, daß wir ohne Rücksicht auf weibliche Einflüsse stetig vorgehn. Ich kann den Zusammenhang so kurz nicht klar legen und bin matt. Civiliter unterschrieben wir heute den Beitritt Badens und Hessens zum Bunde.

    Ihr v. B.

Versailles, 4. 1. 71 [Orig. 70]

Meine geliebte Malle,

    herzlichen Dank für Deinen Brief, den ich einige Tage unbeantwortet ließ, weil ich unwohl und doch geschäftlich überlastet war. Es schien der Beginn von Podagra zu sein, schickliche Krankheit für alternde Staatsmänner und Ableitung des Aergers angeblich durch Anweisung auf 25 Jahre Lebensverlängerung. Sage Johanna nichts weiter davon; daß ich unwohl, aber in Besserung, habe ich ihr selbst geschrieben. Es sitzt jetzt mit Gichtschmerz im rechten großen Zeh, die normale Stelle. Roon liegt an Asthma; meine Isolirung in socialem Verkehr wäre vollständig ohne Delbrück. Johanna kann leider nicht hier sein, Frauen sind verboten, sonst würde jeder seine haben wollen, auch die, welche sonst recht gut ohne fertig wurden. Oscars Besuch hat mir viel Freude gemacht, aber auf die Dauer kann er hier nicht aushalten, wenn er nichts zu tun hat. Johanniter und deren sind, wie die Bösen behaupten, schon zu viele. Stolberg war 2 Tage hier, sonst hat in den 14 Tagen, daß ich nicht ausgehe, niemand mein Zimmer betreten als dienstliche Räte und andre Geschäftsleute, einmal auch der Kronprinz. Ich habe Eulenburg gebeten, sich einen geschäftlichen Vorwand zum Herkommen auf einige Tage zu machen. Einmal, um unter den Uniformen einen sympathischen Menschen zu sehn, und dann, weil ich von ihm Beistand gegen das erobernde Eindringen der Soldatesca in die Civilgeschäfte hoffe. Wenn sie letztre verständig behandelten, so bin ich ja nicht hungrig nach

---

326 Bayern, Württemberg.

438

Arbeit. Aber sie begehn sehr schädliche Torheiten in ihrem politischen Dilettantismus, und nachher glaubt die Welt noch, ich sei es gewesen. Heut sollte endlich ernsthaft geschossen werden, aber der Nebel hindert es. Nach den bisherigen Probeleistungen unsrer Belagerungsartillerie ist alles zum Schießen bekehrt, nur Schade, daß es nicht 2 Monat früher so war, dann wären wir weiter mit weniger Opfern. Herzliche Grüße an Oscar. Kotze vor 5 Tagen gesehn, ist wohl.

Dein treuer Bruder
v. B.

Varzin, 23. July 1871

Lieber Bruder,

mögest Du Dein Fest morgen in Gesundheit und Freude erleben und Gott Dir in dem neuen Lebensjahre mit Seinem Segen zur Seite stehn. Es geht mit den letzten Jahren unsres Erdenlebens wie mit allen abwärts-Bewegungen, sie vergehn in steigender Beschleunigung. Seit ich die 50 überschritten, es muß 1865 gewesen sein, und schon vorher, wie mich dünkt, hat das Jahr seine 12 Monate nicht mehr, und sie werden jedesmal kürzer. Wenn ich hier an Oertlichkeiten komme, die ich seit dem 12. July 70 sicher nicht gesehn habe, so geschieht es mit dem Eindruck, als wäre ich vor wenig Wochen da gewesen und die jetzt reifende Saat wäre die, welche ich im Herbst 69 bestellen sah. Ich kann nicht sagen, daß mir diese schnelle Förderung angenehm wäre, denn so deutlich ich mir auch gegenwärtig halte, daß jeder Tag der letzte sein kann, so gelingt es mir doch nicht, den Gedanken liebzugewinnen. Ich lebe gern. Es sind nicht die äußern Erfolge, die mich befriedigen und fesseln, aber die Trennung von Frau und Kind würde mir erschrecklich schwer werden. Du sprachst in dem letzten Briefe, den ich in Berlin erhielt, von dem Erdenglück, welches mir so reichlich zu Teil geworden. Es ist das besonders in meiner amtlichen Stellung der Fall; ich habe Glück gehabt in dem, was ich dienstlich angriff, weniger in meinen Privatunternehmungen. Es ist das für das Land sehr viel besser, als einen Minister zu haben, dem es umgekehrt geht. Worin mich Gott aber am meisten gesegnet hat und ich am eifrigsten um Fortdauer dieses Segens bitte, das ist die friedliche Wohlfahrt im Hause, das geistige und körperliche Gedeihn der Kinder, und wenn mir das bleibt, wie ich zu Gott hoffe, so sind alle andern Sorgen leicht und alle Klagen frivol. In dem Sinne nur erwähne ich, daß meine amtliche Stellung bei allem äußern Glanze dornenvoller ist, als irgend jemand außer mir weiß, und meine körperliche Fähigkeit, alle die Galle zu verdauen, die mir das Leben hinter den Coulissen ins Blut treibt, ist nahezu erschöpft, meine Arbeitskraft den Ansprüchen nicht mehr gewachsen. In meinen eignen Geldangelegenheiten habe ich kein Glück, vielleicht kein Geschick, jedenfalls nicht die Zeit, mich darum zu kümmern. Ich war in guter Lage, bevor ich die erste Dotation bekam; seitdem geht alles in Varzin auf; ich habe außer meinem Gehalt und der Pacht von Schönhausen nicht einen Groschen Einnahme, nur Zuschüsse zu Selitz, Misdow, der Forst und den Bauten; die ganzen Pachterträge bleiben hier und reichen nicht. Die Zukunft wird das alles wohl ins Gleise bringen, ob zu richtigen Zinsen, das weiß ich nicht. Die neue Dotation ist, wie ich denke, sehr wertvoll, bisher aber brachte sie mir nur eine Ausgabe von 85 000 Tlr., die ich aufgenommen habe, um eine veräußerte Parzelle mitten darin zu kaufen, den einzigen Fleck, wo man sich etabliren kann, wenn man nicht in einem verwunschenen Jagdschloß im wüsten Walde wohnen will. Die Einnahmen waren bisher 34 000 Tlr. netto, darunter 3500 Tlr. Jagdpacht und 2 bis 3000 Tlr. für Mahl-, Brau- und Brennzwang. Beides fällt künftig fort, letztres durch die Gesetzgebung, und die Jagd kann ich doch nicht dauernd den Hamburgern lassen. Die Einnahmen stehn mir erst vom 1. Jan. 72 an zu. Bis dahin mache ich Schulden. Immer wären 30 000 Tlr. eine schöne Revenüe, nur muß man nicht Fürst dabei sein. Auf diesen Schwindel werde ich mich wohl nicht mehr recht einleben....

Ich trinke Carlsbad, noch bis zum 1. August. Einstweilen macht es mich sehr matt. Dann soll ich in ein Seebad und kann mich garnicht entschließen, wohin. Ich fürchte das Leben im Gast-Hofe und die fremden Menschen und das kalte Wasser. Vielleicht muß ich auch zum Könige, falls S. Maj. noch nach Gastein gehen sollte oder sonst eine Zusammenkunft mit andern hohen Herren hat. Dann geht das Arbeiten wieder an. Einstweilen mache ich mir das Vergnügen, täglich einige Dutzend Briefe, die an mich kommen, unerbrochen zurückzuschicken. Täglich werden wenigstens 20 000 Taler Darlehn von mir verlangt, abgesehn von allen Stellen- und andern Gesuchen. Ich nehme keine Briefe mehr an, deren Schreiber ich nicht als berechtigt kenne. Nun leb wohl, lieber Bruder, mit nochmaligem Glückwunsch und Grüßen an die Deinigen. In etwa 8 Tagen erwarte ich Herbert, der in Schlangenbad badet. Er will beim Regiment bleiben, Bill wieder studiren, wird einstweilen à la suite gestellt. Carl Bismarck will den Abschied nehmen. Der Aermste leidet so, daß er nur seiner Pflege leben will... Leb wohl.

Dein treuer Bruder

v. Bismarck.

An Herrn Gustav v. Puttkamer.[327]

Berlin, 11. Nov. 1871

Lieber Gustav,

ich habe die Papiere, welche auf Lehngüter Bezug haben, Receß-, Pachtverträge u. s. w. nach Möglichkeit hervorgesucht, aber in der Eile nicht die Zeit gehabt, sie zu verpacken und Dir zuzuschicken. Ich habe sie auf das Sopha in der Vorderstube des alten Herrn[328] gelegt und Villrok beauftragt, sie zu Deiner Verfügung zu stellen. Brauchst Du Weitres, so laß nachsuchen; ich bin ermüdet von der Papiermasse, die alle Spinden füllt. Sobald Du von rechtskundiger Hand einen Entwurf über die Auseinandersetzung hast machen lassen, wird Drews hier bereit sein,

---

327 Veröffentlicht im Neuen Wiener Tageblatt 30. Sept. 1894 Nr. 268.
328 v. Puttkamer.

mit Deinem Beauftragten in Verbindung zu treten, eventuell ich mit Bernhard, der leider noch immer über seine Leber klagt.

Ich habe leider jetzt wenig Zeit, mich mit meinen Privatangelegenheiten selbst zu beschäftigen. Die amtliche Qual ist groß und mir um so schwerer, als ich wegen Johanna's Gesundheit in Sorgen bin. Ich hoffte sie doch etwas kräftiger wiederzufinden, sie war aber matter, wie bei meiner Abreise. Sie mag nicht essen und kann nicht schlafen.

Ich schreibe hauptsächlich, um zu fragen, ob Du willst, daß ich wegen der auf den Lehngütern für mich stehenden Capitalien, die ich wegen meiner Selitzer Schulden und andrer Lauenburger Verbindlichkeiten cediren muß, die Unkündbarkeit auf einige Jahre, etwa bis 1880, stipuliren soll. Es war mir das, nachdem ich es in Rücksicht auf den alten Herrn verlangt hatte, zugesagt, und ich kann es noch fordern, sobald es Dir convenirt.

Empfiehl mich der verehrten Cousine.

Dein treuer Vetter

v. Bismarck.

Varzin, July 6th, 1872[329]

My dear Motley,

I was the more agreeably surprised in seeing your handwriting, as I guessed before opening the letter, that it would contain the promise of a visit here. You are thousand times welcome and doubly, if accompanied by your ladies, who, I am sure, never have seen a Pomeranian on his native soil. We live here somewhat behind the woods, but Berlin once reached the journey is not a difficult one. The best train leaves Berlin in the morning between eight and nine o'clock – I believe 8,45 Stettiner Bahnhof, fifteen or twenty minutes to drive from any hotel about the Linden. You go by railway as far as Schlawe, where you arrive at about four o'clock afternoon, and from where a trumpet sounding postilion

---

329   Motleys Briefwechsel, D. A. II 358 ff.

brings you to Varzin just in the time for the dinerbell, before six o'clock.
If you will have the goodness to send me a telegram on your departure
from Berlin, on the evening before, I shall make every thing ready for
you at Schlawe, so that you only have to step from the waggon to the
wagen. The Pomerian gods will be gracious enough for me to give you
a sunny day, and in that case I should order an open carriage and one
for luggage. Only let me know by the telegram your will about this and
about the number of in- or outside places wanted.

My wife is still at Soden. I expect her to be back on the 9th ist., but
la donna è mobile! At all events she will not detained by female frailty
beyond the end of the week. She will be equally glad to see you again;
your name is familiar to her lips and never came forth without a friendly
smile. The first day that you can dispose of, at all events, is the best one
to come to see us, though we think to remain here until the end of sum-
mer. You do not mention, that Mrs. Motley will accompany you, and by
this silence I take it for granted that she will, as Mann und Weib sind
ein Leib. We will be happy to see her with you, and en attendant give my
most sincere regards to her and Mrs. Ives.

Most faithfully Your old friend v. Bismarck.

Übersetzung.

Varzin, 6. Juli 1872

Mein lieber Motley,

ich war um so angenehmer überrascht, Deine Handschrift zu sehn,
als ich vor Oeffnung des Briefes erriet, daß er das Versprechen eines
Besuches hier enthalten würde. Du bist tausend mal willkommen und
doppelt, wenn Du von Deinen Damen begleitet bist, die sicherlich noch
niemals einen Pommern auf dem Boden seiner Heimat gesehn haben.
Wir leben hier etwas hinter den Wäldern, ist aber Berlin erst erreicht,
so ist die Reise keine beschwerliche mehr. Der beste Zug verläßt Berlin
morgens zwischen 8 und 9 Uhr, ich glaube 8.45 Stettiner Bahnhof, 15

oder 20 Minuten zu fahren von jedem Hotel unter den Linden. Du fährst mit Eisenbahn bis Schlawe, wo Du gegen 4 Uhr Nachmittags ankommst und von wo Dich ein hornblasender Postillion grade recht zur Essenszeit, vor 6 Uhr, nach Varzin bringt. Wenn Du so gut sein willst, mir bei Eurer Abreise von Berlin, am Abend vorher, ein Telegramm zu senden, so werde ich alles für Dich in Schlawe fertig machen lassen, so daß Du bloß vom Waggon in den Wagen zu steigen brauchst. Die Pommerschen Götter mögen mir gnädig sein, Dir einen sonnigen Tag zu geben, und in diesem Falle werde ich einen offnen Wagen bestellen und einen fürs Gepäck. Nur laß mich durch das Telegramm Deinen Willen hierüber wissen, sowie darüber, wieviel Innen- oder Außenplätze nötig sind. Meine Frau ist noch in Soden. Ich erwarte sie am 9. d. zurück, aber la donna è mobile Jedenfalls wird sie durch weibliche Schwäche nicht über das Ende dieser Woche zurückgehalten werden. Sie wird gleichfalls erfreut sein, Dich wiederzusehn; Dein Name ist ihren Lippen vertraut und kam nie aus ihrem Munde ohne ein freundliches Lächeln. Der erste Tag, über den Du verfügen kannst, ist jedenfalls der beste uns zu besuchen, obwohl wir hier bis zum Ende des Sommers zu bleiben gedenken. Du erwähnst nicht, daß Mrs. Motley Dich begleiten wird und bei diesem Schweigen nehme ichs für ausgemacht an, daß sie es wird, da Mann und Weib sind ein Leib. Wir werden glücklich sein, sie mit Dir zu sehn, und en attendant richte ihr und Mrs. Ives meine aufrichtigsten Empfehlungen aus. Getreulichst

Dein alter Freund

v. Bismarck.

Regierungsführung Deutsches Reich

Deutsches Kaiserreich

Name	Amt	Amtszeit
Fürst Otto von Bismarck (1815–1898)	Reichskanzler	16.04.1871–20.03.1890
Graf Leo von Caprivi (1831–1899)	Reichskanzler	20.03.1890–26.10.1894
Fürst Chlodwig zu Hohenlohe-Schillingsfürst (1819–1901)	Reichskanzler	29.10.1894–17.10.1900
Fürst Bernhard von Bülow (1849–1929)	Reichskanzler	17.10.1900–14.07.1909
Theobald von Bethmann-Hollweg (1865–1921)	Reichskanzler	14.07.1909–13.07.1917
Georg Michaelis (1857–1936)	Reichskanzler	14.07.1917–01.11.1917
Graf Georg von Hertling (1843–1919)	Reichskanzler	01.11.1917–30.09.1918
Prinz Max von Baden (1867–1929)	Reichskanzler	03.10.1918–09.11.1918

Weimarer Republik

Name	Amt	Partei	Amtszeit
Friedrich Ebert (1871–1925)	Reichskanzler	SPD	09.11.1918–10.11.1918
	Vorsitzender des Rates der Volksbeauftragten		10.11.1918–11.02.1919
Hugo Haase (1863–1919)	Vorsitzender des Rates der Volksbeauftragten	USPD	10.11.1918–29.12.1918
Philipp Scheidemann (1865–1939)	Vorsitzender des Rates der Volksbeauftragten	SPD	29.12.1918–07.02.1919
	Reichsministerpräsident		13.02.1919–20.06.1919
Gustav Bauer (1870–1944)	Reichsministerpräsident	SPD	21.06.1919–14.08.1919

Name	Amt	Partei	Amtszeit
Konstantin Fehrenbach (1852–1926)	Reichskanzler	Zentrum	25.06.1920–04.05.1921
Joseph Wirth (1879–1956)	Reichskanzler	Zentrum	10.05.1921–22.10.1921 und 26.10.1921–14.11.1922
Wilhelm Cuno (1876–1933)	Reichskanzler	parteilos	22.11.1922–12.08.1923
Gustav Stresemann (1878–1929)	Reichskanzler	DVP	13.08.1923–03.10.1923
Wilhelm Marx (1963–1946)	Reichskanzler	Zentrum	06.10.1923–30.11.1923
Hans Luther (1879–1962)	Reichskanzler	parteilos	15.01.1925–5.12.1925 und 20.01.1926–12.05.1926
Otto Geßler (1875–1955)	Reichskanzler	DDP	12.05.1926–17.05.1926
Wilhelm Marx (1863–1946)	Reichskanzler	Zentrum	17.05.1926–17.12.1926 und 19.01.1927–12.06.1928
Hermann Müller (1876–1931)	Reichskanzler	SPD	28.06.1928–27.03.1930
Heinrich Brüning (1885–1970)	Reichskanzler	Zentrum	30.03.1930–07.10.1931
Franz von Papen (1879–1969)	Reichskanzler	Zentrum	01.06.1932–17.11.1932
Kurt von Schleicher (1882–1934)	Reichskanzler	parteilos	04.12.1932–28.01.1933

Nationalsozialismus

Name	Amt	Partei	Amtszeit
Adolf Hitler (1889–1945)	Reichskanzler	NSDAP	30.01.1933–31.07.1934
	Führer und Reichskanzler		01.08.1934–30.04.1945
Joseph Goebbels (1897–1945)	Reichskanzler	NSDAP	30.04.1945–01.05.1945
Johann Ludwig Graf Schwerin von Krosigk (1887–1977)	Leiter der Geschäftsführenden Reichsregierung	parteilos	02.05.1945–05.06.1945

In der Reihe *Deutsches Reich – Schriften und Diskurse: Reichskanzler*
ist bereits erschienen:

Bd. I/I
Otto Fürst von Bismarck, der erste Reichskanzler Deutschlands. Ein Lebensbild
Autor: Bernhard Rogge
ISBN (HC):   978-3-86347-036-4
    (PB):   978-3-86347-035-7

Bd. I/IV
Otto Fürst von Bismarck. Bismarcks Briefwechsel mit dem Minister Freiherrn von Schleinitz 1858-1861
Autor: Otto von Bismarck
ISBN (HC):   978-3-86347-188-0
    (PB):   978-3-86347-189-7

Bd. II/I
Leo Graf von Caprivi. Die Reden des Grafen von Caprivi
Autor: Leo Graf von Caprivi (Hrsg. Rudolf Arndt)
ISBN (HC):   978-3-86347-146-0
    (PB):   978-3-86347-147-7

Bd. II/II
Leo Graf von Caprivi. Bismarcks Kampf gegen Caprivi
Autor: Julius von Eckardt
ISBN (HC):   978-3-86347-153-8
    (PB):   978-3-86347-154-5

Bd. III/I
Chlodwig Fürst zu Hohenlohe-Schillingsfürst. Zu seinem hundertsten Geburtstag
Autor: Friedrich Curtius
ISBN (HC):   978-3-86347-090-6
    (PB):   978-3-86347-089-0

Bd. IV/I
Bernhard von Bülow - Deutsche Politik
Autor: Bernhard von Bülow
ISBN (HC):   978-3-86347-096-8
    (PB):   978-3-86347-095-1

In der Reihe *Deutsches Reich – Schriften und Diskurse: Reichskanzler*
ist bereits erschienen:

Bd. V/I
Theobald von Bethmann Hollweg - der fünfte Reichskanzler
Autor: Gottlob Egelhaaf
ISBN (HC):   978-3-86347-088-3
        (PB):   978-3-86347-087-6

Bd. VI/I
Georg Michaelis - Für Staat und Volk. Eine Lebensgeschichte
Autor: Georg Michaelis
ISBN (HC):   978-3-86347-092-2
        (PB):   978-3-86347-091-3

Bd. VII/I
Georg von Hertling - Recht, Staat und Gesellschaft
Autor: Georg von Hertling
ISBN (HC):   978-3-86347-094-4
        (PB):   978-3-86347-093-7

Bd. VIII/I
Prinz Max von Baden - Erinnerungen und Dokumente
Autor: Prinz Max von Baden
ISBN (HC):   978-3-86347-086-9
        (PB):   978-3-86347-085-2

Bd. VIII/II
Prinz Max von Baden - Die moralische Offensive. Deutschlands Kampf um sein Recht
Autor: Prinz Max von Baden
ISBN (HC):   978-3-86347-084-5
        (PB):   978-3-86347-083-8

Bd. I/V
Otto Fürst von Bismarck – Sein Leben und Werk
Autor: Adolf Matthias
ISBN (HC):   978-3-86347-204-7
        (PB):   978-3-86347-205-4

In der Reihe *Deutsches Reich – Schriften und Diskurse: Reichskanzler*
ist bereits erschienen:

Bd. I/VI
Otto Fürst von Bismarck – Bismarck und Österreich
Autor: Franz Zweybrück
ISBN (HC): 978-3-86347-216-0
(PB): 978-3-86347-217-7

Bd. VI/II
Georg Michaelis – Weltreisegedanken
Autor: Georg Michaelis
ISBN (HC): 978-3-86347-207-8
(PB): 978-3-86347-208-5

Bd. IX/II
Philipp Scheidemann – Der Zusammenbruch
Autor: Philipp Scheidemann
ISBN (HC): 978-3-86347-219-1
(PB): 978-3-86347-220-7

Bd. I/VIII
Otto Fürst von Bismarck – Hedwig von Bismarck, die Cousine. Eine Autobiographie
Autorin: Hedwig von Bismarck
ISBN (HC): 978-3-86347-227-6
(PB): 978-3-86347-228-3

Bd. I/XII
Otto Fürst von Bismarck – Bismarck am Schreibtisch. Der verhängnisvolle Immediatbericht
Autor: Otto Gradenwitz
ISBN (HC): 978-3-86347-405-8
(PB): 978-3-86347-406-5

Bd. I/XI
Otto Fürst von Bismarck – Zwölf Bismarcks
Autor: Walter Flex
ISBN (HC): 978-3-86347-236-8
(PB): 978-3-86347-237-5

In der Reihe *Deutsches Reich – Schriften und Diskurse: Reichskanzler* **erscheint demnächst:**

Bd. I/X
Otto Fürst von Bismarck
Autor: Eduard Heyck
ISBN (HC):   978-3-86347-233-7
     (PB):   978-3-86347-234-4

Bd. I/IX
Otto Fürst von Bismarck – Johanna von Bismarck, die Frau Otto von Bismarcks
Autor: Eduard Heyck
ISBN (HC):   978-3-86347-230-6
     (PB):   978-3-86347-231-3

Jeder Titel der Reihe erscheint im SEVERUS Verlag in zwei Ausgaben:

Hardcover (HC)   Paperback (PB)

www.severus-verlag.de